지방공기업법 해설과 활용

백 승 천

도서출판 대영문화사

머리말

「지방공기업법」이 제정된 지 50여 년이 지났으나, 안타깝게도 「지방공기업법」을 상세하게 해설한 책은 찾아보기 힘들다. 강의를 위하여 「지방공기업법」을 개략적으로 정리하거나 「지방공기업법」 개정 시 개정내용을 설명한 자료는 있으나, 「지방공기업법」을 조문별로 해설하거나 제·개정 연혁과 이유를 체계적으로 정리한 책은 없다.

저자는 30여 년 간 지방공기업평가원에 근무하면서 수시로 「지방공기업법」에 대한 개정 의견을 제시하거나 개정안을 검토하는 소중한 경험을 하였으며, 지금까지 30년 이상 지방공기업 분야에 대한 강의를 하고 있다. 특히, 20년 이상 '지방공기업 법령 해설'이라는 과목을 강의하면서 지방공기업 관련 법령에 대하여 수강생들로부터 수많은 질문을 받았으며, 그때마다 「지방공기업법」에 대하여 조문별로 제·개정 연혁과 이유를 설명하고 지방공기업 구성원들이 제기한 질의사항에 대하여 행정안전부에서 답변한 내용을 상세하게 정리할 필요성을 절감하였다.

이러한 필요성을 충족시키기 위하여 이 책은 제1부와 제2부로 구성하였다.

제1부에서는 「지방공기업법」이 변천된 내용을 정리하였다. 먼저, 1969년 1월 29일 「지방공기업법」을 제정한 배경을 살펴보고, 다음으로는 이제까지 일부개정 22차례, 타법개정 10차례 등 총 32차례에 걸쳐 「지방공기업법」을 개정한 이유와 주요 개정내용을 요약하였다.

제2부에서는 「지방공기업법」 조문별로 제·개정 연혁 및 활용을 정리하였다. 먼저, 현행 「지방공기업법」(법률 제18747호, 시행 2022.07.12.)을 조문별로 제시하고, 조문의 각 '항'이 언제, 어떻게, 왜 제정·신설·개정되었는지와 '항'의 내용을 「지방공기업법」 시행령 및 시행규칙을 중심으로 상세하게 해설하였다. 다음으로는 지방공기업 구성원들의 질의사항에 대한 행정안전부의 답변내용(Q&A) 351개를 조문별로 제시하여 지방공기업 구성원들이 업무를 수행하는 과정에서 겪게 되는 궁금증을

해소하는 데 도움을 주고자 노력하였다. 다만, 행정안전부의 답변내용은 개정된 지방공기업법령과 가장 최근의 행정규칙(예규), 자치법규(조례 · 규칙), 지방공기업 설립기준, 지방공기업 예산편성기준, 지방공기업 결산기준, 지방공기업 경영평가편람, 지방공기업 인사 · 조직 운영기준, 지방공기업 통합경영공시기준, 지방공사채 발행 · 운영기준 등에 맞게 수정하여 제시하였다.

이 책이 빛을 보게 된 것은 저자를 오늘이 있게 만들어 준 지방공기업평가원 덕분이다. 평가원의 전 · 현직 이사장님을 비롯한 임직원 여러분들께 깊은 감사를 드린다. 아무쪼록 이 책이 지방공기업 구성원들이 업무를 처리하는 데 작으나마 도움이 되기를 소망하며, 미진한 부분은 앞으로 계속 수정 · 보완해 나아갈 것을 약속드린다.

끝으로, 이 책을 출간하는 데 많은 도움을 주신 대영문화사의 임춘환 사장님과 임직원 여러분들께 진심으로 감사드리며, 『지방공기업법 해설과 활용』이라는 책을 통하여 지방공기업의 성장과 발전에 작은 주춧돌 하나를 놓았다고 생각하니 기쁜 마음이 든다. 이 모든 기쁨을 일생의 동반자인 아내와 사랑하는 장미, 종우와 함께 하고 싶다.

2023년 3월
백승천

차례

P·A·R·T 1

지방공기업법 변천

1. 지방공기업법 제정 배경

지방공기업이란 지방자치단체가 업무를 효율적으로 수행하기 위하여 직·간접적으로 운영하는 기업을 말한다. 지방공기업의 특성은 지방자치단체에 의하여 경영된다는 점에서 '지방정부성'을 가지고, 주민의 복리증진을 목적으로 경영된다는 점에서 '공공성'을 가지며, 기업이라는 점에서 영리성을 내용으로 하는 '기업성'도 가진다. 1960년대 이후 산업화와 도시화가 급속히 진전됨에 따라 상수도·병원·시장·택지조성사업 등이 지방공영사업으로 추진되면서 점차 확대되었으며, 이러한 행정수요를 반영하여 1969년 1월 29일 법률 제2101호로 「지방공기업법」을 제정하였다.[1)]

1969년 현재 서울특별시를 포함한 지방재정의 총예산 937억 원 중 지방공기업이 차지하는 비중은 약 192억 원으로 20% 이상을 차지하고 있었다. 그러나 이와 같이 큰 비중을 차지하고 있는 지방공기업은 모두가 기업원리에 의해 운영되지 못했기 때문에 여러 가지 불편한 점이 있었다. 첫째, 공기업의 조직이나 인사·재정 측면에 있어서 지방자치단체의 장이 모든 일을 총괄적으로 다루었기 때문에 자칫하면 공기업들의 폭을 점차 확대함으로써 자주성을 결여하고 너무나 포괄적인 일에만 치중하는 경향이 있기 쉽고, 둘째, 원가계산이 매우 어려우며, 셋째, 경영성과를 측정하기 어렵고, 넷째, 자기자본 유지여부에 대해서 얼마만한 폭을 가지고 어디까지 해야 하느냐에 대한 명확한 한계점을 찾기 어려우며, 다섯째, 일반재정에 의한 지원의 한계가 불분명하다는 점 등 근본적인 문제점이 많았다. 그러므로 기업원리를 도입하여 기업 운영에 자주성을 부여하고, 독립채산제 및 기업회계제도를 채택하여 경영을 합리화함으로써 인원과 예산을 효율적으로 사용하여 기업을 확대하고, 주민들에게 보다 넓고 향상된 기업적 서비스를 제공하기 위하여 「지방공기업법」을 제정하였다. 결국 「지방공기업법」의 입법정신은 공공성과 수익성의 균형 있는 조화에 있는 것이다. 이 법을 정부에서 처음 입안할 때는 「지방공영기업법」이라고 하였다. 「지방공영기업법」이라는 말은 일본에서, 그리고 우리나라 행정법 책에서도 많이 쓰고 있었으며, 그 당시 「지방재정법」 제28조 제2항에서도 '공영기업'이라는 용어를 쓰고 있었다. 공영기업은 국영기업과 대비해서 말할 수 있으나, 국영기업은 반관반민으로 구성되고 완전히 상법의 규제를 받는 경우가 많아 이에 대응하는 것으로서의 '공영기업'은 이 법의 내용과 동떨어진 내용이 되기 때문에 국무회의에서 「지방공기업법」

1) 박영욱(2002)에서 발췌·수정하였다.

이라는 명칭으로 바꾸었다.[2)]

한편, 1969년 1월 29일 제정된 「지방공기업법」은 같은 해 7월 30일부터 시행되었으며, 「지방공기업법 시행령」은 1969년 12월 16일 대통령령 제4455호로 제정되어 1970년 1월 1일부터 시행되었고, 「지방공기업법 시행규칙」은 1970년 6월 26일 내무부령 제82호로 제정되어 같은 날부터 시행되었다.

2. 지방공기업법 제 · 개정 주요 내용

「지방공기업법」은 1969년 1월 29일 제정된 이래, 일부개정 22차례, 타법개정 10차례 등 총 32차례에 걸쳐 개정되었다. 여기서는 법제처 국가법령정보센터에 제시된 것을 토대로 「지방공기업법」을 제정 · 개정한 이유와 주요 내용을 살펴보기로 한다.

1) 제정(1969.01.29., 법률 제2101호, 시행 1969.07.30.)

지방자치단체가 경영하는 기업의 조직, 재무 및 경영의 기준을 정하여 그 경영을 합리화함으로써 지방자치의 발전에 기여하도록 하기 위하여 「지방공기업법」을 제정하였다.

첫째, 지방자치단체가 경영하는 기업 중 수도, 공업용수도, 궤도, 자동차운송사업 및 가스, 유료주거장, 지방택지조성사업을 지방공기업으로 하고, 대통령령이 정하는 바에 따라 「지방공기업법」 적용사업 이외의 사업에 대하여는 「지방공기업법」의 전부 또는 일부를 적용할 수 있도록 하였다.

둘째, 지방공기업의 경영에 관하여 「지방자치법」, 「지방재정법」에 대한 특례를 규정하였다.

셋째, 지방공기업의 회계는 특별회계에 의한 독립채산제를 채택하고 회계거래를 발생의 사실에 따라 계리하도록 하였다.

넷째, 예산에 탄력성을 부여하기 위하여 업무량 증가로 인한 경비 부족 시에는 업무량 증가로 인한 증가수입에 상당한 금액을 그 증가수입에 관련된 업무의 직접비에 사용할 수 있도록 하고, 이 경우 지방공기업의 관리자는 지방자치단체의 장의 승인을 얻어야 하고, 지방자치단체의 장은 이를 의회에 보고하도록 하였다.

---

2) 이동규(1969)에서 발췌 · 수정하였다.

다섯째, 지방채 발행규정을 두도록 하였다.

여섯째, 회전기금을 설치하도록 하였다.

일곱째, 공유재산, 물품과 지방공기업이 보유하는 채권, 유가증권 및 현금은 기업자산으로 하고, 운영에 관하여는 「지방자치법」, 「지방재정법」의 규정에도 불구하고 대통령령으로 정하도록 하였다.

2) 일부개정(1980.01.04., 법률 제3233호, 시행 1980.01.04.)

첫째, 「지방공기업법」의 적용대상으로 지방도로사업, 하수도사업, 청소위생사업, 주택사업, 의료사업과 매장 및 묘지사업을 추가하였다.

둘째, 지방공사와 지방공단을 설립·운영할 수 있는 근거를 두고, 지방공단의 설치·운영에 관하여는 지방공사에 관한 규정을 준용하도록 하였다.

셋째, 지방공사는 도와 인구 50만 명 이상의 시에 설치할 수 있도록 하였다.

넷째, 지방공사의 설립과 운영은 법률에 의하여 설립하는 특수법인과 동일하도록 규정하였다.

다섯째, 지방공사는 인가기관의 승인을 얻어 사채를 발행하거나 외국으로부터 차관을 할 수 있도록 하였다.

여섯째, 지방공사는 용역의 제공을 받으려는 자로부터 선수금을 받을 수 있도록 하였다.

3) 타법개정(1991.05.31., 법률 제4371호, 시행 1991.07.08.)

「지방자치법」 제161조 및 같은 법 부칙 제6조 제3항의 규정에 의하여 수도로서의 특수성을 고려하여 서울특별시의 행정에 관한 특례를 정하려는 「서울특별시 행정특례에 관한 법률」을 신규로 제정하였다.

첫째, 조직상의 특례를 정하여, 대통령령이 정하는 직속기관 및 지방공사 등을 설치하고자 하는 경우에는 내무부장관의 승인을 요하지 아니하도록 하였다.

둘째, 일반행정 운영상의 특례를 정하여, 내무부장관이 서울특별시의 지방채 발행에 대한 승인여부를 결정하고자 할 때에는 국무총리에게 보고하도록 하고, 지방공기업의 결산 및 사업보고서에 첨부하는 회계감사보고서를 작성할 공인회계사는 서울특별시장이 지정하도록 하였다.

셋째, 수도권 광역행정의 운영에 있어서 중앙행정기관의 장과 서울특별시장이 의견을 달리하는 경우에는 국무총리가 이를 조정하도록 하였다.

4) 일부개정(1992.12.08., 법률 제4517호, 시행 1993.04.01.)

지방자치제 실시에 따른 여건 변화를 수용하고, 지방공기업의 확대 · 발전을 위한 제도적 기반을 보강하였다.

첫째, 지방사업의 효율적인 추진을 위하여 지방공기업 대상사업의 종류를 추가하였다.

둘째, 지방자치단체가 직접 운영하는 사업은 그 개념에 맞게 '지방공기업'에서 '지방직영기업'으로 명칭을 바꾸고, 지방공기업을 지방직영기업, 지방공사 및 지방공단을 포함한 개념으로 정비하였다.

셋째, 지방직영기업 관리자의 전문성을 높이기 위하여 일반직 지방공무원 외의 다른 지방공무원도 관리자로 임명할 수 있도록 임명대상자의 범위를 확대하고, 임기제를 도입할 수 있도록 하였다.

넷째, 지방공사 및 지방공단을 설립할 수 있는 지방자치단체의 범위를 시 · 도 및 인구 50만 명 이상의 시에서 모든 지방자치단체로 확대하였다.

다섯째, 지방공기업의 효율적 경영을 위하여 지방자치단체의 장이 경영평가를 실시하도록 하였다.

여섯째, 지방자치단체는 지방공기업의 경영지도 · 자문을 전문적으로 수행하기 위하여 공동으로 법인을 설립 · 운영할 수 있도록 하였다.

일곱째, 지방자치단체는 50퍼센트 미만의 자본금 등을 출자 또는 출연하여 지방자치단체 외의 자와 공동으로 「상법」상의 주식회사 또는 「민법」상의 재단법인을 설립 · 운영할 수 있도록 하되, 25퍼센트 이상의 자본금 등을 출자 또는 출연하는 경우에는 미리 내무부장관의 승인을 얻도록 하였다.

여덟째, 지방공기업에 관한 내무부장관의 권한의 일부를 시 · 도지사에게 위임할 수 있는 근거를 마련하였다.

5) 일부개정(1996.12.30., 법률 제5200호, 시행 1997.04.01.)

지방공사 및 지방공단에 대한 내무부장관의 권한 중 일부를 지방자치단체의 장에게 이양하는 등 지방자치단체의 지방공사 등에 대한 자율성을 높이려고 하였다.

첫째, 지방공사 및 지방공단의 지사 또는 출장소 설치에 관한 내무부장관의 승인권을 지방자치단체의 장에게 이양하였다.

둘째, 시 · 군 및 자치구가 설립한 지방공사 및 지방공단의 사장 또는 이사장 임면에 대한 내무부장관의 사전승인권을 시 · 도지사에게 이양하고, 의료사업을 목적으로 하는 지방공사의 사장 임면에 대한 사전승인제도를 폐지하였다.

셋째, 시 · 군 및 자치구가 설립한 지방공사 및 지방공단에서 소규모 사채 또는 공단채를 발행하거나 외국차관을 하는 경우에 이에 대한 내무부장관의 승인권을 시 · 도지사에게 이양하였다.

넷째, 지방공사 및 지방공단은 매 사업연도의 사업계획서 및 예산서에 관하여 지방자치단체의 사전승인을 얻어야 하고, 동 사업계획서 및 예산서에 임직원의 급여기준 등이 포함되어 있으므로 지방공사 및 지방공단의 임직원급여 및 퇴직수당 지급기준에 관한 사전승인제도를 폐지하였다.

6) 일부개정(1999.01.29., 법률 제5708호, 시행 1999.04.01.)

지방자치단체가 자율적으로 지방공기업을 설립 · 운영할 수 있도록 행정자치부장관이 갖고 있던 각종 승인권 · 인가권 등을 해당 지방자치단체의 장에게 이양함과 아울러 그 책임성과 전문성을 확보함으로써 지방자치의 발전과 지역주민의 복리증진을 도모하였다.

첫째, 「지방공기업법」의 의무적 적용대상사업을 상 · 하수도, 도로, 주택 등 공공성이 강한 9개 사업으로 한정하고, 종전의 가스, 청소 · 위생, 시장 및 관광사업 등을 제외하였다.

둘째 지방직영기업의 재무관리상 탄력성과 자율성을 제고하기 위하여 세출예산의 100분의 1이상을 계상하도록 되어 있는 예비비 확보기준을 삭제하였다.

셋째, 지방직영기업 관리자가 지정된 금융기관이 아닌 다른 금융기관에 여유금을 예탁하는 경우 사전에 당해 지방자치단체의 장의 승인을 얻도록 하던 것을 폐지하여 여유금을 효율적으로 관리할 수 있도록 하였다.

넷째, 지방자치단체의 장이 지방직영기업의 업무에 관한 현금출납사무를 담당할 금융기관의 지정을 승인한 경우 행정자치부장관 또는 시 · 도지사에게 보고하도록 하던 제도를 폐지하였다.

다섯째, 지방직영기업의 재정적 기초를 튼튼히 하기 위하여 결산 결과 이익이 발생한 경우에는 결손보전 후 그 잔액의 10분의 1이상을 이익적립금으로 적립하도록 하였다.

여섯째, 지방직영기업이 경영환경 변화 등에 신축적으로 대응할 수 있도록 하기 위하여 중요자산의 취득·처분은 이를 예산으로 일괄 편성하여 지방의회의 의결을 얻도록 하고, 그 의결을 얻은 경우에는 「지방자치법」 및 「지방재정법」의 규정에 의하여 중요자산의 취득·처분에 관한 지방의회의 의결을 얻은 것으로 보도록 하였다.

일곱째, 지방공사 및 지방공단의 설립·운영에 관한 행정자치부장관의 권한 중 일부를 해당 지방자치단체 또는 그 장에게 이양하였다.

여덟째, 지방공기업의 책임경영체제를 확립하기 위하여 부실 지방공기업에 대하여는 경영진단을 실시할 수 있도록 하고, 필요하다고 인정되는 경우에는 지방공기업의 임원해임·조직개편 등 경영개선을 위한 조치를 권고할 수 있도록 하였다.

7) 일부개정(2002.03.25., 법률 제6665호, 시행 2002.06.01.)

지방공기업의 계약질서를 확립하기 위하여 입찰참가자격 제한제도를 도입하는 한편, 지방공사 및 지방공단 외의 출자법인의 경영부실에 대비하기 위하여 출자법인의 채무에 대한 보증한도를 정하고, 지방공기업에 대한 경영평가의 객관성과 신뢰성을 확보하기 위하여 경영평가의 주체를 변경하였다.

첫째, 주택사업 또는 토지개발사업을 영위하는 지방직영기업의 특별회계는 재해복구나 사회간접자본시설의 건설을 위하여 필요한 때에는 이익금의 일부를 당해 지방자치단체의 일반회계로 전출할 수 있도록 하였다.

둘째, 지방공사의 사장후보를 객관적이고 공정하게 추천하기 위하여 사장추천위원회의 구성과 운영에 관하여는 대통령령이 정하는 기준에 따라 조례로 정하도록 하였다.

셋째, 지방공사의 계약질서 확립을 위하여 공정한 경쟁 또는 계약의 적정한 이행을 해칠 것이 명백하다고 판단되는 경우에는 일정기간 동안 입찰참가자격을 제한할 수 있도록 하였다.

넷째, 지방공사 및 지방공단 외의 출자법인의 경영부실이 지방자치단체의 부담으로 되는 것을 방지하기 위하여 지방자치단체가 출자법인의 채무에 대하여 보증을 할 때에는 지방자치단체의 출자지분을 초과할 수 없도록 하였다.

다섯째, 지방공사 및 지방공단 외의 출자법인의 경영이 부실하게 되어 지방자치단체의 지분이 2분의 1을 초과하게 되는 경우 당해 지방자치단체는 지체 없이 주식의 처분, 해산 등 필요한 조치를 취하도록 하였다.

여섯째, 지방자치단체의 장은 지방공사 및 지방공단 외의 출자법인에 대한 검사 결과 부실경영이 인정되는 경우에는 주식의 양도, 해산청구 등 필요한 조치를 취할 수 있도록 하였다.

일곱째, 지방공기업에 대한 경영평가의 객관성과 신뢰성을 확보하기 위하여 경영평가의 주체를 지방자치단체의 장에서 행정자치부장관으로 변경하였다.

8) 일부개정(2004.12.30., 법률 제7260호, 시행 2005.03.31.)

지역경제 활성화와 주민복리를 도모하기 위하여 지방공기업의 사업 영역을 일부 확대하는 한편, 지방공사가 사업을 효율적으로 수행할 수 있도록 국내법인에 대하여 출자할 수 있는 근거를 마련하였다.

첫째, 주 40시간 근무제 도입으로 관광·레저 수요가 크게 늘어나고 있으므로 주민의 복리증진을 위하여 지방공기업의 사업 영역에 체육시설업 및 일부 관광사업을 추가하는 등 지방공기업의 사업 영역을 확대하였다.

둘째, 지방공기업에 투자할 재원을 확보하고 지역개발에 소요되는 기금을 조성하기 위하여 시·도가 조례에 근거하여 발행하던 지역개발채권의 발행근거와 매입대상을 법률로 정하는 등 지역개발채권의 매입대상 등을 명시하였다.

셋째, 종전에는 행정자치부장관이 주무부장관과 협의하여 작성하던 지방직영기업의 예산편성 기본지침을, 앞으로는 행정자치부장관이 정한 공통기준에 따라 지방자치단체의 장이 정하도록 하였다.

넷째, 종전에 지방공사는 외국인투자법인에만 출자할 수 있었으나, 앞으로는 당해 공사의 사업과 관계되는 사업을 효율적으로 수행하기 위하여 필요한 경우 지방자치단체의 장의 승인을 얻어 지방자치단체 외의 다른 법인에도 출자할 수 있도록 지방공사의 출자범위를 확대하였다.

9) 일부개정(2005.03.24., 법률 제7409호, 시행 2005.03.31.)

지방공기업에 대한 자율경영체제를 확립하고 지방분권화를 뒷받침하기 위하여, 지방공사가 부채비율·경영성과 등을 감안하여 대통령령이 정하는 기준 이하의 사채를 발행하는 경우에는 행정자치부장관 등의 승인을 받지 아니하도록 하였다.

10) 타법개정(2005.03.31., 법률 제7428호, 시행 2006.04.01.)

「채무자 회생 및 파산에 관한 법률」을 신규로 제정하였다. 종전에는 채무자의 회생 및 파산에 관한 사항이 「회사정리법」, 「화의법」 및 「파산법」에 분산되어 있어서 각 법률마다 적용대상이 다를 뿐만 아니라, 특히 회생절차의 경우 회사정리절차와 화의절차로 이원화되어 있어서 그 효율성이 떨어지므로 상시적인 기업의 회생・퇴출체계로는 미흡하다는 지적이 있었다. 이에 「회사정리법」, 「화의법」, 「파산법」을 하나의 법률로 통합하여 「채무자의 회생 및 파산에 관한 법률」의 체계를 일원화하는 한편, 기존의 회생절차 중 화의절차를 폐지함과 아울러 회사정리절차를 개선・보완하고, 정기적 수입이 있는 개인채무자에 대하여는 파산절차에 의하지 아니하고도 채무를 조정할 수 있는 개인회생제도를 도입하여 파산선고로 인한 사회적・경제적 불이익을 받게 되는 사례를 줄이고, 국제화시대에 부응하여 국제도산절차에 관한 규정을 신설하였다.

11) 타법개정(2005.07.13., 법률 제7589호, 시행 2005.09.14.)

「지방의료원의 설립 및 운영에 관한 법률」을 신규로 제정하였다. 현재 지방자치단체가 의료기관을 설립하려는 경우에는 「지방공기업법」에 의한 지방공사로서 의료원을 설립할 수 있도록 하고 있으나, 지역주민에 대한 의료서비스의 질을 높이고 보건의료에 대한 공공성을 보다 강화하기 위하여 「지방의료원의 설립 및 운영에 관한 법률」에 의한 지방의료원을 설립・운영하도록 하였다. 지방의료원은 지역주민의 진료사업 외에 민간의료기관이 담당하기 어려운 보건의료사업 등을 수행하도록 하고, 지방의료원에 대한 지원을 강화하고 지방의료원의 운영진단 등을 통한 효율적인 운영을 도모하는 등 지방자치단체가 설립・운영 중인 의료기관의 설립 및 운영에 관한 체제를 전면적으로 개선・보완하였다.

12) 일부개정(2006.10.04., 법률 제8028호, 시행 2006.10.04.)

지방공기업의 경영성과는 지방공기업 사장의 주인의식, 창조적 리더십 및 적극적 경영의지 등에 따라 그 성과가 크게 좌우됨에도 불구하고 현행 「지방공기업법」에는 기업의 경영평가에 대한 규정만 있고, 사장 개인의 능력과 실적을 제대로 평가・반영하는 제도적 장치가 미흡하여 사장이 기업의 경영성과에 무임승차하거나 유능한 사장이 해당 기업 여건이 취약한 경우 부당하게 저평가되고 있다는 지적이 제기되었다. 따라서 지방자치단체의 장이 지방공기업 사장을 임명하는 경우 경영성과계약을 체결하도록 하여 경영성과에 따라 지방공기업의 사장을 임기 중 해임하거나 연임시킬 수 있도록 하고, 행정자치부장관은 지방공사에 대한 경영평가 외에 지방공사의 사장에 대하여 업무성과 평가를 할 수 있도록 하였다.

13) 일부개정(2007.01.19., 법률 제8246호, 시행 2007.01.19.)

지방자치단체가 행정자치부의 민영화 지침이나 감사원 권고 등에 의해 지방공사를 민영화하는 경우 「상법」상의 주식회사로 전환할 수 있는 법적 근거를 두어, 당해 지방공사의 매수인이 등기소에 주식회사로의 설립등기를 신청할 수 있도록 하였다.

14) 타법개정(2007.05.11., 법률 제8423호, 시행 2007.05.11.)

법적 간결성 · 함축성과 조화를 이루는 범위에서 법 문장의 표기를 한글화하고, 어려운 용어를 쉬운 우리말로 풀어쓰고, 복잡한 문장은 체계를 정리하여 쉽고 간결하게 다듬어 일반국민이 쉽게 읽고 잘 이해할 수 있도록 하고, 국민의 언어생활에도 맞는 법률이 되도록 「지방자치법」을 전부개정하였다.

15) 일부개정(2007.05.17., 법률 제8450호, 시행 2007.05.17.)

「국가를 당사자로 하는 계약에 관한 법률」 제27조 제1항에서 입찰의 공정을 저해하는 자에 대하여 "일정기간" 동안 입찰참가자격을 제한하고 있는 사항 중 "일정기간"은 헌법상 명확성의 원칙 및 포괄위임금지 원칙에 반하며, 직업선택의 자유를 과도하게 제한하여 헌법에 위배된다는 헌법재판소의 결정(2005.06.30. 2005헌가1 전원재판부)이 있었다. 이러한 취지에 맞추어, 현행 「지방공기업법」 제64조의2 제3항에서 지방공사가 입찰의 공정을 저해하는 자에 대하여 "일정기간" 동안 입찰참가자격을 제한하는 내용을 "2년 이내의 범위에서" 입찰참가자격을 제한할 수 있도록 하고, 지방공기업이 발행하는 채권에 대해서 특별한 법률에 따라 설립된 법인이 발행하는 채권과 동일한 법적 지위를 부여함으로써 지방자치단체가 추진하는 도시철도 건설 및 운영과 주택건설사업 등 공익사업을 원활하게 추진할 수 있도록 하였다.

16) 타법개정(2008.02.29., 법률 제8852호, 시행 2008.02.29.)

정부 조직관리와 인사정책의 연계를 도모하고 분산된 안전관리정책의 총괄・조정 기능을 통합하기 위하여 행정안전부를 신설하는 등 「정부조직법」을 전부개정하였다.

17) 일부개정(2009.04.01., 법률 제9575호, 시행 2009.10.02.)

지방공기업의 사장 외에 이사 및 감사도 임원추천위원회의 추천을 받아 임명하도록 하고, 사장・이사 및 감사는 경영성과・직무실적 등에 따라 1년 단위로 연임될 수 있도록 함으로써 지방공기업 임원 인사의 공정성을 높이면서 책임경영이 정착되도록 하고, 지방공기업 정책의 일관성과 효율성을 높이기 위하여 경영평가위원회와 경영진단위원회를 하나로 통합한 '지방공기업정책위원회'를 설치・운영하도록 하였다.

첫째, 기초지방자치단체의 장이 공기업을 설립하려는 경우에 미리 광역지방자치단체의 장과 협의를 거쳐 공기업 설립의 타당성을 검토하도록 지방공기업 설립절차를 개선하였다.

둘째, 지방자치단체가 자신이 설립한 공사와 공동출자한 경우에는 모두 지방자치단체의 출자 또는 출연으로 보도록 하였다.

셋째, 임원을 임명할 경우 사장뿐만 아니라 감사 및 이사에 대하여도 사장추천위원회를 확대 개편한 임원추천위원회의 추천절차를 거치도록 하고, 임원의 임기는 3년으로 하되 경영성과에 따라 1년 단위로 연임될 수 있도록 지방공기업 임원의 인사제도를 개선하였다.

넷째, 대통령령에 근거를 둔 지방공기업경영평가위원회와 「지방공기업법」상의 지방공기업경영진단위원회가 별도로 설치되어 있는 바, 두 위원회의 기능을 통합한 지방공기업정책위원회를 신설하여 지방공기업 관련 주요 정책 및 경영평가 등에 관한 사항을 심의하도록 하였다.

18) 일부개정(2011.08.04., 법률 제10990호, 시행 2011.08.04.)

공정한 거래질서 확립을 위하여 지방공사는 입찰참가자격을 제한받은 자와 원칙적으로 수의계약을 체결할 수 없도록 하고, 지방공기업에 관한 안건 심의 시 효율성을 높이기 위하여 행정안전부장관으로 하여금 지방공기업의 경영평가 및 경영진단 결과 등을 명기한 지방공기업보고서를 국회 소관 상임위원회에 제출하도록 하였다.

또한 지역개발채권 매입절차 등 구체적인 세부규정을 조례로 정할 수 있도록 위임규정을 마련하는 한편, 법 문장을 원칙적으로 한글로 적고, 어려운 용어를 쉬운 용어로 바꾸고, 길고 복잡한 문장은 체계 등을 정비하여 간결하게 하는 등 국민이 법 문장을 이해하기 쉽게 정비하였다.

19) 타법개정(2013.03.23., 법률 제11690호, 시행 2013.03.23.)

국민행복의 필수조건인 국민생활 안전을 책임지는 안전관리 총괄부처로서의 위상과 기능을 강화하기 위하여 행정안전부를 안전행정부로 개편하는 등 「정부조직법」을 전부개정하였다.

20) 일부개정(2013.06.04., 법률 제11852호, 시행 2013.06.04.)

광역지방자치단체가 지방공사 또는 지방공단을 설립하려는 경우에는 안전행정부장관과 사전에 협의하도록 하여 지방공사 또는 지방공단 설립의 적정성을 도모하고, 지방공사의 재정건전성을 높이기 위하여 지방공사에 이익금이 발생한 경우에는 이익배당에 앞서 사채(社債) 상환을 위한 감채(減債)적립금을 우선 적립하도록 하는 한편, 지방공사 또는 지방공단 운영의 공정성과 청렴성을 높이기 위하여 뇌물 수수 등에 대한 벌칙 적용 시 공무원으로 의제되는 지방공사 또는 지방공단 임직원의 범위를 확대하였다.

첫째, 광역지방자치단체가 지방공사 또는 지방공단을 설립하려는 경우에는 미리 안전행정부장관과 협의하도록 하여 그 설립절차를 강화하였다.

둘째, 지방공사의 신중한 출자 또는 투자를 담보하기 위하여 출자를 하거나 신규투자를 하는 경우 타당성을 검토하여 지방자치단체의 장에게 보고하고 지방의회의 의결을 받도록 하였다.

셋째, 결산 결과 생긴 지방공사의 이익을 준비금에 적립하고도 남는 경우 그 남는 금액을 이익배당하도록 하던 것을 앞으로는 이익배당에 앞서 감채적립금에 우선 적립하도록 하고, 감채적립금에 적립하고 남는 금액은 선택적으로 이익배당을 하거나 정관으로 정하는 바에 따라 적립할 수 있도록 지방공사의 이익금 처리방법을 조정하였다.

넷째, 지방공사가 민영화대상인 공공기관을 합병할 수 있도록 하였다.

다섯째, 벌칙 적용 시 공무원으로 의제되는 직원의 범위를 지방공사·공단의 전

직원으로 확대하였다.

21) 타법개정(2014.03.24., 법률 제12507호, 시행 2014.09.25.)

지방자치단체 출자(出資) · 출연(出捐)기관은 「민법」, 「공익법인의 설립 · 운영에 관한 법률」, 「상법」과 개별 법률에 근거를 두고 지방자치단체의 조례에 따라 다양하게 운영되고 있으나, 이들 기관에 일관성 있고 체계적으로 적용할 설립 전의 절차와 지도 · 감독 권한 등의 규정이 없어 출자 · 출연기관에서 매년 채용비리와 부실경영 등의 문제가 발생되었다. 따라서 지방자치단체 출자 · 출연기관의 운영에 관한 공통기준을 마련하고, 인사 · 조직 · 예산의 운영 등에 필요한 사항을 정하여 기관의 경영을 합리화하고 운영의 투명성을 높임으로써 지역주민에 대한 서비스 증진에 기여할 수 있도록 「지방자치단체 출자 · 출연기관의 운영에 관한 법률」을 제정하였다.

22) 일부개정(2014.06.03., 법률 제12727호, 시행 2014.06.03.)

「지방공기업법」 조문의 오류를 수정하고, 폐지된 법률인 「증권거래법」을 인용하고 있는 조문을 현재 시행 중인 법률의 내용에 맞게 수정하였다.

23) 타법개정(2014.11.19., 법률 제12844호, 시행 2014.11.19.)

안전행정부는 정부 의전 · 서무, 정부조직관리, 정부혁신, 전자정부, 지방자치제도 및 재정 · 세제 등의 기능 중심으로 개편하고, 행정자치부로 명칭을 변경하는 등 「정부조직법」을 일부개정하였다.

24) 일부개정(2015.12.15., 법률 제13568호, 시행 2015.12.15.)

지방공기업의 책임운영을 강화하기 위하여 지방공사 · 공단의 임직원이 공금을 횡령 · 유용한 경우에는 징계부가금을 부과할 수 있도록 하고, 지방공사의 재정건전성 강화를 위하여 다른 법인에 대한 채무보증계약 등을 제한하는 한편, 현재 운영되고 있는 「지방공기업 인사운영지침」 통보에 대한 법적 근거를 마련하였다.

첫째, 자산 · 부채 등 일정 요건을 충족하는 지방직영기업의 관리자는 매년 해당연도를 포함한 5회계연도 이상의 중장기경영관리계획을 수립하여 지방자치단체의 장과 의회에 제출하도록 하였다.

둘째, 지방공사 사장이 경영개선명령을 미이행하는 경우 또는 관계 법령을 중대하고 명백하게 위반하는 경우 지방자치단체의 장이 사장을 임기 중에 해임할 수 있도록 하는 법적 근거를 마련하였다.

셋째, 지방공기업의 인사운영에 대한 공통기준을 행정자치부장관이 작성하여 통보할 수 있는 법적 근거를 마련하였다.

넷째, 지방공사·공단의 징계권자는 금품 및 향응 수수, 공금의 횡령·유용을 이유로 징계를 하는 경우에는 해당 징계 외에 금품 및 향응 수수액, 공금의 횡령액·유용액의 5배 범위에서 징계부가금을 부과할 수 있도록 하고, 징계 또는 징계부가금의 부과가 필요함에도 불구하고 징계권자가 필요한 조치를 취하지 않는 경우에는 지방자치단체의 장이 징계권자에게 징계 또는 징계부가금의 부과를 요청할 수 있도록 하였다.

다섯째, 지방공사는 다른 법인의 채무에 대한 상환보증이 포함된 계약, 공사의 자산매각 시 환매를 조건으로 하는 계약 등을 체결할 수 없도록 하였다.

여섯째, 사업을 효율적으로 운영하기 위하여 필요한 경우에는 청산절차를 거치지 않고 지방공사는 지방공단으로, 지방공단은 지방공사로 조직변경을 할 수 있도록 하되, 사전에 지방자치단체의 장의 승인을 거쳐 의회의 의결을 받도록 하였다.

25) 일부개정(2015.12.29., 법률 제13633호, 시행 2016.03.30.)

지방공기업의 무리한 설립과 신규 투자로 인한 지방재정의 악화를 방지하기 위하여 행정자치부장관이 지정하는 전문기관에 의뢰하여 설립 및 신규 투자사업의 타당성을 검토하게 하고, 지방재정에 심각한 부담을 초래한 지방공기업에 대하여 행정자치부장관이 직접 해산을 요구할 수 있도록 하여 부실한 지방공기업을 신속히 정리할 수 있도록 하였으며, 지방공기업 관련 정책연구, 지방공기업에 대한 경영평가 등을 전문적으로 지원할 수 있는 지방공기업 전문평가기관을 설립하도록 하는 한편, 지방자치단체의 장으로 하여금 지방공기업을 설립하거나 행정자치부장관으로부터 경영개선명령 또는 해산요구를 받은 경우 지방의회에 보고하고 주민 및 관계 전문가 등의 의견을 듣도록 하였다.

첫째, 지방공기업의 설립 및 신규 투자사업의 타당성 검토는 대통령령에서 정하는 요건을 갖춘 기관으로서 행정자치부장관이 지정·고시하는 기관에서 실시하도록 지방공기업 설립 및 사업 타당성 검토를 강화하였다.

둘째, 지방공사의 사업 추진 시 책임성과 투명성을 제고하기 위하여 타당성 검토 대상인 신규 투자사업의 경우 해당 사업의 내용 및 결정 등에 참여한 자 등을 기록·관리하고 공개하도록 하였다.

셋째, 부실 지방공기업을 신속하게 정리할 수 있도록 부채 상환능력이 현저히 낮고, 사업전망이 없어 회생이 어려우며, 설립목적 달성이 불가능한 지방공기업에 대하여 행정자치부장관이 지방공기업정책위원회의 심의를 거쳐 지방자치단체의 장 또는 해당 지방공기업에 해산을 요구할 수 있도록 하였다.

넷째, 지방공기업 등의 경영평가·정책연구 및 임직원 교육 등을 전문적으로 지원하기 위하여 지방공기업평가원을 설립하되, 종전의 경영지도법인의 재산 및 권리·의무를 포괄승계하도록 하였다.

다섯째, 지방자치단체의 장은 지방공기업을 설립하거나 행정자치부장관으로부터 경영개선명령 또는 해산요구를 받은 경우 지방의회에 보고하고 주민 및 관계 전문가 등의 의견을 듣도록 하였다.

26) 타법개정(2017.07.26., 법률 제14839호, 시행 2017.07.26.)

국가 재난에 대한 대응역량을 강화하고 안전에 대한 국가와 지방자치단체 간 유기적 연계가 가능하도록 국민안전처와 행정자치부를 통합하여 행정안전부를 신설하는 등 「정부조직법」을 일부개정하였다.

27) 일부개정(2017.10.24., 법률 제14917호, 시행 2017.10.24.)

감사원, 검찰, 경찰, 행정안전부장관 및 지방자치단체의 장 등이 지방공사·공단의 임직원에 대하여 직무와 관련된 사건에 관한 조사나 수사를 시작한 때와 이를 마친 때에는 10일 이내에 지방공사의 사장 또는 지방공단의 이사장에게 해당 사실과 결과를 통보하도록 하였다.

28) 일부개정(2019.12.03., 법률 제16664호, 시행 2020.06.04.)

그동안 지방공기업의 주택·토지 또는 공용·공공용 건축물의 관리 등 업무 수탁의 법적 근거가 명확하지 않아 해당 업무를 「부동산투자회사법」에 따른 자산관리회사에 위탁·수행함으로써 위탁비용 등 각종 비효율이 발생하였다. 따라서 지방공기업이 주택·토지 또는 공용·공공용 건축물의 관리 등의 업무를 직접 위탁받아 수행할 수 있도록 하는 법적 근거를 마련하고, 일부 공공기관의 채용비리 사건이 발생하여 사회적으로 문제가 되고 있으므로 이를 예방하고 규제하는 제도적 장치를 마련함으로써 지방공사 인사운영의 공정성 및 투명성을 확보하는 한편, 지방공사가 신규 투자사업을 하려는 경우 별도의 타당성 조사 필요성이 낮은 사업은 타당성 조사대상에서 제외하도록 하였다.

첫째, 지방공기업의 사업에 주택·토지 또는 공용·공공용 건축물의 관리 등의 수탁을 추가하였다.

둘째, 지방자치단체의 장은 지방공사의 임원이 금품비위, 성범죄, 채용비위 등의 비위행위를 한 사실이 있거나 혐의가 있는 경우로서 윤리경영을 저해한 것으로 판단되는 경우 해당 지방공사의 임원에 대해서 수사·감사 의뢰를 하도록 하고, 수사·감사 결과에 따른 해당 지방공사 임원에 대한 해임요구 권한 또는 해임 권한을 규정하였다.

셋째, 지방자치단체의 장은 채용비위의 근절 등을 위하여 지방공사의 인사운영의 적정여부를 감사할 수 있도록 하고, 감사결과에 따른 시정조치 요구 권한 등을 규정하였다.

넷째, 「국가재정법」 등 관련 법령에 따른 타당성 조사·심사 등을 거친 사업, 재난의 예방 및 복구 지원을 위하여 시급한 추진이 필요한 사업 등은 지방공사의 신규 투자사업 타당성 검토대상에서 제외하였다.

29) 일부개정(2020.06.09., 법률 제17387호, 시행 2020.12.10.)

계약과정에서 채용 청탁 등 비위를 방지하고 계약의 투명성 및 공정성을 제고하기 위하여 지방공사 및 지방공단은 입찰참가자 또는 수의계약의 계약상대자에게 청렴서약서를 제출하도록 하고, 청렴서약서의 내용을 위반한 때에는 낙찰자 결정을 취소하거나 계약을 해제 또는 해지할 수 있는 근거를 마련하였다.

30) 일부개정(2020.10.20., 법률 제17522호, 시행 2021.01.21.)

지방공기업 직원 채용과정의 투명성을 제고하기 위하여 지방공사의 사장은 직원의 채용절차와 방법 등을 사전에 규정하고, 직원 채용 시 구체적인 절차와 방법 등을 공개하도록 하며, 직원 채용 시에는 공개경쟁시험으로 채용하는 것을 원칙으로 하고 채용의 공정성을 해칠 우려가 있는 사람을 특별히 우대하여 채용하는 것을 금지하였다.

31) 타법개정(2021.01.12., 법률 제17893호, 시행 2022.01.13.)

민선지방자치 출범 이후 변화된 지방행정환경을 반영하여 새로운 시대에 걸맞은 주민중심의 지방자치를 구현하고 지방자치단체의 자율성 강화와 이에 따른 투명성 및 책임성을 확보하기 위하여 지방자치단체의 기관 구성을 다양화할 수 있는 근거를 마련하였다. 지방자치단체에 대하여 주민에 대한 정보공개의무를 부여하고, 주민의 감사청구제도를 개선하고, 중앙지방협력회의 설치 근거를 마련하였다. 특별지방자치단체의 설치 · 운영에 관한 법적 근거를 마련하고, 관할구역 경계조정제도를 개선하는 한편, 주민의 조례에 대한 제정 · 개정 · 폐지 청구에 관한 사항을 현행 법률에서 분리하여 별도의 법률로 제정하기로 함에 따라 관련 규정을 정비하는 등의 내용을 반영하여 「지방자치법」을 전부개정하였다.

32) 일부개정(2021.10.19., 법률 제18496호, 시행 2021.10.19.)

정부는 주거안정 및 주거복지를 위한 공공임대주택 확대를 위해 공공재개발 및 공공참여형 고밀재건축 사업을 도입하는 등의 정책을 추진하고 있는데, 현행 「지방공기업법」에 공공재개발 및 공공재건축 등 공공도시정비사업이 적용범위에 포함되지 않아 원활한 사업 추진에 어려움이 있었다. 또한 이해하기 어려운 단어가 현행법에 포함되어 있어 보다 쉬운 표현으로 개정함으로써 법률에 대한 국민의 이해 정도와 접근가능성을 확장시킬 필요가 있었다. 이에 「도시 및 주거환경정비법」에 따른 공공재개발사업 및 공공재건축사업을 현행법의 적용범위가 되는 사업범위에 명확하게 포함시킴으로써 지방공기업의 공공도시정비사업 수행을 촉진하고, 이해하기 어려운 단어를 순화하였다.

33) 일부개정(2022.01.11., 법률 제18747호, 시행 2022.07.12.)

현재 국가공공기관은 기관장 개인이 기관과 이해가 충돌되는 상황에 기관장의 대표권을 제한할 수 있고, 주요 정책의 심의 · 의결을 수행하는 공공기관운영위원회 위원이 뇌물 등 부정행위를 범했을 때 공무원으로 의제하여 가중처벌하는 규정을 두고 있으며, 윤리경영을 저해한 기관에 대해 인사상·예산상 조치를 취하도록 하고 있다. 하지만, 지방공기업은 대표권을 제한할 수 있는 법령상 근거가 없고, 지방공기업평가원·지방공기업정책위원회의 경우 관련 행위에 대한 공무원 의제 규정이 없으며, 임직원의 부동산 투기 등 윤리경영을 저해한 기관에 대한 처벌 근거가 부재한 상황이다. 이에 지방공기업 기관장이 자신의 이익과 기관의 이익이 충돌하는 경우 그 기관을 대표하지 못하고 감사가 대표하도록 하여 지방공기업 기관장 개인과 기관의 이해충돌상황을 방지함으로써 의사결정의 공정성을 확보하고, 「형법」상 공무원 직무에 관한 죄인 뇌물죄와 관련된 경우 공무원으로 의제하여 벌칙을 적용하도록 하여 지방공기업평가원 등 공공성이 높은 업무 수행과정에서 뇌물 등 부정행위 발생 시 뇌물죄를 적용하여 책임성을 확보하며, 기존에 경영평가편람으로 시행되던 기관 비리 등 발생 시 등급조정 부분을 법에 명시하여 지방공기업 윤리경영체제를 확립하고 국가공공기관과의 형평성을 맞추었다.

P·A·R·T 2

지방공기업법 조문별 연혁 및 활용

제1장 총칙

제1조(목적) 이 법은 지방자치단체가 직접 설치·경영하거나, 법인을 설립하여 경영하는 기업의 운영에 필요한 사항을 정하여 그 경영을 합리화함으로써 지방자치의 발전과 주민복리의 증진에 이바지함을 목적으로 한다.

[연혁]

1) **제정(1969.01.29.)** 이 법은 지방자치단체가 경영하는 기업의 조직·재무 및 기타 경영기준에 관한 특별사항을 정하여 그 경영을 합리화함으로써 지방자치발전에 기여하게 함을 목적으로 한다.

2) **개정(1980.01.04.)** 이 법은 지방자치단체가 직접 설치·경영하거나, 법인을 설립하여 경영하는 기업의 운영에 관하여 필요한 사항을 정하여 그 경영을 합리화함으로써 지방자치의 발전과 주민의 복리증진에 기여하게 함을 목적으로 한다.

→ 지방자치단체가 직접 설치·경영하는 '지방직영기업'에 부가하여 지방자치단체가 법인을 설립하여 경영하는 '지방공사·공단'이 지방공기업에 포함되었다. 즉, 간접경영방식이 「지방공기업법」에 도입되었다.

3) **개정(2011.08.04.)** 현행과 같이 개정하였다.

제2조(적용범위) ① 이 법은 다음 각 호의 어느 하나에 해당하는 사업(그에 부대되는 사업을 포함한다. 이하 같다) 중 제5조에 따라 지방자치단체가 직접 설치·경영하는 사업으로서 대통령령으로 정하는 기준 이상의 사업(이하 "지방직영기업"이라 한다)과 제3장 및 제4장에 따라 설립된 지방공사와 지방공단이 경영하는 사업에 대하여 각각 적용한다.

1. 수도사업(마을상수도사업은 제외한다), 2. 공업용수도사업, 3. 궤도사업(도시철도사업을 포함한다), 4. 자동차운송사업, 5. 지방도로사업(유료도로사업만 해당한다), 6. 하수도사업, 7. 주택사업, 8. 토지개발사업, 9. 주택(대통령령으로 정하는 공공복리시설을 포함한다)·토지 또는 공용·공공용 건축물의 관리 등의 수탁, 10. 「도시 및 주거환경정비법」 제2조 제2호에 따른 공공재개발사업

및 공공재건축사업

② 지방자치단체는 다음 각 호의 어느 하나에 해당하는 사업 중 경상경비의 50퍼센트 이상을 경상수입으로 충당할 수 있는 사업을 지방직영기업, 지방공사 또는 지방공단이 경영하는 경우에는 조례로 정하는 바에 따라 이 법을 적용할 수 있다.

1. 민간인의 경영 참여가 어려운 사업으로서 주민복리의 증진에 이바지할 수 있고, 지역경제의 활성화나 지역개발의 촉진에 이바지할 수 있다고 인정되는 사업
2. 제1항 각 호의 어느 하나에 해당하는 사업 중 같은 항 각 호 외의 부분에 따라 대통령령으로 정하는 기준에 미달하는 사업
3. 「체육시설의 설치 · 이용에 관한 법률」에 따른 체육시설업
4. 「관광진흥법」에 따른 관광사업(여행업 및 카지노업은 제외한다)

③ 지방자치단체의 장은 제1항 각 호의 어느 하나에 해당하는 사업 중 같은 항 각 호 외의 부분에 따라 대통령령으로 정하는 기준에 미달하는 사업에 대하여 대통령령으로 정하는 바에 따라 제22조를 준용할 수 있다.

[연혁]

[제1항] 이 법은 다음 각 호의 어느 하나에 해당하는 사업[1)](그에 부대되는 사업을 포함한다. 이하 같다) 중 제5조에 따라 지방자치단체가 직접 설치 · 경영하는 사업으로서 대통령령으로 정하는 기준[2)] 이상의 사업[3)](이하 "지방직영기업"이라 한다)과 제3장 및 제4장에 따라 설립된 지방공사와 지방공단이 경영하는 사업에 대

---

1) 지방공기업의 효율적인 통계관리와 회계제도의 표준화를 위하여 수도사업, 공업용수도사업, 궤도사업, 자동차운송사업, 지방도로사업, 하수도사업, 주택 · 토지 또는 공용 · 공공용 건축물의 관리 등의 수탁 등을 '용역서비스업'으로 분류하고, 주택사업, 토지개발사업 등을 '건설판매업'으로 분류하고 있다(지방공기업법 시행규칙 [별표 1]).

2) 지방자치단체는 「지방공기업법」 제2조 제1항 각 호에 규정된 사업으로서 제1항 각 호의 기준에 새로이 도달하게 된 사업에 대하여는 그 기준에 도달한 날부터 6월 이내에 그 사업에 대한 법 적용을 위하여 필요한 사항을 조례로 정하여야 한다(지방공기업법 시행령 제2조 제3항).

3) "대통령령으로 정하는 기준 이상의 사업"이란 ① 수도사업: 1일 생산능력 1만 톤 이상, ② 공업용수도사업: 1일 생산능력 1만 톤 이상, ③ 궤도사업: 보유차량 50량 이상, ④ 자동차운송사업: 보유차량 30대 이상, ⑤ 지방도로사업: 도로관리연장 50킬로미터 이상 또는 유료터널 · 교량 3개소 이상, ⑥ 하수도사업: 1일 처리능력 1만 톤 이상, ⑦ 주택사업: 주택관리 연면적 또는 주택건설 면적 10만 평방미터 이상, ⑧ 토지개발사업: 조성면적 10만 평방미터 이상에 해당하는 사업을 말한다(지방공기업법 시행령 제2조 제1항).

하여 각각 적용한다.

1. 수도사업(마을상수도사업은 제외한다), 2. 공업용수도사업, 3. 궤도사업(도시철도사업을 포함한다), 4. 자동차운송사업, 5. 지방도로사업(유료도로사업만 해당한다), 6. 하수도사업, 7. 주택사업, 8. 토지개발사업, 9. 주택(대통령령으로 정하는 공공복리시설[4]을 포함한다)·토지 또는 공용·공공용 건축물의 관리 등의 수탁, 10.「도시 및 주거환경정비법」 제2조 제2호에 따른 공공재개발사업 및 공공재건축사업

1) 제정(1969.01.29.) 이 법은 지방자치단체가 경영하는 기업 중 다음 각 호에 게기하는 사업(이에 부대하는 사업을 포함한다. 이하 같다)으로서 대통령령으로 정하는 기준 이상의 사업(이하 "지방공기업"이라 한다)에 대하여 적용한다.

1. 수도사업(간이수도사업을 제외한다), 2. 공업용수도사업, 3. 궤도사업,[5] 4. 자동차운송사업, 5. 가스사업[6]

→ 지방자치단체가 경영하는 기업 중 수도사업, 공업용수도사업, 궤도사업, 자동차운송사업, 가스사업 등 5개 사업(부대사업 포함)을 특정하여 대통령령으로 정하는 기준 이상의 사업을 지방공기업의 법정사업으로 하여 「지방공기업법」을 적용하게 함으로써 적용범위에 있어서 원칙적으로 열거주의를 취하였다.

2) 개정(1980.01.04.) 이 법은 다음 각 호에 게기하는 사업(그에 부대되는 사업을 포함한다. 이하 같다) 중 대통령령으로 정하는 기준 이상의 사업으로서 제5조의 규정에 의하여 지방자치단체가 직접 설치·경영하는 사업(이하 "지방공기업"이라 한다)과, 제3장 및 제4장에 의하여 설립된 지방공사와 지방공단이 경영하는 사업에 대하여 적용한다.

1. 수도사업(간이상수도사업을 제외한다), 2. 공업용수도사업, 3. 궤도사업(지하철

---

4) "대통령령으로 정하는 공공복리시설"이란 수탁대상 주택의 기능 발휘와 이용을 위하여 필요한 부대시설과 편익시설로서 ① 공원·녹지·주차장·어린이놀이터·노인정·관리시설·사회복지시설과 그 부대시설, ② 문화·체육·업무시설 등 거주자의 생활복리를 위하여 필요한 시설 등을 말한다(지방공기업법 시행령 제2조 제2항).

5) 궤도사업은 그 때는 운영되고 있지 않았으나 향후 지방에 있어서 중소도시가 발전함으로써 지방철도 또는 지하철 같은 것을 도시계획에 충분히 고려할 수 있기 때문에 「지방공기업법」을 적용하도록 하였다.

6) 가스사업은 선진국에서 지방사업으로 상당한 발전을 가져오고 있어 우리나라에서도 앞으로 이러한 사업에 대비하여 「지방공기업법」을 적용하도록 하였다.

도사업을 포함한다), 4. 자동차운송사업, 5. 가스사업, 6. 지하도로사업, 7. 하수도사업, 8. 청소・위생사업, 9. 주택사업, 10. 의료사업, 11. 매장 및 묘지 등 사업

→ 「지방공기업법」 적용대상으로 지방도로사업, 하수도사업, 청소・위생사업, 주택사업, 의료사업, 매장 및 묘지사업 등 6개 사업이 추가되고, 지방공사와 지방공단 등 간접경영방식이 도입되었다.

3) 개정(1992.12.08.) 이 법은 다음 각 호에 해당하는 사업(그에 부대되는 사업을 포함한다. 이하 같다) 중 대통령령으로 정하는 기준 이상의 사업으로서 제5조의 규정에 의하여 지방자치단체가 직접 설치・경영하는 사업(이하 "지방직영기업"이라 한다)과, 다음 각 호에 해당하는 사업 중 제3장 및 제4장에 의하여 설립된 지방공사와 지방공단이 경영하는 사업에 대하여 적용한다.

1. 수도사업(간이상수도사업을 제외한다), 2. 공업용수도사업, 3. 궤도사업(도시철도사업을 포함한다), 4. 자동차운송사업, 5. 가스사업, 6. 지방도로사업, 7. 하수도사업, 8. 청소・위생사업, 9. 주택사업, 10. 의료사업, 11. 매장 및 묘지 등 사업, 12. 주거장사업, 13. 토지개발사업, 14. 시장사업, 15. 관광사업

→ 지방사업의 효율적인 추진을 위하여 「지방공기업법」 대상사업의 종류를 토지개발사업, 주거장사업, 시장사업, 관광사업 등 4개 사업과 조례제정사업[7]을 추가하였다. 또한 지방자치단체가 직접 운영하는 사업은 그 개념에 맞게 지방공기업에서 '지방직영기업'으로 명칭을 바꿈으로써 지방공기업을 지방직영기업, 지방공사 및 지방공단을 포함하는 개념으로 정비하였다.

4) 개정(1999.01.29.) 이 법은 다음 각 호의 1에 해당하는 사업(그에 부대되는 사업을 포함한다. 이하 같다) 중 제5조의 규정에 의하여 지방자치단체가 직접 설치・경영하는 사업으로서 대통령령이 정하는 기준 이상의 사업(이하 "지방직영기업"이라 한다)과 제3장 및 제4장에 의하여 설립된 지방공사와 지방공단이 경영하는 사업에 대하여 각각 적용한다.

1. 수도사업(간이상수도사업을 제외한다), 2. 공업용수도사업, 3. 궤도사업(도시철도사업을 포함한다), 4. 자동차운송사업, 5. 지방도로사업(유료도로사업에 한한

7) 지방자치단체는 ① 도축장사업, ② 통운사업, ③ 자동차터미널사업, ④ 체육장사업, ⑤ 문화예술사업, ⑥ 공원사업, ⑦ 경상수지비율 5할 이상 사업으로서 대통령령으로 정하는 규모에 미달하는 사업 또는 주민복리 증진・지역개발・지역경제 활성화에 이바지할 수 있다고 인정되는 사업 등 7개 사업에 대하여 조례가 정하는 바에 의하여 「지방공기업법」을 적용할 수 있도록 하였다.

다), 6. 하수도사업, 7. 주택사업, 8. 토지개발사업, 9. 의료사업

→ 「지방공기업법」 의무적용 대상사업을 상·하수도, 도로, 주택 등 공공성이 강한 9개 사업으로 한정하고, 종전의 가스, 청소·위생, 시장 및 관광사업 등 6개 사업을 제외하였다.

5) 개정(2005.07.13.) 이 법은 다음 각 호의 1에 해당하는 사업(그에 부대되는 사업을 포함한다. 이하 같다) 중 제5조의 규정에 의하여 지방자치단체가 직접 설치·경영하는 사업으로서 대통령령이 정하는 기준 이상의 사업(이하 "지방직영기업"이라 한다)과 제3장 및 제4장에 의하여 설립된 지방공사와 지방공단이 경영하는 사업에 대하여 각각 적용한다.

1. 수도사업(간이상수도사업을 제외한다), 2. 공업용수도사업, 3. 궤도사업(도시철도사업을 포함한다), 4. 자동차운송사업, 5. 지방도로사업(유료도로사업에 한한다), 6. 하수도사업, 7. 주택사업, 8. 토지개발사업

→ 지역주민에 대한 의료서비스의 질을 높이고 보건의료에 대한 공공성을 강화하기 위하여 2005년 7월 13일 법률 제7589호로 「지방의료원의 설립 및 운영에 관한 법률」이 제정됨으로써 「지방공기업법」 의무적용 대상사업 중 의료사업을 제외하였다.

6) 개정(2019.12.03.) 이 법은 다음 각 호의 어느 하나에 해당하는 사업(그에 부대되는 사업을 포함한다. 이하 같다) 중 제5조에 따라 지방자치단체가 직접 설치·경영하는 사업으로서 대통령령으로 정하는 기준 이상의 사업(이하 "지방직영기업"이라 한다)과 제3장 및 제4장에 따라 설립된 지방공사와 지방공단이 경영하는 사업에 대하여 각각 적용한다.

1. 수도사업(마을상수도사업은 제외한다), 2. 공업용수도사업, 3. 궤도사업(도시철도사업을 포함한다), 4. 자동차운송사업, 5. 지방도로사업(유료도로사업만 해당한다), 6. 하수도사업, 7. 주택사업, 8. 토지개발사업, 9. 주택(대통령령으로 정하는 공공복리시설을 포함한다)·토지 또는 공용·공공용 건축물의 관리 등의 수탁

→ 「지방공기업법」 의무적용 대상사업에 주택(대통령령으로 정하는 공공복리시설을 포함한다)·토지 또는 공용·공공용 건축물의 관리 등의 수탁사업이 포함되었다. 그동안 지방공기업의 주택·토지 또는 공용·공공용건축물의 관리 등 업무 수탁의 법적 근거가 명확하지 않아 해당 업무를 「부동산투자회사법」에 따른 자산관리회사에 위탁·수행함으로써 위탁비용 등 각종 비효율이 발

생하였다. 따라서 지방공기업이 주택·토지 또는 공용·공공용 건축물의 관리 등의 업무를 직접 위탁받아 수행할 수 있도록 법적 근거를 마련하였다.

7) **개정(2021.10.19.)** 현행과 같이 개정하였다.

→ 정부는 주거안정 및 주거복지를 위한 공공임대주택 확대를 위해 공공재개발 및 공공참여형 고밀재건축 사업을 도입하는 정책을 추진하고 있는데, 현행 「지방공기업법」에 공공재개발 및 공공재건축 등 공공도시정비사업이 적용범위에 포함되지 않아 원활한 사업 추진에 어려움이 있었다. 따라서 「도시 및 주거환경정비법」에 따른 공공재개발사업 및 공공재건축사업을 현행법의 적용범위가 되는 사업범위에 명확하게 포함시켰다.

<표 1> 지방공기업법 의무적용 대상사업 변천현황

구분	'69.01.29 (5개)	'80.01.04 (11개)	'92.12.08 (15개)	'99.01.29 (9개)	'05.07.13 (8개)	'19.12.03 (9개)	'21.10.19 (10개)
수도사업	●	○	○	○	○	○	○
공업용수도사업	●	○	○	○	○	○	○
궤도사업	●	○	○	○	○	○	○
자동차운송사업	●	○	○	○	○	○	○
지방도로사업		●	○	○	○	○	○
하수도사업		●	○	○	○	○	○
주택사업		●	○	○	○	○	○
토지개발사업			●	○	○	○	○
가스사업	●	○	○	×			
청소·위생사업		●	○	×			
의료사업		●	○	○	×		
매장 및 묘지사업		●	○	×			
주거장사업			●	×			
시장사업			●	×			
관광사업			●	×			
관리수탁사업						●	○
공공재개발·재건축							●

주: ●는 신규로 의무적용사업에 포함된 사업, ○는 계속 의무적용사업을 유지하고 있는 사업, ×는 의무적용사업에서 제외된 사업임.

여기서 현행 「지방공기업법」상 의무적용 대상사업(10개)에 대하여 “대통령령으로 정하는 기준”이 변천된 내용을 살펴보면 다음과 같다.

① 수도사업: (현행) 1일 생산능력 1만 톤 이상

- 1969.12.16.: 50인 이상 또는 1일 생산능력 2만 톤 이상
- 1993.04.10.: 30인 이상 또는 1일 생산능력 1만 5천 톤 이상
- 1999.03.31.: 1일 생산능력 1만 5천 톤 이상
- 2015.01.28.: 현행과 같이 개정하였다.

② 공업용수도사업: (현행) 1일 생산능력 1만 톤 이상

- 1969.12.16.: 30인 이상 또는 1일 생산능력 2만 톤 이상
- 1993.04.10.: 20인 이상 또는 1일 생산능력 1만 톤 이상
- 1999.03.31.: 현행과 같이 개정하였다.

③ 궤도사업: (현행) 보유차량 50량 이상

- 1969.12.16.: 100인 이상 또는 보유차량 50량 이상
- 1999.03.31.: 현행과 같이 개정하였다.

④ 자동차운송사업: (현행) 보유차량 30대 이상

- 1969.12.16.: 100인 이상 또는 보유차량 50량 이상
- 1993.04.10.: 50인 이상 또는 보유차량 30대 이상
- 1999.03.31.: 현행과 같이 개정하였다.

⑤ 지방도로사업: (현행) 도로관리연장 50킬로미터 이상 또는 유료터널 · 교량 3개소 이상

- 1980.05.08.: 10인 이상 또는 도로관리연장 100킬로미터 이상
- 1993.04.10.: 10인 이상 또는 도로관리연장 50킬로미터 이상 또는 유료터널 · 교량 3개소 이상
- 1999.03.31.: 현행과 같이 개정하였다.

⑥ 하수도사업: (현행) 1일 처리능력 1만 톤 이상

- 1980.05.08.: 30인 이상 또는 하수처리장시설 구비
- 1999.03.31.: 하수처리장시설 구비
- 2005.03.31.: 1일 처리능력 1만 5천 톤 이상
- 2015.01.28.: 현행과 같이 개정하였다.

⑦ 주택사업: (현행) 주택관리 연면적 또는 주택건설 면적 10만 평방미터 이상

- 1980.05.08.: 10인 이상 또는 주택관리 연면적 10만 평방미터 이상
- 1993.04.10.: 10인 이상 또는 주택관리 연면적 또는 주택건설면적 10만 평방미터 이상
- 1999.03.31.: 현행과 같이 개정하였다.

⑧ 토지개발사업: (현행) 조성면적 10만 평방미터 이상

- 1993.04.10.: 10인 이상 또는 조성면적 10만 평방미터 이상
- 1999.03.31.: 현행과 같이 개정하였다.

⑨ (현행) 주택(대통령령으로 정하는 공공복리시설을 포함한다) · 토지 또는 공용 · 공공용 건축물의 관리 등의 수탁

- 2019.12.03.: 현행과 같이 신설하였다.

⑩ (현행) 「도시 및 주거환경정비법」 제2조 제2호에 따른 공공재개발사업 및 공공재건축사업

- 2021.10.19.: 현행과 같이 신설하였다.

[제2항] 지방자치단체는 다음 각 호의 어느 하나에 해당하는 사업 중 경상경비의 50퍼센트 이상을 경상수입[8])으로 충당할 수 있는 사업을 지방직영기업, 지방공사 또는 지방공단이 경영하는 경우에는 조례로 정하는 바에 따라 이 법을 적용할 수 있다.

1. 민간인의 경영 참여가 어려운 사업[9])으로서 주민복리의 증진에 이바지할 수 있고, 지역경제의 활성화나 지역개발의 촉진에 이바지할 수 있다고 인정되는 사업
2. 제1항 각 호의 어느 하나에 해당하는 사업 중 같은 항 각 호 외의 부분에 따라 대통령령으로 정하는 기준에 미달하는 사업
3. 「체육시설의 설치 · 이용에 관한 법률」에 따른 체육시설업

8) 지방자치단체로부터 받는 위탁운영비(대행사업비)를 경상수입으로 볼 경우 모든 사업의 경상수지비율은 항상 100%를 충족시키는 결과를 초래하며, 이는 경상수지비율 50% 이상인 사업만을 영위하도록 규정한 「지방공기업법」 제2조 제2항의 취지에 부합하지 않는다. 따라서 사업 운영을 통해 발생하는 자체수입(입장료, 각종 판매수입 등)을 경상수입으로 보는 것이 타당하다.

9) 행정자치부(2006.06.)의 『지방공기업 분야 질의 · 회신 사례집』에 따르면, "민간인의 경영참여가 어려운 사업"이라 함은 일반적으로 사업상 공공성으로 인해 민간인이 참여하기를 기피하고 민간인이 수행해서는 공익성의 침해가 우려되는 사업을 말한다.

4. 「관광진흥법」에 따른 관광사업(여행업 및 카지노업은 제외한다)

1) 신설(1999.01.29.) 지방자치단체는 다음 각 호의 1에 해당하는 사업 중 경상경비의 5할 이상을 경상수입으로 충당할 수 있는 사업을 지방직영기업·지방공사 또는 지방공단이 경영하는 경우에는 조례가 정하는 바에 의하여 이 법을 적용할 수 있다.

1. 민간인의 경영참여가 어려운 사업으로서 주민복리의 증진에 기여할 수 있고, 지역경제의 활성화나 지역개발의 촉진에 이바지할 수 있다고 인정되는 사업
2. 제1항 각 호의 1에 해당하는 사업 중 동항 본문의 규정에 의한 대통령령이 정하는 기준에 미달하는 사업

→ 지방공기업이 기업으로서의 최소한의 기업성과 경제성을 보장할 수 있도록 경상경비의 5할 이상을 경상수입으로 충당하도록 규정하였다. 따라서 사업 운영에 따른 경상수지가 5할을 넘지 못할 것으로 판단된다면 당해 사업을 지방공기업이 수행하는 것은 불가능하다.

2) 개정(2004.12.30.) 지방자치단체는 다음 각 호의 1에 해당하는 사업 중 경상경비의 5할 이상을 경상수입으로 충당할 수 있는 사업을 지방직영기업·지방공사 또는 지방공단이 경영하는 경우에는 조례가 정하는 바에 의하여 이 법을 적용할 수 있다.

1. 민간인의 경영참여가 어려운 사업으로서 주민복리의 증진에 기여할 수 있고, 지역경제의 활성화나 지역개발의 촉진에 이바지할 수 있다고 인정되는 사업
2. 제1항 각 호의 1에 해당하는 사업 중 동항 본문의 규정에 의한 대통령령이 정하는 기준에 미달하는 사업
3. 체육시설의 설치·이용에 관한 법률에 의한 체육시설업 및 관광진흥법에 의한 관광사업(여행업 및 카지노업을 제외한다)

→ '주 40시간 근무제' 도입으로 관광·레저수요가 크게 늘어나고 있으므로 지방공기업의 사업 영역에 체육시설업과 일부 관광사업을 추가하여 주민복리 증진과 지역경제 활성화에 기여할 수 있도록 하였다.

3) 개정(2011.08.04.) 현행과 같이 개정하였다.

→ 체육시설업 및 관광사업을 각각 분리하고, 경상수지비율은 설립 다음 연도부

터 5년 간의 예상영업수익과 예상영업비용을 평균하여 산출하도록 하였다.

[제3항] 지방자치단체의 장은 제1항 각 호의 어느 하나에 해당하는 사업 중 같은 항 각 호 외의 부분에 따라 대통령령으로 정하는 기준에 미달하는 사업에 대하여 대통령령으로 정하는 바에 따라 제22조[10])를 준용할 수 있다.

1) 신설(2002.03.25.) 지방자치단체의 장은 제1항 각 호의 1에 해당하는 사업 중 동항 각 호 외의 부분의 규정에 의한 대통령령이 정하는 기준에 미달하는 사업에 대하여 대통령령이 정하는 바에 의하여 제22조의 규정을 준용할 수 있다.

→ 특정 공공수요를 필요에 따라 특정 개인에게 충족시키는 경우에는 '수익자 부담원리'에 따라 그 개인에게 상응한 비용을 부담하게 하는 것이 바람직하다. 이 경우 비용 부담은 총괄원가계산방식에 의하여 요금을 산정하게 되는데, 이러한 공공수요에는 수도 · 공업용수도 · 하수도 등이 있다. 이제까지는 총괄원가계산방식에 의한 요금은 대통령령으로 정하는 일정규모 이상의 사업에만 한정적으로 적용하던 것을, 「지방공기업법」 적용대상사업이 아니더라도 지방직영기업의 요금기준을 준용할 수 있도록 하였다.

2) 개정(2011.08.04.) 현행과 같이 개정하였다.

Q & A

1. 「지방공기업법」 제2조 제2항 적용

Q. ① 「지방공기업법」 제2조 제2항에서 경상경비의 50퍼센트 이상을 경상수입으로 충당할 수 있는 사업의 경우에만 지방공단 등이 사업을 영위할 수 있게 규정한 취지는 무엇인가? ② 「지방공기업법」 제71조에 따른 대행사업의 경우에도 제2조 제2항이 적용되어 경상경비 50%에 미달하는 사업은 대행이 불가능한가? ③ 시설관리공단이 지방자치단체의 대행사업이 아닌 자체 수익사업을 영위할 수 있는가?

---

10) 「지방공기업법」 제22조(요금)의 규정을 준용할 수 있는 사업은 ① 수도사업, ② 공업용수도사업, ③ 하수도사업 등이며, 지방자치단체의 장은 「지방공기업법」 제22조의 규정을 준용하고자 하는 때에는 대상사업의 명칭을 그 지방자치단체의 공보에 고시하여야 한다(지방공기업법 시행령 제2조의2).

A. ① 지방공기업이 공공성이 있는 재화와 서비스를 생산하더라도 기업으로서의 최소한의 경제성을 유지할 수 있도록 「지방공기업법」 제2조(적용범위) 제2항에서는 경상경비의 50% 이상을 경상수입으로 충당하도록 규정하였다. 다만, 제2조 제1항에 열거된 사업은 필수 공익적 성격이 강하기 때문에 경상수지비율의 적용을 받지 아니한다. ② 「지방공기업법」 제71조(대행사업의 비용부담)에 따른 지방자치단체의 대행사업 역시 제2조 제2항의 적용을 받게 되므로 당해 사업을 통해 발생하는 경상수입이 경상경비의 50% 이상을 충족시켜야 한다. ③ 지방공단의 경우 현행 법령상 명시적으로 자체 수익사업 영위를 금지하는 규정은 없으나, 「지방공기업법」 제76조(설립 · 운영)에서 공사의 손익금 처리를 규정한 「지방공기업법」 제67조(손익금의 처리)를 준용하고 있지 아니하므로 해석상 지방공단이 수입이 발생하여 손익금을 처리하는 자체 수익사업을 추진하는 것은 어려울 것으로 판단된다.

2. 폐기물종합처리장 운영업무의 지방공사 위탁

Q. 지방자치단체가 조례를 제정하여 해당 지역 내 폐기물종합처리장 운영업무를 지방공사에 위탁할 수 있는가?

A. 폐기물처리업무는 「지방공기업법」 제2조(적용범위) 제1항에 따른 당연적용사업이 아니기 때문에 제2항에 따른 엄격한 검토가 필요하다. 따라서 경상경비의 50퍼센트 이상을 경상수입으로 충당할 수 있어야 하고, 주민의 복리증진 및 지역경제 활성화를 위해 필요한 지를 검토하여야 한다. 또한 폐기물처리업무가 총사업비 500억 원(시 · 군 · 구가 설립한 공사는 300억 원) 이상의 사업이라면 타당성 검토 후 지방자치단체의 장에게 보고하고 의회의 의결을 받아야 한다. 결론적으로, 이러한 요건을 모두 충족한다면 폐기물종합처리장 운영업무를 지방공사에 위탁하는 것이 가능하다.

3. 지방공사의 사업범위

Q. 지방공사가 조례에 "시장이 인정한 사업"과 같은 포괄적인 내용을 규정하고, 이를 근거로 기존에 지방공사에서 수행하던 사업과 상이한 새로운 사업 영역에 진출할 수 있는가?

A. 「지방공기업법」 제2조(적용범위)는 지방공사가 수행할 수 있는 사업범위를 명시하고 있는데, 해당 조문에는 "지방자치단체의 장이 필요하다고 인정하는 사업"과 같은 포괄적인 내용은 규정하고 있지 않다. 따라서 지방공사 조례에서 지방공사의 사업범위에 "그 밖에 시장이 인정한 사업"으로 규정한 것은 일시적으로 지방공사가 특

정사업을 수행하여야 할 긴급한 필요가 있을 때 해당 사업에 대해 적용하는 것으로 해석하는 것이 타당하다. 따라서 기존에 지방공사에서 수행하던 사업과 상이한 새로운 사업 영역에 진출하는 경우 "시장이 인정한 사업"과 같은 포괄적인 내용을 근거로 일시적으로 수행하는 것은 가능할 수 있겠으나, 장기적 · 지속적으로 추진하려면 조례 개정이 필요할 것으로 보인다. 또한 해당 사업이 기존에 지방공사에서 추진하던 사업 영역과 동일성이 인정되지 않아 조례 · 정관의 개정이 필요한 사업일 경우에는 신규 사업 진출에 따른 타당성 검토가 필요할 것으로 판단된다.

4. ○○프라자 재개발사업 추진

Q. 은행, 식당가, 병원, 당구장 등의 용도로 사용하는 ○○프라자 재개발사업을 「지방공기업법」 및 「○○시 공영개발사업 설치조례」에 의거한 공영개발사업으로 추진할 수 있는가?

A. 지방공기업은 주민복리 증진과 지방자치 발전에 기여할 목적으로 설립 · 운영되고 있으며, 사업대상도 상수도사업 등 공공성이 강하고 민간경제 영역에서 참여하기 어려운 사업으로 제한하고 있다. 질의한 ○○프라자 재개발사업의 내용을 살펴보면 주로 식당가, 당구장, 푸드점 등 상업성이 강한 사경제 영역으로 「지방공기업법」 제2조(적용범위)에서 정한 사업범위에 해당되지 않으므로 동 사업을 공영개발사업으로 추진하는 것은 부적절하다.

제3조(경영의 기본원칙) ① 지방직영기업, 지방공사 및 지방공단(이하 "지방공기업"이라 한다)은 항상 기업의 경제성과 공공복리를 증대하도록 운영하여야 한다.
② 지방자치단체는 지방공기업을 설치 · 설립 또는 경영할 때에 민간경제를 위축시키거나, 공정하고 자유로운 경제질서를 해치거나, 환경을 훼손시키지 아니하도록 노력하여야 한다.

[연혁]

[제1항] 지방직영기업, 지방공사 및 지방공단(이하 "지방공기업"이라 한다)은 항상 기업의 경제성과 공공복리를 증대하도록 운영하여야 한다.

1) **제정(1969.01.29.)** 지방공기업은 항상 기업의 경제성과 공공복리를 증대하도

록 운영하여야 한다.

→ 지방공기업에 기업경영원리를 도입하기 때문에 독립채산제의 원칙을 염려한 나머지 수익성만 추구함으로써 공익성을 희생시키는 결과를 초래할 염려가 있었다. 따라서 수익성과 공공복리 추구라는 공익성이 조화를 이루도록 하는 경영의 기본원칙을 정하여 「지방공기업법」의 입법 취지를 명백히 하였다.

2) **개정(1980.01.04.)** 지방공기업(지방공사 및 지방공단이 경영하는 기업을 포함한다. 이하 이 장에서 같다)은 항상 기업의 경제성과 공공복리를 증대하도록 운영하여야 한다.

3) **개정(1992.12.08.)** 현행과 같이 개정하였다.

[제2항] 지방자치단체는 지방공기업을 설치·설립 또는 경영할 때에 민간경제를 위축시키거나, 공정하고 자유로운 경제질서를 해치거나, 환경을 훼손시키지 아니하도록 노력하여야 한다.

1) **신설(1999.01.29.)** 지방자치단체는 지방직영기업을 설치·경영함에 있어서 민간경제를 위축시키거나 공정하고 자유로운 경제질서를 저해하거나 환경을 훼손시키지 아니하도록 노력하여야 한다.

2) **개정(2002.03.25.)** 지방자치단체는 지방공기업을 설치·설립 또는 경영함에 있어서 민간경제를 위축시키거나 공정하고 자유로운 경제질서를 저해하거나 환경을 훼손시키지 아니하도록 노력하여야 한다.

→ 민선자치시대 도래로 지방자치단체의 장 대부분이 지방행정의 역점을 지역경제 활성화에 맞추다 보니 지역경제를 선도할 수 있게 하기 위하여 지방공기업을 의욕적으로 설립·경영함으로써 민간기업과 경합, 새로운 공공 독점기업 등장, 환경훼손 등 부작용이 나타나게 되었다. 이에 따라 자본주의의 지주인 자유시장원리를 해치지 않는 범위 내에서 자연친화적인 사업을 경영하도록 지방공기업의 설치·경영의 한계규정을 신설하였다.

3) **개정(2011.08.04.)** 현행과 같이 개정하였다.

Q & A

1. 민간 수영장 수탁 운영

Q. 민간 소유의 수영장이 운영난으로 영업을 하지 못함으로써 해당 지역주민들이 수영장을 이용할 수 없는 상황이다. 따라서 지역주민들은 주민복리 증진과 지역경제 활성화 등의 사유를 들며 민간 수영장을 리모델링한 후 공사에서 운영해 주기를 희망하고 있다. 민간 체육시설을 지방공사에서 직접 수탁하여 운영하는 것이 가능한가? 불가능하다면, 민간 체육시설을 지방자치단체가 매입하거나 임차한 후 지방공사에 위탁하여 운영하도록 하는 것은 가능한가? 공공이 아닌 민간 체육시설이며, 운영상 적자가 발생하더라도 민간인의 경영 참여가 가능한 사업이므로 지방공사가 수탁하여 운영하는 것이 불가능한가?

A. 지방공사는 「지방공기업법」 제2조(적용범위)에서 정한 사업을 추진할 수 있으며, 같은 법 제71조(대행사업의 비용부담)에는 국가 또는 지방자치단체의 사업을 대행할 수 있도록 규정하고 있다. 따라서 「지방공기업법」의 목적(제1조) 및 경영의 기본원칙(제3조) 등 「지방공기업법」의 취지와 「지방공기업 설립기준」상의 시장성테스트를 통해 민간 영역 침해여부 등을 고려하여 적정사업을 판단해야 한다. 질의한 수영장을 민간으로부터 직접 위탁받아 수행하는 것은 어려우나, 주민복리 증진 및 공공성 목적으로 지방자치단체의 매입여부 등은 자체적으로 판단하여야 할 것이다.

제4조(지방공기업에 관한 법령 등의 제정 및 시행) 지방공기업에 관한 법령, 조례, 규칙, 그 밖의 규정은 제3조에 따른 기본원칙에 따라야 한다.

[연혁]

1) **제정(1969.01.29.)** 지방공기업에 관한 법령 및 조례와 규칙 기타 규정은 제3조의 규정에 의한 기본원칙에 따라야 한다.

→ 지방공기업에 관한 법령 및 조례와 규칙 기타 기업관리규정은 공공성과 수익성에 의한 기본원칙에 따르도록 하였다.

2) **개정(2011.08.04.)** 현행과 같이 개정하였다.

제2장 지방직영기업

제1절 통칙

제5조(지방직영기업의 설치) 지방자치단체는 지방직영기업을 설치 · 경영[1]하려는 경우에는 그 설치 · 운영의 기본사항을 조례[2]로 정하여야 한다.

[연혁]

1) **제정(1969.01.29.)** 지방자치단체가 지방공기업을 설치 · 경영하고자 할 때에는 그 설치 · 운영의 기본사항을 조례로 정하여야 한다.

2) **개정(1992.12.08.)** 지방자치단체가 지방직영기업을 설치 · 경영하고자 할 때에는 그 설치 · 운영의 기본사항을 조례로 정하여야 한다.

→ 지방자치단체가 직접 운영하는 사업은 그 개념에 맞게 지방공기업에서 '지방직영기업'으로 명칭을 바꾸고, 지방공기업을 지방직영기업, 지방공사 및 지방공단을 포함한 개념으로 정비하였다.

3) **개정(2011.08.04.)** 현행과 같이 개정하였다.

Q & A

1. 지방직영기업 업무의 일반회계부서 위임

Q. ① 수도사업 업무를 상하수도사업소(수도과, 정수과, 하수과)가 아닌 다른 일반회계부서(출장소)에 위임할 수 있는가? ② 위임할 수 있다면 위임절차는 어떻게 되는가?

---

1) 지방자치단체가 설치 · 경영하는 사업은 지방자치단체의 사업소 조직형태를 가지면서 독립채산제로 운영하는 공무원 조직을 의미한다.

2) 예컨대, 「부산광역시 수도사업 설치조례」(시행 2020.7.15., 부산광역시 조례 제6197호)에는 목적(제1조), 사업의 범위(제2조), 관리자(제3조), 기업관리규정(제4조), 특별회계의 설치(제5조), 출자(제6조), 재정지원(제7조), 지방채(제8조), 수입금 마련 지출(제9조), 회계처리상황의 보고(제10조), 잉여금의 처분(제11조), 회전기금의 설치(제12조), 업무상황설명서의 제출과 공표(제13조) 등이 규정되어 있다.

A. ① 「지방공기업법」 제5조(지방직영기업의 설치)에서는 지방직영기업 설치·운영의 기본사항을 조례로 정하도록 규정하고 있으나, 그 구체적인 형태 등에 대해서는 정한 바가 없다. 따라서 수도사업 업무의 위임 등에 관한 사항도 지방자치단체가 결정할 수 있다고 보아야 할 것이다. ② 지방자치단체의 장은 조례나 규칙으로 정하는 바에 따라 그 권한에 속하는 사무의 일부를 관할 지방자치단체나 공공단체 또는 그 기관(사업소·출장소를 포함한다)에 위임하거나 위탁할 수 있다(지방자치법 제117조 제2항). 따라서 해당 사무 위임·위탁에 관한 행정기구 설치조례 등 관련 조례 및 규칙의 제정 또는 개정이 필요할 것이다.

제6조(「지방자치법」 등의 적용) 지방직영기업에 대하여는 이 법에서 규정한 사항을 제외하고는 「지방자치법」, 「지방재정법」, 그 밖의 관계 법령을 적용한다.

[연혁]

1) **제정(1969.01.29.)** 지방공기업에 대하여는 이 법에 규정한 것을 제외하고는 지방자치법 및 지방재정법을 적용한다.

→ 지방공기업에 대하여는 「지방공기업법」이 「지방자치법」 및 「지방재정법」에 대한 특별법임을 명백히 하였다.

2) **개정(1992.12.08.)** 지방직영기업에 대하여는 이 법에 규정한 것을 제외하고는 지방자치법 및 지방재정법 기타 관계법령을 적용한다.

3) **개정(2011.08.04.)** 현행과 같이 개정하였다.

제2절 조직

제7조(관리자) ① 지방자치단체는 지방직영기업의 업무를 관리·집행하게 하기 위하여 사업마다 관리자를 둔다. 다만, 조례로 정하는 바에 따라 성질이 같거나 유사한 둘 이상의 사업에 대하여는 관리자를 1명만 둘 수 있다.
② 관리자는 대통령령으로 정하는 바에 따라 해당 지방자치단체의 공무원으로서 지방직영기업의 경영에 관하여 지식과 경험이 풍부한 사람 중에서 지방자치단체의 장이 임명하며, 임기제로 할 수 있다.

[연혁]

[제1항] 지방자치단체는 지방직영기업의 업무를 관리·집행하게 하기 위하여 사업마다 관리자[3]를 둔다. 다만, 조례로 정하는 바에 따라 성질이 같거나 유사한 둘 이상의 사업에 대하여는 관리자를 1명만 둘 수 있다.

1) 제정(1969.01.29.) 지방자치단체는 지방공기업의 업무를 관리·집행하게 하기 위하여 사업마다 관리자를 둔다. 다만, 조례가 정하는 바에 의하여 동질 또는 유사한 사업에 있어서는 2 이상의 사업에 걸쳐 관리자 1인을 둘 수 있다.

→ 「지방공기업법」은 지방자치단체가 경영하는 비독립적 공기업을 그 조직 및 재무에 독립성을 부여하여 그 활동을 원활하게 하려는 것이기 때문에, 지방공기업의 운영에 자주성을 부여하기 위하여 기업의 단위마다 관리자를 두어 기업경영을 보다 현실에 맞도록 그 독자성을 확보하였다.

2) 개정(1980.01.04.) 지방자치단체는 지방공기업의 업무를 관리·집행하게 하기 위하여 사업마다 관리자를 둔다. 다만, 조례가 정하는 바에 의하여 동질 또는 유사한 사업에 있어서는 2 이상의 사업에 걸쳐, 의료사업에 있어서는 병원마다 관리자 1인을 둘 수 있다.

3) 예컨대, 「부산광역시 수도사업 설치조례」(시행 2020.7.15., 부산광역시 조례 제6197호) 제3조(관리자)에는 "① 부산광역시수도사업(이하 "수도사업"이라 한다) 업무를 관리·집행하게 하기 위하여 관리자 1명을 둔다. ② 관리자는 부산광역시상수도사업본부장으로 한다."고 규정되어 있다.

3) **개정(1992.12.08.)** 지방자치단체는 지방직영기업의 업무를 관리·집행하게 하기 위하여 사업마다 관리자를 둔다. 다만, 조례가 정하는 바에 의하여 동질 또는 유사한 사업에 있어서는 2 이상의 사업에 걸쳐, 의료사업에 있어서는 병원마다 관리자 1인을 둘 수 있다.

4) **개정(2011.08.04.)** 현행과 같이 개정하였다.

[제2항] 관리자는 대통령령으로 정하는 바에 따라 해당 지방자치단체의 공무원으로서 지방직영기업의 경영에 관하여 지식과 경험이 풍부한 사람 중에서 지방자치단체의 장이 임명하며, 임기제[4)]로 할 수 있다.

1) **제정(1969.01.29.)** 관리자는 당해 지방자치단체의 일반직공무원 중 지방자치단체의 장이 임명한다.

→ 관리자는 일반직공무원이기 때문에 국가공무원 또는 지방공무원일 수가 있다.

2) **개정(1992.12.08.)** 관리자는 대통령령이 정하는 바에 의하여 당해 지방자치단체의 공무원 중 지방직영기업의 경영에 관하여 지식과 경험이 풍부한 자 중에서 지방자치단체의 장이 임명하며, 임기제로 할 수 있다.

→ 지방직영기업 관리자의 전문성을 높이기 위하여 일반직 지방공무원 외의 다른 지방공무원도 관리자로 임명할 수 있도록 임명대상자의 범위를 확대하고, 임기제를 도입하였다.

3) **개정(2011.08.04.)** 현행과 같이 개정하였다.

4) 지방직영기업의 관리자를 임기제로 하는 경우 그 임기는 2년으로 하되, 경영성과에 따라 연임하게 할 수 있다. 다만, 경영성과가 우수한 경우로서 본인이 원하는 경우에는 임기 중에도 전보 또는 승진하게 할 수 있다(지방공기업법 시행령 제3조 제1항). 1993년 4월 10일 동 제도 신설 시에는 관리자의 임기를 3년으로 하였으나, 1999년 3월 31일 관리자의 임기를 2년으로 단축하고 경영성과가 우수한 경우에는 임기 중에도 전보·승진이 가능하도록 하여 유능한 사람이 관리자가 될 수 있도록 개정하였다. 또한 관리자를 임기제로 할 수 있는 지방직영기업의 범위는 사업의 규모 등을 고려하여 당해 지방자치단체의 조례로 정하도록 되어 있다(지방공기업법 시행령 제3조 제2항). 관리자를 임기제로 할 수 있는 지방직영기업의 범위는 1993년 4월 10일 동 제도 신설 시에는 사업의 규모·직원수 등을 고려하여 내무부장관이 정하던 것을, 1999년 3월 31일 사업의 규모 등을 고려하여 당해 지방자치단체의 조례로 정하도록 개정하였다.

제8조(관리자의 권한) 관리자는 다음 각 호의 사항을 제외한 지방직영기업의 업무를 관리·집행한다. 다만, 법령에 특별한 규정이 있는 경우에는 그러하지 아니하다.

1. 예산안을 의회에 제출하는 사항
2. 결산을 의회의 승인에 부치는 사항
3. 의회의 의결이 필요한 사항으로서 그 의안을 의회에 제출하는 사항
4. 「지방자치법」 제156조 제2항[5]에 따른 과태료를 부과하는 사항

[연혁]

1) 제정(1969.01.29.) 관리자는 다음 각 호의 사항을 제외한 지방공기업의 업무를 관리·집행한다. 다만, 법령에 특별한 규정이 있는 경우에는 그러하지 아니하다.

1. 예산안을 의회에 제출하는 사항
2. 결산을 의회의 승인에 붙이는 사항
3. 의회의 의결을 요하는 사항으로서 그 의안을 의회에 제출하는 사항
4. 지방자치법 제128조 제2항의 규정에 의한 과태료를 과하는 사항

2) 개정(1992.12.08.) 현행과 같이 개정하였다.

여기서 현행 「지방공기업법」상 관리자의 권한에서 제외되는 사항(4개)별로 변천된 내용을 살펴보면 다음과 같다.

1. (현행) 예산안을 의회에 제출하는 사항
   - 제정(1969.01.29.) 현행과 같이 제정하였다.
2. (현행) 결산을 의회의 승인에 부치는 사항
   - 제정(1969.01.29.) 결산을 의회의 승인에 붙이는 사항
   - 개정(2011.08.04.) 현행과 같이 개정하였다.
3. (현행) 의회의 의결이 필요한 사항으로서 그 의안을 의회에 제출하는 사항
   - 제정(1969.01.29.) 의회의 의결을 요하는 사항으로서 그 의안을 의회에 제출하는 사항

5) 「지방자치법」 제156조(사용료의 징수조례 등) 제2항에는 "사기나 그 밖의 부정한 방법으로 사용료·수수료 또는 분담금의 징수를 면한 자에게는 그 징수를 면한 금액의 5배 이내의 과태료를, 공공시설을 부정사용한 자에게는 50만 원 이하의 과태료를 부과하는 규정을 조례로 정할 수 있다."고 규정되어 있다.

- 개정(2011.08.04.) 현행과 같이 개정하였다.

4. (현행) 「지방자치법」 제139조 제2항에 따른 과태료를 부과하는 사항
   - 제정(1969.01.29.) 지방자치법 제128조 제2항의 규정에 의한 과태료를 과하는 사항
   - 개정(1992.12.08.) 지방자치법 제130조 제2항의 규정에 의한 과태료를 과하는 사항
   - 개정(2007.05.11.) 「지방자치법」 제139조 제2항의 규정에 의한 과태료를 과하는 사항
   - 개정(2011.08.04.) 「지방자치법」 제139조 제2항에 따른 과태료를 부과하는 사항
   - 개정(2021.01.12.) 현행과 같이 개정하였다.

제9조(관리자의 업무) 제8조에 따라 관리자가 담당하는 주요 업무는 다음 각 호와 같다.

1. 지방직영기업에 관한 조례안 및 규칙안을 작성하여 지방자치단체의 장에게 제출하는 사항
2. 지방직영기업의 사업운영계획 및 예산안을 작성하여 지방자치단체의 장에게 제출하는 사항
3. 결산을 작성하여 지방자치단체의 장에게 제출하는 사항
4. 지방직영기업의 자산을 취득·관리·처분하는 사항
5. 계약을 체결하는 사항
6. 요금이나 그 밖의 사용료 또는 수수료를 징수하는 사항
7. 예산 내의 지출을 하는 경우 현금이 부족할 때에 일시 차입을 하는 사항과 그 밖에 예산집행에 관한 사항
8. 출납이나 그 밖의 회계 사무에 관한 사항
9. 증명서 및 공문서류를 보관하는 사항
10. 지방직영기업의 조직 및 인사(人事)운영에 관한 사항, 그 밖에 법령이나 해당 지방자치단체의 조례 또는 규칙에 따라 관리자의 권한에 속하는 사항

[연혁]

1) **제정(1969.01.29.)** 전 조의 규정에 의하여 관리자가 담당하는 주요업무는 다

음과 같다.

1. 지방공기업에 관한 조례안 및 규칙안을 작성하고 이를 지방자치단체의 장에게 제출하는 사항
2. 지방공기업의 사업운영계획 및 예산안을 작성하고 이를 지방자치단체의 장에게 제출하는 사항
3. 결산을 작성하고 이를 지방자치단체의 장에게 제출하는 사항
4. 지방공기업의 자산을 취득・관리・처분하는 사항
5. 계약을 체결하는 사항
6. 요금 기타 사용료 또는 수수료를 징수하는 사항
7. 예산내의 지출에 있어서 현금이 부족할 때에 일시 차입을 하는 사항 및 기타 예산집행에 관한 사항
8. 출납 기타 회계사무를 행하는 사항
9. 증빙서 및 공문서류를 보관하는 사항
10. 전 각호에 해당하는 것을 제외한 법령 또는 당해 지방자치단체의 조례와 규칙에 의하여 그 권한에 속하는 사항

2) 개정(1980.01.04.) 현행과 같이 개정하였다.

여기서 현행 「지방공기업법」상 관리자가 담당하는 주요 업무(10개)별로 변천된 내용을 살펴보면 다음과 같다.

1. (현행) 지방직영기업에 관한 조례안 및 규칙안을 작성하여 지방자치단체의 장에게 제출하는 사항
   - 제정(1969.01.29.) 지방공기업에 관한 조례안 및 규칙안을 작성하고 이를 지방자치단체의 장에게 제출하는 사항
   - 개정(1992.12.08.) 지방직영기업에 관한 조례안 및 규칙안을 작성하고 이를 지방자치단체의 장에게 제출하는 사항
   - 개정(2011.08.04.) 현행과 같이 개정하였다.
2. (현행) 지방직영기업의 사업운영계획 및 예산안을 작성하여 지방자치단체의 장에게 제출하는 사항
   - 제정(1969.01.29.) 지방공기업의 사업운영계획 및 예산안을 작성하고 이를 지방자치단체의 장에게 제출하는 사항

- 개정(1992.12.08.) 지방직영기업의 사업운영계획 및 예산안을 작성하고 이를 지방자치단체의 장에게 제출하는 사항
- 개정(2011.08.04.) 현행과 같이 개정하였다.

3. (현행) 결산을 작성하여 지방자치단체의 장에게 제출하는 사항
- 제정(1969.01.29.) 결산을 작성하고 이를 지방자치단체의 장에게 제출하는 사항
- 개정(2011.08.04.) 현행과 같이 개정하였다.

4. (현행) 지방직영기업의 자산을 취득・관리・처분하는 사항
- 제정(1969.01.29.) 지방공기업의 자산을 취득・관리・처분하는 사항
- 개정(1992.12.08.) 현행과 같이 개정하였다.

5. (현행) 계약을 체결하는 사항
- 제정(1969.01.29.) 현행과 같이 제정하였다.

→ 지방공기업의 계약을 체결하는 사항을 관리자의 업무로 명시하여 책임경영체제를 확립하고 기업경영에 관하여 독자적인 권한을 부여하였다.

6. (현행) 요금이나 그 밖의 사용료 또는 수수료를 징수하는 사항
- 제정(1969.01.29.) 요금 기타 사용료 또는 수수료를 징수하는 사항
- 개정(2011.08.04.) 현행과 같이 개정하였다.

7. (현행) 예산 내의 지출을 하는 경우 현금이 부족할 때에 일시차입을 하는 사항과 그 밖에 예산집행에 관한 사항
- 제정(1969.01.29.) 예산 내의 지출에 있어서 현금이 부족할 때에 일시차입을 하는 사항 및 기타 예산집행에 관한 사항
- 개정(2011.08.04.) 현행과 같이 개정하였다.

8. (현행) 출납이나 그 밖의 회계 사무에 관한 사항
- 제정(1969.01.29.) 출납 기타 회계사무를 행하는 사항
- 개정(2011.08.04.) 현행과 같이 개정하였다.

9. (현행) 증명서 및 공문서류를 보관하는 사항
- 제정(1969.01.29.) 증빙서 및 공문서류를 보관하는 사항
- 개정(2011.08.04.) 현행과 같이 개정하였다.

10. (현행) 지방직영기업의 조직 및 인사(人事) 운영에 관한 사항, 그 밖에 법령이나 해당 지방자치단체의 조례 또는 규칙에 따라 관리자의 권한에 속하는 사항

- 제정(1969.01.29.) 전 각 호에 해당하는 것을 제외한 법령 또는 당해 지방자치단체의 조례와 규칙에 의하여 그 권한에 속하는 사항
- 개정(1980.01.04.) 제1호 내지 제9호에 해당하는 것을 제외한 법령 또는 당해 지방자치단체의 조례와 규칙에 의하여 그 권한에 속하는 사항
- 개정(1992.12.08.) 지방직영기업의 조직 및 인사운영에 관한 사항 기타 법령 또는 당해 지방자치단체의 조례와 규칙에 의하여 그 권한에 속하는 사항
- 개정(2011.08.04.) 현행과 같이 개정하였다.

Q & A

1. 지방직영기업 계약업무에 대한 지방자치단체의 장의 승인

Q. 「지방재정법」에서 지방자치단체의 장의 승인을 받도록 되어 있는 계약에 관련된 업무에 대하여, 지방직영기업에서 시행하는 계약업무도 지방자치단체의 장의 승인을 받아야 하는가?

A. 「지방공기업법」 제8조(관리자의 권한) 내지 제10조(관리자와 지방자치단체의 장과의 관계)에서 지방자치단체의 장과 관리자와의 관계, 지방자치단체의 장이 지휘·감독할 수 있는 사항, 지방자치단체의 장의 권한으로 유보되어 있는 사항 등을 명백히 규정하고 있다. 이는 책임경영체제 확립을 위하여 관리자에게 기업경영에 관하여 독자적인 권한을 부여한 것으로, 「지방공기업법」 제9조(관리자의 업무)에서 계약을 체결하는 사항은 관리자의 업무로 명시하고 있으므로 별도로 지방자치단체의 장의 승인을 요하지 않는다.

제9조의2(지방직영기업의 중장기경영관리계획의 수립) ① 자산·부채 등을 고려하여 대통령령으로 정하는 기준에 해당하는 지방직영기업의 관리자는 매년 해당 연도를 포함한 5회계연도 이상의 중장기경영관리계획(이하 "중장기경영관리계획"이라 한다)을 수립하여 대통령령으로 정하는 기한까지 지방자치단체의 장과 의회에 제출하여야 한다.

② 제1항에 따른 중장기경영관리계획에는 다음 각 호의 사항이 포함되어야 한다.

1. 5회계연도 이상의 중장기 경영목표
2. 사업계획 및 재정운용방안
3. 경영적자의 증감에 대한 전망과 그 근거 및 개선계획, 요금 적정화계획 등이

포함된 경영관리계획

4. 전년도 중장기경영관리계획 대비 변동사항, 변동요인 및 관리계획 등에 대한 평가 · 분석

5. 그 밖에 지방직영기업의 경영과 관련된 사항으로서 대통령령으로 정하는 사항

[연혁]

[제1항] 자산 · 부채 등을 고려하여 대통령령으로 정하는 기준에 해당하는 지방직영기업[6]의 관리자는 매년 해당 연도를 포함한 5회계연도 이상의 중장기경영관리계획(이하 "중장기경영관리계획"이라 한다)을 수립하여 대통령령으로 정하는 기한까지[7] 지방자치단체의 장과 의회에 제출하여야 한다.

1) **신설(2015.12.15.)** 현행과 같이 신설하였다.

→ 만성적인 적자가 발생하고 있는 상 · 하수도사업의 경영수지개선 등을 위하여 자산 · 부채 등 일정요건에 해당하는 지방직영기업의 관리자는 매년 해당 연도를 포함한 5회계연도 이상의 중장기경영관리계획을 수립하여 지방자치단체의 장과 의회에 제출하도록 하였다.

[제2항] 제1항에 따른 중장기경영관리계획에는 다음 각 호의 사항이 포함되어야 한다.

1. 5회계연도 이상의 중장기 경영목표
2. 사업계획 및 재정운용방안

---

6) "대통령령으로 정하는 기준에 해당하는 지방직영기업"이란 「지방공기업법」 제2조(적용범위) 제1항 제1호 · 제2호 및 제6호에 따른 지방직영기업 중 직전 회계연도 말일 기준으로 ① 자산규모가 1조 원 이상인 지방직영기업, ② 부채규모가 2천억 원 이상인 지방직영기업, ③ 3개 사업연도 이상 계속하여 당기순손실이 발생한 지방직영기업으로서 행정안전부장관이 재무구조 개선이 필요하다고 인정하여 지정한 지방직영기업 중 어느 하나에 해당하는 지방직영기업을 말한다(지방공기업법 시행령 제3조의2 제1항).

7) "대통령령으로 정하는 기한까지"란 매년 9월 30일까지를 말한다(지방공기업법 시행령 제3조의2 제2항).

3. 경영적자의 증감에 대한 전망과 그 근거 및 개선계획, 요금 적정화계획 등이 포함된 경영관리계획
4. 전년도 중장기경영관리계획 대비 변동사항, 변동요인 및 관리계획 등에 대한 평가·분석
5. 그 밖에 지방직영기업의 경영과 관련된 사항으로서 대통령령으로 정하는 사항[8)]

1) 신설(2015.12.15.) 현행과 같이 신설하였다.

제10조(관리자와 지방자치단체의 장과의 관계) 지방자치단체의 장은 다음 각 호의 사항에 대하여 관리자를 지휘·감독한다.

1. 지방직영기업 경영의 기본계획에 관한 사항
2. 지방직영기업의 업무 집행에 관한 사항 중 해당 지방자치단체의 주민복리에 중대한 영향이 있다고 인정되는 사항
3. 지방직영기업의 업무와 다른 업무 사이에 필요한 조정에 관한 사항

[연혁]

1) 제정(1969.01.29.) 지방자치단체의 장이 관리자에 대하여 행하는 지휘·감독사항은 다음과 같다.

1. 지방공기업경영의 기본계획에 관한 사항
2. 지방공기업의 업무의 집행에 관한 사항 중 당해 지방자치단체의 주민의 복리에 중대한 영향이 있다고 인정되는 사항
3. 지방공기업의 업무와 다른 업무와의 필요한 조정에 관한 사항

→ 지방공기업의 기업주인 지방자치단체의 장이 공무원 중에서 관리자를 임명하여 기업의 독립성을 확립하고 경영합리화를 도모하게 하였으나, 관리자는 기업경영에 관하여 광범위한 관리·집행권을 가지고 있기 때문에 기업주인 당해 지방자치단체의 장과 경영자인 관리자와의 책임한계가 문제가 될 수 있었

8) "대통령령으로 정하는 사항"이란 직전 연도에 작성한 중장기경영관리계획에 대한 이행상황을 말한다(지방공기업법 시행령 제3조의2 제3항).

다. 지방자치단체의 장은 관리자가 기업경영자로서 지나치게 수익성을 추구한 나머지 공공성을 저해할 우려가 있기 때문에 거시적 · 종합적 · 포괄적이나마 지방공기업 경영의 기본계획에 관한 사항, 지방공기업의 업무집행에 관한 사항 중 당해 지방자치단체의 주민복리에 중대한 영향이 있다고 인정되는 사항, 지방공기업의 업무와 다른 업무와의 필요한 조정에 관한 사항 등에 관하여는 지방자치단체의 장이 관리자를 지휘 · 감독할 수 있게 하였다. 이는 관리자가 사적 목적으로 기업재산을 임의로 처분하거나 사업을 변경하는 등 수익성을 추구함으로써 공익 추구를 희생하는 것을 방지하기 위한 것이다.

2) 개정(2011.08.04.) 현행과 같이 개정하였다.

여기서 현행 「지방공기업법」상 지방자치단체의 장이 관리자를 지휘 · 감독하는 사항(3개)별로 변천된 내용을 살펴보면 다음과 같다.

1. (현행) 지방직영기업 경영의 기본계획에 관한 사항
   - 제정(1969.01.29.) 지방공기업 경영의 기본계획에 관한 사항
   - 개정(1992.12.08.) 현행과 같이 개정하였다.
2. (현행) 지방직영기업의 업무 집행에 관한 사항 중 해당 지방자치단체의 주민복리에 중대한 영향이 있다고 인정되는 사항
   - 제정(1969.01.29.) 지방공기업의 업무의 집행에 관한 사항 중 당해 지방자치단체의 주민의 복리에 중대한 영향이 있다고 인정되는 사항
   - 개정(1992.12.08.) 지방직영기업의 업무의 집행에 관한 사항 중 당해 지방자치단체의 주민의 복리에 중대한 영향이 있다고 인정되는 사항
   - 개정(2011.08.04.) 현행과 같이 개정하였다.
3. (현행) 지방직영기업의 업무와 다른 업무 사이에 필요한 조정에 관한 사항
   - 제정(1969.01.29.) 지방공기업의 업무와 다른 업무와의 필요한 조정에 관한 사항
   - 개정(1992.12.08.) 지방직영기업의 업무와 다른 업무와의 필요한 조정에 관한 사항
   - 개정(2011.08.04.) 현행과 같이 개정하였다.

제10조의2(기업 직원) 지방직영기업 운영을 전문화하기 위하여 필요한 경우에는 「지방공무원법」에서 정하는 바에 따라 지방직영기업 소속 공무원에 대한 전문직렬을 둘 수 있다.

[연혁]

1) **신설(1992.12.08.)** 지방직영기업 운영의 전문화를 위하여 필요한 경우에는 지방공무원법이 정하는 바에 의하여 지방직영기업 소속공무원에 대한 전문직렬을 둘 수 있다.

→ 기업의 구성원이 공무원이기 때문에 임용 및 복무의무·권리·보수 등 인사에 관한 사항은 「국가공무원법」과 「지방공무원법」 등 법령이 적용됨으로써 현행 「공무원법」상의 보수나 대우로는 질적으로 유능한 인재를 등용할 수 없는 문제가 있었다. 따라서 이를 해소하기 위하여 전문직렬제를 도입하였다.

2) **개정(2011.08.04.)** 현행과 같이 개정하였다.

→ 상수도사업본부에서는 「지방공무원 임용령」 제3조(공무원의 직급 구분 등) 제1항 [별표 1]에 따라 기업행정직과 수도토목직을 전문직렬로 운영하였다.

제11조(기업관리규정) 관리자는 법령, 조례 또는 규칙에 위반되지 아니하는 범위에서 지방직영기업 업무에 관하여 기업관리규정을 제정[9]할 수 있다.

[연혁]

1) **제정(1969.01.29.)** 관리자는 법령 또는 조례나 규칙에 위반하지 아니하는 범위 안에서 지방공기업 업무에 관하여 기업관리규정을 제정할 수 있다.

2) **개정(1992.12.08.)** 관리자는 법령 또는 조례나 규칙에 위반하지 아니하는 범위 안에서 지방직영기업 업무에 관하여 기업관리규정을 제정할 수 있다.

3) **개정(2011.08.04.)** 현행과 같이 개정하였다.

9) 지방직영기업 관리규정을 제정함에 있어서는 「지방공기업법」 제3조(경영의 기본원칙)의 규정에 의한 지방공기업 경영의 기본원칙에 따라 당해 기업을 효율적으로 운영할 수 있도록 하여야 한다(지방공기업법 시행규칙 제3조).

제12조(권한의 위임 등) ① 관리자가 부득이한 사유로 업무를 수행할 수 없을 때에는 해당 지방자치단체의 규칙으로 정하는 바에 따라 해당 지방직영기업에 종사하는 상위 서열의 공무원이 그 업무를 대행한다.
② 관리자는 그 권한의 일부를 해당 지방직영기업에 종사하는 공무원, 지방자치단체의 기관 또는 지방자치단체가 경영하는 다른 지방직영기업의 관리자에게 위임하거나 위탁할 수 있다. 다만, 지방자치단체의 기관 또는 지방자치단체가 경영하는 다른 지방직영기업의 관리자에게 위탁할 때에는 미리 지방자치단체의 장의 승인을 받아야 한다.

[연혁]

[제1항] 관리자가 부득이한 사유로 업무를 수행할 수 없을 때에는 해당 지방자치단체의 규칙으로 정하는 바에 따라 해당 지방직영기업에 종사하는 상위 서열의 공무원이 그 업무를 대행한다.

1) **제정(1969.01.29.)** 관리자가 사고로 인하여 업무를 수행할 수 없을 때에는 당해 지방자치단체의 규칙이 정하는 바에 의하여 당해 지방공기업에 종사하는 상위서열의 공무원이 그 업무를 대행한다.

2) **개정(1992.12.08.)** 관리자가 사고로 인하여 업무를 수행할 수 없을 때에는 당해 지방자치단체의 규칙이 정하는 바에 의하여 당해 지방직영기업에 종사하는 상위서열의 공무원이 그 업무를 대행한다.

3) **개정(2011.08.04.)** 현행과 같이 개정하였다.

[제2항] 관리자는 그 권한의 일부를 해당 지방직영기업에 종사하는 공무원, 지방자치단체의 기관 또는 지방자치단체가 경영하는 다른 지방직영기업의 관리자에게 위임하거나 위탁[10]할 수 있다. 다만, 지방자치단체의 기관 또는 지방자치단체가 경영하는 다른 지방직영기업의 관리자에게 위탁할 때에는 미리 지방자치단체의 장의 승인을 받아야 한다.

---

10) '위임'은 당해 지방직영기업 종사 공무원에게 권한의 일부를 위임하는 것이고, '위탁'은 당해 지방자치단체의 기관 또는 다른 지방직영기업 관리자에게 권한의 일부를 위탁하는 것이다.

1) **제정**(1969.01.29.) 관리자는 그 권한의 일부를 당해 지방공기업에 종사하는 공무원이나 당해 지방자치단체의 기관 또는 그 지방자치단체가 경영하는 다른 지방공기업의 관리자에게 위임할 수 있다. 다만, 당해 지방자치단체의 기관 또는 그 자치단체가 경영하는 다른 지방공기업의 관리자에게 위임할 때에는 미리 그 지방자치단체의 장의 승인을 얻어야 한다.

2) **개정**(1992.12.08.) 관리자는 그 권한의 일부를 당해 지방직영기업에 종사하는 공무원이나 당해 지방자치단체의 기관 또는 그 지방자치단체가 경영하는 다른 지방직영기업의 관리자에게 위임 또는 위탁할 수 있다. 다만, 당해 지방자치단체의 기관 또는 그 지방자치단체가 경영하는 다른 지방직영기업의 관리자에게 위탁할 때에는 미리 그 지방자치단체의 장의 승인을 얻어야 한다.

3) **개정**(2011.08.04.) 현행과 같이 개정하였다.

제3절 재무

제13조(특별회계) 지방자치단체는 제2조에 해당하는 사업마다 특별회계를 설치하여야 한다. 다만, 제7조 제1항 단서에 따라 둘 이상의 사업에 대하여 관리자를 1명만 두는 경우에는 둘 이상의 사업에 대하여 하나[11]의 특별회계를 둘 수 있다.

[연혁]

1) 제정(1969.01.29.) 지방자치단체는 제2조 제1항에 해당하는 사업마다 특별회계를 설치하여야 한다. 다만, 동조 동항에 해당하는 사업을 2이상 경영하는 지방자치단체에 있어서 제7조 제1항 단서의 규정에 의하여 관리자 1인을 두는 경우에는 그 2이상의 사업에 하나의 특별회계를 둘 수 있다.

→ 일반행정과 구별하여 지방직영기업의 사업은 독립채산으로 회계처리하기 위하여 별도의 특별회계로 설치·운영하도록 하였다. 즉, 지방자치단체는 열거주의를 취하고 있는 지방공기업의 사업마다 특별회계를 설치하되, 그 사업을 2 이상 경영하는 지방자치단체가 조례가 정하는 바에 의하여 동질 또는 유사한 사업에 있어서 관리자 1인을 두는 경우에는 그 둘 이상의 사업에 하나의 특별회계를 둘 수 있게 하였다.

2) 개정(1980.01.04.) 지방자치단체는 제2조 제1항에 해당하는 사업마다 특별회계를 설치하여야 한다. 다만, 동조 동항에 해당하는 사업을 2이상 경영하는 지방자치단체에 있어서 제7조 제1항 단서의 규정에 의하여 관리자 1인을 두는 경우에는 그 2이상의 사업에, 의료사업에 있어서는 병원마다 하나의 특별회계를 둘 수 있다.

3) 개정(1992.12.08.) 지방자치단체는 제2조에 해당하는 사업마다 특별회계를 설치하여야 한다. 다만, 동조에 해당하는 사업을 2이상 경영하는 지방자치단체에 있어서 제7조 제1항 단서의 규정에 의하여 관리자 1인을 두는 경우에는 그 2이상의 사업에, 의료사업에 있어서는 병원마다 하나의 특별회계를 둘 수 있다.

4) 개정(2011.08.04.) 현행과 같이 개정하였다.

---

11) "둘 이상의 사업에 하나의 특별회계를 두는 경우"에는 당해 둘 이상의 사업에 관련되는 수익 또는 비용의 총액 등의 기준에 따라 이를 구분하여 각각 해당 사업의 수익 또는 비용으로 정리한다(지방공기업법 시행령 제4조).

Q & A

1. 지방직영기업의 관인 사용

Q. 직제가 개편되어 상수도특별회계 관인관리와 하수도특별회계 관인관리를 1명이 담당하고 지출도 1명이 담당하게 된 경우, 상하수도특별회계 관인으로 묶어서 사용할 수 있는가?

A. 「상수도사업 설치조례」와 「하수도사업 설치조례」가 각각 제정·운영되고 있다면 상하수도특별회계를 하나의 관인으로 묶어서 사용하는 것은 「지방공기업법」의 입법취지에 반한다고 볼 수 있다. 따라서 상수도특별회계와 하수도특별회계의 관인을 각각 제작하여 사용하는 것이 특별회계를 분리하여 운영하는 취지에 합당하다.

제14조(독립채산) ① 지방직영기업의 특별회계에서 해당 기업의 경비는 해당 기업의 수입으로 충당하여야 한다. 다만, 다음 각 호의 어느 하나에 해당하는 지방직영기업의 경비로서 대통령령으로 정하는 경비는 해당 지방자치단체의 일반회계나 다른 특별회계가 부담금이나 그 밖의 방법으로 부담한다.

1. 경비의 성질상 지방직영기업의 수입으로 충당하는 것이 적당하지 아니한 경비
2. 지방직영기업의 성질상 그 경영으로 생기는 수입만으로 충당하는 것이 객관적으로 곤란하다고 인정되는 경비

② 지방직영기업의 특별회계는 재해복구 또는 그 밖의 특별한 사유로 인하여 필요한 경우에는 예산에서 정하는 바에 따라 해당 지방자치단체의 일반회계나 다른 특별회계로부터 재정적 지원을 받을 수 있다.

[연혁]

[제1항] 지방직영기업의 특별회계에서 해당 기업의 경비는 해당 기업의 수입으로 충당하여야 한다. 다만, 다음 각 호의 어느 하나에 해당하는 지방직영기업의 경비로서 대통령령으로 정하는 경비는 해당 지방자치단체의 일반회계나 다른 특별회계가 부담금이나 그 밖의 방법으로 부담[12]한다.

1. 경비의 성질상 지방직영기업의 수입으로 충당하는 것이 적당하지 아니한 경비

2. 지방직영기업의 성질상 그 경영으로 생기는 수입만으로 충당하는 것이 객관적으로 곤란하다고 인정되는 경비[13)]

1) 제정(1969.01.29.) 지방공기업의 특별회계에 있어서 그 경비는 당해 기업의 수입으로 충당하여야 한다. 다만, 다음 각 호의 1에 해당하는 지방공기업의 경비로서 대통령령이 정하는 것은 당해 지방자치단체의 일반회계나 다른 특별회계가 부담금 기타의 방법에 의하여 부담한다.

1. 경비의 성질상 당해 지방공기업의 수입으로 충당하는 것이 적당하지 아니한 경비
2. 당해 지방공기업의 성질상 그 경영에 수반한 수입만으로 충당하는 것이 객관적으로 곤란하다고 인정되는 경비

2) 개정(1992.12.08.) 지방직영기업의 특별회계에 있어서 그 경비는 당해 기업의 수입으로 충당하여야 한다. 다만, 다음 각 호의 1에 해당하는 지방직영기업의 경비로서 대통령령이 정하는 것은 당해 지방자치단체의 일반회계나 다른 특별회계가 부담금 기타의 방법에 의하여 부담한다.

1. 경비의 성질상 당해 지방직영기업의 수입으로 충당하는 것이 적당하지 아니한 경비

---

12) 지방자치단체의 일반회계나 다른 특별회계가 부담금 기타의 방법에 의하여 부담하여야 할 경비에는 '각 사업에 공통적으로 적용되는 경비'와 '당해 사업에만 적용되는 경비'가 있다. '각 사업에 공통적으로 적용되는 경비'에는 ① 공공의 목적을 위한 무상공급에 소요되는 경비, ② 공공의 필요에 의하여 요금 등의 공급가격이 발생원가 이하로 책정되거나 발생원가 이하로 유지됨에 따른 발생원가와 공급가격과의 차액, ③ 지역개발 등에 따른 선행투자에 소요되는 기본경비, 선행투자에 의한 시설의 유지비, 선행투자에 소요되는 외부차입금에 대한 원리금상환액 등이 있다. 한편, '당해 사업에만 적용되는 경비'에는 ① 궤도사업: 당해 궤도사업용차량 외의 차량통행으로 인한 궤도의 유지·수선 및 개량에 소요되는 경비와 교통혼잡의 완화 등을 위한 궤도의 철거에 소요되는 경비, ② 하수도사업: 빗물처리시설의 설치 및 유지에 소요되는 경비, ③ 주택사업 및 토지개발사업: 공사 완공 후 관리기관에의 인계 또는 분양완료시까지 소요되는 기본경비, ④「지방공기업법」제2조 제2항의 규정에 의하여 지방직영기업이 경영하는 사업:「지방공기업법」제14조 제1항 각 호의 요건을 갖춘 경비로서 당해 사업별로 조례가 정하는 경비 등이 있다(지방공기업법 시행령 제5조).

13)「수도법」에 근거한 수도사업 및「하수도법」에 규정한 공공하수도 설치·운영에 소요되는 예산편성 시 일반회계·타특별회계로부터 지원받는 보조금 등은 재원의 종류에 상관없이 지방공기업특별회계 예산으로 일괄 편성한다.

2. 당해 지방직영기업의 성질상 그 경영에 수반한 수입만으로 충당하는 것이 객관적으로 곤란하다고 인정되는 경비

3) 개정(2011.08.04.) 현행과 같이 개정하였다.

[제2항] 지방직영기업의 특별회계는 재해복구 또는 그 밖의 특별한 사유로 인하여 필요한 경우에는 예산에서 정하는 바에 따라 해당 지방자치단체의 일반회계나 다른 특별회계로부터 재정적 지원을 받을 수 있다.

1) 제정(1969.01.29.) 지방공기업의 특별회계는 재해 · 복구 기타 특별한 사유에 의하여 필요한 때에는 예산이 정하는 바에 따라 당해 지방자치단체의 일반회계나 다른 특별회계로부터 재정적 지원을 받을 수 있다.

2) 개정(1992.12.08.) 지방직영기업의 특별회계는 재해 · 복구 기타 특별한 사유에 의하여 필요한 때에는 예산이 정하는 바에 따라 당해 지방자치단체의 일반회계나 다른 특별회계로부터 재정적 지원을 받을 수 있다.

3) 개정(2011.08.04.) 현행과 같이 개정하였다.

Q & A

1. 수도사업 업무위임 시 업무담당자의 인건비 지급

Q. 상하수도사업소가 다른 일반회계부서(출장소)에 수도사업 업무를 위임할 경우 해당 사업을 추진하는 업무담당자의 인건비는 어디서 지급해야 하나?

A. 지방직영기업특별회계의 경비는 해당 기업의 수입으로 충당하여야 하므로, 일반회계부서(출장소)에 위임 시 업무담당자의 인건비는 「지방공기업법 시행령」에서 별도로 정한 것이 아니라면 지방직영기업특별회계에서 지급하여야 한다.

제15조(사업연도) 지방직영기업의 사업연도는 지방자치단체의 일반회계의 회계연도[14]에 따른다.

14) 지방자치단체의 회계연도는 매년 1월 1일에 시작하여 12월 31일에 끝난다(지방회계법 제6조 제1항).

[연혁]

1) **제정(1969.01.29.)** 지방공기업의 사업연도는 지방자치단체의 일반회계의 회계연도에 의한다.

→ 지방공기업특별회계의 사업연도는 일반회계의 그것과 같이 1월 1일부터 12월 31일까지로 하였는데, 이는 '회계연도 독립의 원칙'을 일반회계와 같이하여 수익성과 공공성의 조화를 위한 자치행정의 공기업 경영성과를 측정하는 데 중요한 의의를 갖는다.

2) **개정(1992.12.08.)** 지방직영기업의 사업연도는 지방자치단체의 일반회계의 회계연도에 의한다.

3) **개정(2011.08.04.)** 현행과 같이 개정하였다.

제16조(회계처리의 원칙) ① 지방직영기업의 특별회계는 경영성과 및 재무상태를 명확히 하기 위하여 재산의 증감 및 변동(이하 "회계거래"라 한다)을 발생 사실에 따라 회계처리한다.

② 지방직영기업의 회계거래는 대통령령으로 정하는 바에 따라 회계연도 소속을 구분한다.

③ 지방직영기업의 특별회계는 대차대조표 계정인 자산, 부채 및 자본 계정과 손익계산서 계정인 수익 및 비용 계정을 설정하여 회계처리한다.

④ 제3항에 따른 자산, 부채 및 자본에 대하여는 대통령령으로 정하는 바에 따라 내용을 명확히 하여야 한다.

⑤ 지방직영기업의 특별회계는 대통령령으로 정하는 보조계정을 설정할 수 있다.

[연혁]

[제1항] 지방직영기업의 특별회계는 경영성과 및 재무상태를 명확히 하기 위하여 재산의 증감 및 변동(이하 "회계거래"라 한다)을 발생 사실에 따라 회계처리한다.

1) **제정(1969.01.29.)** 지방공기업의 특별회계는 사업의 성과 및 재정상태를 명백히 하기 위하여 재산의 증감 및 변동(이하 "회계거래"라 한다)을 그 발생의 사실에 따라 계리한다.

→ 기업회계의 사명은 경영성과를 정확하게 파악하는 것이며, 경영성과는 손익계산에 의하여 수익성을 명확히 하는 것이다. 오늘날 신용제도의 발달과 고정자산이 기업 내에서 차지하는 비중이 커져 현금수지를 수익·비용인식의 시점으로 하는 것은 불합리하므로 발생주의가 광범위하게 채택되고 있다. 발생주의라 함은 모든 수익과 비용을 그 수입과 지출에 의거하여 계산하되, 그것이 발생한 기간에 정당하게 배분하여 처리하는 것이다.

2) 개정(1992.12.08.) 지방직영기업의 특별회계는 사업의 성과 및 재정상태를 명백히 하기 위하여 재산의 증감 및 변동(이하 "회계거래"라 한다)을 그 발생의 사실에 따라 계리한다.

3) 개정(1999.01.29.) 지방직영기업의 특별회계는 경영의 성과 및 재무상태를 명백히 하기 위하여 재산의 증감 및 변동(이하 "회계거래"라 한다)을 그 발생의 사실에 따라 계리한다.

4) 개정(2011.08.04.) 현행과 같이 개정하였다.

[제2항] 지방직영기업의 회계거래는 대통령령으로 정하는 바[15]에 따라 회계연도 소속을 구분한다.

1) 제정(1969.01.29.) 지방공기업에 있어서 회계거래는 대통령령이 정하는 바에 의하여 회계연도소속을 구분한다.

2) 개정(1992.12.08.) 지방직영기업에 있어서 회계거래는 대통령령이 정하는 바에 의하여 회계연도소속을 구분한다.

---

15) 수익은 실현주의의 원칙에 따라 그 수익을 조사결정한 날이 속하는 연도로 한다. 다만, 이에 의할 수 없는 경우에는 그 원인이 되는 사실이 있는 기간이 속하는 연도로 한다(지방공기업법 시행령 제7조). 비용은 발생주의의 원칙에 따라 지급을 수반하는 비용에 대하여는 채무가 확정된 날이 속하는 연도로 하며, 감가상각비에 대하여는 감가상각을 행하여야 할 날이 속하는 연도로 한다. 다만, 보험료·임차료 등의 경우에는 보험·임차 등의 지출의 발생원인이 되는 사실이 있는 기간이 속하는 연도로 한다(지방공기업법 시행령 제8조). 한편, ① 유형자산 및 재고자산에 대하여는 그 취득·인도·대체 또는 폐기가 있은 날이 속하는 연도, ② 무형자산에 대하여는 그 취득·양도·상각 또는 소멸이 있은 날이 속하는 연도, ③ 자산의 증감 또는 이동에 수반하는 채권·채무에 대하여는 그 채권·채무의 사실이 발생한 날이 속하는 연도, ④ 부채 및 자본의 증감에 대하여는 현금의 수납·지급 및 대체가 있은 날 또는 채권·채무발생의 원인이 되는 사실을 확인한 날이 속하는 연도에 소속하는 것으로 한다(지방공기업법 시행령 제9조).

3) **개정(2011.08.04.)** 현행과 같이 개정하였다.

[제3항] 지방직영기업의 특별회계는 대차대조표 계정인 자산,[16] 부채[17] 및 자본[18] 계정과 손익계산서 계정인 수익 및 비용 계정을 설정하여 회계처리한다.

1) **제정(1969.01.29.)** 지방공기업의 특별회계는 대차대조표 계정인 자산・자본 및 부채계정과 손익계산계정인 수익 및 비용계정을 설정하여 계리한다.

2) **개정(1992.12.08.)** 지방직영기업의 특별회계는 대차대조표 계정인 자산・자본 및 부채계정과 손익계산서 계정인 수익 및 비용계정을 설정하여 계리한다.

3) **개정(1999.01.29.)** 지방직영기업의 특별회계는 대차대조표 계정인 자산・부채 및 자본계정과 손익계산서 계정인 수익 및 비용계정을 설정하여 계리한다.

4) **개정(2011.08.04.)** 현행과 같이 개정하였다.

[제4항] 제3항에 따른 자산, 부채 및 자본에 대하여는 대통령령으로 정하는 바[19]에 따라 내용을 명확히 하여야 한다.

1) **제정(1969.01.29.)** 전항의 규정에 의한 자산・자본 및 부채에 대하여는 대통령령이 정하는 바에 의하여 그 내용을 명확히 하여야 한다.

2) **개정(1980.01.04.)** 제3항의 규정에 의한 자산・자본 및 부채에 대하여는 대통령령이 정하는 바에 의하여 그 내용을 명확히 하여야 한다.

3) **개정(1999.01.29.)** 제3항의 규정에 의한 자산・부채 및 자본에 대하여는 대통

16) 자산은 그 기업이 소유하는 유형・무형의 재산상의 권리로서 유동자산과 비유동자산으로 구분하고, 유동자산은 당좌자산과 재고자산으로, 비유동자산은 투자자산, 유형자산, 무형자산, 기타 비유동자산으로 구분한다(지방공기업법 시행령 제12조).

17) 부채는 지방채 및 그 밖의 채무로 하며, 유동부채와 비유동부채로 구분한다(지방공기업법 시행령 제13조).

18) 자본은 자산총액에서 부채총액을 뺀 순자산으로 하며, 자본금, 자본잉여금, 자본조정, 기타포괄손익누계액 및 이익잉여금으로 구분한다(지방공기업법 시행령 제14조).

19) 각 계정의 과목구분은 행정안전부장관이 정한다. 다만, 「지방공기업법」 제2조 제2항의 규정에 의한 사업에 있어서의 계정의 과목구분은 당해 지방자치단체의 장이 정한다(지방공기업법 시행령 제11조 제1항).

령령이 정하는 바에 의하여 그 내용을 명확히 하여야 한다.

4) 개정(2011.08.04.) 현행과 같이 개정하였다.

[제5항] 지방직영기업의 특별회계는 대통령령으로 정하는 보조계정을 설정[20]할 수 있다.

1) 제정(1969.01.29.) 지방공기업의 특별회계는 대통령령이 정하는 보조계정을 설정할 수 있다.

2) 개정(1992.12.08.) 지방직영기업의 특별회계는 대통령령이 정하는 보조계정을 설정할 수 있다.

3) 개정(2011.08.04.) 현행과 같이 개정하였다.

Q & A

1. 수익 · 비용 인식기준

Q. 지방직영기업에서 수익과 비용은 어떻게 인식하는가?

A. 지방직영기업의 수익은 수익을 조사결정한 날이 속하는 연도에 인식한다. 만약 수익의 조사결정일이 2021년 12월 31일이고 실제수입일이 2022년 1월 10일이라면 수익의 귀속연도는 2021년도가 된다. 비용의 경우에는 ① 감가상각비 · 보험료 · 임차료를 제외한 비용은 채무가 확정된 날이 속하는 연도, ② 감가상각비는 감가상각을 행하여야 할 날이 속하는 연도, ③ 보험료 · 임차료는 보험 · 임차 등의 지출의 발생원인이 되는 사실이 있는 기간에 인식한다. 따라서 당기에 본사 건물에 대한 화재보험료 12,000원을 지급(계약기간 2021.08.01~2022.07.31)한 경우, 지출한 보험료 총액 중 당기에 지출원인이 발생한 5,000원(12,000×5/12)은 당기에 비용으로 인식하고, 나머지 7,000원은 선급한 금액이므로 2022년도에 비용으로 인식한다.

---

20) 보조계정을 설정하는 경우에는 ① 기업시설의 건설 및 개량에 수반하는 자산 증감의 과정, ② 용품 기타 자산의 생산제작 · 수리 · 가공 · 구입 · 보관 및 운반에 소요되는 경비의 계산과정, ③ 비용대체를 한 경우 그 과정 등을 명확히 하여야 한다(지방공기업법 시행령 제11조 제2항).

2. 택지판매수익과 토지매각수익

Q. '택지판매수익'과 '토지매각수익'은 어떻게 구분하는가?

A. 택지판매수익과 토지매각수익은 발생한 수익금이 조직의 본래적 목적사업 수행으로 인한 것이냐의 여부를 기준으로 구분한다. 따라서 택지분양을 통해 받은 대금은 '택지판매수익'으로 처리하고, 그 외에 기업의 운영에 필요하여 사용하던 토지 등의 매각을 통해 이루어지는 대금은 '토지매각수익'으로 처리한다.

3. 미수금 회계처리

Q. 지방직영기업의 미수금은 어떻게 회계처리하는가?

A. 지방직영기업의 현금수지를 수반하는 수입 및 지출 중 그 채권 또는 채무가 확정된 때 즉시 현금의 수납 또는 지급을 하지 아니하는 것에 대하여는 미수금 또는 미지급금으로 정리하여야 한다. 따라서 급수수익 · 사용료수익 등은 징수결정 시 '미수금'으로 처리하고, 수납 시에 미수금을 정리한다. 타 은행에 입금된 금액은 소인일(사용료를 납부한 날)을 기준으로 수납 처리한다.

4. 수익적 지출과 자본적 지출

Q. 상 · 하수도사업에서 수익적 지출과 자본적 지출은 어떻게 구분하는가?

A. '수익적 지출'은 유형자산의 원상을 회복하거나 능률 유지를 위해 지출한 비용이고, '자본적 지출'은 유형자산의 내용연수를 연장시키거나 가치를 현실적으로 증가시키기 위해 지출한 비용을 말한다.

<표 2> 상 · 하수도사업의 수익적 지출과 자본적 지출의 구분

수익적 지출	자본적 지출
• 건물 · 구축물 · 기계장치의 단순한 수선 · 보수 · 방수 · 세척 · 갱생 · 준설 관련 지출액 및 교체 · 정비 · 개량 중 소규모 부품교체 • 상 · 하수도관 중 기존 상 · 하수도관과 연계하여 차감처리가 불가능한 소규모 교체 · 개량 · 정비와 관련된 지출액	• 건물 · 구축물 · 기계장치 · 차량 · 비품의 본래 용도를 변경하기 위한 교체 · 개량 · 정비 및 이설 관련 지출액 • 상 · 하수도관 중 수익적 지출 해당 이외의 교체 · 개량 · 정비 관련 지출액

5. 수도관 교체와 수익적 지출

Q. 상수도사업에서 수익적 지출로 처리하는 '수도관 중 기존 수도관과 연계하여 차감처리

가 불가능한 소규모 교체 · 개량 · 정비와 관련된 지출액'의 구체적 범위 및 환치자산으로 처리하는 급수관의 종류는?

A. 수도관의 교체는 교체대상과 직접 연결이 될 경우에는 우선 제각하고, 직접 연결이 되지 않으면 해당 지역 구경과 일치하거나 유사한 수도관 중 가장 오래된 수도관을 제각하여야 한다. 따라서 실질적으로 이미 교체되었거나 장부상 상각 완료된 상태로 잔존하는 수도관은 교체대상이라기보다는 별도로 상각 완료자산으로 제각하여야 한다. 수도관 중 기존 수도관과 연계하여 차감처리가 불가능하거나 일정 구간의 전체 교체가 아닌 부분개량이나 정비공사는 자산처리대상이 아닌 비용(수선비)처리대상이다. 환치자산은 급수공사로 인하여 수용가로부터 기부채납된 급수관을 의미하며, 이들 급수관은 구경에 상관없이 모든 교체공사를 비용(수선비)으로 처리하여야 한다.

6. 타회계부담금의 구분

Q. 타회계전입금수익과 타회계지원금수익은 어떻게 구분하는가?

A. 타회계부담금은 타회계전입금수익과 타회계지원금수익 및 자본잉여금으로 구분한다.

<표 3> 타회계부담금의 구분

수익적 수입 (손익계산서상 영업외수익)		자본적 수입 (재무상태표상 자본잉여금)
타회계전입금수익	타회계지원금수익	
• 수도요금 감면에 따른 일반회계 보조금 • 공업용수, 소방용수 등 공공시설의 상수도 사용에 따른 해당 요금 부담액 • 상 · 하수도사용료 위탁징수수수료, 카드납부수수료	• 타회계전입금수익에서 열거하는 항목을 제외한 모든 보조금 • 일반운영비 경상경비 지원보조금 • 차입금이자 상환자금 보조금 (도비보조 포함) • 기타 성격상 자본적 수입으로 처리하는 것이 적정하지 않은 경상적 보조금 성격	• 도비, 일반회계로부터 공사비 보조로 수령하는 타회계건설보조금 • 차입금원금 상환자금 보조금 • 기타 성격상 수익적 수입으로 처리하는 것이 적정하지 않은 자본적 보조성격

제17조(출자 등) ① 지방자치단체의 일반회계나 다른 특별회계는 지방직영기업의 특별회계에 필요한 출자(出資)를 할 수 있다.

② 지방직영기업의 특별회계는 제1항에 따라 출자를 받은 경우 이익 상황을 고려하여 예산으로 전년도 이익금의 일부를 출자한 회계에 납부할 수 있다.

③ 제2조 제1항 제7호 또는 제8호의 사업을 하는 지방직영기업의 특별회계는 재해복구, 사회간접자본시설의 건설, 그 밖에 대통령령으로 정하는 사유가 있는 경우에는 예산으로 전년도 이익금의 일부를 지방자치단체의 일반회계로 전출할 수 있다.

[연혁]

[제1항] 지방자치단체의 일반회계나 다른 특별회계는 지방직영기업의 특별회계에 필요한 출자(出資)를 할 수 있다.

1) **제정(1969.01.29.)** 지방자치단체의 일반회계나 다른 특별회계는 지방공기업의 특별회계에 필요한 출자를 할 수 있다.

2) **개정(1992.12.08.)** 현행과 같이 개정하였다.

[제2항] 지방직영기업의 특별회계는 제1항에 따라 출자를 받은 경우 이익 상황을 고려하여 예산으로 전년도 이익금의 일부를 출자한 회계에 납부할 수 있다.

1) **제정(1969.01.29.)** 전항의 규정에 의하여 출자를 받은 지방공기업의 특별회계는 이익상황에 따라 예산에 의하여 당해연도의 이익금의 일부를 그 출자한 회계에 납부할 수 있다.

2) **개정(1980.01.04.)** 제1항의 규정에 의하여 출자를 받은 지방공기업의 특별회계는 이익상황에 따라 예산에 의하여 당해연도의 이익금의 일부를 그 출자한 회계에 납부할 수 있다.

3) **개정(1992.12.08.)** 제1항의 규정에 의하여 출자를 받은 지방직영기업의 특별회계는 이익상황에 따라 예산에 의하여 전년도의 이익금의 일부를 그 출자한 회계

에 납부할 수 있다.

4) **개정(2011.08.04.)** 현행과 같이 개정하였다.

[제3항] 제2조 제1항 제7호 또는 제8호의 사업을 하는 지방직영기업의 특별회계는 재해복구, 사회간접자본시설의 건설, 그 밖에 대통령령으로 정하는 사유[21]가 있는 경우에는 예산으로 전년도 이익금의 일부를 지방자치단체의 일반회계로 전출할 수 있다.

1) **신설(2002.03.25.)** 제2조 제1항 제7호 또는 제8호의 사업을 행하는 지방직영기업의 특별회계는 재해복구, 사회간접자본시설의 건설 그 밖에 대통령령이 정하는 사유가 있는 경우에는 예산에 의하여 전년도의 이익금의 일부를 당해 지방자치단체의 일반회계로 전출할 수 있다.

→ 주택사업 또는 토지개발사업을 수행하는 지방직영기업의 회계는 공기업특별회계로 운영되고 있어 독립채산원칙상 이익금이 발생하여도 지방자치단체의 일반회계로 전출할 수 없으며, '이익금 자기처분'의 원칙에 따라 지방공기업의 사업에서 발생된 이익금은 그 사업에 쓰이는 것이 맞다. 그러나 공영개발사업의 경우에는 토지의 공개념에 따라 택지조성이나 주택분양으로 벌어들인 돈은 개인보다는 공공에게 귀속시키는 것이 바람직하다는 논리에서 출발하였기 때문에, 그 이익금을 특별회계에서 그대로 썩히기보다는 일반회계로 돌려 전 주민에게 생산적으로 쓰는 것이 바람직하다. 그리고 일반회계로 전출시키더라도 그 취지에 맞게 재해복구, 사회간접자본시설 건설, 다른 지방직영기업에의 경비 지원(일반회계에서 부담할 경비) 및 재정 확충을 목적으로 하는 수익사업에만 사용할 수 있도록 하였다.

2) **개정(2011.08.04.)** 현행과 같이 개정하였다.

21) "그 밖에 대통령령이 정하는 사유"란 ① 다른 지방직영기업에의 경비 지원, ② 재정확충을 목적으로 하는 수익사업에의 사용 등을 말한다(지방공기업법 시행령 제14조의2).

Q & A

1. 지방직영기업의 출자기관 설립 · 운영

Q. 「지방공기업법」에는 지방공사의 출자에 대한 규정은 있으나, 지방직영기업의 출자에 대한 규정은 명확하지 않다. 지방직영기업이 출자기관을 설립 · 운영할 수 있는가?

A. 「지방공기업법」은 지방공사에 대해서만 "다른 법인에 출자할 수 있다."고 규정하고 있으며(제54조), 지방직영기업과 지방공단에 대하여는 이에 대한 규정이 없을 뿐만 아니라 동 조항을 준용하는 규정도 없다. 「지방공기업법」이 정하지 않은 사항에 대해서는 「지방재정법」 등을 적용하도록 규정하고 있으나(지방공기업법 제6조), 「지방재정법」은 법령에 근거가 있는 경우에만 지방자치단체(직영기업은 지방자치단체의 계선조직)가 출자 또는 출연할 수 있도록 규정하고 있다(지방재정법 제18조 제1항). 따라서 「지방재정법」을 근거로도 지방직영기업은 별도의 출자기관을 설립 · 운영할 수 없다.

제18조(장기대부) ① 지방자치단체의 일반회계나 다른 특별회계는 예산에서 정하는 바에 따라 지방직영기업의 특별회계에 장기대부를 할 수 있다.
② 지방직영기업의 특별회계는 제1항에 따른 장기대부를 받은 경우 대부한 회계에 적정한 이자를 지급하여야 한다.

[연혁]

[제1항] 지방자치단체의 일반회계나 다른 특별회계는 예산에서 정하는 바에 따라 지방직영기업의 특별회계에 장기대부를 할 수 있다.

1) 제정(1969.01.29.) 지방자치단체의 일반회계나 다른 특별회계는 예산이 정하는 바에 따라 지방공기업의 특별회계에 장기대부를 할 수 있다.

2) 개정(1992.12.08.) 지방자치단체의 일반회계나 다른 특별회계는 예산이 정하는 바에 따라 지방직영기업의 특별회계에 장기대부를 할 수 있다.

3) 개정(2011.08.04.) 현행과 같이 개정하였다.

[제2항] 지방직영기업의 특별회계는 제1항에 따른 장기대부를 받은 경우 대부한 회계에 적정한 이자를 지급하여야 한다.

1) **제정(1969.01.29.)** 지방공기업의 특별회계가 전항의 규정에 의한 장기대부를 받은 경우에는 대부할 회계에 대하여 적정한 이자를 지급하여야 한다.

2) **개정(1980.01.04.)** 지방공기업의 특별회계가 제1항의 규정에 의한 장기대부를 받은 경우에는 대부할 회계에 대하여 적정한 이자를 지급하여야 한다.

3) **개정(1992.12.08.)** 지방직영기업의 특별회계가 제1항의 규정에 의한 장기대부를 받은 경우에는 대부한 회계에 대하여 적정한 이자를 지급하여야 한다.

4) **개정(2011.08.04.)** 현행과 같이 개정하였다.

Q & A

1. 지방직영기업의 대여

Q. 「지방공기업법」에는 지방직영기업의 특별회계가 장기대부 및 일시차입은 받을 수 있으나 대여해 줄 수 있는 규정은 없는데, 상수도공기업특별회계의 여유금을 일반회계에 대여해 줄 수 있는가?

A. 지방직영기업은 「지방공기업법」 제17조(출자 등) 및 제37조(이익의 처리)의 규정에 따라 이익금이 발생된 경우 등에 한해 지방자치단체로 전출할 수 있도록 규정하고 있으나, 지방직영기업특별회계에서 일반회계 또는 다른 특별회계로의 대부에 관한 규정은 없다. 또한 지방직영기업특별회계는 「지방공기업법」 제14조(독립채산) 제2항의 규정에 따라 일반회계나 다른 특별회계로부터 재정적 지원을 받을 수 있도록 규정하고 있으나, 다른 지방직영기업특별회계에 출자 또는 대부를 할 수 있는 명시적 규정은 두고 있지 않다. 따라서 지방직영기업특별회계 여유금을 일반회계에 대여하는 것은 타당하지 않다.

제19조(지방채 등) ① 지방자치단체는 다음 각 호의 어느 하나에 해당하는 경우 해당 지방직영기업의 특별회계의 부담으로 지방채를 발행할 수 있다.

1. 경상적(經常的)인 운전자금(運轉資金)에 충당하기 위하여 필요한 경우

2. 회전기금(回轉基金)의 재원(財源)에 충당하기 위하여 필요한 경우
3. 건설비 또는 개량비에 충당하거나 유사사업의 매수자금으로 필요한 경우

② 특별시, 광역시, 특별자치시, 도 및 특별자치도(이하 "시 · 도"라 한다) 또는 특별시, 광역시, 특별자치시가 아닌 인구 100만 이상의 대도시(이하 "대도시"라 한다)는 제1항에도 불구하고 제2조에 따른 사업을 위한 투자재원을 확보하거나 지역개발을 위한 기금을 조성하기 위하여 의회의 승인을 받아 지역개발채권을 발행할 수 있다.

③ 다음 각 호의 어느 하나에 해당하는 자 중 조례로 정하는 자는 지역개발채권을 매입하여야 한다.

1. 지방자치단체로부터 면허 · 허가 · 인가를 받는 자 또는 지방자치단체에 등록을 신청하거나 신고하는 자
2. 지방자치단체 또는 지방자치단체가 자본금 전액을 출자 · 출연(出捐)한 법인과 건설공사 도급계약을 체결하는 자
3. 지방자치단체 또는 지방자치단체가 자본금 전액을 출자 · 출연한 법인과 용역 계약 또는 물품 구매 · 수리 · 제조 계약을 체결하는 자

④ 지역개발채권의 매입 절차, 매입 대상별 금액, 채권등록 방법, 이율 및 상환, 그 밖에 필요한 사항은 시 · 도 또는 대도시의 조례로 정한다.

[연혁]

[제1항] 지방자치단체는 다음 각 호의 어느 하나에 해당하는 경우 해당 지방직영기업의 특별회계의 부담으로 지방채를 발행할 수 있다.

1. 경상적(經常的)인 운전자금(運轉資金)에 충당하기 위하여 필요한 경우
2. 회전기금(回轉基金)의 재원(財源)에 충당하기 위하여 필요한 경우
3. 건설비 또는 개량비에 충당하거나 유사사업의 매수자금으로 필요한 경우

1) 제정(1969.01.29.) 지방자치단체는 다음의 사유가 있는 때에는 수입을 얻은 지방공기업의 특별회계의 부담으로 지방채를 발행할 수 있다.

1. 경상적인 운전자금의 충당을 위하여 필요한 때
2. 회전기금의 재원의 충당을 위하여 필요한 때
3. 건설 또는 개량비에 충당하거나 유사사업의 매수자금으로 필요한 때

→ 지방채 발행은 지방재정의 부채이며 조례에 의하여 발행하는 것으로, 중기재정계획에 반영되고 투·융자심사를 거친 사업에 한하여 발행승인 신청을 할 수 있다.

2) 개정(1992.12.08.) 지방자치단체는 다음의 사유가 있는 때에는 수입을 얻은 지방직영기업의 특별회계의 부담으로 지방채를 발행할 수 있다.

1. 경상적인 운전자금의 충당을 위하여 필요한 때
2. 회전기금의 재원의 충당을 위하여 필요한 때
3. 건설 또는 개량비에 충당하거나 유사사업의 매수자금으로 필요한 때

3) 개정(2011.08.04.) 현행과 같이 개정하였다.

[제2항] 특별시, 광역시, 특별자치시, 도 및 특별자치도(이하 "시·도"라 한다) 또는 특별시, 광역시, 특별자치시가 아닌 인구 100만 이상의 대도시(이하 "대도시"라 한다)는 제1항에도 불구하고 제2조에 따른 사업을 위한 투자재원을 확보하거나 지역개발을 위한 기금을 조성하기 위하여 의회의 승인[22]을 받아 지역개발채권을 발행할 수 있다.

1) 신설(1992.12.08.) 특별시·직할시 및 도(이하 "市·道"라 한다)는 제1항의 규정에 불구하고 제2조에 규정된 사업의 투자재원 확보와 지역개발을 위한 기금조성을 위하여 지방채를 발행할 수 있다.

2) 개정(1996.12.30.) 특별시·광역시 및 도(이하 "市·道"라 한다)는 제1항의 규정에 불구하고 제2조에 규정된 사업의 투자재원 확보와 지역개발을 위한 기금조성을 위하여 지방채를 발행할 수 있다.

---

22) 지역개발채권을 발행하기 위하여 의회 승인을 신청하는 경우에는 행정안전부령으로 정하는 바에 따라 작성한 기금운용계획안을 의회에 제출하여야 하며, 기금운용계획안에는 기금조성 및 사업별 융자계획이 포함되어야 한다. 시·도지사 또는 대도시의 장은 제출한 기금운용계획안에 대하여 의회의 승인을 받았을 때에는 지체 없이 그 기금운용계획을 행정안전부장관에게 제출하여야 한다(지방공기업법 시행령 제15조). 또한 기금은 주민복지향상과 지역개발효과가 큰 ① 상·하수도, 도로·주택건설 및 유통단지건설 등 공공투자사업, ② 사업의 수행으로 원리금 상환이 가능한 경영수익사업, ③ 의료보장 및 재해복구 등을 위한 사업, ④ 이미 발행한 지방채의 차환, ⑤ 기타 정부와 당해 지방자치단체의 시책사업 등에 우선적으로 융자되도록 하여야 한다(지방공기업법 시행규칙 제7조 제3항).

3) 개정(2004.12.30.) 특별시·광역시 및 도(이하 "市·道"라 한다)는 제1항의 규정에 불구하고 제2조에 규정된 사업의 투자재원 확보와 지역개발을 위한 기금조성을 위하여 지방의회의 승인을 얻어 지역개발채권을 발행할 수 있다.

4) 개정(2011.08.04.) 특별시, 광역시, 도 및 특별자치도(이하 "시·도"라 한다) 또는 특별시와 광역시가 아닌 인구 100만 이상 대도시(이하 "대도시"라 한다)는 제1항에도 불구하고 제2조에 따른 사업을 위한 투자재원을 확보하거나 지역개발을 위한 기금을 조성하기 위하여 지방의회의 승인을 받아 지역개발채권을 발행할 수 있다.

5) 개정(2013.06.04.) 현행과 같이 개정하였다.

[제3항] 다음 각 호의 어느 하나에 해당하는 자 중 조례로 정하는 자는 지역개발채권을 매입하여야 한다.

1. 지방자치단체로부터 면허·허가·인가를 받는 자 또는 지방자치단체에 등록을 신청하거나 신고하는 자
2. 지방자치단체 또는 지방자치단체가 자본금 전액을 출자·출연(出捐)한 법인과 건설공사 도급계약을 체결하는 자
3. 지방자치단체 또는 지방자치단체가 자본금 전액을 출자·출연한 법인과 용역 계약 또는 물품 구매·수리·제조 계약을 체결하는 자

1) 신설(2004.12.30.) 다음 각 호의 1에 해당하는 자 중 조례가 정하는 자는 지역개발채권을 매입하여야 한다.

1. 지방자치단체로부터 면허·허가·인가를 받거나 지방자치단체에 신고·등록을 신청하는 자
2. 지방자치단체 또는 지방자치단체가 자본금 전액을 출자·출연(出捐)한 법인과 건설공사 도급계약을 체결하는 자
3. 지방자치단체 또는 지방자치단체가 자본금 전액을 출자·출연한 법인과 용역계약 또는 물품 구매·수리·제조 계약을 체결하는 자

→ 지방공기업에 투자할 재원을 확보하고 지역개발에 소요되는 기금을 조성하기 위하여 시·도가 조례에 근거하여 발행하던 지역개발채권의 발행근거와 매입대상을 법률로 정하였다.

2) **개정(2011.08.04.)** 현행과 같이 개정하였다.

[제4항] 지역개발채권의 매입 절차, 매입 대상별 금액, 채권등록 방법, 이율 및 상환, 그 밖에 필요한 사항은 시·도 또는 대도시의 조례로 정한다.

1) **신설(2004.12.30.)** 지역개발채권의 매입절차, 매입대상별 금액, 채권등록방법, 이율 및 상환 그 밖에 필요한 사항은 시·도의 조례로 정한다.

→ 지역개발채권 매입절차 등 구체적인 세부규정을 조례로 정할 수 있도록 위임규정을 마련하였으며, 「지방공기업법」 제19조(지방채 등) 제3항에서 정하지 않은 사항은 시·도의 조례로 정하여 처리하도록 함으로써 지역별 특수성이나 행정환경 변화 등 예상치 못한 사안에 대비할 수 있도록 하였다.

2) **개정(2011.08.04.)** 현행과 같이 개정하였다.

Q & A

1. 지역개발기금 융자

Q. 지역개발기금을 정부출연기관인 대학병원에 융자할 수 있는가?

A. 지역개발기금은 지역의 SOC 사업 등에 소요되는 재원을 마련하기 위하여 해당 지방자치단체가 발행하는 일종의 지방채로서, 기금운용수익을 높이기 위해 당해 지방자치단체의 사무와 직접 관련이 없는 사업에 기금을 융자하는 것은 기금 조성의 취지 및 목적에 맞지 않는다. 「지방재정법」 제18조(출자 또는 출연의 제한)에서도 지방자치단체의 출자범위에 대하여 법령에 별도로 규정한 단체, 그 목적과 설립이 법령 또는 법령의 근거에 따라 그 지방자치단체의 조례에 정하여진 기관, 지방자치단체를 회원으로 하는 공익법인 등으로 한정하고 있음에 비추어 볼 때 정부출연기관인 대학병원에 대한 기금 융자는 「지방재정법」에도 배치된다. 지방자치단체의 사무와 직접 관련이 없는 특정기관·단체 등에 대하여 기금을 융자하는 것은 특혜 시비는 물론 법적·사회적 문제를 야기할 소지가 있으므로 융자업무 처리에 신중을 기하는 것이 바람직하다.

2. 의료보장사업 해당여부

Q. 대학병원에서 장례식장 및 주차타워를 건립하는 것이 「지방공기업법 시행규칙」 제7조 제3항 제3호에서 규정하고 있는 의료보장사업에 해당되는가?

A. 「지방공기업법 시행규칙」 제7조(기금의 운용기준) 제3항 제3호에서 "의료보장 및 재해복구 등을 위한 사업"을 지역개발기금 융자대상사업으로 규정하고 있는 취지는 긴급을 요하는 의료보장사업 등에 지역개발기금을 사용할 수 있도록 함으로써 예산에 반영되지 않은 예측 불가능한 사태에 직면할 경우 재정적 측면에서 효율적 대응이 가능하도록 하기 위한 것으로서, 기금 조성 취지 등에 비추어 볼 때 통상적인 융자대상사업에 대한 예외규정으로 보는 것이 합당하다. 통상 의료보장은 의료보험 및 의료보호로 구분되는 바 대학병원이 수익 등을 목적으로 건립하는 장례식장 및 주차타워는 지방자치단체의 사무와 직접 관련이 있다고 보기 곤란하고, 지방공기업 법령에서 규정하고 있는 의료보장사업에도 해당되지 않는다. 따라서 대학병원의 장례식장 및 주차타워 건립을 위한 지역개발기금 융자는 불가능하다고 판단된다.

3. 지역개발채권 매입대상

Q. 「전기공사업법」에 의한 전기공사, 「문화재보호법」에 의한 문화재수리공사 등도 지역개발채권의 매입대상에 해당되는가?

A. 전기공사, 문화재수리공사 등도 「지방공기업법」 제19조(지방채 등) 제4항의 규정에 의거 시・도의 조례가 정하는 바에 따라 지역개발채권 매입이 가능하다. 「지방공기업법」 제19조 제3항에 의하면 ① 면허・허가・인가 및 신고・등록 신청자, ② 건설공사 도급계약 체결자, ③ 용역계약 또는 물품구매・수리・제조계약을 체결하는 자는 지역개발채권을 매입하여야 한다. 제19조 제3항에서 정하지 않은 사항은 동조 제4항의 규정("그 밖에 필요한 사항은 시・도의 조례로 정한다")에 따라 시・도의 조례로 정하도록 함으로써 지역별 특수성이나 행정환경 변화 등 예상치 못한 사안에 대비할 수 있도록 2004년 12월 30일 「지방공기업법」을 개정하였다. 따라서 전기공사, 문화재수리공사 등의 지역개발채권 매입여부는 지방자치단체 조례가 정하는 바에 따른다.

4. 지역개발채권 매입 및 공개

Q. 개발부담금을 주고 현재의 부지를 매입하였고, 매년 자동차진입로 사용료를 납부하는데도 사용기간 연장 시 지역개발공채를 매입하였다. 이는 주민의 불만요인으로 작용할 소지가 있기 때문에 중앙정부에서 구체적으로 정하고, 지역개발공채의 규모・사용내역

등을 공개해야 하지 않는가?

A. 지역개발채권은 일종의 강제성 채권으로 지역개발재원 마련을 위하여 「지방공기업법」 등 관계 법령에 근거를 두고 있으며, 지역개발채권 매입절차, 매입대상별 금액, 이율 및 상환 등에 관한 세부적인 사항은 시·도 또는 대도시의 조례로 정하도록 하고 있다. 이와 같이 지역개발채권을 중앙정부 주관 하에 통합하여 발행하거나 「지방공기업법」 등 관계법령에 채권발행대상별 금액 등을 구체적으로 규정하지 않은 이유는 지역개발의 성격이나 수요의 규모 등이 지역 간 차이가 있기 때문에 지역 간 특성을 고려하여 기금을 운영하는 것이 합리적이라고 판단했기 때문이다. 사용료 납부와는 별도로 강제성 지역개발채권을 매입토록 하는 것은 사실상 국민에게 이중 부담을 지우는 것과 다름이 없다는 측면도 있으나, 지역개발채권 발행을 통해 마련된 재원이 지역주민의 생활편의 증진과 지역의 자립기반 구축, 낙후지역 등의 개발을 위해 투자하는 재원이기 때문에 균형발전 측면에서 그 중요성이 매우 크고 지방자치단체의 열악한 재정을 보전하는 등 긍정적 측면이 있다. 지역개발기금 조성계획·사용내역 등에 대해서는 의회의 승인과정을 거치고 있으며, 그 결과는 해당 지방자치단체의 홈페이지 등을 통해 공개하고 있다.

제20조(일시차입금) ① 관리자는 예산 내의 지출을 하는 경우 현금이 부족할 때에는 해당 지방직영기업의 특별회계의 부담으로 일시차입을 할 수 있다.

② 제1항에 따른 일시차입금은 해당 연도에 상환하여야 한다.

[연혁]

[제1항] 관리자는 예산 내의 지출을 하는 경우 현금이 부족할 때에는 해당 지방직영기업의 특별회계의 부담으로 일시차입을 할 수 있다.

1) **제정(1969.01.29.)** 관리자는 예산 내의 지출에 있어서 현금이 부족할 때에는 당해 특별회계의 부담으로 일시차입을 할 수 있다.

2) **개정(2011.08.04.)** 현행과 같이 개정하였다.

[제2항] 제1항에 따른 일시차입금은 해당 연도에 상환하여야 한다.

1) 제정(1969.01.29.) 전항의 규정에 의한 일시차입금은 당해연도 내에 상환하여야 한다.

2) 개정(1980.01.04.) 제1항의 규정에 의한 일시차입금은 당해연도 내에 상환하여야 한다.

3) 개정(2011.08.04.) 현행과 같이 개정하였다.

Q & A

1. 일시차입 해당여부

Q. 지방공기업에서 토지보상을 진행하고 있으며, 이를 위한 자금은 정기예금에 예치되어 있다. 정기예금의 만기보다 토지보상시기가 빨리 도래할 것으로 예상되어 정기예금을 담보로 담보대출을 검토하고 있다. 이 경우 「지방공기업법」에 의한 '일시차입'에 해당되는가?

A. '일시차입'이란 해당 회계연도에 차입한 금액을 해당 회계연도에 상환하는 제도를 말하며, 예산총칙에서 일시차입한도를 규정하고 있고, 이 한도를 초과하는 경우에는 지방의회의 승인을 얻어 차입한도액을 조정하여야 한다. 따라서 정기예금을 담보로 담보대출을 받는 경우 해당 회계연도 내에 원리금을 상환하는 경우에는 일시차입에 해당하고, 2회계연도 이상에 걸쳐 원리금을 상환하게 되는 경우에는 사채발행 승인절차를 밟아야 한다.

제20조의2(선수금) 지방직영기업은 해당 기업이 조성하는 재산을 분양받으려는 자, 해당 기업의 시설을 이용하려는 자 또는 해당 기업의 용역을 제공받으려는 자로부터 대통령령으로 정하는 바[23]에 따라 대금의 전부 또는 일부를 미리 받을 수 있다.

[연혁]

1) 신설(1992.12.08.) 지방직영기업은 당해 기업이 조성하는 재산을 분양받거나 시설을 이용하려는 자 또는 용역을 제공받으려는 자로부터 대통령령이 정하는 바에

23) 지방직영기업이 선수금을 받을 경우에는 그 납부방법과 그 시기 등을 정하여 미리 당해 지방자치단체의 장의 승인을 얻어야 한다(지방공기업법 시행령 제16조).

의하여 대금의 전부 또는 일부를 미리 받을 수 있다.

2) **개정(2011.08.04.)** 현행과 같이 개정하였다.

제21조(원가계산) 지방직영기업의 특별회계는 사업의 능률적 추진, 경영 관리 및 요금 결정의 기초로 사용될 수 있도록 대통령령으로 정하는 바에 따라 기능별[24]·급부별(給付別)[25] 원가계산을 하여야 한다.

[연혁]

1) **제정(1969.01.29.)** 지방공기업의 특별회계는 사업능률의 추진·경영관리 및 요금결정의 기초에 제공하기 위하여 대통령령이 정하는 바에 의하여 기능별급부별 원가계산을 하여야 한다.

→ 지방공기업은 기업원리를 적용하여 원가계산제도를 채택하고 복식부기를 적용함으로써 경영의 합리화를 기하려는 것으로, 지방공기업의 특별회계는 사업능률의 추진, 경영관리 및 요금결정의 기초에 제공하기 위하여 기능별·급부별 원가계산을 하도록 하였다. 이와 같은 원가주의의 최대 장점은 실제구입원가 또는 제작가격을 기초로 하는 것이므로 추산과 예측과 같은 불확실한 요소가 개입될 여지가 적어 평가인의 자의적 견해에 좌우되지 않고, 손익계산에서 미실현손익을 계상하지 않고 계산기준이 명확하므로 계산이 용이하다는 점이다.

---

24) 기능별 원가계산은 행정안전부장관이 정하는 비용계정과목 중 영업비용에 의하고(지방공기업법 시행령 제17조 제1항 제1호), 지방직영기업의 관리자는 기능별로 그 업무와 원가를 측정할 수 있는 단위를 선정하여 원가를 계산하여야 한다(지방공기업법 시행령 제17조 제2항). 기능별 원가는 원가발생을 귀속시킬 수 있는 조직상의 단위로 분류되어야 하며(지방공기업법 시행규칙 제8조), ① 기능별 부서의 급부생산과 관련 없는 비용, ② 유형자산의 감가상각비, ③ 무형자산의 감가상각비, ④ 재고자산의 평가손실, ⑤ 기타 기능별 부서책임자가 관리할 수 없는 비용 등은 기능별 원가에 포함하지 아니한다(지방공기업법 시행규칙 제9조).

25) 급부별 원가계산은 행정안전부장관이 정하는 비용계정과목 중 급부에 직접 또는 간접으로 관련하여 발생하는 비용에 의하고(지방공기업법 시행령 제17조 제1항 제2호), 급부별 원가계산에 있어서의 각 사업별 급부단위는 행정안전부령이 정하는 바에 의한다(지방공기업법 시행령 제17조 제3항). 급부단위별 원가계산에 있어서의 각 사업별 급부단위는 ① 상·하수도 및 공업용수도사업: 생산량·배수량 또는 조정량(m^3), ② 궤도사업 및 자동차운송사업: 승객수 또는 주행거리(km), ③ 지방도로사업: 도로의 길이(km), ④ 주택공급사업: 세대·동 또는 호수, ⑤ 토지공급사업: 필지이다(지방공기업법 시행규칙 제10조).

2) **개정(1992.12.08.)** 지방직영기업의 특별회계는 사업능률의 추진·경영관리 및 요금결정의 기초에 제공하기 위하여 대통령령이 정하는 바에 의하여 기능별급부별 원가계산을 하여야 한다.

3) **개정(2011.08.04.)** 현행과 같이 개정하였다.

Q & A

1. 상수도 총괄원가계산서 작성 시 원가배분

Q. 상하수도사업소에 3개과(관리과, 수도과, 하수과)가 편제되어 있고, 업무분장상 관리과(관리담당, 회계담당, 요금담당)에서 상수도 및 하수도업무 전반(예산, 회계 등)을 처리하고 있다. 상수도 총괄원가계산서를 작성할 때 원가를 어떻게 배분해야 하는가?

A. 상수도사업과 하수도사업의 예산이 별도로 편성되어 집행되고 있을 것이므로 관리과의 운영경비는 비목별로 판단하여 관련성이 깊은 사업의 경비로 배분하고, 2가지 사업에 공통적으로 해당하는 인건비 등의 경비는 경비배분기준을 명백하게 규정하고 있는 근거는 없으나 회계학상의 '관련성 기준'에 따라 2가지 사업의 지출예산총액 비율에 따라 원가를 배분하는 것이 합리적이라고 판단된다.

2. 요금기저 계산 시 공사부담금 미투자분 고려

Q. 상·하수도 총괄원가 산정 시 공사부담금 중 미투자분을 총가동설비자산에서 제외해야 하는가?

A. 현행 총괄원가 산정방법에서는 공사부담금은 전액 설비자산에 투자되었다고 가정하고 총괄원가를 산정하고 있다. 그러나 해당 지방자치단체의 상황별로 공사부담금 중 미투자분에 대한 구체적인 근거자료가 충분하다면 관련 사항을 주석으로 기재하고 요금기저 계산 시 공사부담금누계액에서 미투자분에 해당하는 금액을 제외하는 방법도 고려할 수 있다. 그 이유는 아직 투자되지 않은 공사부담금은 설비자산에 포함되어 있지 않은데 이를 전액 차감한다면 순가동설비자산의 과소계상으로 인해 투하자본에 대한 기회비용을 과소계상하게 되고 결국 총괄원가를 과소계상하게 되기 때문이다. 공사부담금 미투자분이 총괄원가 산정 시 별도로 고려되는 경우에는 공사부담금누계액 감소 → 순가동설비자산 증가 → 요금기저 증가 → 자기자본비용 증가 → 자본비용 증가 → 총괄원가 증가의 효과가 있을 것이다.

제22조(요금) ① 지방자치단체는 지방직영기업의 급부에 대하여 조례로 정하는 바에 따라 요금을 징수할 수 있다.
② 제1항에 따른 요금은 적정하여야 하고, 지역 간 요금수준의 형평을 도모하여야 하며, 급부의 원가를 보상하면서 기업으로서 계속성을 유지할 수 있도록 결정되어야 한다.
③ 제1항에 따른 요금의 산정방식은 영업비용, 자본비용 등을 고려하여 대통령령으로 정한다.
④ 지방자치단체는 제1항에 따른 요금을 내야 하는 자가 납부기한까지 요금을 납부하지 아니하면 내야 할 요금의 100분의 3의 범위에서 조례로 정하는 바에 따라 연체금을 가산하여 징수할 수 있다.
⑤ 요금 및 연체금의 징수에 관하여는 지방세 징수 및 체납처분의 예에 따른다.

[연혁]

[제1항] 지방자치단체는 지방직영기업의 급부에 대하여 조례로 정하는 바[26]에 따라 요금을 징수할 수 있다.

1) **제정(1969.01.29.)** 지방자치단체는 지방공기업의 급부에 대하여 조례가 정하는 바에 의하여 요금을 징수할 수 있다.

→ 지방공기업은 기업회계원칙을 도입하고 있기 때문에 요금의 현실화 문제가 제기된다. 요금현실화 문제는 지방재정의 건전한 발전과 밀접한 관계가 있는 것으로서, 요금은 원가계산제도를 도입하였기 때문에 어떤 기준 위에서 표준화시켜야 하는가의 문제가 대두된다. 요금은 지방자치단체의 장이 임의적으로 결정하는 것이 아니고 원가계산과 기업의 특수성을 감안하여 수익성과 공공성의 조화라는 제약 속에서 결정할 문제이며, 지방자치단체의 장이 기업이 수지가 맞지 않는다고 무분별하게 일방적으로 요금을 책정하여 주민들에게 부과 · 징수하는 일은 있어서는 안 된다.

2) **개정(1992.12.08.)** 지방자치단체는 지방직영기업의 급부에 대하여 조례가 정

26) 참고로 「부산광역시 수도 급수조례」(시행 2022.2.16., 부산광역시 조례 제6645호)에는 수도요금(제28조), 수도요금의 징수(제34조), 지방세 징수예의 준용(제61조) 등이 규정되어 있다.

하는 바에 의하여 요금을 징수할 수 있다.

3) **개정(2011.08.04.)** 현행과 같이 개정하였다.

[제2항] 제1항에 따른 요금은 적정하여야 하고, 지역 간 요금수준의 형평을 도모하여야 하며, 급부의 원가를 보상하면서 기업으로서 계속성을 유지할 수 있도록 결정되어야 한다.

1) **제정(1969.01.29.)** 전항의 규정에 의한 요금은 적정하여야 하며 이를 결정함에 있어서는 당해 지방공기업이 제공한 급부의 원가를 보상함과 아울러 기업으로서 계속성을 유지할 수 있도록 하여야 한다.

2) **개정(1980.01.04.)** 제1항의 규정에 의한 요금은 적정하여야 하며, 이를 결정함에 있어서는 당해 지방공기업이 제공한 급부의 원가를 보상함과 아울러 기업으로서 계속성을 유지할 수 있도록 하여야 한다.

3) **개정(1992.12.08.)** 제1항의 규정에 의한 요금은 적정하여야 하고, 지역간 요금수준의 형평을 기하여야 하며, 이를 결정함에 있어서는 당해 지방직영기업이 제공한 급부의 원가를 보상함과 아울러 기업으로서 계속성을 유지할 수 있도록 하여야 한다.

4) **개정(2011.08.04.)** 현행과 같이 개정하였다.

[제3항] 제1항에 따른 요금의 산정방식은 영업비용, 자본비용 등을 고려하여 대통령령[27]으로 정한다.

1) **신설(2002.03.25.)** 제1항의 규정에 의한 요금의 산정방식은 영업비용 및 자본

---

27) 요금은 영업비용에 당해 지방직영기업의 자본비용을 가산하여 산정하고, 자본비용은 자기자본에 적정투자보수율을 곱한 금액에 지급이자를 더하여 산정한다. 이 경우 적정투자보수율과 지급이자의 산정방법은 행정안전부장관이 정한다(지방공기업법 시행령 제18조). 이는 지방직영기업의 요금산정방식의 대원칙인 영업비용과 자본비용을 합산하는 방식인 총괄원가보상원칙으로, 자본비용의 산정방식이 타인자본에 대한 지급이자 외에 자기자본을 사용할 경우 그 기회비용인 이자(예금이자 수준)를 추가로 반영한 것이다.

비용 등을 감안하여 대통령령으로 정한다.

2) **개정(2011.08.04.)** 현행과 같이 개정하였다.

[제4항] 지방자치단체는 제1항에 따른 요금을 내야 하는 자가 납부기한까지 요금을 납부하지 아니하면 내야 할 요금의 100분의 3의 범위에서 조례로 정하는 바에 따라 연체금을 가산하여 징수할 수 있다.

1) **신설(2019.12.03.)** 현행과 같이 신설하였다.

[제5항] 요금 및 연체금의 징수에 관하여는 지방세 징수 및 체납처분의 예에 따른다.

1) **제정(1969.01.29.)** 요금의 징수에 관하여는 지방세징수의 예에 의한다.
2) **개정(2011.08.04.)** 요금의 징수에 관하여는 지방세 징수의 예에 따른다.
3) **개정(2019.12.03.)** 현행과 같이 개정하였다.

Q & A

1. 상수도요금 인하요인 발생

Q. 「지방공기업 결산기준」 변경에 따라 지방상수도특별회계에서 요금인하요인이 발생한 경우 어떻게 처리해야 하는가?

A. 「지방공기업 결산기준」은 정책·환경의 변화, 전문가들의 의견, 감사원의 의견 등을 다양하게 수렴하여 변경하는 것으로, 결산기준 변경으로 요금인하요인이 발생하더라도 요금승인권은 지방의회의 관할사항이므로 지방자치단체에서 결정할 사항이다. 다만, 요금인하요인이 결산기준 변경에 의한 것인지, 아니면 과거 결산처리의 오류(예: 수도관 교체에 대한 회계처리 잘못)로 인한 것인지를 명백히 분석할 필요가 있다.

2. 세입자 행방불명 시 하수도사용료 부과

Q. 임대기간 중 세입자가 불법으로 지하수를 개발하여 사용한 후 행방불명되었을 때 건물주에게 하수도사용료를 부과할 수 있는가?

A. 건물주가 지하수를 개발하여 그것을 사용하도록 세입자에게 임대하였다면 연대책임이 있으나, 임대기간 중 세입자가 불법으로 지하수를 개발하여 사용하였다면 건물주의 책임은 없다. 따라서 지하수사용료는 실사용자에게 부과하여야 하며, 실사용자가 납부할 의무가 있다.

3. 상 · 하수도사용료 환불기간

Q. 담당자의 업종 착오로 상 · 하수도사용료가 수년간 과다하게 부과되었을 때 언제까지 환불해 줄 수 있는가?

A. 과다하게 부과된 수도요금의 환불기간은 5년이다. 「지방재정법」 제82조(금전채권과 채무의 소멸시효) 제1항에는 "금전의 지급을 목적으로 하는 지방자치단체의 권리는 시효에 관하여 다른 법률에 특별한 규정이 있는 경우를 제외하고는 5년 간 행사하지 아니하면 소멸시효가 완성한다."고 규정되어 있다. 다만, 담당공무원의 과실이 인정될 경우에는 「민법」 제766조(손해배상청구권의 소멸시효) "① 불법행위로 인한 손해배상의 청구권은 피해자나 그 법정대리인이 그 손해 및 가해자를 안 날로부터 3년 간 이를 행사하지 아니하면 시효로 인하여 소멸한다. ② 불법행위를 한 날로부터 10년을 경과한 때에도 전항과 같다."는 규정이 적용될 여지가 있다.

4. 무허가 건축물에 대한 급수

Q. ① 무허가 건축물에 대한 상수도 신청을 받았을 경우 신청 건을 반려해야 하는가? ② 이미 수도가 설치된 무허가 건축물에 대해서는 철거를 해야 하는가?

A. ① 무허가 건축물의 경우에도 세금납부증명에 의해 급수신청을 승인해 주고, 그렇지 않은 경우는 반려하여야 한다. ② 이미 수도가 설치된 무허가 건축물에 대하여도 철거에 따른 폐전 신청이 있기 전까지는 급수를 하여야 한다.

5. 명도소송기간 중 수도요금 부과

Q. 부동산에 대한 소유권 이전을 했더라도 명도소송기간 중의 수도사용료는 점유자(실제사용자)의 사용분과 구분하여 부과하는 것이 타당한가?

A. 소유권 취득 전에 발생한 수도요금 납부의무에 대하여는 승계하지 않지만, 소유권 취득 이후의 수도요금 납부의무는 소유자에게 있다. 따라서 명도소송 중에 발생한 요금이라 할지라도 「상수도 급수조례」에 근거하여 수도요금을 납부하는 것이 타당하다.

제23조(예산의 편성) ① 지방직영기업은 합리적인 원가기준에 따라 경비를 산정하여 예산에 계상(計上)하여야 한다.

② 예산의 수입과 지출은 연도 중의 기업의 재정집행 상황에 비추어 합리적으로 계상되어야 한다.

③ 지방자치단체의 장은 지방자치단체의 일반회계 및 다른 특별회계의 예산편성 지침과 구분하여 지방직영기업의 예산편성 기본지침을 행정안전부장관이 정하는 기준에 따라 매년 작성하여 전년도 7월 31일까지 지방직영기업에 알려야 한다.

[연혁]

[제1항] 지방직영기업은 합리적인 원가기준에 따라 경비를 산정하여 예산에 계상(計上)하여야 한다.

1) **제정(1969.01.29.)** 지방공기업은 합리적인 원가기준에 의하여 경비를 산정하여 예산에 계상하여야 한다.

2) **개정(1992.12.08.)** 지방직영기업은 합리적인 원가기준에 의하여 경비를 산정하여 예산에 계상하여야 한다.

3) **개정(2011.08.04.)** 현행과 같이 개정하였다.

[제2항] 예산의 수입과 지출은 연도 중의 기업의 재정집행 상황에 비추어 합리적으로 계상[28]되어야 한다.

---

28) 수입예산은 재화 및 서비스의 공급량과 요율·공급가격 조정계획 등을 감안하여 요금수입 등 사업수익을 적정하게 계상하고, 지출예산은 예산편성 단계부터 사업계획 등을 면밀히 검토하여 불용액 과다 발생 등 재원이 사장되는 사례가 없도록 편성하여야 한다.

1) **제정(1969.01.29.)** 예산상의 수입과 지출의 예정은 연도 중의 기업의 재정집행에 비추어 합리적으로 하여야 한다.

2) **개정(2011.08.04.)** 현행과 같이 개정하였다.

[제3항] 지방자치단체의 장은 지방자치단체의 일반회계 및 다른 특별회계의 예산편성지침과 구분하여 지방직영기업의 예산편성 기본지침을 행정안전부[29]장관이 정하는 기준에 따라 매년 작성하여 전년도 7월 31일까지 지방직영기업에 알려야 한다.

1) **제정(1969.01.29.)** 지방공기업의 매사업연도의 예산편성기본지침은 지방자치단체의 일반회계 및 다른 특별회계의 예산과 구분하여 따로 내무부장관이 주무부장관과 협의하여 이를 작성·시달하여야 한다.

2) **개정(1992.12.08.)** 지방직영기업의 매 사업연도의 예산편성기본지침은 지방자치단체의 일반회계 및 다른 특별회계의 예산과 구분하여 따로 내무부장관이 주무부장관과 협의하여 이를 작성하여 전연도 8월 31일까지 통보하여야 한다.

3) **개정(1999.01.29.)** 지방직영기업의 매 사업연도의 예산편성기본지침은 지방자치단체의 일반회계 및 다른 특별회계의 예산과 구분하여 따로 행정자치부장관이 주무부장관과 협의하여 이를 작성하여 전년도 7월 31일까지 통보하여야 한다.

→ 예산편성 기본지침 통보기한을 전년도 8월 31일에서 7월 31일로 1개월 단축하였다.

4) **개정(2004.12.30.)** 지방직영기업의 매 사업연도의 예산편성기본지침은 지방자치단체의 일반회계 및 다른 특별회계의 예산과 구분하여 따로 행정자치부장관이 정하는 기준에 따라 당해 지방자치단체의 장이 이를 작성하여 전년도 7월 31일까지 통보하여야 한다.

→ 지방분권 로드맵의 일환으로 지방직영기업의 예산편성지침 작성권을 지방으로 이양함으로써 지방직영기업 경영의 자율성을 확대하였다. 종전에는 행정자치부장관이 수부부장관과 협의하여 작성하던 지방직영기업의 예산편성 기본

29) 「지방공기업법」이 제정된 1969년에는 내무부이었으나, 「정부조직법」 개정에 따라 행정자치부(1998.02.28.), 행정안전부(2008.02.29.), 안전행정부(2013.03.23.), 행정자치부(2014.11.19.), 행정안전부(2017.07.26.)로 변경되었다. 이 책에서 "부처명칭 변경"은 「지방공기업법」 개정 연혁에서 제외하였다.

지침을 앞으로는 행정자치부장관이 정한 공통기준에 따라 지방자치단체의 장이 정하도록 함으로써 지방분권을 제도적으로 뒷받침하고 지방직영기업의 자율경영체제를 확립하였다.

5) **개정(2011.08.04.)** 현행과 같이 개정하였다.

→ 국가 및 지방자치단체의 재정운용과 연계하여 지방공기업 예산을 편성함에 있어 공통적으로 적용할 기준을 제시하여 지방자치단체의 일반회계와의 형평성 및 지방공기업 간 균형을 유지하고, 예산운영의 건전성·효율성·생산성을 확보하여 지방재정 확충에 기여하고 경영실적 평가의 기초자료로 활용하게 하였다. 지방자치단체는 예산편성 공통기준 범위에서 자체적인 여건과 특성을 감안하여 예산편성지침을 마련하여 시행토록 하였다.

Q & A

1. 특정업무수행활동비-장기교육훈련 파견 후 신규 업무 미부여 기간

Q. 상수도공기업에 종사하는 5급 이하 공무원에게는 특정업무수행활동비가 지급되고 있다. 장기교육훈련 파견을 마친 후 새로 업무를 부여받지 않고 있는 기간 동안에도 특정업무수행활동비(공기업 종사 공무원)를 지급받을 수 있는가?

A. '특정업무수행활동비'는 특정업무에 근무하는 직원에게 지급하는 경비로서, 실무 담당공무원(5급 이하)을 지급대상으로 하고 있다. 특정업무수행활동비는 업무추진비의 일종으로, 예산에는 반영하기 어려우나 현장에서 해당 업무를 수행하는 과정에서 발생되는 소소한 경비를 보전해 주기 위한 실비보상 성격이 강한 만큼 실제로 업무에 종사하는 직원에게 지급하여야 한다. 따라서 장기교육훈련 파견을 마친 후 새로 업무를 부여받지 않고 있는 기간 동안은 지급이 불가능하다.

2. 특정업무수행활동비-동일업무를 2인이 수행할 경우

Q. 「2022년도 지방공기업 예산편성기준」에는 특정업무수행활동비가 있다. 업무특성상 지급기준이 되는 업무를 2인이 수행할 경우, 2인에게 모두 지급해도 되는가, 아니면 1인에게만 지급해야 하는가?

A. 특정업무수행활동비는 특정업무에 근무하는 직원에게 지급하는 경비로서, 실무 담당 공무원(5급 이하)을 지급대상으로 하고 있으며, 해당 업무를 동일하게 수행하는 자가 여러 명이라도 각각 개인별로 주 업무에 해당된다면 지급이 가능하다. 다만,

해당 업무가 개인별 업무분장표상에 기재되어 있더라도 주 업무가 아닌 일부에 해당하는 경우에는 지급할 수 없다.

3. 특정업무수행활동비-공기업 종사 공무원

Q. 상 · 하수도공기업특별회계에 종사하는 5급 이하 공무원에게는 '공기업 종사 공무원'으로 월 8만 원의 특정업무수행활동비가 지급된다. 상수도사업소를 지방공기업으로 운영하고 있는 ○○군의 경우, 소관업무 중에는 공기업특별회계 업무에서 제외된 마을상수도 및 소규모시설 업무가 포함되어 있다. 이때, '공기업 종사 공무원'은 지방자치단체 상 · 하수도공기업특별회계에 종사하는 5급 이하 공무원으로만 한정되는 것인가, 아니면 마을상수도 및 소규모시설 업무담당자도 지방자치단체 여건에 따라 자체 규정을 통해 공기업 종사 공무원으로 포함시킬 수 있는가?

A. 「2022년도 지방공기업 예산편성기준」상 특정업무수행활동비는 지방자치단체 상 · 하수도공기업특별회계에 종사하는 5급 이하 공무원에게 지급하도록 규정하고 있으므로, 공기업특별회계에서 제외된 마을상수도 및 소규모시설 업무를 담당하는 직원에게 지급하는 것은 어려울 것으로 판단된다. 동 기준에서는 지방자치단체 여건에 따라 지급여부 · 지급범위 · 지급액(8만 원 한도)을 조정할 수 있도록 규정하고 있으나, 이는 공기업특별회계 종사 공무원 중에서 지급여부 · 지급범위 · 지급금액 등을 조정하라는 것이므로 대상이 되지 않는 인원을 자체적으로 포함하는 것은 어려울 것이다.

4. 특정업무수행활동비-청원경찰

Q. 청원경찰이 실제로 요금과징업무를 담당하고 있는 경우 특정업무수행활동비 지급이 가능한가?

A. 「2022년도 지방공기업 예산편성기준」상 청원경찰에게 실제로 요금과징업무가 분장되어 있고 과징업무를 담당하고 있는 경우에는 특정업무수행활동비 지급이 가능하다.

5. 특정업무수행활동비-과장, 하수도원인자부담금 징수업무

Q. ① 과장도 특정업무수행활동비 지급범위에 들어가는가? ② 하수도원인자부담금 징수업무담당자도 특정업무수행활동비 지급대상인 요금과징 담당공무원에 해당되는가?

A. ① 특정업무수행활동비 지급대상은 요금과징 공무원, 누수 관련 업무 담당공무원, 수도계량기관리 담당공무원 중 '5급 이하 공무원'으로 규정하고 있으나, 시 · 군 상

수도사업소의 경우 사업소장이 아닌 과장급으로 한정하여 지급하는 것은 가능하다. ② 요금과징 담당공무원의 경우 상하수도사업본부, 시・군 본청, 구청의 검침원 등 요금과징업무 실무 담당공무원(5급 이하 공무원)이 해당된다. 따라서 하수도원인자 부담금 징수업무담당자도 상하수도사업본부 요금과징업무 실무 담당공무원에 해당된다.

6. 특정업무수행활동비-상수도요금 체납액 징수 관련 시상금제 운영

Q. 상수도요금 체납액 징수실적 우수반에게 시상금제를 운영할 경우 특정업무수행활동비 지급대상에서 제외되는가?

A. 「2022년도 지방공기업 예산편성기준」에서 요금과징공무원을 특정업무수행활동비 지급대상자로 규정하고 있으나, 포상금제를 시행하는 경우에는 특정업무수행활동비를 지급하지 않도록 하고 있다. 여기서 포상금제는 개인별 체납액 징수실적에 따라 누구에게나 보상적 차원의 인센티브를 부여하는 것을 말하며, 체납액 징수실적 제고를 위하여 우수징수반에게 일정액의 시상금을 지급한다고 해서 특정업무수행활동비 지급대상에서 제외되는 것은 아니다.

7. 특정업무수행활동비-시간선택제 공무원

Q. 시간선택제 공무원에게 특정업무수행활동비를 지급할 수 있는가?

A. 「지방공기업 시간선택제 일자리 운영기준」에서 "시간선택제 공무원의 수당은 원칙적으로 근무시간에 비례하여 지급하되, 수당성격에 따라 전일제 근무자와 동일하게 지급 가능"이라고 되어 있으므로 근무시간에 비례하여 지급이 가능하다. 다만, 해당 업무가 개인별 업무분장표에 기재되어 있더라도 주업무가 아닌 일부에 해당할 경우에는 지급할 수 없다.

8. 특정업무수행활동비-사업소 근무자

Q. 「2022년도 지방공기업 예산편성기준」에 따르면, 상하수도사업본부에 근무하는 예산・결산・계약업무 담당공무원에게 특정업무수행활동비를 지급할 수 있다. ○○광역시상수도사업본부 ○○사업소에 근무하면서 자체 계약과 예산편성업무, 결산업무를 담당하는 공무원이 있다면 특정업무수행활동비를 지급할 수 있는가? 즉, 본부를 제외한 사업소・정수장・수질연구소・시설관리사업소・자재사업소 등에서 예산・계약・결산업무를 담당하고 있다면 특정업무수행활동비 지급이 가능한가?

A. 「2022년도 지방공기업 예산편성기준」상 지방직영기업의 특정업무수행활동비는 상하수도사업본부 본청 업무담당 공무원(5급 이하 공무원) 및 지방직영기업특별회계 예산편성 및 결산·계약업무를 직접 담당하는 공무원에게 지급하도록 하고 있다. 따라서 지방직영기업특별회계에 종사하면서 관련된 예산편성 및 결산·계약업무를 직접 담당하고 있는 공무원이라면 특정업무수행활동비를 지급할 수 있다.

9. 특정업무수행활동비-일반회계의 대민활동비와 병급 가능성

Q. 상수도특별회계에서 지급하는 특정업무수행활동비와 일반회계의 대민활동비의 병급이 가능한가?

A. 상수도종사자가 특정업무수행활동비를 지급받는 경우에 「2022년도 지방공기업 예산편성기준」에서 공기업 종사 공무원에 대한 특정업무수행활동비와 일반회계의 대민활동비는 병급이 불가능하도록 규정하고 있다. 단, 청원경찰에 대해서는 예외적으로 대민활동비를 동시에 지급할 수 있다.

10. 특정업무수행활동비-공기업 종사 공무원, 경영평가실무 담당공무원과 병급 가능성

Q. 「2022년도 지방공기업 예산편성기준」의 특정업무수행활동비의 경우, 제1항의 공기업 종사 공무원(8만 원)과 제5항의 경영평가실무 담당공무원(8만 원)의 병급이 가능한가?

A. 「2022년도 지방공기업 예산편성기준」에 지방직영기업의 특정업무수행활동비는 ① 공기업 종사 공무원, ② 요금과징 담당공무원, ③ 누수 관련 업무 담당공무원, ④ 수도계량기관리 담당공무원, ⑤ 경영평가실무 담당공무원, ⑥ 예산·결산·계약업무 담당공무원, ⑦ 공무원단체업무 담당공무원에게 지급되며, (주2)에 "①항의 공기업 종사 공무원 특정업무수행활동비와 ②·③·④·⑤·⑥·⑦항의 특정업무수행활동비는 병급 가능"이라고 규정되어 있다. 따라서 ① 공기업 종사 공무원의 특정업무수행활동비와 ⑤ 경영평가실무 담당공무원의 특정업무수행활동비는 병급이 가능하다. 한편, ②~⑦항의 특정업무수행활동비는 병급이 불가능하고, 특정업무수행활동비와 직책급업무추진비의 병급도 불가능하다.

11. 특정업무수행활동비-위험근무수당과 병급 가능성

Q. 상수도시설관리소 및 지역사업소에서 계량기 교체업무를 담당하는 공무원에게 특정업무수행활동비 80,000원과 계량기 교체 시 공급전압 220볼트 조작업무 위험근무수당(병종) 40,000원의 병급이 가능한가?

A. 「2022년도 지방공기업 예산편성기준」상 수도계량기관리 담당공무원의 특정업무수행활동비는 다른 특정업무수행활동비와 관련된 업무의 겸직 시 병급이 불가능하도록 되어 있으나, 위험근무수당(병종)과의 병급에 관해서는 별도로 제시하고 있지 않다. 「지방공무원 수당 등에 관한 규정」 제19조(수당 등의 지급방법)에서도 위 수당과 관련해서는 별도로 병급이 금지되는 항목을 제시하고 있지 않으므로, 기관 내부 규정 및 설립 지방자치단체와 협의하여 지급여부를 결정할 수 있다.

12. 장려수당-파견수당, 기술자격가산금과 병급 가능성

Q. ① 장려수당은 분뇨·하수·폐수·쓰레기업무 등 유지관리업무에 종사하는 자가 받는 것인데, 하수·분뇨처리 업무부서에서 다른 부서로 파견 중인 직원에 대해서도 지급이 가능한가? ② 상수도특별회계의 기술직공무원에게 장려수당과 기술자격가산금을 합하여 지급할 수 있는가?

A. ① 파견 중에 있다고 하더라도 하수 관련 업무에 종사하고 주된 근무지가 원 소속기관이라면 장려수당 지급이 가능하다. ② 상수도사업소 근무자에게 지급되는 장려수당은 「지방공무원 수당 등에 관한 규정」에 의해 지급되고 있으므로 장려수당의 성격을 감안할 때 기술자격가산금과 병급이 가능하다.

13. 전용 S/W 예산과목

Q. 「지방공기업 예산편성기준」에 따르면 범용 S/W는 '사무관리비'로 구입이 가능한데, 전용 S/W는 무슨 과목으로 구입해야 하는가?

A. S/W 구입의 경우, 사용목적에 따라 달리 계상하여야 한다. 가령 사무처리를 위해 사용되는 S/W(윈도우, 한글, 엑셀 등 연 단위로 라이선스비용 지불)는 '사무관리비'로 계상해도 무방하나, 시스템 관리 및 운영을 위한 전용 S/W(감시, DBMS, 웹서버 등) 구입을 위한 S/W비는 '자산취득비'로 계상하는 것이 타당하다.

제24조(예산의 구분) 지방직영기업의 예산은 그 사업의 운영계획과 기능에 따라 구분하여야 한다.

[연혁]

1) **제정(1969.01.29.)** 지방공기업의 예산은 그 사업의 운영계획과 기능에 따라

구분하여야 한다.

2) 개정(1992.12.08.) 현행과 같이 개정하였다.

제25조(예산의 내용) 지방직영기업의 예산은 예산총칙과 해당 지방직영기업의 사업운영계획에 따라 작성한 다음 각 호의 사항을 내용[30]으로 한다.

1. 해당 사업연도의 수익·비용에 관한 수익적(收益的) 수입과 지출에 관한 예정(이하 "사업예산"이라 한다)
2. 해당 사업연도의 자산·부채·자본의 신규 증감액에 관한 자본적 수입과 지출에 관한 예정(이하 "자본예산"이라 한다)
3. 사업예산 및 자본예산과 관련된 자금의 운영계획

[연혁]

1) 제정(1969.01.29.) 지방공기업의 예산은 예산총칙과 당해 지방공기업의 사업운영계획에 따라 작성한 그 사업연도의 수익과 비용에 관한 수익적 수입과 지출에 관한 예정(이하 "事業豫算"이라 한다), 당해연도의 자산·부채·자본의 신규증감액에 관한 자본적 수입과 지출에 관한 예정(이하 "資本豫算"이라 한다) 및 그에 관련되는 자금의 운영계획을 그 내용으로 한다.

2) 개정(1992.12.08.) 지방직영기업의 예산은 예산총칙과 당해 지방직영기업의 사업운영계획에 따라 작성한 그 사업연도의 수익과 비용에 관한 수익적 수입과 지출에 관한 예정(이하 "事業豫算"이라 한다), 당해연도의 자산·부채·자본의 신규증감액에 관한 자본적 수입과 지출에 관한 예정(이하 "資本豫算"이라 한다) 및 그에 관련되는 자금의 운영계획을 그 내용으로 한다.

3) 개정(2011.08.04.) 현행과 같이 개정하였다.

---

30) 지방직영기업의 예산에는 ① 업무의 예정량, ② 예정수입 및 예정지출의 금액, ③ 계속비, ④ 채무부담행위, ⑤ 지방채, ⑥ 일시차입금의 한도액, ⑦ 지방공기업법 제29조의 규정에 의한 예산전용금지과목, ⑧ 일반회계 또는 다른 특별회계로부터의 보조금, ⑨ 이익잉여금의 예정처분, ⑩ 지방공기업법 제40조의 규정에 의한 중요자산의 취득 및 처분, ⑪ 회전기금의 수입 및 지출예정액, ⑫ 기타 필요한 사항 등을 기재하고, ②의 예정수입 및 예정지출은 수익적 수입과 지출 및 자본적 수입과 지출로 대별하고, 다시 이를 관·항으로 구분한다(지방공기업법 시행령 제19조).

제26조(예산안의 제출) ① 지방자치단체의 장은 지방직영기업의 관리자가 작성한 예산안을 조정하여 사업연도가 시작되기 전에 의회에 제출하여 의결을 받아야 한다.
② 지방자치단체의 장은 관리자가 작성한 예산안을 수정할 때에는 관리자의 의견을 들어야 한다.
③ 지방자치단체의 장은 지방직영기업의 예산안을 의회에 제출할 때에 관리자가 작성한 사업운영계획과 그 밖에 대통령령으로 정하는 서류를 함께 제출하여야 한다.

[연혁]

[제1항] 지방자치단체의 장은 지방직영기업의 관리자가 작성한 예산안을 조정하여 사업연도가 시작되기 전에 의회에 제출하여 의결을 받아야 한다.

1) **제정(1969.01.29.)** 지방자치단체의 장은 지방공기업의 관리자가 편성한 예산안을 조정하여 사업연도 개시 전에 의회에 제출하고, 그 의결을 얻어야 한다.

2) **개정(1992.12.08.)** 지방자치단체의 장은 지방직영기업의 관리자가 작성한 예산안을 조정하여 사업연도 개시 전에 의회에 제출하고, 그 의결을 얻어야 한다.

3) **개정(2011.08.04.)** 현행과 같이 개정하였다.

[제2항] 지방자치단체의 장은 관리자가 작성한 예산안을 수정할 때에는 관리자의 의견을 들어야 한다.

1) **제정(1969.01.29.)** 지방자치단체의 장이 관리자가 편성한 예산안을 수정할 때에는 관리자의 의견을 얻어야 한다.

2) **개정(1992.12.08.)** 지방자치단체의 장이 관리자가 작성한 예산안을 수정할 때에는 관리자의 의견을 들어야 한다.

3) **개정(2011.08.04.)** 현행과 같이 개정하였다.

[제3항] 지방자치단체의 장은 지방직영기업의 예산안을 의회에 제출할 때에 관리자가 작성한 사업운영계획과 그 밖에 대통령령으로 정하는 서류[31]를 함께 제출하여야 한다.

1) **제정(1969.01.29.)** 지방자치단체의 장이 지방공기업의 예산안을 의회에 제출할 때에는 관리자가 작성한 사업운영계획 기타 대통령령이 정하는 서류를 함께 제출하여야 한다.

2) **개정(1992.12.08.)** 지방자치단체의 장이 지방직영기업의 예산안을 의회에 제출할 때에는 관리자가 작성한 사업운영계획 기타 대통령령이 정하는 서류를 함께 제출하여야 한다.

3) **개정(2011.08.04.)** 현행과 같이 개정하였다.

제27조(수입금 마련 지출) 관리자는 사업량이 증가하여 경비가 부족하게 된 경우 사업량의 증가로 인한 수입 증가분에 상당한 금액을 그 수입 증가분과 관련된 업무의 직접비에 사용할 수 있다. 이 경우 관리자는 지방자치단체의 장과 의회에 그 사실을 보고하여야 한다.

[연혁]

1) **제정(1969.01.29.)** 사업량의 증가로 인하여 경비에 부족이 생긴 때에는 관리자는 당해 사업량의 증가로 인한 증가수입에 상당한 금액을 그 증가수입에 관련된 업무의 직접비에 사용할 수 있다. 이 경우에 관리자는 미리 당해 지방자치단체의 장의 승인을 얻어야 하며 지방자치단체의 장은 이를 의회에 보고하여야 한다.

→ 예산에 탄력성을 부여하기 위하여 업무량 증가로 인한 경비 부족 시 업무량 증가로 인한 증가수입에 상당한 금액을 그 증가수입에 관련된 업무의 직접비(예컨대, 상수도사업 수탁공사비)에 사용할 수 있도록 하였으며, 이 경우 지방

31) "그 밖에 대통령령으로 정하는 서류"라 함은 ① 사업예산 및 자본예산의 사항별 설명서, ② 급여비명세서, ③ 계속비에 관한 조서, ④ 채무부담행위에 관한 조서, ⑤ 당해 사업연도의 예정대차대조표 및 예정손익계산서와 전 사업연도의 예정대차대조표 및 예정손익계산서 등을 말한다(지방공기업법 시행령 제20조).

공기업의 관리자는 지방자치단체의 장의 승인을 얻어야 하고, 지방자치단체의 장은 이를 의회에 보고하도록 하였다.

2) 개정(1999.01.29.) 사업량의 증가로 인하여 경비에 부족이 생긴 때에는 관리자는 당해 사업량의 증가로 인한 증가수입에 상당한 금액을 그 증가수입에 관련된 업무의 직접비에 사용할 수 있다. 이 경우 관리자는 지방자치단체의 장과 지방의회에 이를 보고하여야 한다.

→ 수입금 마련 지출 시 관리자가 미리 당해 지방자치단체의 장의 승인을 얻고 지방자치단체의 장이 이를 의회에 보고하던 것을, 관리자가 지방자치단체의 장과 지방의회에 보고하는 것으로 개정하였다.

3) 개정(2011.08.04.) 현행과 같이 개정하였다.

→ 수입금 마련 지출은 예산운영의 기본원칙에 대해 극히 예외적인 사항이므로 예산전용이나 예비비 사용 등의 일반적인 방법으로 불가능한 경우에 사용한다. 이 규정은 지방공사·공단에는 해당되지 않는다.

Q & A

1. 예산편성금액 초과지출

Q. 추경예산 작업이 되지 않은 상태에서 당초 신설공사 급수비 예산으로 편성된 금액을 초과하여 지출할 긴급한 필요가 있을 때 어떻게 하면 되는가?

A. 추경예산작업이 안 된 상태에서 당초에 편성된 신설공사 급수예산을 초과하여 집행해야 할 필요가 있는 경우에는 「지방공기업법」 제27조에서 규정하고 있는 '수입금 마련 지출'을 고려할 수 있다.

제28조(예산의 집행) ① 관리자는 해당 연도의 예산에 따라 업무를 집행하여야 한다.
② 재고자산 구매, 공사의 도급 등 자금의 지출과 직접 관련되는 지출은 해당 연도의 사업예산 및 자본예산을 기초로 작성된 자금운영계획에 따라 집행하여야 한다.
③ 제2항에 따라 예산을 집행할 때에는 대통령령으로 정하는 바에 따라 예산통제 계정을 설정하여야 한다.

[연혁]

[제1항] 관리자는 해당 연도의 예산에 따라 업무를 집행[32]하여야 한다.

1) **제정(1969.01.29.)** 관리자는 당해연도의 예산에 의하여 그 업무를 집행하여야 한다.

2) **개정(2011.08.04.)** 현행과 같이 개정하였다.

[제2항] 재고자산 구매, 공사의 도급 등 자금의 지출과 직접 관련되는 지출은 해당 연도의 사업예산 및 자본예산을 기초로 작성된 자금운영계획에 따라 집행하여야 한다.

1) **제정(1969.01.29.)** 실사구매, 공사의 도급 등 자금의 지출에 직접 관련되는 지출은 당해연도의 사업예산 및 자본예산을 기초로 하여 작성된 자금운영계획에 의하여 집행하여야 한다.

2) **개정(1992.12.08.)** 재고자산구매, 공사의 도급 등 자금의 지출에 직접 관련되는 지출은 당해연도의 사업예산 및 자본예산을 기초로 하여 작성된 자금운영계획에 의하여 집행하여야 한다.

3) **개정(2011.08.04.)** 현행과 같이 개정하였다.

[제3항] 제2항에 따라 예산을 집행할 때에는 대통령령으로 정하는 바[33]에 따라 예산통제계정을 설정하여야 한다.

---

32) 관리자는 당해 지방직영기업의 예산집행에 대하여 그 지방직영기업의 적절한 경영관리를 위하여 필요한 계획을 수립하고 이에 따라 당해 지방직영기업의 예산을 집행하여야 한다(지방공기업법 시행령 제21조 제1항).

33) 사업예산 중 직접 현금의 지급을 수반하는 경비의 지급과 재고자산 구매 및 자본예산 중 직접 현금의 지급을 수반하는 경비의 지급은 예산통제계정 및 자금운영계획에 따라 자금집행을 통제하여야 한다(지방공기업법 시행령 제23조).

1) 제정(1969.01.29.) 전항의 규정에 의하여 예산을 집행할 때에는 대통령령이 정하는 바에 의하여 예산통제계정을 설정하여야 한다.

2) 개정(1980.01.04.) 제2항의 규정에 의하여 예산을 집행할 때에는 대통령령이 정하는 바에 의하여 예산통제계정을 설정하여야 한다.

3) 개정(2011.08.04.) 현행과 같이 개정하였다.

Q & A

1. 일 · 숙직수당 지급

Q. 24시간 설비가동시스템에 따른 교대근무자에 대해 일 · 숙직수당 지급이 가능한가?

A. 교대근무자의 정상적인 근무시간에 대해서는 비록 공휴일에 근무한다고 하더라도 일 · 숙직수당을 지급하지 않는 것이 타당하다.

2. 임대차계약 보증금이자에 대한 예산 초과지출

Q. 부대사업의 일환으로 역사 내 상가 임대차계약을 체결하여 운영하고 있다. 계약체결 시 보증금을 수수하고 있으며, 계약 만료 또는 중도해지 시 보증금과 보증금에 대한 이자를 반환하고 있다. 불경기가 지속됨에 따라 상가의 중도해지율이 높아져 편성된 예산을 초과하는 사례가 발생하고 있다. 예산총칙에 따르면 초과지출이 가능한 비목에 '부채원리금 상환'이 있는데 임대차계약 보증금이자에 대해 예산의 초과지출이 가능한가?

A. 부채(예수금)로 관리하고 있는 상가임대차 계약보증금은 다른 비목(원리금상환 부채 등)으로 지출할 수 없으며, 필요시 별도 추경에 편성하여 지출하여야 할 것이다.

3. 계약해지에 따른 위약금 및 국고보조금 집행잔액

Q. ① 산업단지 조성을 위한 선수금으로 업체로부터 2020년에 100원을 받아 '자본적 수입-유동부채수입-선수금'으로 처리하였으나, 2021년에 업체와 계약을 해지하면서 위약금을 제외한 90원을 돌려주었다. 나머지 10원은 어떻게 처리해야 하는가? ② 100% 국고보조금으로 추진한 사업이 올해 완료되어 남은 금액을 내년에 반납하려고 할 때 회계처리방법은 무엇인가?

A. ① 위약금의 계상은 발생연도에 '변상금 및 위약금수입'으로 처리한다. ② 국고보조금 집행 후 반납해야 할 남은 사업비는 '순세계잉여금'으로 처리한다.

제29조(예산의 전용) 관리자는 예산집행에 필요한 경우 예산총칙에서 정하는 과목(科目)을 제외하고는 세출예산의 각 세항(細項) 및 목(目) 경비를 전용(轉用)[34] 할 수 있다.[35]

[연혁]

1) **제정(1969.01.29.)** 관리자는 예산집행에 필요한 경우에는 예산총칙에 정하는 과목을 제외하고는 세출예산의 각 세항 및 목 경비를 유용할 수 있다.

→ 예산집행에 있어서 신축성을 보장하였다.

2) **개정(1992.12.08.)** 관리자는 예산집행에 필요한 경우에는 예산총칙에 정하는 과목을 제외하고는 세출예산의 각 세항 및 목 경비를 전용할 수 있다.

3) **개정(2011.08.04.)** 현행과 같이 개정하였다.

→ 「2022년도 지방공기업 예산편성기준」에 따르면, 다른 '목'으로 전용할 수 없는 경우는 인건비 관련 비목(101, 106, 107, 108목), 차입금원금상환(601목), 차입금이자상환(311목), 기타유동부채상환(611목), 기타비유동부채상환(612목) 등이다. 같은 '목' 내 '세목' 간 전용은 가능하고, 인건비 관련 비목 간 및 차입금원금상환과 차입금이자상환 간 전용도 가능하다. 한편, 업무추진비(203목)는 다른 '목'에서 전용받을 수 없다.

Q & A

1. 예산전용

Q. 사업계획안에서 '목' 혹은 '세목'별로 예상 지출금액을 설정하였으나 특정 '목' 혹은 '세목'에서 초과지출하였다. 이 경우 '목'의 상위 개념인 '항'을 단위로 보면 금액이 초과되지 않았는데, 이렇게 사용해도 되는가?

A. 특정 '목' 혹은 '세목'에서 초과지출이 되었다면 별도의 예산을 계상하지 않고 지출

34) 예산의 '전용'은 "항" 내 "세항" 간 또는 "세항" 내 "목" 간에 적용되고, 예산의 '이용'은 "항" 간에 예산을 상호 융통하여 사용하는 것을 말하며, 예산의 '조정'은 동일 "목" 내 "세목" 간 예산을 관리자 책임 하에 상호 융통하여 사용하는 것을 말한다.

35) 관리자가 세출예산의 세항 간에 전용을 한 경우에는 당해 지방자치단체의 장에게 이를 보고하여야 한다(지방공기업법 시행령 제21조 제2항).

만 처리한 것이므로 예산의 전용을 이용하여 처리하면 된다. 예산전용은 전용요구(사업부서) → 심사(예산부서) → 결정(관리자) → 관계부서 통지(예산부서) 등의 절차를 거쳐야 한다.

2. 인건비 상호 간 전용

Q. 지방직영기업은 인건비 관련 비목 상호 간에는 전용(조정)이 가능한 것으로 알고 있는데, 101-01 보수 항목에서 101-03 무기계약근로자보수로 전용이 가능한가?

A. 「2022년도 지방공기업 예산편성기준」의 '전용의 범위'에 따르면, 인건비 관련 비목(101, 106, 107, 108목)은 다른 목으로 전용할 수 없도록 제한하고 있으나, 같은 '목' 내 '세목' 간 전용 및 인건비 관련 비목 간 전용은 가능하다.

3. 세목 간 조정

Q. 총 사업예산 범위 내에서 '세목' 간에 조정이 가능한가?

A. 「지방공기업법」 제29조(예산의 전용)에 의하면 "관리자는 예산집행에 필요한 경우 예산총칙에서 정하는 과목을 제외하고는 세출예산의 각 세항 및 목 경비를 전용할 수 있다."고 규정하고 있다. 따라서 「지방공기업법」 및 「2022년도 지방공기업 예산편성기준」에 근거하여 동일 '목' 내 '세목' 간 예산을 관리자(부서의 장) 책임 하에 상호 융통하여 사용할 수 있다.

4. 사업예산과 자본예산 간 전용

Q. 사업예산에서 자본예산으로, 자본예산에서 사업예산으로 전용이 가능한가?

A. 지방공기업 예산의 기본구조는 「관-항-세항-목-세목」으로 되어 있으며, 사업예산의 경우 수입은 사업수익 '관'(600)에, 지출은 사업비용 '관'(700)에 편성하며, 자본예산의 경우 수입은 자본적 수입 '관'(100)에, 지출은 자본적 지출 '관'(200)에 편성하도록 규정되어 있다. 한편, 예산의 이용은 "항" 간에 예산을 상호 융통하여 사용하는 것을 말하며, 예산의 전용은 동일한 '항' 내의 '세항' 간 예산을 변경하여 사용하는 것을 말한다. 따라서 "관"이 다른 사업예산과 자본예산 간에는 이용이나 전용을 할 수 없으며, 각 예산의 부족분은 추경을 편성하여 사용하여야 한다.

5. 일 · 숙직수당 전용

Q. 일 · 숙직수당 예산이 부족한 경우 동일 '목'인 일반운영비상의 타 '세목'을 활용하여 지

급이 가능한가?

A. 지방직영기업의 경우 '세항' 및 '목' 경비를 전용할 수 있으며, 일·숙직비는 보상차원의 경비로서 전용을 금지할 사유로 보기 어려우므로 동일 '목'인 일반운영비 내에서 전용이 가능하다.

제30조(예산의 이월) ① 매 사업연도의 세출예산은 다음 연도로 이월하여 사용할 수 없다. 다만, 세출예산 중 다음 각 호의 어느 하나에 해당하는 경비의 금액은 다음 회계연도로 이월하여 사용할 수 있다.

1. 지방직영기업의 시설을 건설 또는 개량하는 데에 필요한 경비로서 해당 연도에 지출원인행위를 하지 아니한 것 중 지방자치단체의 장의 승인을 받은 경비
2. 해당 연도에 지출원인행위를 하고도 부득이한 사유로 그 연도에 집행하지 못한 경비와 지출원인행위를 하지 아니한 그 부대경비

② 삭제 <2002.3.25.>

③ 삭제 <2002.3.25.>

④ 관리자는 계속비의 연도별 소요경비 중 해당 연도에 지출하지 못한 금액은 사업 완성연도까지 차례로 이월하여 사용할 수 있다.

⑤ 제1항과 제4항에 따라 예산을 이월할 경우 이월하는 과목별 금액은 이월예산으로 배정된 것으로 본다.

[연혁]

[제1항] 매 사업연도의 세출예산은 다음 연도로 이월하여 사용할 수 없다. 다만, 세출예산 중 다음 각 호의 어느 하나에 해당하는 경비의 금액은 다음 회계연도로 이월하여 사용할 수 있다.

1. 지방직영기업의 시설을 건설 또는 개량하는 데에 필요한 경비로서 해당 연도에 지출원인행위를 하지 아니한 것 중 지방자치단체의 장의 승인[36]을 받은 경비[37]

36) 관리자가 예산의 이월승인을 얻고자 하는 때에는 그 신청서에 이월비설명서를 첨부하여야 한다(지방공기업법 시행령 제24조).

37) 「지방공기업법」 제30조 제1항 제1호는 건설개량이월을 말한다. 이는 사업예산에는 적용되지 않고, 재차 건설개량비 이월은 할 수 없으나 사고이월은 가능하며, 건축물 등 비교적 규모가 큰

2. 해당 연도에 지출원인행위를 하고도 부득이한 사유로 그 연도에 집행하지 못한 경비와 지출원인행위를 하지 아니한 그 부대경비38)

1) 제정(1969.01.29.) 관리자는 예산에 정한 지방공기업의 건설 또는 개량에 필요한 경비로서 당해연도 내에 지출원인행위를 하지 아니한 것이 있는 때에는 당해 지방자치단체의 장의 승인을 얻어 익연도에 이월하여 사용할 수 있다.

2) 개정(1992.12.08.) 관리자는 예산에 정한 지방직영기업의 건설 또는 개량에 필요한 경비로서 당해연도 내에 지출원인행위를 하지 아니한 것이 있는 때에는 당해 지방자치단체의 장의 승인을 얻어 다음 연도에 이월하여 사용할 수 있다.

3) 개정(2002.03.25.) 매 사업연도의 세출예산은 다음 연도로 이월하여 사용할 수 없다. 다만, 세출예산 중 다음 각 호의 1에 해당하는 경비의 금액은 다음 회계연도에 이월하여 사용할 수 있다.

1. 지방직영기업의 시설을 건설 또는 개량하는 데에 필요한 경비로서 당해연도 내에 지출원인행위를 하지 아니한 것 중 당해 지방자치단체의 장의 승인을 얻은 경비
2. 당해연도에 지출원인행위를 하고 부득이한 사유로 인하여 그 연도 내에 집행하지 못한 경비와 지출원인행위를 하지 아니한 그 부대경비

4) 개정(2011.08.04.) 현행과 같이 개정하였다.

[제4항] 관리자는 계속비의 연도별 소요경비 중 해당 연도에 지출하지 못한 금액은 사업 완성연도까지 차례로 이월39)하여 사용할 수 있다.

자본형성적 공사에 있어 불가피한 사유로 공사기간 연장에 따른 예산의 이월이 필요한 경우에 활용된다.

38) 「지방공기업법」 제30조 제1항 제2호는 사고이월을 말한다. 모든 지출예산 중 당해 연도 내에 지출원인행위를 하고 부득이한 사유로 그 연도 내에 지급의무가 생기지 않은, 즉 채무확정이 되지 않은 경비에 대하여 관리자는 미리 당해 지방자치단체의 장(지방공사・공단은 사장・이사장)의 승인을 얻어 그 금액을 익년도에 이월하여 사용 가능하다. 12월 31일까지 채무미확정된 금액(원인행위를 하였으나 검수 등을 하지 아니한 경우)을 사고이월로 처리하고, 사고이월된 경비는 재차 이월할 수 없다.

39) 「지방공기업법」 제30조 제4항은 계속비이월을 말한다. 계속비는 매 사업연도(5년 이내)의 연간 부담액 중 당해 사업연도 내에 지출원인행위를 하지 아니하였거나 지급의무가 생기지 않았을

1) 제정(1969.01.29.) 관리자는 계속비의 연도별 소요경비 중 당해연도 내에 지출하지 못한 금액을 사업완성연도까지 체차로 이월하여 사용할 수 있다.

2) 개정(1992.12.08.) 관리자는 계속비의 연도별 소요경비 중 당해연도 내에 지출하지 못한 금액을 사업완성연도까지 차례차례로 이월하여 사용할 수 있다.

3) 개정(2011.08.04.) 현행과 같이 개정하였다.

[제5항] 제1항과 제4항에 따라 예산을 이월할 경우 이월하는 과목별 금액은 이월예산으로 배정된 것으로 본다.

1) 제정(1969.01.29.) 제1항 · 제2항 및 제4항의 규정에 의한 이월액은 익연도 예산에 편입하여야 한다. 다만, 이월액은 삭감할 수 없으며 익연도 예산편입 이전에 사용할 수 있다.

2) 개정(1992.12.08.) 제1항 · 제2항 및 제4항의 규정에 의하여 예산을 이월하는 때에는 그 이월하는 과목별 금액은 이월예산으로 배정된 것으로 본다.

3) 개정(2002.03.25.) 제1항 및 제4항의 규정에 의하여 예산을 이월하는 때에는 그 이월하는 과목별 금액은 이월예산으로 배정된 것으로 본다.

4) 개정(2011.08.04.) 현행과 같이 개정하였다.

Q & A

1. 이월이 제한되는 예산과목

Q. 이월(사고이월, 건설개량이월)이 제한되는 예산과목이 있는가?

A. 「지방공기업 예산편성기준」에서 특별히 이월을 제한하고 있는 예산과목은 없다.

때에는 이것을 불용액으로 처리하지 않고 관리자(지방공사 · 공단은 사장 · 이사장)가 그 금액을 계속비에 해당되는 사업의 완성연도까지 재차 이월하여 사용할 수 있다. 당초 계속비로 지방의회(지방공사 · 공단은 이사회)의 의결을 받았으므로 별도 의결을 요하지 않으며, 이월이 확정된 경우 이월예산으로 배정된 것으로 보아 당해 연도 예산에는 계상할 필요가 없다. 계속사업연도 말까지 지출을 마치지 못한 계속비 예산의 금액은 건설개량비이월 및 사고이월의 절차에 따라 다시 익년도로 이월하여 사용할 수 있다.

2. 예산이월의 비교

Q. 건설개량이월, 사고이월, 계속비이월은 어떻게 다른가?

A. 「지방공기업법」에 규정된 예산의 이월제도는 <표 4>와 같다.

<표 4> 예산이월의 비교

구분	건설개량이월	사고이월	계속비이월
이월단위	세목 단위까지	세목 단위	세목 단위
요구권자	관리자(부서의 장)	관리자(부서의 장)	관리자(사장 · 이사장)
승인권자	자치단체의 장 (사장 · 이사장)	자치단체의 장 (사장 · 이사장)	지방의회 (이사회)
요구시기	회계연도가 끝나는 날까지	회계연도가 끝나는 날까지	회계연도가 끝나는 날까지
확정시기	회계연도 완료 후 10일 이내	회계연도 완료 후 10일 이내	회계연도 완료 후 10일 이내
기간연장	사고이월 가능	불가능	의회(이사회)의결로 연장, 건설개량이월, 사고이월 가능

3. 건설개량이월 승인권자

Q. 건설개량이월의 승인권자는 누구인가?

A. 「2022년도 지방공기업 예산편성기준」상 건설개량이월의 요구권자는 지방직영기업의 경우는 관리자, 지방공사 · 공단의 경우는 부서의 장이 될 것이며, 승인권자는 지방직영기업의 경우는 지방자치단체의 장, 지방공사 · 공단의 경우는 사장 · 이사장이 된다.

4. 사업예산의 건설개량이월 가능성

Q. 투자사업비 등 자본예산만 건설개량이월이 가능한가?

A. 「2022년도 지방공기업 예산편성기준」에 따르면, 지방직영기업의 시설을 건설 또는 개량하는 데 필요한 경비, 즉 자본예산의 투자사업비로서 당해 연도 내에 지출원인행위를 하지 아니한 것이 있을 때에는 당해 지방자치단체의 장의 승인을 얻어 익년도에 이월하여 사용이 가능하다(건설개량이월). 사고이월은 모든 지출예산 중 당해 연도 내에 지출원인행위를 하고도 부득이한 사유로 그 연도 내에 지급의무가 생기

지 않은, 즉 채무가 확정되지 않은 경비에 대하여 당해 지방자치단체의 장의 승인을 얻은 금액을 익년도에 이월하여 사용 가능하다고 규정되어 있다. 따라서 자본예산만 건설개량이월이 가능하며, 사업예산은 건설개량이월이 불가능하다.

제31조(예비비) 지방직영기업의 특별회계는 예측할 수 없는 예산 외의 지출이나 예산을 초과하는 지출에 충당하기 위하여 적당하다고 인정되는 금액을 예비비로 예산에 계상하여야 한다.

[연혁]

1) 제정(1969.01.29.) 지방공기업의 특별회계는 현금을 수반하지 아니하는 경비 및 기채재원에 의한 경비를 제외한 당해 연도 세출예산의 100분의 1이상의 금액을 예비비로 계상하여야 한다.

→ 지방공기업의 특별회계는 예측할 수 없는 예산 외의 지출 또는 예산 초과지출에 대비하여 현금을 수반하지 아니하는 경비 및 기채재원에 의한 경비를 제외한 당해 연도 세출예산의 100분의 1이상의 금액을 예비비로 계상하도록 하였다.

2) 개정(1992.12.08.) 지방직영기업의 특별회계는 현금을 수반하지 아니하는 경비 및 기채재원에 의한 경비를 제외한 당해 연도 세출예산의 100분의 1이상의 금액을 예비비로 계상하여야 한다.

3) 개정(1999.01.29.) 지방직영기업의 특별회계는 예측할 수 없는 예산 외의 지출 또는 예산초과지출에 충당하기 위하여 예비비로서 상당하다고 인정되는 금액을 예산에 계상하여야 한다.

→ 지방직영기업의 재무관리상의 탄력성과 자율성을 제고하기 위하여 세출예산의 100분의 1이상을 계상하도록 되어 있던 예비비 확보기준을 삭제하였다.

4) 개정(2011.08.04.) 현행과 같이 개정하였다.

Q & A

1. 예비비 집행잔액 사용

Q. A지역에 대형 상수관로가 파열되어 주민 피해사항에 대한 피해보상액이 예산을 초과하

여 부득이 예비비 지출 승인을 받아 지출하였다. 그러나 당초 승인된 예비비보다 집행액이 적어 예비비 집행잔액이 예상되는데, 이 경우 B지역의 피해배상 발생에 예비비 집행잔액을 사용할 수 있는가?

A. '배상금' 과목으로 승인된 예산의 잔액이 발생한 경우, 같은 시의 타 지역 상수관로 파열에 따른 피해를 보상하는 것이 가능하다.

2. 예비비 편성

Q. 특정목적사업 수행보다 수입이 많아 남은 잔액을 예비비에 편성하고 있다. 수지균형의 원칙에 따라 세입과 세출을 균형 있게 맞춰야 하고, 세입은 정해져 있으니 세출을 편성하고 남은 잔여금을 예비비에 편성함으로써 예비비의 비중이 커지게 되었다. 예비비의 비중이 커지는 것이 법령을 위반하는 것인가? 특별회계의 특수성을 감안하여 「지방재정법」 제43조(예비비) 규정을 임의규정으로 보아 예비비의 상한선을 자율적으로 편성해도 되는가?

A. 「지방공기업 예산편성기준」에 따르면 예비비에 대한 상한선을 별도로 규정하고 있지 않다. 지방직영기업의 경우 「지방공기업 예산편성기준」에서 정하지 아니한 사항에 대하여는 관계법령과 조례, 「지방자치단체 세입·세출예산 편성기준」을 적용하도록 규정하고 있다. 따라서 설립 지방자치단체 예산부서와 협의하여 판단하면 된다.

제32조(현금을 수반하지 아니하는 경비 지출의 특례) ① 관리자는 제23조 제1항에도 불구하고 현금 지출을 수반하지 아니하는 경비에 관하여는 예산 없이 그 발생된 경비를 계상할 수 있다.
② 제1항에 따른 현금 지출을 수반하지 아니하는 경비의 범위는 대통령령으로 정한다.

[연혁]

[제1항] 관리자는 제23조 제1항에도 불구하고 현금 지출을 수반하지 아니하는 경비에 관하여는 예산 없이 그 발생된 경비를 계상[40]할 수 있다.

---

40) "예산 없이 그 발생된 경비를 계상할 수 있다." 의미는 해당 항목이 현금지출 항목과는 달리 계산상 어려움이 크고 특수한 항목은 발생 자체를 예상하지 못할 수도 있으므로(재해에 따른 자

1) 제정(1969.01.29.) 관리자는 제23조 제1항의 규정에 불구하고 현금의 지출을 수반하지 아니하는 경비에 관하여는 예산 없이 그 발생된 경비를 계상할 수 있다.

2) 개정(2011.08.04.) 현행과 같이 개정하였다.

[제2항] 제1항에 따른 현금 지출을 수반하지 아니하는 경비의 범위[41]는 대통령령으로 정한다.

1) 제정(1969.01.29.) 전항의 규정에 의한 현금을 수반하지 아니하는 경비의 범위는 대통령령으로 정한다.

2) 개정(1980.01.04.) 제1항의 규정에 의한 현금을 수반하지 아니하는 경비의 범위는 대통령령으로 정한다.

3) 개정(2011.08.04.) 현행과 같이 개정하였다.

제33조(출납 및 현금의 보관) ① 지방직영기업의 업무에 관한 출납은 관리자가 한다. 다만, 관리자는 지방직영기업 업무의 관리·집행에 필요한 경우에는 「은행법」에 따른 은행 및 그 밖의 법률에 따라 금융업무를 수행하는 기관으로서 대통령령으로 정하는 기관(이하 "금융회사 등"이라 한다) 중 지방자치단체의 장의 승인을 받아 관리자가 지정하는 금융회사 등(이하 이 조에서 "지정금융회사"라 한다)으로 하여금 현금출납사무의 일부를 하게 할 수 있다.

② 관리자는 지방직영기업에 관한 현금을 지정금융회사에 보관하여야 한다. 다만, 관리자는 지방자치단체의 장이 정하는 금액을 초과하지 아니하는 범위에서

산 소멸 등), 이를 감안하여 예산편성 시 정확한 금액이 반영되지 않았더라도 결산에 이를 반영할 수 있다는 것이다. 따라서 매년 발생이 예상되는 항목(감가상각비 등)은 가능한 범위 내에서 최선의 금액을 예산에 편성하는 것이 사업예산과 자본예산을 구분하는 본질에 부합하는 것이다. 지방공기업의 예산에는 비현금성 경비를 계상하도록 하고 있어 수입예산 총액과 지출예산 총액이 반드시 일치하지는 않으며, 비현금성 경비로 계상한 감가상각비는 각 자산별 감가상각방법에 따라 당해 연도 분을 산정하여 예산에 계상하고 이에 따른 유보재원 등 보전재원을 최대한 확보하여야 한다.

41) 현금 지출을 수반하지 아니하는 경비는 ① 감가상각비, ② 자산감모비, ③ 제품·상품의 매출원가, ④ 자산의 정리 또는 변동에 수반하는 장부가액의 삭제금액, ⑤ 발생품 등을 사용하는 경우 발생품 장부가액, ⑥ 부채성충당금 계정으로의 편입액, ⑦ 기타 발생주의의 회계기준에 의하여 대응계상되는 손비 등이다(지방공기업법 시행령 제25조).

현금을 직접 보관할 수 있으며, 여유금이 있는 경우에는 이자 증대를 위하여 이를 다른 금융회사 등에 예탁(預託)할 수 있다.

③ 제1항 단서에 따라 지방자치단체의 장이 금융회사 등의 지정을 승인하였을 때에는 그 사실을 공고하여야 한다.

④ 관리자는 대통령령으로 정하는 바에 따라 지정금융회사가 취급하는 현금의 출납 상황을 검사할 수 있으며 필요한 경우 지정금융회사에 시정조치를 요구할 수 있다.

[연혁]

[제1항] 지방직영기업의 업무에 관한 출납은 관리자가 한다. 다만, 관리자는 지방직영기업 업무의 관리ㆍ집행에 필요한 경우에는 「은행법」에 따른 은행 및 그 밖의 법률에 따라 금융업무를 수행하는 기관으로서 대통령령으로 정하는 기관(이하 "금융회사 등"이라 한다) 중 지방자치단체의 장의 승인을 받아 관리자가 지정하는 금융회사 등[42](이하 이 조에서 "지정금융회사"라 한다)으로 하여금 현금출납사무[43]의 일부를 하게 할 수 있다.

1) 제정(1969.01.29.) 지방공기업의 업무에 관한 출납은 관리자가 행한다. 다만, 관리자는 지방직영기업의 업무의 관리집행에 필요한 경우에는 대통령령으로 정하는

42) 현금출납사무의 일부를 하게 할 수 있는 지정금융회사로 지정할 수 있는 금융회사 등은 ① 「은행법」 제8조에 따라 인가를 받은 은행, ② 「농업협동조합법」에 따른 농협은행, ③ 「한국산업은행법」에 따른 한국산업은행, ④ 「중소기업은행법」에 따른 중소기업은행, ⑤ 「수산업협동조합법」에 따른 수협은행, ⑥ 「우체국 예금ㆍ보험에 관한 법률」에 의한 체신관서, ⑦ 「새마을금고법」에 의한 새마을금고, ⑧ 「신용협동조합법」에 의한 신용협동조합, ⑨ 「상호저축은행법」에 의한 상호저축은행 등의 어느 하나에 해당하는 금융회사로 하되, 수익성과 안전성을 고려하여 결정한다(지방공기업법 시행령 제26조 제1항).

43) 지정금융회사는 납입통지서와 그 밖에 납입에 관한 서면에 의하지 아니하고는 지방직영기업의 수입을 수납할 수 없으며, 출납취급금융회사는 관리자가 발행한 수표 또는 관리자의 지급통지서에 의하지 아니하고는 지방직영기업의 지출을 지급할 수 없다. 지정금융회사는 지방직영기업의 수입을 수납한 경우에는 이를 해당 지방직영기업의 예금계좌에 넣어야 하되 출납취급금융회사(총괄출납취급금융회사가 있는 경우에는 총괄출납취급금융회사를 말한다) 외의 지정금융회사는 그 수납금을 관리자가 정하는 바에 의하여 출납취급금융회사에 개설된 해당 지방직영기업의 예금계좌에 넣어야 하며, 총괄출납취급금융회사 외의 출납취급금융회사는 지방직영기업의 지출의 지급을 한 때에는 관리자가 정하는 바에 따라 총괄출납취급금융회사에 통보하여야 한다(지방공기업법 시행령 제27조).

금융기관(이하 "指定金融機關"이라 한다)으로 하여금 당해 지방공기업의 업무에 관한 현금출납사무의 일부를 행하게 할 수 있다.

2) 개정(1992.12.08.) 지방직영기업의 업무에 관한 출납은 관리자가 행한다. 다만, 관리자는 지방직영기업의 업무의 관리집행에 필요한 경우에는 대통령령이 정하는 금융기관 중 당해 지방자치단체의 장의 승인을 얻어 관리자가 지정하는 금융기관(이하 "指定金融機關"이라 한다)으로 하여금 당해 지방직영기업의 업무에 관한 현금출납사무의 일부를 행하게 할 수 있다.

3) 개정(2011.08.04.) 현행과 같이 개정하였다.

> **[제2항]** 관리자는 지방직영기업에 관한 현금을 지정금융회사에 보관하여야 한다. 다만, 관리자는 지방자치단체의 장이 정하는 금액을 초과하지 아니하는 범위에서 현금을 직접 보관할 수 있으며, 여유금이 있는 경우에는 이자 증대를 위하여 이를 다른 금융회사 등에 예탁(預託)할 수 있다.

1) 제정(1969.01.29.) 관리자는 지방공기업에 관한 현금을 지정금융기관에 보관하여야 한다. 다만, 관리자는 당해 지방자치단체의 장이 정하는 금액을 초과하지 아니하는 범위안에서 현금을 직접 보관할 수 있다.

2) 개정(1992.12.08.) 관리자는 지방직영기업에 관한 현금을 지정금융기관에 보관하여야 한다. 다만, 관리자는 당해 지방자치단체의 장이 정하는 금액을 초과하지 아니하는 범위안에서 현금을 직접 보관할 수 있으며, 당해 지방자치단체의 장의 승인을 얻은 범위안에서 여유금을 이식증대를 위하여 다른 금융기관에 예탁할 수 있다.

→ 지방직영기업의 현금은 지정금융기관에 보관하여야 하나, 이식증대를 위하여 다른 금융기관에도 보관할 수 있도록 하였다. 이 경우 다른 금융기관이라 함은 「지방공기업법 시행령」 제26조(현금출납사무 취급 금융회사의 지정) 제1항에서 정하고 있는 금융기관의 범위를 벗어나지 못한다.

3) 개정(1999.01.29.) 관리자는 지방직영기업에 관한 현금을 지정금융기관에 보관하여야 한다. 다만, 관리자는 당해 지방자치단체의 장이 정하는 금액을 초과하지 아니하는 범위 안에서 현금을 직접 보관할 수 있으며, 여유금이 있는 경우에는 이를

이식증대를 위하여 다른 금융기관에 예탁할 수 있다.

→ 지방직영기업 관리자가 지정된 금융기관이 아닌 다른 금융기관에 여유금을 예탁하는 경우 사전에 당해 지방자치단체의 장의 승인을 얻도록 하던 것을 폐지하여 여유금을 효율적으로 관리할 수 있도록 하였다.

4) **개정(2011.08.04.)** 현행과 같이 개정하였다.

[제3항] 제1항 단서에 따라 지방자치단체의 장이 금융회사 등의 지정[44]을 승인하였을 때에는 그 사실을 공고하여야 한다.

1) **신설(1992.12.08.)** 제1항 단서의 규정에 의하여 지방자치단체의 장이 금융기관의 지정 또는 변경을 승인한 때에는 이를 공고하고, 시·군 및 자치구에 있어서는 특별시장·직할시장 또는 도지사(이하 "市·道知事"라 한다)에게, 시·도에 있어서는 내무부장관에게 즉시 보고하여야 한다.

2) **개정(1996.12.30.)** 제1항 단서의 규정에 의하여 지방자치단체의 장이 금융기관의 지정 또는 변경을 승인한 때에는 이를 공고하고, 시·군 및 자치구에 있어서는 특별시장·광역시장 또는 도지사(이하 "市·道知事"라 한다)에게, 시·도에 있어서는 내무부장관에게 즉시 보고하여야 한다.

3) **개정(1999.01.29.)** 제1항 단서의 규정에 의하여 지방자치단체의 장이 금융기관의 지정을 승인한 때에는 이를 공고하여야 한다.

→ 지방자치단체의 장이 지방직영기업의 업무에 관한 현금출납사무를 담당할 금융기관의 지정을 승인한 경우 행정자치부장관 또는 시·도지사에게 보고하도록 하던 제도를 폐지하였다.

4) **개정(2011.08.04.)** 현행과 같이 개정하였다.

44) 지정금융회사의 지정은 해당 금융회사와의 계약에 의하며, 동 계약에는 지정금융회사로 하여금 그 취급하는 출납사무에 관하여 해당 지방직영기업에 대하여 책임을 지며 법령·조례 및 규칙이 정하는 모든 의무를 준수할 것을 명시하여야 한다(지방공기업법 시행령 제28조).

[제4항] 관리자는 대통령령으로 정하는 바에 따라 지정금융회사가 취급하는 현금의 출납상황을 검사[45]할 수 있으며 필요한 경우 지정금융회사에 시정조치를 요구할 수 있다.

1) 신설(1992.12.08.) 관리자는 대통령령이 정하는 바에 의하여 지정금융기관이 취급하는 지방직영기업 소관의 현금출납상황을 검사할 수 있으며 필요한 시정조치를 요구할 수 있다.

2) 개정(2011.08.04.) 현행과 같이 개정하였다.

Q & A

1. 일상경비의 의의 및 교부한도

Q. 일상경비란 무엇이며, 교부한도가 있는가?

A. 「지방공기업법 시행령」 제31조(일상경비의 지급 등)에 따르면 ① 여비, ② 일반운영비, ③ 지출원이 없는 부서의 경비, ④ 장소가 일정하지 아니한 사무소의 경비, ⑤ 각 부서가 시행하는 공사·제조 또는 조립에 소요되는 경비, ⑥ 다수인에게 소액을 직접 지급하는 경비, ⑦ 외국에서 지급하는 경비, ⑧ 선박운항에 소요되는 경비, ⑨ 지방채증권 또는 차입금의 원리금의 지급, ⑩ 당해 지방자치단체의 관할구역 외에서 지급하는 경비(도의 경우에는 도청이 소재하는 시의 관할구역 밖에서 소요되는 운반경비 포함), ⑪ 공무원에게 지급하는 급여·상여금과 기타직에게 지급하는 보수·수당·정액수당 및 정액의 복리후생비, ⑫ 각종 수당·사례금 및 업무추진비, ⑬ 각 부서에서 필요한 부식물의 매입경비 또는 공사·시험·검사에 소요되는 재료의 구입비 등 그 성질상 현금지급을 하지 아니하면 업무수행에 지장을 초래할 우려가 있는 경우에는 필요한 자금을 일상경비출납원에게 교부할 수 있다. 일상경비별 교부한도는 <표 5>와 같다.

45) 관리자는 지정금융회사에 대하여 계약에서 정하는 바에 따라 연 1회 이상 지방직영기업의 업무에 관계되는 출납상황을 검사하여야 하며, 검사를 위하여 필요한 경우에는 지정금융회사에 관계 장부와 그 밖의 관련 자료의 제출을 요구할 수 있다(지방공기업법 시행령 제32조).

<표 5> 일상경비별 교부한도

일상경비	교부한도
① 여비, ② 장소가 일정하지 아니한 사무소의 경비, ③ 다수인에게 소액을 직접 지급하는 경비, ④ 선박운항에 소요되는 경비, ⑤ 당해 지방자치단체의 관할구역 외에서 지급하는 경비(다만, 도의 경우에는 도청이 소재하는 시의 관할구역 밖에서 소요되는 운반경비를 포함한다), ⑥ 각 부서에서 필요한 부식물의 매입경비 또는 공사・시험・검사에 소요되는 재료의 구입비	1천만 원
① 각 부서가 시행하는 공사・제조 또는 조립에 소요되는 경비	2천만 원
① 일반운영비, ② 지출원이 없는 부서의 경비, ③ 외국에서 지급하는 경비, ④ 지방채증권 또는 차입금의 원리금의 지급, ⑤ 공무원에게 지급하는 급여・상여금과 기타직에게 지급하는 보수・수당・정액수당 및 정액의 복리후생비, ⑥ 각종 수당・사례금 및 업무추진비	무제한

2. 금고 지정방법

Q. 「지방공기업법」 제33조(출납 및 현금의 보관)에 따라 지방자치단체의 장의 결재를 받아 수의방법으로 금고를 지정할 수 있는가? 경쟁의 방법으로 금고를 지정하여야 한다면, 지방직영기업의 경우 「지방자치단체 금고 지정기준」(행정안전부 예규)을 준용하여 금고를 지정할 수 있는가?

A. 지방직영기업의 금고 지정방법에 대해서 현행 「지방공기업법」에서는 규정하고 있지 않으므로 「지방공기업법」 제6조(「지방자치법」 등의 적용) 규정에 따라 「지방자치법」, 「지방재정법」, 그 밖의 관계법령을 적용하는 것이 타당하고 판단된다. 따라서 투명하고 공정한 금고 지정업무 처리를 위해 「지방자치단체 금고 지정기준」(행정안전부 예규)의 금고 지정방법, 평가기준, 지정절차 등(예규 '2. 금고 지정방법'부터 '4. 금고의 지정절차' 참고)에 따라 경쟁방법에 의한 지정, 금고지정심의위원회의 심의, 금고 지정을 위한 공고 및 통지 등의 절차를 거쳐 지정하는 것이 타당하다고 판단된다.

3. 타 은행 예치

Q. 상・하수도특별회계가 설치된 지방자치단체가 현금과 그의 소유 또는 보관에 속하는 유가증권의 출납 및 보관, 기타 사항에 대하여 금고업무 취급약정을 체결한 상태에서 공금예금 중 여유자금을 시 금고(△△은행)에 비해 고금리의 타 은행(제2금융권 포함)에 예치할 수 있는가?

A. 「지방공기업법」 제33조(출납 및 현금의 보관) 제2항에 의하면, 관리자는 지방직영기업의 현금을 지정금융기관에 보관하여야 하나 이식증대를 위하여 다른 금융기관

에도 보관할 수 있도록 규정하고 있다. 이 경우 "다른 금융기관"이라 함은 같은 법 시행령 제26조(현금출납사무 취급 금융회사의 지정) 제1항에서 정하고 있는 금융기관의 범위를 벗어나지 못한다고 해석하는 것이 합리적이다.

제34조(회계의 총괄) ① 관리자는 지방직영기업의 회계업무를 총괄한다.
② 관리자는 회계사무를 처리하기 위하여 필요한 경우에는 기업출납원, 현금취급원, 그 밖에 대통령령으로 정하는 회계관계공무원을 둘 수 있다.
③ 제2항의 회계관계공무원은 해당 지방직영기업에 종사하는 공무원 중에서 관리자가 임명한다.

[연혁]

[제1항] 관리자는 지방직영기업의 회계업무를 총괄한다.

1) **제정(1969.01.29.)** 지방공기업의 관리자는 그 기업의 회계업무를 통할한다.
2) **개정(1992.12.08.)** 지방직영기업의 관리자는 그 기업의 회계업무를 통할한다.
3) **개정(2011.08.04.)** 현행과 같이 개정하였다.

[제2항] 관리자는 회계사무를 처리하기 위하여 필요한 경우에는 기업출납원, 현금취급원, 그 밖에 대통령령으로 정하는 회계관계공무원[46]을 둘 수 있다.

1) **제정(1969.01.29.)** 관리자는 회계사무를 처리하기 위하여 필요한 경우에는 출

46) 관리자는 출납 기타 회계사무의 총괄을 위임받아 처리하는 기업출납원과 ① 기업출납원이 담당하는 출납 기타 회계사무를 분장하는 수입원 · 지출원 · 자산출납원 · 일상경비출납원 · 현금취급원 및 세입 · 세출외 현금출납원, ② 요금 기타 사용료 또는 수수료의 징수를 결정하는 업무의 일부를 위임받아 처리하는 공무원, ③ 계약 기타 지출의 원인이 되는 행위를 하는 업무의 일부를 위임받아 처리하는 공무원 등 회계관계공무원을 둘 수 있으나, ①의 회계관계공무원은 ③의 회계관계공무원의 직무를 겸할 수 없다(지방공기업법 시행령 제35조 제1항). 또한 관리자는 필요하다고 인정하는 때에는 회계관계공무원의 사무를 대리하거나 분장하는 공무원을 둘 수 있으며, 이 경우 기업출납원 · 수입원 및 지출원의 사무를 대리 또는 분장하게 하는 경우의 기준은 당해 지방자치단체의 규칙으로 정한다(지방공기업법 시행령 제35조 제2항).

납원과 현금취급원을 둘 수 있다.

2) **개정(1992.12.08.)** 관리자는 회계사무를 처리하기 위하여 필요한 경우에는 기업출납원과 현금취급원 기타 대통령령이 정하는 회계관계공무원을 둘 수 있다.

3) **개정(2011.08.04.)** 현행과 같이 개정하였다.

[제3항] 제2항의 회계관계공무원은 해당 지방직영기업에 종사하는 공무원 중에서 관리자가 임명한다.

1) **제정(1969.01.29.)** 전항의 출납원과 현금취급원은 당해 기업에 종사하는 공무원 중에서 관리자가 임명한다.

2) **개정(1980.01.04.)** 제2항의 출납원과 현금취급원은 당해 기업에 종사하는 공무원 중에서 관리자가 임명한다.

3) **개정(1992.12.08.)** 제2항의 회계관계공무원은 당해 기업에 종사하는 공무원 중에서 관리자가 임명한다.

4) **개정(2011.08.04.)** 현행과 같이 개정하였다.

Q & A

1. 회계관직명

Q. ① 상수도공기업에서 분임기업출납원을 신설할 수 있는 근거규정은 무엇인가? ② 지방직영기업임에도 불구하고 「지방공기업법」상의 회계관직명(기업출납원)을 사용하지 않고 「상수도사업본부 회계관계공무원의 관직 지정에 관한 규칙」으로 일반회계에 해당하는 「지방재정법」상의 회계관직명(경리관 등)을 사용할 수 있는가?

A. ① 「지방공기업법 시행령」 제35조(회계관계공무원) 각 호의 회계관계공무원이 분임기업출납원의 성격을 지니고 있는 만큼 직무의 성격에 따라 각 호의 규정이 근거가 된다. ② 「지방재정법」상의 회계관직명(경리관 등)을 사용하는 것도 가능하다.

2. 상 · 하수도 기업출납원 겸직

Q. 「지방공기업법」에 따르면 공기업별로 기업출납원을 두고 예산 및 회계 처리를 각각의 기업출납원이 해야 한다고 판단되는 바, 1명의 과장이 상수도와 하수도 공기업출납원

을 겸직하여 업무를 처리할 수 있는가?

A. 상수도 및 하수도사업 특별회계에 있어 상하수도사업소의 통합직제로 운영하는 경우, 기업출납원을 단일 회계공무원(업무담당과장 등)으로 지정하여 운영하는 것이 상 · 하수도 사업성격의 유사성, 회계운영의 효율성 측면에서 가능하다고 본다.

제34조의2(예산 · 회계 정보처리장치의 개발 · 운영 지원) 행정안전부장관은 지방직영기업의 예산 · 회계 업무의 효율적 관리를 위하여 예산 · 회계 정보처리장치의 개발 및 운영을 지원할 수 있다.

[연혁]

1) **신설(2015.12.15.)** 현행과 같이 신설하였다.

제35조(결산) ① 관리자는 매 사업연도의 말일을 기준으로 모든 장부를 마감하여 결산을 하여야 한다.
② 관리자는 매 사업연도가 끝난 후 2개월 이내에 지방직영기업의 결산서를 작성하여 이를 해당 연도의 사업보고서와 그 밖에 대통령령으로 정하는 서류와 함께 지방자치단체의 장에게 제출하여야 한다.
③ 지방자치단체의 장은 제2항에 따른 결산서 및 사업보고서와 그 밖의 서류에 공인회계사의 회계감사 보고서를 첨부하여 다음 연도 의회에 제출하여 승인을 받아야 한다.

[연혁]

[제1항] 관리자는 매 사업연도의 말일을 기준으로 모든 장부를 마감하여 결산을 하여야 한다.

1) **제정(1969.01.29.)** 관리자는 매 사업연도말일 현재로서 모든 장부를 마감하여 결산을 하여야 한다.

2) **개정(2011.08.04.)** 현행과 같이 개정하였다.

[제2항] 관리자는 매 사업연도가 끝난 후 2개월 이내에 지방직영기업의 결산서를 작성하여 이를 해당 연도의 사업보고서와 그 밖에 대통령령으로 정하는 서류[47]와 함께 지방자치단체의 장에게 제출하여야 한다.

1) **제정(1969.01.29.)** 관리자는 매 사업연도 종료 후 3월 이내에 당해 지방공기업의 결산을 작성하고 이를 당해연도의 사업보고서 및 기타 대통령령이 정하는 서류와 함께 당해 지방자치단체의 장에게 제출하여야 한다.

2) **개정(1992.12.08.)** 관리자는 매 사업연도 종료 후 3월 이내에 당해 지방직영기업의 결산을 작성하고 이를 당해연도의 사업보고서 및 기타 대통령령이 정하는 서류와 함께 당해 지방자치단체의 장에게 제출하여야 한다.

3) **개정(2002.03.25.)** 관리자는 매 사업연도 종료 후 2월 이내에 당해 지방직영기업의 결산을 작성하고 이를 당해연도의 사업보고서 및 기타 대통령령이 정하는 서류와 함께 당해 지방자치단체의 장에게 제출하여야 한다.

→ 예산집행 · 회계 등 처리방법의 전산화에 따라 지방직영기업의 결산서 작성 완료기간을 3월에서 2월로 단축하였다.

4) **개정(2011.08.04.)** 현행과 같이 개정하였다.

[제3항] 지방자치단체의 장은 제2항에 따른 결산서 및 사업보고서와 그 밖의 서류에 공인회계사의 회계감사[48] 보고서를 첨부하여 다음 연도 의회에 제출하여 승인을 받아야 한다.

---

47) "그 밖에 대통령령으로 정하는 서류"라 함은 ① 대차대조표, ② 손익계산서, ③ 이익잉여금처분계산서 또는 결손금처리계산서, ④ 자금운용계산서 또는 현금흐름표, ⑤ 회전기금을 둔 경우에는 그 운용상황서, ⑥ 결산부속명세서(수익비용명세서, 비유동자산명세서, 재고자산명세서, 지방채명세서, 예산전용조서, 예비비사용조서, 예산이월액조서, 계속비집행조서, 계속비정산보고서, 채무부담행위집행조서, 전년도이월액사용조서, 미수액조서, 미지급액조서, 불납결손액조서, 세입 · 세출외현금 현재액조서, 성질별 세출결산명세서, 기타 필요한 명세서) 등을 말한다(지방공기업법 시행령 제36조).

48) 「2021사업연도 지방공기업 결산기준」에 따르면, 지방공기업은 당해 기관 및 감사대상 업무 관련자 등으로부터 독립성을 유지하면서 회계감사를 수행할 자격을 갖춘 감사인을 공정하게 선정하여야 하며, 감사인을 변경할 경우에는 설립 자치단체의 규정에 따라 처리하여야 한다. 지방공기업의 회계감사인으로 선임된 자는 한국공인회계사회에 의해 제정된 「회계감사기준」 및

1) 제정(1969.01.29.) 지방자치단체의 장은 전항의 규정에 의한 결산 및 사업보고서와 기타 서류에 내무부장관이 지정하는 공인회계사(서울特別市에 있어서는 國務總理가 指定하는 公認會計士)의 회계감사보고서를 첨부하여 차기의회에 제출하여 승인을 얻어야 한다.

2) 개정(1980.01.04.) 지방자치단체의 장은 제2항의 규정에 의한 결산 및 사업보고서와 기타 서류에 내무부장관이 지정하는 공인회계사(서울特別市에 있어서는 國務總理가 指定하는 公認會計士)의 회계감사보고서를 첨부하여 차기의회에 제출하여 승인을 얻어야 한다.

3) 개정(1991.05.31.) 지방자치단체의 장은 제2항의 규정에 의한 결산 및 사업보고서와 기타 서류에 내무부장관이 지정하는 공인회계사의 회계감사보고서를 첨부하여 차기의회에 제출하여 승인을 얻어야 한다.

→ 지방공기업의 결산 및 사업보고서에 첨부하는 회계감사보고서를 작성할 공인회계사는 내무부장관이 지정하도록 하였다.

4) 개정(1992.12.08.) 지방자치단체의 장은 제2항의 규정에 의한 결산 및 사업보고서와 기타 서류에 내무부장관이 정하는 기준에 의한 공인회계사의 회계감사보고서를 첨부하여 다음 연도 지방의회에 제출하여 승인을 얻어야 한다.

5) 개정(1999.01.29.) 지방자치단체의 장은 제2항의 규정에 의한 결산 및 사업보고서와 기타 서류에 공인회계사의 회계감사보고서를 첨부하여 다음 연도 지방의회에 제출하여 승인을 얻어야 한다.

→ '내무부장관이 정하는 기준'을 삭제하였다.

6) 개정(2011.08.04.) 현행과 같이 개정하였다.

Q & A

1. 결산폐쇄일

Q. 지방공기업의 결산 출납폐쇄일은 언제인가?

A. 지방공기업의 관리자는 매 사업연도 말일을 기준으로 모든 장부를 마감하여 결산을

「회계감사기준지침」에 따라 회계감사를 성실히 수행하여야 하며, 회계감사의 내실화를 위해 회계연도 중 1회 이상 중간감사를 수행하고, '회계감사 기본요구사항 세부내역' 중 감사범위에 포함할 필요가 있다고 판단되는 항목을 포함하여 회계감사를 수행하여야 한다.

하여야 한다.

2. 장부 및 서식

Q. 지방공기업에서 비치하여야 하는 장부 및 서식은 무엇인가?

A. 「지방공기업법 시행규칙」 제22조(장부 및 서식)에는 "지방공기업은 예산을 효율적으로 관리하고 재무기록을 적정하게 유지하기 위하여 다음 각 호의 장부 및 서식을 비치하여야 하며, 필요한 경우 보조부를 둘 수 있다."고 규정되어 있다.

<표 6> 수입예산정리부(별지 제1호 서식)

수입예산정리부

예산과목			
관	항	세항	목

일자	주요내용	결의서번호	예산액			집행액			차액(예산액−조정액)
			당초	경정	계	조정액 (Dr) ×× a/c (Cr) ×× a/c	수납액	잔액	

<표 7> 지출예산통제원장(별지 제2호 서식)

지출예산통제원장

예산과목			
관	항	세항	목

일자	주요내용	증서번호	예산액①				집행액				예산잔액		
			당초	경정	이월	계	집행승인②	원인행위③	채무확정④ (Dr 세항계정, Cr 미지급금)	지출액	가용예산 (①−②)	지출원인행위 (①−③)	채무확정 (①−④)

<표 8> 자금수입기록부(별지 제3호 서식)

자금수입기록부

일자		주요 내용	증서 번호	차변(수입액)	대변(수입내역)						
				현금예금	수용가 미수금	기타 미수금	선수금	예수금	교부자금	기타	
										계정명	금액

<표 9> 자금지출기록부(별지 제4호 서식)

자금지출기록부

일자		주요 내용	증서 번호	차변(지출내역)						대변(지출액)
				영업 미지급금	기타 미지급금	예수금	교부자금	기타		현금예금
								계정명	금액	

<표 10> 총계정원장 및 계정별 보조원장(별지 제5호 서식)

총계정원장 및 계정별 보조원장

계정번호	계정명칭

일자		주요 내용	차변	대변	잔액	
					차변	대변

<표 11> 재고자산대장(별지 제6호 서식)

재고자산대장

<table>
<tr><td colspan="2">품명</td><td></td><td>규격</td><td></td><td colspan="9"></td></tr>
<tr><td colspan="2" rowspan="2">일자</td><td colspan="3" rowspan="2">주요 내용</td><td colspan="3">입고</td><td colspan="3">출고</td><td colspan="3">잔고</td></tr>
<tr><td>수량</td><td>단가</td><td>금액</td><td>수량</td><td>단가</td><td>금액</td><td>수량</td><td>단가</td><td>금액</td></tr>
<tr><td></td><td></td><td colspan="3"></td><td></td><td></td><td></td><td></td><td></td><td></td><td></td><td></td><td></td></tr>
<tr><td></td><td></td><td colspan="3"></td><td></td><td></td><td></td><td></td><td></td><td></td><td></td><td></td><td></td></tr>
<tr><td></td><td></td><td colspan="3"></td><td></td><td></td><td></td><td></td><td></td><td></td><td></td><td></td><td></td></tr>
<tr><td></td><td></td><td colspan="3"></td><td></td><td></td><td></td><td></td><td></td><td></td><td></td><td></td><td></td></tr>
</table>

<표 12> 유형자산대장(별지 제7호 서식)

유형자산대장

<table>
<tr><td>계정명</td><td></td><td>자산명칭</td><td></td><td colspan="2">취득원가</td><td></td><td colspan="2">자산번호</td><td></td></tr>
<tr><td>능력・형식</td><td></td><td>취득일자</td><td></td><td rowspan="3">직접비</td><td>노무비</td><td></td><td rowspan="4">정리
과목</td><td>관</td><td></td></tr>
<tr><td>용도</td><td></td><td>내용연수</td><td></td><td>재료비</td><td></td><td>항</td><td></td></tr>
<tr><td>등기번호</td><td></td><td>연간상각률</td><td></td><td>제경비</td><td></td><td>세항</td><td></td></tr>
<tr><td>기계번호</td><td></td><td>연간상각액</td><td></td><td colspan="2">간접비</td><td></td><td>목</td><td></td></tr>
<tr><td>공사번호</td><td></td><td>거래처</td><td></td><td colspan="2">계</td><td></td><td colspan="2">도면번호</td><td></td></tr>
<tr><td>구조・규격</td><td></td><td></td><td></td><td colspan="2">도급액</td><td></td><td colspan="2">정리번호</td><td></td></tr>
<tr><td>소재지</td><td></td><td></td><td></td><td colspan="2">지급재료비</td><td></td><td colspan="2">기타</td><td></td></tr>
</table>

<table>
<tr><td colspan="11">변동내역</td></tr>
<tr><td colspan="2" rowspan="2">일자</td><td rowspan="2">구분</td><td rowspan="2">변동수량</td><td colspan="2">취득원가</td><td colspan="2">감가상각누계액</td><td rowspan="2">상각후
잔액
①</td><td rowspan="2">처분금액
②</td><td rowspan="2">처분손익
(①–②)</td></tr>
<tr><td>증가액</td><td>누계액</td><td>당기상각액</td><td>누계액</td></tr>
<tr><td></td><td></td><td></td><td></td><td></td><td></td><td></td><td></td><td></td><td></td><td></td></tr>
<tr><td></td><td></td><td></td><td></td><td></td><td></td><td></td><td></td><td></td><td></td><td></td></tr>
</table>

<표 13> 차입금관리대장(별지 제8호 서식)

차입금관리대장

(앞면)

차입목적		연이자율	
차입승인액		상환조건	
차입승인일자		차입일자	
차입선		상환시작일자	
차입액		지급보증방법	

상환계획 및 실적

(뒷면)

상환계획					상환실적			잔액	
횟수	일자	이율	원금	이자	일자	원금	이자	원금	이자
1									
2									

<표 14> 이월예산관리대장(별지 제9호 서식)

이월예산관리대장

1. 사고이월

일자	주요 내용	채주	증서 번호	사고이월 예산 (①)	원인행위 (②)	채무확정 (③)	지출 (④)	채무확정 잔액 (②–③)	미지급액 (③–④)

2. 건설개량

일자	사업별	증서번호	건설개량이월 예산액 (①)	원인행위 (②)	채무확정 (③)	지출 (④)	원인행위 잔액 (①–②)	채무확정 잔액 (②–③)	미지급액 (③–④)

3. 계속비

일자	사업별	번호	계속비예산				집행액			잔액		
			총액 (①)	기집행 누계 (②)	당기집 행예산 (③)	차기이 후예산 (④)	원인 행위 (⑤)	채무 확정 (⑥)	지출 (⑦)	원인행위 잔액 (③−⑤)	채무확정 잔액 (⑤−⑥)	미지급액 (⑥−⑦)

<표 15> 교부자금관리대장(별지 제10호 서식)

교부자금관리대장

예산과목			
관	항	세항	목

일자	주요 내용	예산		예산집행				자금운용				
		배정액	배정 누계액 (①)	지출원 인행위 (②)	채무 확정 (③)	배정 잔액 (①−②)	채무확정 잔액 (②−③)	수령액 (④)	지출액 (⑤)	미수령 잔액 (①−④)	미지출 잔액 (③−⑤)	자금 잔액 (④−⑤)

<표 16> 합계잔액시산표(별지 제11호 서식)

합계잔액시산표

차변				계정과목		대변			
당월 말 잔액	당월 말 누계액	당월 거래액	전월 말 누계액	코드	명칭	전월 말 누계액	당월 거래액	당월 말 누계액	당월 말 잔액

제36조(회계처리 상황의 보고) 관리자는 매월 말일을 기준으로 시산표(試算表), 자금운용보고서 및 해당 기업의 회계처리 상황을 명확히 하는 데에 필요한 서류를 작성하여 다음 달 20일까지 해당 지방자치단체의 장에게 제출하여야 한다.

[연혁]

1) **제정(1969.01.29.)** 관리자는 매월 말일 현재로 시산표·자금운용보고서와 당해 기업의 계리상황을 명확히 하기 위하여 필요한 서류를 작성하여 익월 20일까지 당해 지방자치단체의 장에게 제출하여야 한다.

2) **개정(1992.12.08.)** 관리자는 매월 말일 현재로 시산표·자금운용보고서와 당해 기업의 계리상황을 명확히 하기 위하여 필요한 서류를 작성하여 다음 달 20일까지 당해 지방자치단체의 장에게 제출하여야 한다.

3) **개정(2011.08.04.)** 현행과 같이 개정하였다.

제37조(이익의 처리) ① 지방직영기업은 해당 사업연도에 이익이 생긴 경우에 전(前) 사업연도로부터 이월된 결손금이 있으면 그 이익금으로 결손금을 보전(補塡)하여야 하고, 결손금을 보전하고 남는 금액은 대통령령으로 정하는 바에 따라 그 금액의 10분의 1이상의 금액을 이익적립금으로 적립하여야 하며, 적립하고 남는 금액은 조례로 정하는 바에 따라 감채(減債)적립금 또는 건설개량적립금으로 적립하거나 제17조 제2항 또는 제3항에 따른 납부금 또는 전출금으로 지출할 수 있다.

② 제1항의 이익적립금은 결손금을 보전하는 목적 외에는 사용할 수 없다.

③ 제1항의 감채적립금은 지방채를 상환하는 목적 외에는 사용할 수 없다.

④ 제1항의 건설개량적립금은 건설개량 목적 외에는 사용할 수 없다.

⑤ 매 사업연도에 생긴 자본잉여금은 그 원천별(源泉別)로 그 내용을 표시한 과목에 적립하여야 한다.

⑥ 제5항의 자본잉여금은 대통령령으로 정하는 경우 외에는 처분할 수 없다.

[연혁]

[제1항] 지방직영기업은 해당 사업연도에 이익이 생긴 경우에 전(前) 사업연도로부터 이월된 결손금이 있으면 그 이익금으로 결손금을 보전(補塡)하여야 하고, 결손금을 보전하고 남는 금액은 대통령령으로 정하는 바에 따라 그 금액의 10분의 1 이상의 금액을 이익적립금으로 적립[49]하여야 하며, 적립하고 남는 금액은 조례로

49) 지방직영기업은 매 사업연도에 생긴 이익으로 전 사업연도로부터 이월한 결손금을 보전한 후

> 정하는 바에 따라 감채(減債)적립금[50] 또는 건설개량적립금[51])으로 적립하거나 제17조 제2항 또는 제3항에 따른 납부금 또는 전출금으로 지출할 수 있다.

1) 제정(1969.01.29.) 지방공기업은 매 사업연도에 이익이 생긴 경우에는 전 사업연도로부터 이월한 결손금이 있을 때에는 그 이익으로서 그 결손금을 보전하고도 잔액이 있을 때에는 대통령령이 정하는 바에 의하여 그 잔액의 20분의 1이상의 금액을 이익적립금으로 적립하고, 나머지 잔액은 조례가 정하는 바에 의하여 감채적립금 또는 건설개량적립금으로서 적립하거나 제17조 제2항의 납부금으로 지출할 수 있다.

2) 개정(1992.12.08.) 지방직영기업은 매 사업연도에 이익이 생긴 경우에는 전 사업연도로부터 이월한 결손금이 있을 때에는 그 이익으로서 그 결손금을 보전하고도 잔액이 있을 때에는 대통령령이 정하는 바에 의하여 그 잔액의 20분의 1이상의 금액을 이익적립금으로 적립하고, 나머지 잔액은 조례가 정하는 바에 의하여 감채적립금 또는 건설개량적립금으로서 적립하거나 제17조 제2항의 납부금으로 지출할 수 있다.

3) 개정(1999.01.29.) 지방직영기업은 매 사업연도에 이익이 생긴 경우에는 전 사업연도로부터 이월한 결손금이 있을 때에는 그 이익으로서 그 결손금을 보전하고도 잔액이 있을 때에는 대통령령이 정하는 바에 의하여 그 잔액의 10분의 1이상의 금액을 이익적립금으로 적립하고, 나머지 잔액은 조례가 정하는 바에 의하여 감채적립금 또는 건설개량적립금으로서 적립하거나 제17조 제2항의 납부금으로 지출할 수 있다.

→ 지방직영기업의 재정적 기초를 튼튼히 하기 위하여 결산 결과 이익이 발생한 경우에는 결손보전 후 그 잔액의 20분의 1이상의 금액을 이익적립금으로 적립하던 것을 10분의 1이상의 금액을 적립하도록 하였다.

잔액이 있는 때에는 그 잔액의 10분의 1이상의 금액을 자본금의 2분의 1에 달할 때까지 이익적립금으로 적립하여야 한다(지방공기업법 시행령 제37조).

50) 감채적립금으로 지방채를 상환한 경우에는 당해 감채적립금액에 상당하는 금액을 자본금에 전입하여야 한다(지방공기업법 시행령 제40조 제1항).

51) 건설개량적립금으로 지방직영기업의 건설 또는 개량을 행한 경우에는 당해 건설개량적립금액에 상당하는 금액을 자본금에 전입하여야 한다(지방공기업법 시행령 제40조 제2항).

4) **개정(2002.03.25.)** 지방직영기업은 매 사업연도에 이익이 생긴 경우에는 전 사업연도로부터 이월한 결손금이 있을 때에는 그 이익으로서 그 결손금을 보전하여야 하며, 결손금을 보전한 후의 잔액은 대통령령이 정하는 바에 의하여 그 잔액의 10분의 1이상의 금액을 이익적립금으로 적립하고, 나머지 잔액은 조례가 정하는 바에 의하여 감채적립금 또는 건설개량적립금으로서 적립하거나 제17조 제2항 및 동조 제3항의 규정에 의한 납부금 및 전출금으로 지출할 수 있다.

→ 현행 「지방공기업법」에 의하면 주택사업 또는 토지개발사업을 수행하는 지방직영기업의 회계는 공기업특별회계로 운영되고 있어 독립채산원칙상 이익금이 발생하여도 지방자치단체의 일반회계로 전출할 수 없게 되어 있다. 그러나 주택사업 및 토지개발사업은 지방자치단체가 분양선수금 또는 지방채를 발행하여 사업을 추진하고 있으므로 지방자치단체의 재정부담으로 인한 상당한 이익금에 대하여 지방자치단체의 일반회계로 편입할 수 있도록 하여 지방직영기업의 수익을 지역주민에게 환원할 근거를 마련할 필요가 있었다. 이에 따라 주택사업 및 토지개발사업을 행하는 지방직영기업의 특별회계는 재해복구나 사회간접자본시설 그 밖의 대통령령이 정하는 사유가 있는 경우에는 예산에 의하여 전년도 이익금의 일부를 당해 지방자치단체의 일반회계로 전출할 수 있도록 하였다.

5) **개정(2011.08.04.)** 현행과 같이 개정하였다.

[제2항] 제1항의 이익적립금은 결손금을 보전하는 목적 외에는 사용할 수 없다.

1) **제정(1969.01.29.)** 전항의 이익적립금은 결손금을 보전하는 이외에는 이를 사용할 수 없다.

2) **개정(1980.01.04.)** 제1항의 이익적립금은 결손금을 보전하는 이외에는 이를 사용할 수 없다.

3) **개정(2011.08.04.)** 현행과 같이 개정하였다.

[제3항] 제1항의 감채적립금은 지방채를 상환하는 목적 외에는 사용할 수 없다.

1) **제정(1969.01.29.)** 제1항의 감가적립금은 지방채의 상환에 충당하는 이외에는 이를 사용할 수 없다.

2) **개정(1999.01.29.)** 제1항의 감채적립금은 지방채의 상환에 충당하는 이외에는 이를 사용할 수 없다.

3) **개정(2011.08.04.)** 현행과 같이 개정하였다.

[제4항] 제1항의 건설개량적립금은 건설개량 목적 외에는 사용할 수 없다.

1) **제정(1969.01.29.)** 제1항의 건설개량적립금은 건설개량 이외의 목적으로 이를 사용할 수 없다.

2) **개정(2011.08.04.)** 현행과 같이 개정하였다.

[제5항] 매 사업연도에 생긴 자본잉여금은 그 원천별(源泉別)로 그 내용을 표시한 과목에 적립하여야 한다.

1) **제정(1969.01.29.)** 매 사업연도마다 생긴 자본잉여금은 그 원천별로 그 내용을 표시한 과목에 적립하여야 한다.

2) **개정(2011.08.04.)** 현행과 같이 개정하였다.

[제6항] 제5항의 자본잉여금은 대통령령으로 정하는 경우[52] 외에는 처분할 수 없다.

1) **제정(1969.01.29.)** 전항의 자본잉여금은 대통령령이 정하는 경우 이외에 처분할 수 없다.

2) **개정(1980.01.04.)** 제5항의 자본잉여금은 대통령령이 정하는 경우 이외에는

52) 자본잉여금으로 적립하여야 할 자금으로 취득한 자산이 멸실되거나 이를 양도·철거 또는 폐기함에 있어서 손실이 발생한 때에는 자본잉여금으로 그 손실을 보전할 수 있다(지방공기업법 시행령 제38조).

처분할 수 없다.

3) 개정(2011.08.04.) 현행과 같이 개정하였다.

제38조(손실의 처리) 지방직영기업은 해당 사업연도에 손실이 생긴 경우에 전 사업연도로부터 이월된 이익금이 있으면 그 이익금으로 결손금을 보전하고, 이익금으로도 보전하지 못한 결손금은 대통령령으로 정하는 바[53]에 따라 이월한다.

[연혁]

1) 제정(1969.01.29.) 지방공기업은 매 사업연도에 결손이 생긴 경우에 전 사업연도로부터 이월한 이익이 있을 때에는 그 이익으로서 그 결손금을 보전하고도 부족이 있을 때에는 대통령령이 정하는 바에 의하여 이를 이월한다.

2) 개정(1992.12.08.) 지방직영기업은 매 사업연도에 결손이 생긴 경우에 전 사업연도로부터 이월한 이익이 있을 때에는 그 이익으로서 그 결손금을 보전하고도 부족이 있을 때에는 대통령령이 정하는 바에 의하여 이를 이월한다.

3) 개정(2011.08.04.) 현행과 같이 개정하였다.

제39조(회전기금) ① 지방직영기업은 사업을 능률적으로 운영하기 위하여 필요한 경우에는 조례로 정하는 바에 따라 회전기금을 설치할 수 있다.

② 제1항에 따른 회전기금은 해당 지방직영기업의 특별회계의 예산에서 정하는 바에 따라 조성한다.

③ 제1항의 회전기금은 사업예산 및 자본예산에 의하지 아니하고 조례로 정하는 바에 따라 운용한다.

---

53) 결손금을 보전하는 경우에는 결손의 내역과 이유를 해당 의회에 보고하여야 한다. 결손금은 전 사업연도로부터 이월한 이익으로 이를 보전하고, 부족한 때에는 이익적립금으로 이를 보전할 수 있으며, 이익적립금으로 결손금을 보전하여도 부족할 때에는 이를 다음 연도에 이월하여야 한다. 다만, 자본잉여금(지방공기업법 시행령 제38조에 따라 처분할 수 있는 부분은 제외한다)이 있는 경우로서 해당 의회의 승인을 받은 때에는 자본잉여금으로 보전할 수 있다(지방공기업법 시행령 제39조).

[연혁]

[제1항] 지방직영기업은 사업을 능률적으로 운영하기 위하여 필요한 경우에는 조례[54]로 정하는 바에 따라 회전기금을 설치할 수 있다.

1) 제정(1969.01.29.) 지방공기업은 사업의 능률적인 운영을 위하여 필요한 경우에는 조례가 정하는 바에 의하여 회전기금을 설치할 수 있다.

2) 개정(1992.12.08.) 지방직영기업은 사업의 능률적인 운영을 위하여 필요한 경우에는 조례가 정하는 바에 의하여 회전기금을 설치할 수 있다.

3) 개정(2011.08.04.) 현행과 같이 개정하였다.

[제2항] 제1항에 따른 회전기금은 해당 지방직영기업의 특별회계의 예산에서 정하는 바에 따라 조성한다.

1) 제정(1969.01.29.) 전항의 규정에 의한 회전기금은 당해 지방공기업의 특별회계의 예산이 정하는 바에 의하여 조성한다.

2) 개정(1980.01.04.) 제1항의 규정에 의한 회전기금은 당해 지방공기업의 특별회계의 예산이 정하는 바에 의하여 조성한다.

3) 개정(1992.12.08.) 제1항의 규정에 의한 회전기금은 당해 지방직영기업의 특별회계의 예산이 정하는 바에 의하여 조성한다.

4) 개정(2011.08.04.) 현행과 같이 개정하였다.

[제3항] 제1항의 회전기금은 사업예산 및 자본예산에 의하지 아니하고 조례로 정하는 바[55]에 따라 운용한다.

---

54) 예컨대, 「부산광역시 수도사업 설치 조례」(시행 2020.7.15., 부산광역시 조례 제6197호) 제12조에서는 "① 「수도법」 제3조 제24호에 따른 급수설비의 설치업무는 법 제39조에 따른 회전기금으로 설치 · 운용할 수 있다. ② 제1항에 따른 회전기금의 관리책임자는 수도사업의 관리자로 한다."고 규정하고 있다.

55) 예컨대, 「대구광역시 하수도사업 회전기금 설치 및 운용 조례」(시행 2022.7.22., 대구광역시 조

1) 제정(1969.01.29.) 제1항의 회전기금은 사업예산 및 자본예산에 의하지 아니하고 조례가 정하는 바에 의하여 운용한다.

2) 개정(2011.08.04.) 현행과 같이 개정하였다.

제40조(중요 자산의 취득 · 처분) ① 지방직영기업의 자산 중 대통령령으로 정하는 중요한 자산의 취득 및 처분은 예산에 계상하여 의회의 의결을 받아야 한다.
② 제1항에 따라 의회의 의결을 받았을 때에는 「공유재산 및 물품 관리법」 제10조 제1항 및 「지방자치법」 제47조 제1항 제6호에 따라 의회의 의결을 받은 것으로 본다.

[연혁]

[제1항] 지방직영기업의 자산 중 대통령령으로 정하는 중요한 자산[56]의 취득 및 처분[57]은 예산에 계상하여 의회의 의결을 받아야 한다.

1) 제정(1969.01.29.) 지방공기업이 사용하는 자산의 취득 · 관리 및 처분은 관리자가 행한다. 다만, 조례가 정하는 중요한 자산의 취득 및 처분은 당해 지방자치단체의 장의 승인을 얻어야 한다.

2) 개정(1992.12.08.) 지방직영기업의 자산 중 조례가 정하는 중요한 자산의 취득 및 처분은 예산으로 지방의회의 의결을 얻어야 한다.

례 제5794호)에서는 목적(제1조), 계정 설치(제2조), 기금의 조성(제3조), 기금의 용도(제4조), 기금의 관리 · 운용(제5조), 기금운용심의위원회(제6조), 위원회의 기능(제7조), 회의(제8조), 기금운용계획 · 결산보고(제9조), 기금의 관리공무원(제10조), 기금의 존속기한(제11조), 관계규정의 준용(제12조), 시행규칙(제13조) 등을 규정하고 있다.

56) "대통령령으로 정하는 중요한 자산"이란 ① 1건당 예정가격이 5억 원 이상(구가 없는 시와 군의 경우에는 2억 5천만 원)인 자산. 이 경우 예정가격의 기준은 토지에 있어서는 공시지가로, 건물 및 기타 재산에 있어서는 시가표준액으로 한다. ② ①에 해당하지 아니하는 토지로서 1건당 면적이 1만 제곱미터 이상(구가 없는 시와 군의 경우에는 5천 제곱미터 이상)인 토지의 하나에 해당하는 것을 말한다. 다만, 「지방공기업법」 제2조 제1항 제7호 · 제8호 및 법 제2조 제2항의 규정에 의한 사업에 있어서 판매를 목적으로 취득 · 처분하는 자산은 이를 제외한다(지방공기업법 시행령 제41조 제1항).

57) 중요자산을 취득 · 처분하고자 하는 때에는 그 취득 · 처분결과를 당해 지방자치단체의 장에게 보고하여야 한다(지방공기업법 시행령 제41조 제2항).

3) 개정(1999.01.29.) 지방직영기업의 자산 중 대통령령이 정하는 중요한 자산의 취득 및 처분은 예산으로 지방의회의 의결을 얻어야 한다.

→ 지방직영기업이 경영환경 변화 등에 신축적으로 대응할 수 있도록 하기 위하여 '조례가 정하는 중요한 자산'을 '대통령이 정하는 중요한 자산'으로 변경하고, '대통령령이 정하는 중요자산의 취득 · 처분'은 이를 예산으로 일괄편성하여 지방의회의 의결을 얻도록 하였다.

4) 개정(2011.08.04.) 지방직영기업의 자산 중 대통령령으로 정하는 중요한 자산의 취득 및 처분은 예산에 계상하여 지방의회의 의결을 받아야 한다.

5) 개정(2013.06.04.) 현행과 같이 개정하였다.

[제2항] 제1항에 따라 의회의 의결을 받았을 때에는 「공유재산 및 물품 관리법」 제10조 제1항[58] 및 「지방자치법」 제47조 제1항 제6호[59]에 따라 의회의 의결을 받은 것으로 본다.

1) 신설(1999.01.29.) 제1항의 규정에 의하여 지방의회의 의결을 얻은 때에는 지방재정법 제77조 제1항 및 지방자치법 제35조 제1항 제6호의 규정에 의하여 지방의회의 의결을 얻은 것으로 본다.

2) 개정(2007.05.11.) 제1항의 규정에 의하여 지방의회의 의결을 얻은 때에는 지방재정법 제77조 제1항 및 「지방자치법」 제39조 제1항 제6호의 규정에 의하여 지방의회의 의결을 얻은 것으로 본다.

3) 개정(2011.08.04.) 제1항에 따라 의회의 의결을 받았을 때에는 「공유재산 및 물품 관리법」 제10조 제1항 및 「지방자치법」 제39조 제1항 제6호에 따라 의회의 의결을 받은 것으로 본다.

4) 개정(2021.01.12.) 현행과 같이 개정하였다.

---

58) 「공유재산 및 물품 관리법」 제10조(중기공유재산관리계획) 제1항에는 "지방자치단체의 장은 공유재산을 계획적으로 관리 · 처분하기 위하여 매년 다음 회계연도부터 5회계연도 이상의 기간에 대한 공유재산의 관리 · 처분에 관한 계획(이하 "중기공유재산관리계획"이라 한다)을 수립하여 예산안과 함께 지방의회에 제출하여야 한다."고 규정되어 있다.

59) 「지방자치법」 제47조(지방의회의 의결사항) 제1항 제6호에서는 '대통령령으로 정하는 중요 재산의 취득 · 처분'을 지방의회의 의결사항으로 규정하고 있다.

제41조(기업자산의 관리) 지방직영기업이 소유·관리하는 공유재산 및 물품과 해당 기업이 보유하는 채권, 유가증권 및 현금은 기업자산으로 하고, 그 관리·운영에 관한 사항[60]은 대통령령으로 정한다.

[연혁]

1) **제정(1969.01.29.)** 지방공기업이 소유관리하는 공유재산 및 물품과 당해 기업이 보유하는 채권·유가증권 및 현금은 이를 기업자산으로 하고 그 관리·운영에 관한 사항은 대통령령으로 정한다.

→ 공유재산, 물품과 그가 보유하는 채권·유가증권 및 현금은 기업자산으로 하고, 운영에 관하여는 「지방자치법」, 「지방재정법」의 규정에 불구하고 대통령령으로 정하도록 하였다.

2) **개정(1992.12.08.)** 지방직영기업이 소유관리하는 공유재산 및 물품과 당해 기업이 보유하는 채권·유가증권 및 현금은 이를 기업자산으로 하고 그 관리·운영에 관한 사항은 대통령령으로 정한다.

3) **개정(2011.08.04.)** 현행과 같이 개정하였다.

Q & A

1. 재고자산의 평가기준

Q. 재고자산을 평가하는 기준은 무엇인가?

A. 「지방공기업법 시행규칙」 제13조(재고자산의 평가기준)에는 "① 지방공기업이 취득하는 재고자산의 취득가액은 매입·제작 또는 건설에 소요된 가액으로 한다. 다만,

60) 지방자치단체의 장이 「지방공기업법」 제5조(지방직영기업의 설치)에 따른 지방직영기업을 설치·경영하고자 할 때에는 자산가액을 확정하기 위하여 자산의 평가를 실시하여야 하며, 자산평가의 세부기준 및 방법은 행정안전부장관이 정한다(지방공기업법 시행령 제42조). 1999년 3월 31일, "지방직영기업의 자산의 평가는 이 법을 새로 적용할 때의 자산가액을 확정하기 위한 평가와 지방직영기업의 보유자산에 대한 감가상각기초를 제공하기 위한 재평가로 구분하되, 그 세부평가기준 및 방법은 행정자치부장관이 정한다."고 개정하였으나, 자산재평가에 따른 감가상각비 증가분이 공공요금 인상요인으로 작용함에 따라 이를 총괄원가에서 제외할 필요성이 제기되었고, 감가상각비 증가분을 총괄원가에 반영하지 아니할 경우 자산재평가를 실시할 필요가 없어지게 되어 2007년 3월 9일 자산재평가 제도를 폐지하였다.

무상으로 양수한 재고자산은 적정한 평가액에 의하고, 교환으로 취득한 재고자산은 그 교환에 제공된 자산의 장부가액으로 한다. ② 제1항의 규정에 의한 재고자산이 훼손·변질·기능감퇴 또는 멸실에 의하여 그 가치 및 수량이 감소된 경우에는 그 정도에 따라 장부가액을 감액하여야 한다."고 규정되어 있다.

2. 재고자산의 출납

Q. 재고자산의 출납은 어떻게 처리하나?

A. 「지방공기업법 시행규칙」 제14조(재고자산의 출납)에는 "① 지방공기업의 재고자산 출납은 각 품목별로 계속기록법에 의하여 회계처리한다. ② 제1항의 규정에 의하여 재고자산의 출납을 회계처리하는 경우 그 단가의 적용은 선입선출법에 의한다. 다만, 공영개발사업의 용지 및 건물은 개별법에 의한다."고 규정되어 있다.

3. 비유동자산의 평가기준

Q. 지방공기업의 비유동자산은 어떻게 평가하는가?

A. 「지방공기업법 시행규칙」 제15조(비유동자산의 평가기준)에는 "① 구입에 의하여 취득한 비유동자산은 구입에 소요된 가액, ② 건설공사 또는 제작에 의하여 취득한 비유동자산은 해당 건설공사 또는 제작에 소요된 직접비용 및 간접비용의 합계금액, ③ 교환으로 취득한 비유동자산은 그 교환에 제공된 자산의 장부가액, ④ 무상으로 양수하거나 취득가액이 불분명한 비유동자산은 적정한 평가액으로 평가한다. 다만, 비유동자산을 재평가함으로써 그 가액이 수정된 경우에는 수정된 가액을 해당 자산의 가액으로 한다."고 규정되어 있다.

4. 비유동자산의 잔존가액

Q. 비유동자산의 감가상각 시 잔존가액은 얼마로 하는가?

A. 「지방공기업법 시행규칙」 제17조(비유동자산의 잔존가액)에는 "지방공기업의 비유동자산의 감가상각액을 계산할 때 잔존가액은 영(零)으로 한다. 다만, 제19조 제1호에 따라 정률법을 적용하는 경우 유형자산의 잔존가액은 그 취득원가의 100분의 5에 상당하는 금액으로 하되, 미상각잔액이 최초로 취득가액의 100분의 5이하가 되는 사업연도에 그 미상각잔액을 해당 연도 감가상각액에 더하여 계산한다."고 규정되어 있다.

5. 비유동자산의 감가상각액 산정

Q. 비유동자산에 대한 감가상각액은 어떻게 산정하는가?

A. 「지방공기업법 시행규칙」 제19조(감가상각의 방법) 제1항에는 “지방공기업의 비유동자산에 대한 감가상각액은 ① 유형자산은 「지방공기업법 시행규칙」 [별표 2]의 건축물 등의 내용연수표 및 [별표 3]의 업종별자산의 내용연수표에서 정한 내용연수에 따라 [별표 4]의 감가상각자산의 상각률표에 의한 상각률을 적용한다. 이 경우 정액법 또는 정률법 중 하나의 방법만을 적용하여야 하며, 그 후의 사업연도에 있어서도 계속하여 그 감가상각방법을 적용하여야 한다. ② 무형자산은 [별표 5]의 무형자산의 내용연수표에서 정한 내용연수에 따라 [별표 4]의 감가상각자산의 상각률표 중 정액법에 의한 상각률을 적용한다.”고 규정되어 있다.

<표 17> 건축물 등의 내용연수표(「지방공기업법 시행규칙」 [별표 2])

구분	내용연수	구조 또는 자산명
1	5년	차량 및 운반구(운수업, 기계장비 및 소비용품 임대업에 사용되는 차량 및 운반구를 제외한다), 공구, 기구 및 비품
2	12년	선박 및 항공기(어업, 운수업, 기계장비 및 소비용품 임대업에 사용되는 선박 및 항공기를 제외한다)
3	20년	벽돌구조, 블럭조, 콘크리트조, 흙구조, 흙벽구조, 목조, 나무 뼈대 회반죽 구조(목골 모르타르조), 그 밖의 구조의 모든 건물(부속설비를 포함한다)과 구축물
4	40년	철골 · 철근콘크리트조, 철근콘크리트조, 석조, 연와석조, 철골조의 모든 건물(부속설비를 포함한다)과 구축물

주1) 건물(부속설비를 포함한다) 및 구축물이 내용연수가 서로 다른 2 이상의 복합구조로 구성되어 있는 경우에는 주된 구조에 의한 내용연수를 적용한다.

2) 구분3과 구분4를 적용함에 있어서 부속설비에는 당해 건물과 관련된 전기설비, 급배수 · 위생설비, 가스설비, 냉방 · 난방 · 통풍 및 보일러설비, 승강기설비 등 모든 부속설비를 포함하고, 구축물에는 하수도, 굴뚝, 경륜장, 포장도로, 교량, 도크, 방벽, 철탑, 터널 기타 토지에 정착한 모든 토목설비나 공작물을 포함한다.

3) 구분3과 구분4를 적용함에 있어서 건물 중 변전소, 발전소, 공장, 창고, 정거장 · 정류장 · 차고용 건물, 폐수 및 폐기물처리용 건물, 「유통산업발전법 시행령」에 의한 대형점용 건물(당해 건물의 지상층에 주차장이 있는 경우에 한한다), 구축물 중 굴뚝, 경륜장, 포장도로와 폐수 및 폐기물처리용 구축물과 그 밖에 진동이 심하거나 부식성 물질에 심하게 노출된 것은 내용연수를 각각 10년, 20년으로 적용한다.

4) 상하수도사업의 경우 구축물에 한하여 다음과 같이 적용한다.

- 토목시설 및 그 밖의 수도시설: 30년(취수 · 도수 · 정수 · 배수지설비시설 등)
- 스텐레스관, 주철관, 강관: 30년
- 폴리염화비닐(PVC)관, PE관: 20년
- 아연도강관: 10년
- 그 밖의 관(재질에 따라): 20~30년
- 수도관 부속설비: 20~30년

• 하수처리장시설
 – 침전물(슬러지) 처리시설: 20년
 – 그 밖의 수처리시설: 30년
 – 중계펌프장시설: 30년
 ※ 침전물 처리시설은 농축조, 소화조, 탈수기동, 저류조(빗물, 하수, 오수 등을 모아두기 위해 설치하는 큰 통을 말한다) 등을 의미하고, 수처리시설은 침사지(沈砂池: 흙이나 모래 등을 가라앉히기 위한 못을 말한다), 유입펌프장, 1차침전지, 생물반응조, 2차침전지, 소독 및 방류시설·처리수 재이용시설 등을 의미함
• 하수관거시설
 – 구조물시설(BOX 등): 30년
 – 그 밖의 하수관거시설(흄관, PC관, VR관, PE관 등): 20년

5) 도시철도사업의 경우 구축물, 도시철도차량(부수 운반구를 포함한다)에 한하여 다음과 같이 적용한다.
• 구축물(터널): 60년
• 도시철도차량: 「도시철도차량 관리에 관한 규칙」 제9조의 사용내구연한에 따른다.

<표 18> 업종별자산의 내용연수표(「지방공기업법 시행규칙」 [별표 3])

구분	내용연수	적용대상자산(다음에 규정된 한국표준산업분류상 해당 업종에 사용되는 자산)	
		대분류	중분류
1	5년	농업, 수렵업 및 임업	• 농업, 수렵업 및 관련 서비스업. 다만, 과수의 경우는 구분6(20년)을 적용한다. • 임업, 벌목 및 관련 서비스업
		광업	• 석탄광업 • 원유, 천연가스채취 및 관련 서비스업
		제조업	• 출판, 인쇄 및 기록매체복제업 • 비금속광물제품 제조업(그 밖의 산업용 유리제품 제조업 중 액정표시장치의 부품으로 사용되는 정밀평판유리의 제조업에 한한다) • 전자부품, 영상, 음향 및 통신장비 제조업
		건설업	• 건설업
		도·소매 및 소비자용품수리업	• 자동차판매·수리 및 차량연료 소매업 • 도매 및 상품 중개업 • 소매 및 소비용품 수선업(자동차를 제외한다)
		운수, 창고 및 통신업	• 육상운송 및 파이프라인운송업. 다만, 도시 간 철도운송업 및 구역 내 철도운송업은 구분6(20년)을 적용한다.
		금융 및 보험업	• 금융업 • 보험 및 연금업 • 금융 및 보험 관련 서비스업
		부동산, 임대 및 사업서비스업	• 부동산업 • 기계장비 및 소비용품 임대업 • 정보처리 및 기타 컴퓨터 운용 관련업 • 연구 및 개발업 • 그 밖의 사업 관련 서비스업

		공공행정, 국방 및 사회보장행정	• 공공행정, 국방 및 사회보장행정
		교육서비스업	• 교육서비스업
		보건 및 사회복지사업	• 보건 및 사회복지사업
		그 밖의 공공, 사회 및 개인서비스업	• 위생 및 유사서비스업 • 회원단체 • 오락, 문화 및 운동 관련 산업 • 그 밖의 서비스업
		가사서비스업	• 가사서비스업
		국제 및 그 밖의 외국기관	• 국제 및 그 밖의 외국기관
2	8년	제조업	• 의복 및 모피제품 제조업 • 코크스, 석유 정제품 및 핵연료 제조업 • 화합물 및 화학제품 제조업. 다만, 살균, 살충제 및 그 밖의 농업용 화학제품 제조업과 의약품, 의료용 화학물 및 생약제제 제조업은 구분1(5년)을 적용한다.
		숙박 및 음식점업	• 숙박 및 음식점업
		운수, 창고 및 통신업	• 여행알선 및 운수 관련 서비스업 • 통신업
3	10년	어업	• 일반어업, 양식업 및 관련 서비스업
		광업	• 우라늄 및 토륨 광업 • 금속광업 • 그 밖의 광업 및 채석업
		제조업	• 음식료품 제조업 • 섬유제품 제조업. 다만, 섬유표백, 염색 및 가공업은 구분2(8년)를 적용한다. • 가죽, 가방, 마구류 및 신발제조업. 다만, 가죽제조업은 구분2(8년)를 적용한다. • 목재 및 나무제품 제조업(가구를 제외한다) • 펄프, 종이 및 종이제품 제조업 • 고무 및 플라스틱제품 제조업 • 비금속광물제품 제조업(액정표시장치의 부품으로 사용되는 정밀평판유리의 제조업을 제외한다) • 제1차 금속산업 • 조립금속제품 제조업(기계 및 장비를 제외한다) • 달리 분류되지 아니한 기계 및 장비제조업 • 사무, 계산 및 회계용 기계 제조업. 다만, 컴퓨터 및 그 주변기기 제조업은 구분1(5년)을 적용한다. • 달리 분류되지 아니한 전기기계 및 전기변환장치 제조업 • 의료, 정밀, 광학기기 및 시계 제조업

			• 자동차 및 트레일러 제조업 • 그 밖의 운송장비 제조업 • 가구 및 그 밖의 제조업 • 재생재료 가공 처리업
4	12년	제조업 운수, 창고 및 통신업	• 담배제조업 • 수상운송업. 다만, 외항화물운송업은 구분6(20년)을 적용한다. • 항공운송업
5	15년	수도사업	• 상하수도사업
6	20년	전기, 가스사업	• 전기, 가스 및 증기업. 다만, 달리 분류되지 아니한 가스제조 및 공급업은 구분3(10년)을 적용한다.

주1) 이 내용연수표는 [별표 2] 및 [별표 5]의 적용을 받는 자산을 제외한 모든 감가상각자산에 대하여 적용한다.

2) 내용연수가 서로 다른 2 이상의 업종에 공통으로 사용되는 자산이 있는 경우에는 그 사용기간 또는 사용정도의 비율에 따라 사용비율이 큰 업종의 내용연수를 적용한다.

<표 19> 감가상각자산의 상각률표(「지방공기업법 시행규칙」 [별표 4])

내용연수	정액법에 의한 상각률	정률법에 의한 상각률	내용연수	정액법에 의한 상각률	정률법에 의한 상각률
2	0.500	0.777	32	0.032	0.090
3	0.333	0.632	33	0.031	0.087
4	0.250	0.528	34	0.030	0.085
5	0.200	0.451	35	0.029	0.083
6	0.166	0.394	36	0.028	0.080
7	0.142	0.349	37	0.027	0.078
8	0.125	0.313	38	0.027	0.076
9	0.111	0.284	39	0.026	0.074
10	0.100	0.259	40	0.025	0.073
11	0.090	0.239	41	0.025	0.071
12	0.083	0.221	42	0.024	0.069
13	0.076	0.206	43	0.024	0.068
14	0.071	0.193	44	0.023	0.066
15	0.066	0.182	45	0.023	0.065
16	0.062	0.171	46	0.022	0.064
17	0.058	0.162	47	0.022	0.062
18	0.055	0.154	48	0.021	0.061
19	0.052	0.146	49	0.021	0.060
20	0.050	0.140	50	0.020	0.059

21	0.048	0.133	51	0.020	0.058
22	0.046	0.128	52	0.020	0.056
23	0.044	0.123	53	0.019	0.055
24	0.042	0.118	54	0.019	0.054
25	0.040	0.113	55	0.019	0.054
26	0.039	0.109	56	0.018	0.053
27	0.037	0.106	57	0.018	0.052
28	0.036	0.102	58	0.018	0.051
29	0.035	0.099	59	0.017	0.050
30	0.034	0.096	60	0.017	0.049
31	0.033	0.093			

<표 20> 무형자산의 내용연수표(「지방공기업법 시행규칙」 [별표 5])

구분	내용연수	무형자산
1	5년	영업권, 의장권, 실용신안권, 상표권
2	10년	특허권, 어업권, 「해저광물개발법」에 의한 채취권, 유료도로관리권, 수리권, 전기가스공급시설이용권, 공업용수도시설이용권, 수도시설이용권, 열공급시설이용권
3	20년	광업권, 전신전화전용시설이용권, 전용측선이용권, 하수종말처리장시설관리권, 수도시설관리권
4	50년	댐사용권

6. 감가상각 시 다른 내용연수 적용

Q. 유형자산의 사용 가능기간이 그 내용연수와 달라진 경우에는 유형자산의 내용연수표에 불구하고 지방자치단체의 장의 승인을 얻어 그 내용연수에 내용연수의 100분의 25를 가감한 범위 안에서 다른 내용연수를 적용할 수 있다고 한다. 어떤 경우에 그러한가?

A. 「지방공기업법 시행규칙」 제19조(감가상각의 방법) 제2항에 따르면, ① 당해 유형자산의 재질 또는 제작방법이 통상의 재질 또는 제작방법과 현저하게 차이가 나는 경우, ② 지반이 융기 또는 침하하여 당해 유형자산이 심하게 훼손된 경우, ③ 새로운 생산기술 및 신제품이 개발·보급된 경우, ④ 사용되는 장소의 상황 때문에 당해 유형자산이 심하게 부식된 경우, ⑤ 통상의 수리 또는 손질을 하지 아니하여 당해 유형자산이 심하게 훼손된 경우 등에는 그렇게 할 수 있다.

7. 감가상각 등의 기준

Q. 감가상각을 하는 기준은 무엇인가?

A. 「지방공기업법 시행규칙」 제20조(감가상각 등의 기준)에 따르면, 지방공기업의 비유동자산은 사업연도마다 감가상각을 하여야 하며, 정기적으로 교체하거나 취득원가가 30만 원 미만인 유형자산에 대해서는 감가상각을 하지 아니하고 이를 환치자산으로 분류하여 그 취득원가를 비용으로 회계처리할 수 있다. 또한 사업연도 중에 취득한 지방공기업의 비유동자산의 감가상각은 취득 후 사업연도 종료일까지의 월수에 따라 감가상각액을 계산하며, 이 경우 월수는 역(歷)에 따라 계산하되 1월 미만의 일수는 1월로 한다.

8. 감가상각액의 회계처리

Q. 감가상각액은 어떻게 회계처리하는가?

A. 「지방공기업법 시행규칙」 제21조(감가상각액의 회계처리)에 따르면, 지방공기업의 유형자산의 감가상각액은 감가상각누계액 계정을 설정하여 회계처리하고, 무형자산은 해당자산의 전년도 장부가액에서 당해 연도 감가상각액 또는 상각액을 뺀 미상각잔액을 회계처리한다.

제42조(계약) 관리자는 매매, 대차, 도급, 그 밖의 계약을 할 때에는 대통령령으로 정하는 바에 따라 공고하여 일반경쟁에 부쳐야 한다. 다만, 대통령령으로 정하는 바에 따라 지명경쟁 또는 수의계약의 방법으로 할 수 있다.

[연혁]

1) **제정(1969.01.29.)** 관리자는 매매・대차, 도급 기타의 계약을 할 경우에는 대통령령이 정하는 바에 의하여 공고하여 일반경쟁에 부쳐야 한다. 다만, 따로 대통령령이 정하는 바에 의하여 지명경쟁 또는 수의계약에 의할 수 있다.

2) **개정(2011.08.04.)** 현행과 같이 개정하였다.

제43조(위임규정) 이 절에서 규정한 사항 외에 지방직영기업의 재무에 관하여 필요한 사항[61]은 대통령령으로 정한다.

[연혁]

1) **제정(1969.01.29.)** 이 장에서 규정한 것을 제외하고 지방공기업의 재무에 관하여 필요한 사항은 대통령령으로 정한다.

2) **개정(1980.01.04.)** 이 절에서 규정한 것을 제외하고 지방공기업의 재무에 관하여 필요한 사항은 대통령령으로 정한다.

3) **개정(1992.12.08.)** 이 절에서 규정한 것을 제외하고 지방직영기업의 재무에 관하여 필요한 사항은 대통령령으로 정한다.

4) **개정(2011.08.04.)** 현행과 같이 개정하였다.

---

61) 「지방공기업법 시행령」 제46조(회계운영에 관한 규칙)에는 "이 장에서 규정한 것 외에 지방직영기업의 회계운영에 관하여 필요한 사항(계약사무에 관한 사항을 제외한다)은 당해 지방자치단체의 규칙으로 정한다."고 규정되어 있다.

제4절 지방자치단체의 조합에 관한 특례

제44조(지방자치단체조합 설립의 특례) 지방자치단체는 지방직영기업의 경영에 관한 사무를 광역적으로 처리하기 위하여 필요한 경우 규약을 정하여 다른 지방자치단체와 공동으로 지방자치단체조합(이하 "조합"이라 한다)을 설립할 수 있다.

[연혁]

1) 제정(1969.01.29.) ① 지방자치단체는 지방공기업의 경영에 관한 사무를 공동으로 처리하기 위하여 필요한 때에는 규약을 정하여 조합을 설치할 수 있다. ② 전항의 규정에 의한 규약은 시 · 군을 조합원으로 할 때에는 도지사, 부산시 · 도를 조합원으로 할 때에는 내무부장관, 서울특별시를 조합원으로 할 때에는 국무총리의 승인을 얻어 이를 정한다. ③ 제1항의 규정에 의한 규약에는 조합의 명칭, 사무소의 위치, 가입지방자치단체, 공동처리사항, 의결기관, 대표자의 선임방법, 출자방법 기타 필요한 사항을 정하여야 한다. ④ 조합은 법인으로 한다.

2) 개정(1991.05.31.) ① 지방자치단체는 지방공기업의 경영에 관한 사무를 공동으로 처리하기 위하여 필요한 때에는 규약을 정하여 조합을 설치할 수 있다. ② 제1항의 규정에 의한 규약은 시 · 군을 조합원으로 할 때에는 도지사, 서울특별시 · 직할시 및 도를 조합원으로 할 때에는 내무부장관의 승인을 얻어 이를 정한다. ③ 제1항의 규정에 의한 규약에는 조합의 명칭, 사무소의 위치, 가입지방자치단체, 공동처리사항, 의결기관, 대표자의 선임방법, 출자방법 기타 필요한 사항을 정하여야 한다. ④ 조합은 법인으로 한다.

→ 서울특별시를 조합원으로 할 때에는 국무총리의 승인을 얻어 정하던 것을 내무부장관의 승인을 얻어 정하는 것으로 개정하였다.

3) 개정(1992.12.08.) 지방자치단체는 지방직영기업의 경영에 관한 사무를 광역적으로 처리하기 위하여 필요한 때에는 규약을 정하여 공동으로 지방자치단체조합(이하 "組合"이라 한다)을 설립할 수 있다.

→ ②~④를 삭제하였다.

4) 개정(2011.08.04.) 현행과 같이 개정하였다.

제45조(조직에 관한 특례) ① 조합이 경영하는 지방직영기업에 대하여는 제7조 제1항에도 불구하고 관리자를 두지 아니하며 관리자의 권한은 조합장이 행사한다.
② 조합장은 관계 지방자치단체의 장이 공동으로 임명하며, 그 자격 및 임기에 관하여는 제7조 제2항을 준용한다.

[연혁]

[제1항] 조합이 경영하는 지방직영기업에 대하여는 제7조 제1항[62]에도 불구하고 관리자를 두지 아니하며 관리자의 권한은 조합장이 행사한다.

1) **제정(1969.01.29.)** 전조의 규정에 의한 조합이 경영하는 지방공기업에 대하여는 제7조 제1항의 규정에 불구하고 관리자를 두지 아니하며 관리자의 권한은 당해 조합의 대표자가 행한다.

2) **개정(1980.01.04.)** 제44조의 규정에 의한 조합이 경영하는 지방공기업에 대하여는 제7조 제1항의 규정에 불구하고 관리자를 두지 아니하며 관리자의 권한은 당해 조합의 대표자가 행한다.

3) **개정(1992.12.08.)** 제44조의 규정에 의한 조합이 경영하는 지방직영기업에 대하여는 제7조 제1항의 규정에 불구하고 관리자를 두지 아니하며 관리자의 권한은 당해 조합장이 행한다.

4) **개정(2011.08.04.)** 현행과 같이 개정하였다.

[제2항] 조합장은 관계 지방자치단체의 장이 공동으로 임명하며, 그 자격 및 임기에 관하여는 제7조 제2항[63]을 준용한다.

62) 「지방공기업법」 제7조(관리자) 제1항에는 "지방자치단체는 지방직영기업의 업무를 관리·집행하게 하기 위하여 사업마다 관리자를 둔다. 다만, 조례로 정하는 바에 따라 성질이 같거나 유사한 둘 이상의 사업에 대하여는 관리자를 1명만 둘 수 있다."고 규정되어 있다.

63) 「지방공기업법」 제7조(관리자) 제2항에는 "관리자는 대통령령으로 정하는 바에 따라 해당 지방자치단체의 공무원으로서 지방직영기업의 경영에 관하여 지식과 경험이 풍부한 사람 중에서 지방자치단체의 장이 임명하며, 임기제로 할 수 있다."고 규정되어 있다.

1) 신설(1992.12.08.) 조합장은 관계 지방자치단체의 장이 공동으로 임명하되, 그 자격 및 임기에 관하여는 제7조 제2항의 규정을 준용한다.

2) 개정(2011.08.04.) 현행과 같이 개정하였다.

제5절 보칙

제46조(업무상황의 공표 등) ① 관리자는 조례로 정하는 바에 따라 사업연도마다 두 번 이상 지방직영기업의 업무 상황을 설명하는 서류를 지방자치단체의 장에게 제출하여야 한다. 이 경우 지방자치단체의 장은 지체 없이 이를 공표하여야 한다.
② 관리자는 결산서, 재무제표, 연도별 경영목표, 경영실적 평가 결과, 그 밖에 경영에 관한 중요 사항을 대통령령으로 정하는 바에 따라 지역주민에게 공시하여야 한다.
③ 행정안전부장관은 제2항에 따라 각 지방직영기업이 공시하는 사항 중 주요 사항을 표준화하고 이를 통합하여 공시(이하 이 조에서 "통합공시"라 한다)할 수 있다.
④ 행정안전부장관은 통합공시를 하기 위하여 지방직영기업에 필요한 자료의 제출을 요청할 수 있고, 지방직영기업은 특별한 사정이 없으면 요청에 따라야 한다.
⑤ 행정안전부장관은 지방직영기업이 제2항에 따른 경영공시의무와 제4항에 따른 통합공시를 위한 자료제출 의무를 성실하게 이행하지 아니하거나, 거짓 사실을 공시하거나, 거짓 자료를 제출하였을 때에는 해당 지방자치단체의 장에게 그 사실을 알리고 거짓 사실 등을 시정하도록 요구할 수 있다.
⑥ 통합공시의 기준과 방법 등에 관하여 필요한 사항은 대통령령으로 정한다.

[연혁]

[제1항] 관리자는 조례로 정하는 바에 따라 사업연도마다 두 번 이상 지방직영기업의 업무 상황을 설명하는 서류를 지방자치단체의 장에게 제출하여야 한다. 이 경우 지방자치단체의 장은 지체 없이 이를 공표하여야 한다.

1) **제정(1969.01.29.)** 관리자는 조례가 정하는 바에 의하여 매 사업연도마다 2회 이상 지방공기업의 업무상황을 설명하는 서류를 당해 지방자치단체의 장에게 제출하여야 한다. 이 경우에 지방자치단체의 장은 지체없이 이를 공표하여야 한다.

2) **개정(1992.12.08.)** 관리자는 조례가 정하는 바에 의하여 매 사업연도마다 2회 이상 지방직영기업의 업무상황을 설명하는 서류를 당해 지방자치단체의 장에게 제출하여야 한다. 이 경우에 지방자치단체의 장은 지체없이 이를 공표하여야 한다.

3) **개정(2011.08.04.)** 현행과 같이 개정하였다.

[제2항] 관리자는 결산서, 재무제표, 연도별 경영목표, 경영실적 평가 결과, 그 밖에 경영에 관한 중요 사항[64]을 대통령령으로 정하는 바에 따라 지역주민에게 공시[65]하여야 한다.

1) **신설(1999.01.29.)** 관리자는 결산서, 재무제표, 연도별 경영목표, 경영실적 평가결과, 기타 경영에 관한 중요사항을 대통령령이 정하는 바에 의하여 지역주민에게 공시하여야 한다.

2) **개정(2011.08.04.)** 현행과 같이 개정하였다.

[제3항] 행정안전부장관은 제2항에 따라 각 지방직영기업이 공시하는 사항 중 주요 사항을 표준화하고 이를 통합하여 공시(이하 이 조에서 "통합공시"라 한다)할 수 있다.

1) **신설(2009.04.01.)** 행정안전부장관은 제2항에 따라 각 지방직영기업이 공시하는 사항 중 주요 사항을 별도로 표준화하고 이를 통합하여 공시(이하 이 조에서 "통합공시"라 한다)할 수 있다.

2) **개정(2011.08.04.)** 현행과 같이 개정하였다.

---

64) "그 밖에 경영에 관한 중요 사항"이라 함은 ① 연도별 예산 및 운영계획, ② 「감사원법」 제33조 내지 제34조의2의 규정에 의한 시정 또는 개선요구 등을 받거나 「지방자치법」 제50조에 따른 시정요구를 받은 경우에는 그 내용, ③ 기타 경영에 관한 중요 사항으로서 행정안전부장관 또는 지방자치단체의 장이 요청하는 사항 등을 말한다(지방공기업법 시행령 제44조 제1항).

65) 지방직영기업의 관리자는 결산서 및 재무제표는 결산승인 후 5일 이내에, 기타 서류는 공시사항이 발생할 때마다 해당 기관의 인터넷 홈페이지에 이를 공시하고, 주된 사무소에 2년간 비치하여야 하며(지방공기업법 시행령 제44조 제2항), 비치한 서류를 열람 또는 복사하려는 자가 있는 경우에는 관리자는 해당 서류를 열람 또는 복사하도록 해야 한다. 이 경우 관리자는 복사를 요구하는 자에게 그 비용을 부담시킬 수 있다(지방공기업법 시행령 제44조 제3항). 2002년 6월 19일, 지방직영기업의 결산서 및 재무제표를 공시하여야 하는 시기를 결산승인 후 30일 이내에서 5일 이내로 앞당겨 주민에게 신속히 결산내용을 알리도록 개정하였다.

[제4항] 행정안전부장관은 통합공시를 하기 위하여 지방직영기업에 필요한 자료의 제출을 요청할 수 있고, 지방직영기업은 특별한 사정이 없으면 요청에 따라야 한다.

1) **신설(2009.04.01.)** 행정안전부장관은 지방직영기업에 통합공시를 하기 위하여 필요한 자료의 제출을 요청할 수 있고, 지방직영기업은 특별한 사정이 없는 한 이에 응하여야 한다.

2) **개정(2011.08.04.)** 현행과 같이 개정하였다.

[제5항] 행정안전부장관은 지방직영기업이 제2항에 따른 경영공시 의무와 제4항에 따른 통합공시를 위한 자료제출 의무를 성실하게 이행하지 아니하거나, 거짓 사실을 공시하거나, 거짓 자료를 제출하였을 때에는 해당 지방자치단체의 장에게 그 사실을 알리고 거짓 사실 등을 시정하도록 요구할 수 있다.

1) **신설(2009.04.01.)** 행정안전부장관은 지방직영기업이 제2항에 따른 경영공시 의무와 제4항에 따른 통합공시를 위한 자료제출 의무를 성실하게 이행하지 아니하거나 거짓 사실을 공시하거나 거짓의 자료를 제출하였을 때에는 해당 지방자치단체의 장에게 그 사실을 공고하고 거짓 사실 등을 시정하도록 요구할 수 있다.

2) **개정(2011.08.04.)** 현행과 같이 개정하였다.

[제6항] 통합공시의 기준과 방법 등에 관하여 필요한 사항[66]은 대통령령으로 정한다.

66) 통합공시의 항목에는 ① 지방직영기업의 임원 및 운영인력현황, ② 경영성과 및 재무현황, ③ 내·외부 감사결과, 경영평가 결과와 경영진단 결과 및 조치사항, ④ 그 밖에 행정안전부장관이 정하는 지방직영기업 경영에 관한 사항 등을 포함시켜야 하며, 통합공시사항은 최근 5년 간 자료를 공시하고, 통합공시 사항의 내용이 변경된 경우에는 변경일부터 14일 이내에 변경된 사항을 공시하여야 한다(지방공기업법 시행령 제44조의2 제1항). 행정안전부장관은 통합공시의 세부 항목과 절차(통합공시기준)를 정하여 관리자에게 통보하여야 하고, 통보한 통합공시기준에 관한 사항을 변경할 때에는 변경된 통합공시기준을 적용하기 14일 전까지 관리자에게 통보하여야 하며, 관리자는 통합공시기준에 따라 지방직영기업의 경영정보를 행정안전부장관이 지정하는 인터넷 사이트에 게시하여야 한다(지방공기업법 시행령 제44조의2 제2항~제4항).

1) **신설(2009.04.01.)** 현행과 같이 신설하였다.

Q & A

1. **통합경영공시 항목-이사회 의사록**

Q. 지방공기업 통합경영공시 항목 중 '이사회 의사록'의 작성에서 의안내용 작성 란에 해당 사항을 파악할 수 있는 안건명을 기재해도 되는가?

A. 「2022년 지방공기업 통합경영공시기준」에 따르면, 이사회 의사록 공시시항 중 의안내용은 이사회 의결내용을 요약하여 기재하도록 되어 있다. 따라서 안건명으로도 의결내용을 개략적으로 알 수 있다면 안건명만 기재해도 무방하나, 그렇지 않은 경우라면 의결사항의 주요 내용을 간단하게 추가하여 기재하는 것이 바람직하다.

제47조(사업 조정) ① 지방직영기업의 경영에 관하여 지방자치단체 상호간에 협의가 이루어지지 아니하여 관계 지방자치단체가 조정을 신청하였을 때에는 시·군·자치구의 경우에는 특별시장·광역시장 및 도지사가 조정하고, 시·도의 경우에는 행정안전부장관이 조정한다.

② 행정안전부장관은 제1항에 따라 조정을 하려는 경우 주무부장관과 협의하여야 한다.

[연혁]

[제1항] 지방직영기업의 경영에 관하여 지방자치단체 상호간에 협의가 이루어지지 아니하여 관계 지방자치단체가 조정을 신청하였을 때에는 시·군·자치구의 경우에는 특별시장·광역시장 및 도지사가 조정하고, 시·도의 경우에는 행정안전부장관이 조정한다.

1) **제정(1969.01.29.)** 지방공기업의 경영에 관하여 지방자치단체 상호간에 협의가 이루어지지 아니하는 경우에 관계지방자치단체의 신청이 있을 때에는 시·군에 있어서는 도지사, 부산시·도에 있어서는 내무부장관, 서울특별시에 있어서는 국무총리가 조정한다.

2) **개정(1991.05.31.)** 지방공기업의 경영에 관하여 지방자치단체 상호간에 협의가 이루어지지 아니하는 경우에 관계지방자치단체의 신청이 있을 때에는 시·군에 있어서는 도지사, 서울특별시·직할시 및 도에 있어서는 내무부장관이 조정한다.

→ 지방공기업의 경영에 관하여 지방자치단체 상호 간에 협의가 이루어지지 아니하는 경우에 관계 지방자치단체의 신청이 있을 때 서울특별시에 있어서의 조정권자를 국무총리에서 내무부장관으로 개정하였다.

3) **개정(1992.12.08.)** 지방직영기업의 경영에 관하여 지방자치단체 상호간에 협의가 이루어지지 아니하는 경우에 관계지방자치단체의 신청이 있을 때에는 시·군·자치구에 있어서는 시·도지사, 시·도에 있어서는 내무부장관이 조정한다.

4) **개정(2002.03.25.)** 지방직영기업의 경영에 관하여 지방자치단체 상호간에 협의가 이루어지지 아니하는 경우에 관계지방자치단체의 신청이 있을 때에는 시·군·자치구에 있어서는 특별시장·광역시장 및 도지사(이하 "시·도지사"라 한다), 시·도에 있어서는 행정자치부장관이 조정한다.

5) **개정(2011.08.04.)** 지방직영기업의 경영에 관하여 지방자치단체 상호간에 협의가 이루어지지 아니하여 관계 지방자치단체가 조정을 신청한 때에는 시·군·자치구의 경우에는 특별시장·광역시장·도지사(이하 "시·도지사"라 한다)가 조정하고, 시·도의 경우에는 행정안전부장관이 조정한다.

6) **개정(2013.06.04.)** 현행과 같이 개정하였다.

[제2항] 행정안전부장관은 제1항에 따라 조정을 하려는 경우 주무부장관과 협의하여야 한다.

1) **제정(1969.01.29.)** 국무총리 또는 내무부장관이 전항의 규정에 의한 조정을 하고자 할 때에는 주무부장관과 협의하여야 한다.

2) **개정(1980.01.04.)** 국무총리 또는 내무부장관이 제1항의 규정에 의한 조정을 하고자 할 때에는 주무부장관과 협의하여야 한다.

3) **개정(1991.05.31.)** 내무부장관이 제1항의 규정에 의한 조정을 하고자 할 때에는 주무부장관과 협의하여야 한다.

4) **개정(2011.08.04.)** 현행과 같이 개정하였다.

제48조(변상책임) ① 관리자나 그 대리자 또는 분임자(分任者)는 세입의 징수, 지출의 원인이 되는 계약 또는 그 밖의 행위, 물품의 관리 및 지출 행위를 하면서 고의 또는 중대한 과실로 그 지방자치단체에 손해를 끼쳤을 때에는 변상의 책임을 진다.

② 관리자나 그 대리자 또는 분임자는 선량한 관리자로서의 주의를 게을리하여 그가 보관하는 현금 또는 물품이 없어지거나 훼손되었을 때에는 변상의 책임을 진다.

[연혁]

[제1항] 관리자나 그 대리자 또는 분임자(分任者)는 세입의 징수, 지출의 원인이 되는 계약 또는 그 밖의 행위, 물품의 관리 및 지출 행위를 하면서 고의 또는 중대한 과실로 그 지방자치단체에 손해를 끼쳤을 때에는 변상의 책임을 진다.

1) **제정(1969.01.29.)** 관리자 또는 그 대리자나 분임자가 세입의 징수, 지출의 원인이 되는 계약 기타의 행위, 물품의 관리 및 지출의 행위를 행함에 있어서 고의 또는 중대한 과실로 그 지방자치단체에 손해를 미친 때에는 변상의 책임을 진다.

2) **개정(2011.08.04.)** 현행과 같이 개정하였다.

[제2항] 관리자나 그 대리자 또는 분임자는 선량한 관리자로서의 주의를 게을리하여 그가 보관하는 현금 또는 물품이 없어지거나 훼손되었을 때에는 변상의 책임을 진다.

1) **제정(1969.01.29.)** 관리자 또는 그 대리자나 분임자가 그의 보관에 속하는 현금 또는 물품을 망실하거나 훼손한 경우에 선량한 관리자의 주의를 태만히 하지 아니한 증명을 하지 못한 때에는 변상의 책임을 진다.

2) **개정(2002.03.25.)** 관리자 또는 그 대리자나 분임자는 선량한 관리자로서의 주의를 게을리하여 그가 보관하는 현금 또는 물품이 망실되거나 훼손된 때에는 변상의 책임이 있다.

→ 관리자 또는 그 대리자나 분임자 등 회계책임자의 변상책임은 선량한 관리자의 주의를 태만히 한 경우로 하고, 그 입증책임은 면제키로 하였다. 회계관계직원은 선관주의의무를 다하였음을 증명하지 아니하도록 2001.4.7, 법률 제6461호로 「회계관계직원 등의 책임에 관한 법률」이 개정됨에 따라 「지방공기업법」 제48조 제2항도 개정된 「회계관계직원 등의 책임에 관한 법률」 제4조와 같이 수정하였다.

3) **개정(2011.08.04.)** 현행과 같이 개정하였다.

제3장 지방공사

제1절 설립

제49조(설립) ① 지방자치단체는 제2조에 따른 사업을 효율적으로 수행하기 위하여 필요한 경우에는 지방공사(이하 "공사"라 한다)를 설립할 수 있다. 이 경우 공사를 설립하기 전에 특별시장, 광역시장, 특별자치시장, 도지사 및 특별자치도지사(이하 "시 · 도지사"라 한다)는 행정안전부장관과, 시장 · 군수 · 구청장(자치구의 구청장을 말한다)은 관할 특별시장 · 광역시장 및 도지사와 협의하여야 한다.

② 지방자치단체는 공사를 설립하는 경우 그 설립, 업무 및 운영에 관한 기본적인 사항을 조례로 정하여야 한다.

③ 지방자치단체는 공사를 설립하는 경우 대통령령으로 정하는 바에 따라 주민복리 및 지역경제에 미치는 효과, 사업성 등 지방공기업으로서의 타당성을 미리 검토하고 그 결과를 공개하여야 한다.

④ 제3항에 따른 타당성 검토는 전문 인력 및 조사 · 연구 능력 등 대통령령으로 정하는 요건을 갖춘 전문기관으로서 행정안전부장관이 지정 · 고시하는 기관에 의뢰하여 실시하여야 한다.

[연혁]

[제1항] 지방자치단체는 제2조에 따른 사업을 효율적으로 수행하기 위하여 필요한 경우에는 지방공사(이하 "공사"라 한다)를 설립[1)]할 수 있다. 이 경우 공사를 설립하기 전에 특별시장, 광역시장, 특별자치시장, 도지사 및 특별자치도지사(이하 "시 · 도지사"라 한다)는 행정안전부장관과, 시장 · 군수 · 구청장(자치구의 구청장을 말한다)은 관할 특별시장 · 광역시장 및 도지사와 협의하여야 한다.

1) 본 조항 신설(1980.01.04.) 시에는 공사를 설립하고자 할 때에는 서울특별시는 국무총리, 기타 지방자치단체는 내무부장관의 설립인가를 받아야 했으나 1991.05.31. 모든 지방자치단체가 내무부장관의 설립인가를 받도록 개정하였으며, 1999.01.29. 지방자치단체가 자율적으로 지방공기업을 설립 · 운영할 수 있도록 동 조항을 삭제함으로써 책임성과 전문성을 확보하여 지방자치 발전과 지역주민 복리증진을 도모하였다.

1) 신설(1980.01.04.) 서울특별시・부산시・도와 인구 50만 이상의 시(이하 이章에서 "設立團體"라 한다)는 제2조의 규정에 의한 사업을 효율적으로 수행하기 위하여 필요한 경우에는 지방공사(이하 "公社"라 한다)를 설립할 수 있다. 다만, 인구 50만미만의 지방자치단체도 특별한 사유가 있다고 인정될 경우에는 공사를 설립할 수 있다.

→ 지방공사를 설립・운영할 수 있는 근거를 마련하고, 지방공사는 도와 인구 50만 이상의 시에 설치할 수 있도록 하였다.

2) 개정(1991.05.31.) 서울특별시・직할시 및 도와 인구 50만 이상의 시(이하 이章에서 "設立團體"라 한다)는 제2조의 규정에 의한 사업을 효율적으로 수행하기 위하여 필요한 경우에는 지방공사(이하 "公社"라 한다)를 설립할 수 있다. 다만, 인구 50만미만의 지방자치단체도 특별한 사유가 있다고 인정될 경우에는 공사를 설립할 수 있다.

3) 개정(1992.12.08.) 지방자치단체는 제2조의 규정에 의한 사업을 효율적으로 수행하기 위하여 필요한 경우에는 지방공사(이하 "公社"라 한다)를 설립할 수 있다.

→ 지방공사 및 지방공단을 설립할 수 있는 지방자치단체의 범위를 시・도 및 인구 50만 이상의 시에서 모든 지방자치단체로 확대하였다.

4) 개정(2009.04.01.) 지방자치단체는 제2조의 규정에 의한 사업을 효율적으로 수행하기 위하여 필요한 경우에는 지방공사(이하 "公社"라 한다)를 설립할 수 있다. 다만, 시장・군수・구청장(자치구의 구청장을 말한다)은 공사를 설립하기 전에 관할 시・도지사와 협의하여야 한다.

→ 기초지방자치단체의 장이 관할 광역지방자치단체에서 이미 설립하였거나 설립 예정인 지방공기업과 유사한 기능의 지방공기업을 설립해도 이에 대한 견제수단이 없어 지방공기업에 대한 중복투자로 지방공기업의 경영이 부실해질 수 있었다. 따라서 기초지방자치단체의 장이 지방공기업을 설립하려는 경우에는 미리 광역지방자치단체의 장과 협의를 거쳐 지방공기업 설립의 타당성을 검토하도록 함으로써 지방공기업 설립 남발로 인한 경영부실 방지를 도모하였다.

5) 개정(2011.08.04.) 지방자치단체는 제2조에 따른 사업을 효율적으로 수행하기 위하여 필요한 경우에는 지방공사(이하 "공사"라 한다)를 설립할 수 있다. 다만, 시장・군수・구청장(자치구의 구청장을 말한다)은 공사를 설립하기 전에 관할 시・도지사와 협의하여야 한다.

6) 개정(2013.06.04.) 현행과 같이 개정하였다.

→ 기초지방자치단체가 지방공사·공단을 설립하는 경우에는 관할 광역지방자치단체와 사전 협의를 하도록 하는 것과는 달리, 광역지방자치단체의 경우에는 이러한 사전 협의절차가 없어 지방공사·공단 설립에 대한 객관적인 타당성 검토 없이 지방공사·공단이 설립될 우려가 있었다. 따라서 광역지방자치단체가 지방공사·공단을 설립하려는 경우에는 미리 행정안전부장관과 협의하도록 하여 그 설립절차를 강화함으로써 설립의 적정성으로 도모하였다.

[제2항] 지방자치단체는 공사를 설립하는 경우 그 설립, 업무 및 운영에 관한 기본적인 사항을 조례[2]로 정하여야 한다.

1) 신설(1980.01.04.) 설립단체가 공사를 설립하고자 할 때에는 그 설립·업무 및 운영에 관한 기본적인 사업을 조례로 정하여야 한다. 설립단체가 공사를 설립하고자 할 때에는 조례에 공사의 정관을 첨부하여 서울특별시에 있어서는 국무총리의, 기타 지방자치단체에 있어서는 내무부장관(이하 "認可機關"이라 한다)의 설립인가를 받아야 한다.

2) 개정(1991.05.31.) 설립단체가 공사를 설립하고자 할 때에는 그 설립·업무 및 운영에 관한 기본적인 사업을 조례로 정하여야 한다. 설립단체가 공사를 설립하고자 할 때에는 조례에 공사의 정관을 첨부하여 내무부장관(이하 "認可機關"이라 한다)의 설립인가를 받아야 한다.

→ 서울특별시가 지방공사를 설립하고자 할 때 국무총리의 설립인가를 받아야 했던 것을 내무부장관의 설립인가로 개정하였다.

3) 개정(1992.12.08.) 지방자치단체가 공사를 설립하고자 할 때에는 그 설립·업무 및 운영에 관한 기본적인 사항을 조례로 정하여야 한다. 지방자치단체가 공사를 설립하고자 할 때에는 조례에 공사의 정관을 첨부하여 내무부장관의 설립인가를 받아야 한다.

---

2) 지방공기업 설립 승인권이 지방자치단체로 이양된 이후 지방의회의 조례 제정 권한이 중요한 통제수단이 되었다. 조례 제정은 지방공기업의 설립여부를 결정하는 최종 단계이고, 의회에서 조례 제정이 무산될 경우 지방공기업 설립은 불가능하다는 의미를 갖는다.

4) 개정(1999.01.29.) 지방자치단체가 공사를 설립하고자 할 때에는 그 설립·업무 및 운영에 관한 기본적인 사항을 조례로 정하여야 한다.

→ 지방자치단체가 자율적으로 지방공기업을 설립·운영할 수 있도록 행정자치부장관이 갖고 있던 설립 인가권을 해당 지방자치단체의 장에게 이양하였다.

5) 개정(2011.08.04.) 현행과 같이 개정하였다.

[제3항] 지방자치단체는 공사를 설립하는 경우 대통령령으로 정하는 바에 따라 주민복리 및 지역경제에 미치는 효과, 사업성 등 지방공기업으로서의 타당성을 미리 검토[3]하고 그 결과를 공개하여야 한다.

1) 신설(1999.01.29.) 지방자치단체가 공사를 설립하고자 하는 때에는 대통령령이 정하는 바에 의하여 주민복리 및 지역경제에 미치는 효과·사업성 등 지방공기업으로서의 타당성 여부를 사전에 검토하여야 한다.

→ 지방공사 설립·운영에 관한 행정자치부장관의 권한 중 일부를 해당 지방자치단체 또는 그 장에게 이양하였다.

2) 개정(2011.08.04.) 지방자치단체는 공사를 설립하는 경우 대통령령으로 정하는 바에 따라 주민복리 및 지역경제에 미치는 효과, 사업성 등 지방공기업으로서의 타당성을 미리 검토하여야 한다.

3) 개정(2013.06.04.) 현행과 같이 개정하였다.

→ 지방자치단체가 지방공사를 설립하는 경우 지방공기업으로서의 타당성을 미리 검토하여야 할 뿐만 아니라 그 결과를 공개하도록 하였다. 즉, 타당성 검토용역이 완료된 때에는 7일 이내에 검토기관, 용역참여자 명단, 용역기간, 계약

3) 타당성 검토에는 ① 사업의 적정성 여부, ② 사업별 수지분석, ③ 조직 및 인력의 수요판단, ④ 주민의 복리증진에 미치는 영향, ⑤ 지역경제와 지방재정에 미치는 영향 등의 사항이 포함되어야 하며, 이에 따른 세부절차 및 검토기준은 행정안전부장관이 정한다(지방공기업법 시행령 제47조 제1항). 지방자치단체의 장은 의회의원·관계전문가 및 해당 지방자치단체의 관계공무원 등으로 심의위원회를 구성하여 「지방공기업법」 제49조 제3항에 따른 전문기관의 타당성 검토 결과와 「지방공기업법 시행령」 제76조의2 제1항에 따른 주민공청회 결과를 기초로 지방공사의 설립여부를 심의하여야 하며, 심의위원회의 구성과 운영에 필요한 사항은 해당 지방자치단체의 장이 정하되 심의위원회 위원 중 2분의 1이상은 민간위원으로 위촉하여야 한다(지방공기업법 시행령 제47조 제2항, 제3항).

금액, 타당성 검토 항목별 주요 검토결과를 지방자치단체 홈페이지와 게시판에 공개하여야 한다. 다만, 「공공기관의 정보공개에 관한 법률」 제9조(비공개 대상 정보)에서 정하고 있는 정보는 공개하지 않을 수 있으며, 이 경우에는 그 사유를 명시하여 공개하여야 한다. 또한 사전에 용역참여자 명단 등을 공개한다는 내용을 용역계약서에 명시하여야 한다.

[제4항] 제3항에 따른 타당성 검토는 전문 인력 및 조사·연구 능력 등 대통령령으로 정하는 요건을 갖춘 전문기관[4)]으로서 행정안전부장관이 지정·고시하는 기관[5)]에 의뢰하여 실시하여야 한다.

1) 신설(2015.12.29.) 현행과 같이 신설하였다.

→ 지방공기업 설립 시 타당성 검토를 거쳐야 하나, 지방자치단체 또는 지방공기업에서 선정한 기관에서 타당성 검토를 수행함에 따라 공정성 문제가 발생하였다. 따라서 지방공기업 설립의 타당성 검토는 대통령령에서 정하는 요건을 갖춘 기관으로서 행정자치부장관이 지정·고시하는 기관에서 실시하도록 하

4) "전문 인력 및 조사·연구 능력 등 대통령령으로 정하는 요건을 갖춘 전문기관"이란 ① 사업타당성 검토 업무에 3년 이상 종사한 경력을 가진 사람 5명 이상과 5년 이상 종사한 경력을 가진 사람 2명 이상을 보유하고 있을 것, ② 최근 3년 이내에 법 제3조에 따른 지방공기업 또는 「공공기관의 운영에 관한 법률」 제4조에 따른 공공기관(이하 "공기업"이라 한다)이나 지방재정 관련 연구용역 실적이 있을 것 등의 요건을 모두 갖춘 기관을 말한다(지방공기업법 시행령 제47조 제4항). 전문기관의 요건을 처음으로 구체화한 2002년 6월 19일에는 ① 공기업에 대한 사업타당성 검토를 정관상 주요 사업으로 규정하고 있을 것, ② 석사학위 이상의 학위를 소지한 전문인력을 10인 이상 보유하고 있을 것, ③ 최근 3년 이내에 공기업 또는 지방재정 관련 연구용역실적이 있을 것으로 규정하였으나, 2005년 3월 31일에는 ②를 10인 이상에서 5인 이상으로 개정하였고, 2011년 3월 29일에는 ②를 사업타당성 검토업무에 3년 이상 종사한 경력을 가진 사람 5명 이상과 5년 이상 종사한 경력을 가진 사람 2명 이상을 보유하고 있을 것으로 개정하여 석사학위 이상의 학위 소지 요건을 폐지함으로써 학력으로 인한 차별을 없앴다. 그 후 2016년 3월 30일에는 ① 사업타당성 검토업무에 3년 이상 종사한 경력을 가진 사람 5명 이상과 5년 이상 종사한 경력을 가진 사람 2명 이상을 보유하고 있을 것, ② 최근 3년 이내에 법 제3조에 따른 지방공기업 또는 「공공기관의 운영에 관한 법률」 제4조에 따른 공공기관(이하 "공기업"이라 한다)이나 지방재정 관련 연구용역 실적이 있을 것으로 개정하였다.

5) 「지방공기업법」 제49조 제4항 및 동법 제65조의3의 규정에 따른 타당성 검토 전문기관은 「지방공기업법」 제78조의4에 따라 설립된 지방공기업평가원과 「한국지방행정연구원 육성법」에 따라 설립된 한국지방행정연구원으로 한다('지방공기업 설립 및 신규 투자사업에 대한 타당성 검토 전문기관', 시행 2016.3.30., 행정자치부고시 제2016-11호).

였다. 즉, 지방공기업의 무리한 설립으로 인한 지방재정의 악화를 방지하기 위하여 행정자치부장관이 지정하는 전문기관에 의뢰하여 그 설립의 타당성을 검토하게 하였다.

Q & A

1. 지방공기업 설립절차

Q. 지방공기업을 설립하려면 어떤 절차를 거쳐야 하는가?

A. 행정안전부의 「지방공기업 설립기준」(2021.03.23.)에 따르면 지방공기업을 설립하려면 <표 21>과 같은 절차를 거쳐야 한다.

<표 21> 지방공기업 설립절차

단계	내용	일정	담당부서	관련 법령
설립방침 결정 전	• 대상사업의 성격, 유형 등 내부 검토 • 민간위탁, 직영, 공사, 공단 설립 등 형태별 추진방안 비교 분석	–	주관부서	법§2 법§49
설립방침 결정 단계	• 설립요건 검토 및 형태 결정 • 공기업 설립검토안 마련 • 행정안전부(시・도가 설립하는 경우) 또는 시・도(시・군・구가 설립하는 경우) 및 지방의회 등 관계기관 의견수렴 • 설립추진 기본방침 결정	D-440한 D-410한 D-400한	주관부서	–
설립타당성 검토 단계	• 설립타당성 연구용역 추진 – 설립타당성 검토계획 작성 – 설립타당성 검토기준 제시 – 설립타당성 검토기관과 용역계약 체결 및 실시 • 설립타당성 검토보고서 확정	D-400~ D-160	설립준비단	법§49 영§47
설립심의 단계	• 주민설명회(공청회) 등 주민의견 수렴 • 행정안전부(시・도가 설립하는 경우) 또는 시・도와 협의(시・군・구가 설립하는 경우) • 설립심의위원회 구성(민간위원 과반수) • 심의 검토기준 제시 및 위원회 심의	D-130한 D-100한 D-100한 D-90한	설립준비단	영§47
조례제정 단계	• 자치단체장의 설립 결정 • 자치단체 조례제정안 마련 및 의회심의를 거쳐 조례 공포	D-85~ D-55	설립준비단	법§49

설립 단계	• 정관 등 제규정 작성, 임원추천위 구성 • 임원공모 및 임명	D−50~ D−5	설립준비단 공사 · 공단	법§56 법§58
	• 설립등기(자본금 납입 후 3주일 이내) • 설립보고(등기 후 10일 이내)	D−0 D+10	사장(이사장) 자치단체	법§53 · 57 영§78

2. 직제 변경 시 타당성 검토

Q. 현재 6개 팀에서 7개 팀(기존 '주차사업팀'을 '공영주차팀'과 '거주자주차팀'으로 분리)으로 변경하여 업무효율성을 제고하고자 직제 변경 및 이사회 의결을 진행할 예정인데, 「지방공기업법」 및 「지방공기업 설립기준」에 따르면 타당성 검토대상은 지방공기업 설립 및 다른 법인에 대한 출자, 신규 투자사업에 대한 부분으로 명시되어 있다. 지방공단의 조직 변경(6개 팀 → 7개 팀) 및 인력 증원 없는 직제 변경에 대하여도 타당성 검토를 거쳐야 하는가?

A. 「지방공기업법」상 타당성 검토는 ① 지방공기업법 제49조(설립) 및 시행령 제47조(설립타당성 검토 등), ② 지방공기업법 제54조(다른 법인에 대한 출자) 및 시행령 제47조의2(다른 법인에 대한 출자타당성 검토 등), ③ 지방공기업법 제65조의3(신규 투자사업의 타당성 검토) 및 시행령 제58조의2(신규 투자사업의 타당성 검토)에서 규정하고 있다. 「지방공기업 설립기준」에서는 기존 타당성 검토 시 제시된 정원을 4명 이상 초과하는 경우 인력과 조직의 적정성 검토를 별도로 거치도록 명시하고 있다. 따라서 사업범위 추가나 증원 없이 단순히 직제를 변경하고자 하는 경우에는 별도의 타당성 검토를 거칠 필요가 없다.

3. 「지방공기업 설립기준」 및 「지방공기업 인사 · 조직 운영기준」

Q. 「지방공기업 설립기준」 및 「지방공기업 인사 · 조직 운영기준」은 법적 강제사항인가? 아니면, 권고사항인가? 이들 기준을 통보받고 개정된 내용 미 이행 시 행정안전부의 점검이나 확인 및 후속조치가 있는가?

A. 「지방공기업 설립기준」 및 「지방공기업 인사 · 조직 운영기준」의 설립 세부절차 및 검토기준, 공통 인사운영기준은 법률의 위임을 받고 있다. 이외 기준들도 법률의 위임은 없지만 향후 지방공기업 운영에 대한 감사 시 운영의 적정성 판단기준이 될 수 있다. 또한 「지방공기업 설립기준」 및 「지방공기업 인사 · 조직 운영기준」의 항목과 지방공기업 경영평가 항목이 같을 경우 미이행 시 경영평가에서 감점요인이 될 수 있다.

제50조(공동설립) ① 지방자치단체는 상호 규약을 정하여 다른 지방자치단체와 공동으로 공사를 설립할 수 있다.

② 삭제 <1999.1.29.>

③ 제1항의 규약에는 다음 각 호의 사항이 포함되어야 한다.

1. 공사의 명칭
2. 사무소의 위치
3. 설립 지방자치단체
4. 사업 내용
5. 공동 처리 사항
6. 의결기관 대표자의 선임 방법
7. 출자 방법
8. 그 밖에 필요한 사항

[연혁]

[제1항] 지방자치단체는 상호규약을 정하여 다른 지방자치단체와 공동으로 공사를 설립할 수 있다.

1) 신설(1980.01.04.) 서울특별시 · 부산시 · 도와 시 · 군은 상호 규약을 정하여 공동으로 공사를 설립할 수 있다. 설립단체가 공동으로 공사를 설립하고자 할 때에는 규약에 공사의 정관을 첨부하여 서울특별시가 공동설립단체인 경우에는 내무부장관을 경유하여 국무총리의, 기타의 경우에는 내무부장관의 설립인가를 받아야 한다.

2) 개정(1991.05.31.) 서울특별시 · 부산시 · 도와 시 · 군은 상호 규약을 정하여 공동으로 공사를 설립할 수 있다. 설립단체가 공동으로 공사를 설립하고자 할 때에는 규약에 공사의 정관을 첨부하여 내무부장관의 설립인가를 받아야 한다.

→ 서울특별시가 공동설립단체인 경우에는 내무부장관을 경유하여 국무총리의 설립인가를 받던 것을 내무부장관의 설립인가를 받도록 개정하였다.

3) 개정(1992.12.08.) 지방자치단체는 상호규약을 정하여 공동으로 공사를 설립할 수 있다. 지방자치단체가 공동으로 공사를 설립하고자 할 때에는 규약에 공사의

정관을 첨부하여 내무부장관의 설립인가를 받아야 한다.

4) **개정**(1999.01.29.) 지방자치단체는 상호규약을 정하여 공동으로 공사를 설립할 수 있다.

→ 지방자치단체가 공동으로 공사 설립 시 내무부장관의 설립인가권을 폐지하였다.

5) **개정**(2011.08.04.) 현행과 같이 개정하였다.

[제3항] 제1항의 규약에는 다음 각 호의 사항이 포함되어야 한다.

1. 공사의 명칭
2. 사무소의 위치
3. 설립 지방자치단체
4. 사업 내용
5. 공동 처리 사항
6. 의결기관 대표자의 선임 방법
7. 출자 방법
8. 그 밖에 필요한 사항

1) **신설**(1980.01.04.) 제1항의 규약에는 공사의 명칭, 사무소의 위치, 설립단체, 사업내용, 공동처리사항, 의결기관대표자의 선임방법, 출자방법 기타 필요한 사항을 규정하여야 한다.

2) **개정**(1992.12.08.) 제1항의 규약에는 공사의 명칭, 사무소의 위치, 설립 지방자치단체, 사업내용, 공동처리사항, 의결기관대표자의 선임방법, 출자방법 기타 필요한 사항을 규정하여야 한다.

3) **개정**(2011.08.04.) 현행과 같이 개정하였다.

제51조(법인격) 공사는 법인으로 한다.

[연혁]

1) **신설**(1980.01.04.) 현행과 같이 신설하였다.

제52조(사무소) ① 공사의 주된 사무소의 위치는 정관으로 정한다.
② 공사는 지방자치단체의 장의 승인을 받아 필요한 곳에 지사(支社) 또는 출장소를 둘 수 있다.

[연혁]

[제1항] 공사의 주된 사무소의 위치는 정관으로 정한다.

1) **신설(1980.01.04.)** 현행과 같이 신설하였다.

[제2항] 공사는 지방자치단체의 장의 승인을 받아 필요한 곳에 지사(支社) 또는 출장소를 둘 수 있다.

1) **신설(1980.01.04.)** 공사는 인가기관의 승인을 얻어 필요한 곳에 지사 또는 출장소를 둘 수 있다.

2) **개정(1992.12.08.)** 공사는 내무부장관의 승인을 얻어 필요한 곳에 지사 또는 출장소를 둘 수 있다.

3) **개정(1996.12.30.)** 공사는 지방자치단체의 장의 승인을 얻어 필요한 곳에 지사 또는 출장소를 둘 수 있다.

→ 지방자치단체의 지방공사 등에 대한 자율성을 높이기 위하여 지방공사의 지사 또는 출장소 설치에 관한 내무부장관의 승인권을 지방자치단체의 장에게 이양하였다.

4) **개정(2011.08.04.)** 현행과 같이 개정하였다.

제53조(출자) ① 공사의 자본금은 그 전액을 지방자치단체가 현금 또는 현물로 출자한다.
② 제1항에도 불구하고 공사의 운영을 위하여 필요한 경우에는 자본금의 2분의 1을 넘지 아니하는 범위에서 지방자치단체 외의 자(외국인 및 외국법인을 포함한

다)로 하여금 공사에 출자하게 할 수 있다. 증자(增資)의 경우에도 또한 같다.
③ 제2항의 경우에는 공사의 자본금은 주식으로 분할하여 발행한다. 이 경우에 발행하는 주식의 종류, 1주의 금액, 주식 발행의 시기, 발행 주식의 총수와 주금(株金)의 납입시기 및 납입방법은 조례로 정한다.
④ 공사가 제2항에 따라 해당 지방자치단체가 설립한 다른 공사로부터 출자를 받거나 제54조에 따라 해당 지방자치단체가 설립한 다른 공사에 출자하는 경우에는 이를 해당 지방자치단체가 출자한 것으로 본다.

[연혁]

[제1항] 공사의 자본금은 그 전액을 지방자치단체가 현금 또는 현물로 출자한다.

1) 신설(1980.01.04.) 공사의 자본금은 설립단체가 전액을 현금 또는 현물로 출자한다.

2) 개정(1992.12.08.) 공사의 자본금은 지방자치단체가 전액을 현금 또는 현물로 출자한다.

3) 개정(2011.08.04.) 현행과 같이 개정하였다.

[제2항] 제1항에도 불구하고 공사의 운영을 위하여 필요한 경우에는 자본금의 2분의 1을 넘지 아니하는 범위에서 지방자치단체 외의 자(외국인 및 외국법인을 포함한다)로 하여금 공사에 출자하게 할 수 있다. 증자(增資)의 경우에도 또한 같다.

1) 신설(1980.01.04.) 공사의 운영을 위하여 필요한 경우에는 자본금의 2분의 1을 초과하지 아니하는 범위안에서 설립단체 이외의 자로 하여금 출자하게 할 수 있다. 증자의 경우에도 또한 같다.

2) 개정(1992.12.08.) 공사의 운영을 위하여 필요한 경우에는 자본금의 2분의 1을 초과하지 아니하는 범위안에서 지방자치단체 외의 자로 하여금 출자하게 할 수 있다. 증자의 경우에도 또한 같다.

3) 개정(2002.03.25.) 공사의 운영을 위하여 필요한 경우에는 자본금의 2분의 1

을 초과하지 아니하는 범위안에서 지방자치단체 외의 자(외국인 및 외국법인을 포함한다)로 하여금 출자하게 할 수 있다. 증자의 경우에도 또한 같다.

→ 자본금의 2분의 1을 초과하지 아니하는 범위 안에서 출자하게 할 수 있는 지방자치단체 외의 자에 외국인 및 외국법인을 포함시켰다.

4) **개정(2011.08.04.)** 현행과 같이 개정하였다.

[제3항] 제2항의 경우에는 공사의 자본금은 주식으로 분할하여 발행한다. 이 경우에 발행하는 주식의 종류, 1주의 금액, 주식 발행의 시기, 발행 주식의 총수와 주금(株金)의 납입시기 및 납입방법은 조례로 정한다.

1) **신설(1980.01.04.)** 제2항의 경우에는 공사의 자본금은 주식으로 분할·발행한다. 이 경우에 발행하는 주식의 종류, 1주의 금액, 주식발행의 시기, 발행주식의 총수, 주금의 납입시기 및 납입방법은 조례로 정한다.

2) **개정(2011.08.04.)** 현행과 같이 개정하였다.

[제4항] 공사가 제2항에 따라 해당 지방자치단체가 설립한 다른 공사로부터 출자를 받거나 제54조에 따라 해당 지방자치단체가 설립한 다른 공사에 출자하는 경우에는 이를 해당 지방자치단체가 출자한 것으로 본다.

1) **신설(2009.04.01.)** 공사가 제2항에 따라 그 지방자치단체가 설립한 다른 공사로부터 출자를 받거나 제54조에 따라 그 지방자치단체가 설립한 다른 공사에 출자하는 경우에는 이를 그 지방자치단체가 출자한 것으로 본다.

→ 지방자치단체 외의 자에 대한 규정이 불명확하여 지방자치단체가 자신이 설립한 지방공사와 공동으로 별도의 지방공사나 법인에 출자하거나 출연한 경우에 지방자치단체의 출자 또는 출연비율을 어떻게 파악할 것인가에 대한 오해가 있었다. 따라서 지방자치단체가 자신이 설립한 지방공사와 공동출자한 경우에는 모두 지방자치단체의 출자 또는 출연으로 보도록 하였다. 이렇게 함으로써 지방자치단체가 이 법의 적용을 받지 아니하는 사실상의 지방공사를

설립하는 것을 미리 방지할 수 있는 효과를 기대할 수 있다.

2) **개정(2011.08.04.)** 현행과 같이 개정하였다.

Q & A

1. 지방자치단체의 출자비율 산정

Q. 「지방공기업법」 제53조 제2항의 규정에 따라 지방자치단체가 설립한 공사는 자본금의 50%를 넘지 않은 범위 내에서 지방자치단체 외의 자로 하여금 공사에 출자하게 할 수 있다. 또한 같은 조 제4항에는 "해당 지방자치단체가 설립한 다른 공사로부터 출자를 받거나 제54조에 따라 해당 지방자치단체가 설립한 다른 공사에 출자하는 경우 이를 해당 지방자치단체가 출자한 것으로 본다."고 규정되어 있다. 이와 관련하여 해당 지방자치단체가 설립한 'A공사'가 자본금의 1/2 이상(50%+1주)을 출자하고 민간법인이 자본금의 1/2 미만(50%-1주)을 출자하는 SPC를 설립한 경우 'A공사'의 출자지분을 지방자치단체가 출자한 것으로 보아야 하는가?

A. 「지방공기업법」 제53조(출자) 제4항은 공사가 다른 공사로부터 출자를 받거나 다른 공사에 출자를 하는 경우 해당 지방자치단체가 출자한 것으로 본다는 의미로, 공사가 민간법인과 공동으로 출자하여 SPC를 설립하였을 때 공사의 출자는 위 조항에 해당하지 않는다. 이때 공사가 출자를 통해 SPC를 설립하는 것은 「지방공기업법」 제54조(다른 법인에 대한 출자)에 해당되므로 같은 법 시행령 제47조의2(다른 법인에 대한 출자타당성 검토 등)에 따라 출자타당성 검토 등의 절차를 거쳐야 한다.

2. 시설관리공단의 사옥 신축

Q. 「지방공기업법」에 따라 설립된 시설관리공단이 설립 지방자치단체로부터 사옥 신축에 소요되는 건축비(약 70억 원)를 자본금으로 증자받아 사옥을 신축하는 것이 가능한가? 만약 가능하다면 이후 신축한 공단 사옥의 유지관리에 소요되는 수선유지비, 공공요금, 재산세 등을 지방자치단체로부터 대행사업비로 받아 집행할 수 있는가? 또한 공단 사옥은 공공청사에 해당하는가?

A. 「지방공기업법」 제53조(출자)에 따라 지방자치단체는 지방공단에 자본금을 증자할 수 있으며, 증가된 자산을 가지고 공단이 사옥을 신축하는 것은 가능한 것으로 보인다. 다만, 자본금 증자가 사업 등의 사용목적이 있는 자본금 증자인지, 단순한 자본금 증자인지 등에 대해서는 지방자치단체와 시설관리공단이 협의하여야 할 사항으로 판단된다. 이와 같이 신축한 사옥은 공단 소유의 사옥으로서 유지관리비를 지방자치단체로부터 대행사업비로 받아 집행하는 것은 불가능할 것으로 보이며, 공단

사옥은 공공청사에 해당하지 않는다.

3. 출자 후 출자내용 변경 시 지방의회의 재동의

Q. 「지방재정법」 제18조(출자 또는 출연의 제한) 제3항에서는 "지방자치단체가 출자 또는 출연을 하려면 미리 해당 지방의회의 의결을 얻어야 한다."고 규정하고 있으며, 이에 따라 지방공사에 출자금 예산을 편성할 때 미리 지방의회에 출자 동의를 받고 있다. 이미 종료된 회계연도(2020년)에 지방공사에 출자한 예산을 출자 당시의 용도로 사용하는 것이 현실적으로 불가능하여 다른 용도로 사용하고자 한다. ① 새롭게 출자하는 것이 아니라 기존 출자금의 용도를 변경하는 경우에도 지방의회의 의결을 얻어야 하는가? ② 기존 출자금의 용도 변경 시 출자금을 지방자치단체가 반납받아 다시 출자해야 하는가, 아니면 반납절차 없이 지방공사에서 변경된 용도로 집행하면 되는가?

A. ① 「지방공기업법」 제53조(출자)는 지방공사의 자본금 증자를 위해 지방자치단체가 출자할 수 있다고 규정하고 있을 뿐, 별도의 용도를 붙여야 한다는 규정은 두고 있지 않다. 따라서 「지방공기업법」상 출자규정의 취지를 고려하면 별도의 지방의회 의결을 요하지는 않는 것으로 판단된다. ② 기존 출자금의 용도 변경 시 출자금 활용절차에 대해서도 「지방공기업법」은 별도의 규정을 두고 있지 않다. 따라서 지방공사에 대한 지도·감독권을 가진 지방자치단체와 협의하여 투명하게 운용할 수 있는 방안을 모색하여야 할 것으로 판단된다.

4. 지방자치단체의 민간기업에 출자

Q. 기초지방자치단체가 지역에 유치된 민간기업에 공동출자를 할 수 있는가?

A. 지방자치단체는 「지방재정법」에 따라 지방공기업 설립 등 타 법령에서 출자가 가능한 것으로 규정하고 있지 않는 한 타 법인에 출자하는 것은 불가능하다.

제54조(다른 법인에 대한 출자) ① 공사는 공사의 사업과 관계되는 사업을 효율적으로 수행하기 위하여 지방자치단체의 장의 승인을 받아 지방자치단체 외의 다른 법인에 출자할 수 있다.

② 제1항에 따른 출자를 하기 위하여 공사의 사장은 대통령령으로 정하는 방법 및 절차에 따라 출자의 필요성 및 타당성을 검토하여 지방자치단체의 장에게 보고하고 의회의 의결을 받아야 한다.

③ 제1항에 따른 출자의 한도는 대통령령으로 정한다.

[연혁]

[제1항] 공사는 공사의 사업과 관계되는 사업을 효율적으로 수행하기 위하여 지방자치단체의 장의 승인을 받아 지방자치단체 외의 다른 법인에 출자할 수 있다.

1) 신설(2002.03.25.) 공사는 정관이 정하는 바에 따라 외국인투자촉진법에 의하여 외국인이 국내에 설립하는 법인에 출자를 할 수 있다. 이 경우 출자의 한도는 대통령령으로 정한다.

→ 지방공사는 국가공기업보다 규모·자본 면에서 영세할 뿐만 아니라 독점도도 비교가 되지 않기 때문에 지방공사의 부실화를 막기 위하여 재투자를 허용하지 않고 있다. 다만, 외국인의 기술투자를 유치하여 지역경제를 활성화하기 위하여 필요한 경우 경기지방공사 사례를 모델로 하여 출자할 외국법인 자본금의 20% 이내에서, 출자하는 지방공사의 직전연도 말 자본금의 10% 이내로 출자할 수 있도록 제한적으로 허용하였다. 현행「지방공기업법」제69조(여유금의 운용)에서 여유금을 국채·지방채를 취득하거나 한국은행 등 금융회사에 예금하도록 한 것은 자금의 운용에 있어서 일시적으로 여유가 생긴 경우 그 여유금의 유동성이 상실되지 아니하게 하려는 조치인 바, 그 여유금을 다른 회사에 출자하게 되면 유동성이 상실되어 유사시에 활용할 수 없게 된다. 다만, 지방공사가 외국인투자회사와의 합작을 통하여 사회간접자본시설사업 등에 투자할 수 있는 근거를 마련할 필요가 있다고 판단되어「지방공기업법」제54조를 신설하고, 출자의 한도는 행정자치부장관이 아닌 대통령령(지방공사가 외국인이 국내에 설립하는 법인에 대하여 출자할 수 있는 한도를 법인 자본금의 20퍼센트 이내 및 지방공사의 직전연도 말 자본금의 10퍼센트 이내)으로 규정하였다.

2) 개정(2004.12.30.) 공사는 당해 공사의 사업과 관계되는 사업을 효율적으로 수행하기 위하여 지방자치단체의 장의 승인을 얻어 지방자치단체 외의 다른 법인에 출자할 수 있다. 이 경우 출자의 한도는 대통령령으로 정한다.

→ 종전에 지방공사는 외국인투자법인에만 출자할 수 있었으나, 당해 공사의 사업과 관계되는 사업을 효율적으로 수행하기 위하여 필요한 경우 지방자치단체의 장의 승인을 얻어 지방자치단체 외의 다른 법인에도 출자할 수 있도록

확대함으로써 업무 영역의 다양화와 효율적 경영을 도모하였다.

3) 개정(2011.08.04.) 공사는 공사의 사업과 관계되는 사업을 효율적으로 수행하기 위하여 지방자치단체의 장의 승인을 받아 지방자치단체 외의 다른 법인에 출자할 수 있다. 이 경우 출자의 한도는 대통령령으로 정한다.

4) 개정(2013.06.04.) 현행과 같이 개정하였다.

→ "이 경우 출자의 한도는 대통령령으로 정한다."를 「지방공기업법」 제54조(다른 법인에 대한 출자) 제3항으로 별도로 규정하였다.

[제2항] 제1항에 따른 출자를 하기 위하여 공사의 사장은 대통령령으로 정하는 방법 및 절차[6]에 따라 출자의 필요성 및 타당성을 검토하여 지방자치단체의 장에게 보고하고 의회의 의결[7]을 받아야 한다.

1) 신설(2013.06.04.) 현행과 같이 신설하였다.

→ 지방공사가 다른 법인에 대한 출자 시 지방공사의 신중한 출자를 담보하기 위하여 타당성을 검토하여 지방자치단체의 장에게 보고하고 지방의회의 의결을 받도록 하였다. 이제까지는 사업의 타당성에 대한 사전 검증절차 없이 지방자치단체의 장의 승인만으로 출자를 함으로써 지방자치단체의 장은 민간의 각종 개발사업에 산하 공기업인 지방공사를 통하여 간접적으로 출자하는 사례가 증가하고 무리한 사업 추진으로 예산낭비 사태가 발생되는 문제점이 있었다. 따라서 지방공사가 다른 법인에 출자하는 경우에는 미리 지방의회의 의결을 거치도록 함으로써 재정투자사업에 대한 지방의회의 감시기능을 강화하였다.

6) 다른 법인에 출자할 때에는 출자의 필요성 및 타당성에 대하여 「지방공기업법 시행령」 제47조(설립타당성 검토 등) 제4항의 요건을 갖춘 전문기관의 사전 검토를 거쳐야 하며, 사전 검토를 하는 전문기관은 ① 출자대상 법인이 수행하는 사업의 적정성 여부, ② 출자대상 법인이 수행하는 사업별 수지분석, ③ 재원 조달방법, ④ 출자대상 법인이 수행하는 사업이 지역경제에 미치는 영향 등을 고려하여 검토하여야 한다(지방공기업법 시행령 제47조의2 제1항, 제2항).

7) 타 법인 출자는 당해 지방공사의 사업과 직접적으로 관련이 있는 사업을 효율적으로 수행하기 위하여 제한적으로 실시하는 것으로, 외연확장수단으로 자회사를 신설하거나 관련 법인에 출자하는 것은 불가능하다. 출자대상사업의 적정성 및 아웃소싱 효과 등 출자타당성을 검토한 후 지방자치단체의 장에게 보고하고 의회의 의결을 거쳐 추진하되, 타 법인 출자 이외의 타 법인에 대한 채무보증행위는 금지한다.

[제3항] 제1항에 따른 출자의 한도는 대통령령[8]으로 정한다.

1) **신설(2013.06.04.)** 현행과 같이 신설하였다.

Q & A

1. 자회사에 대한 추가출자

Q. 기존에 설립 · 운영하고 있는 자회사에 추가출자를 할 때에도 「지방공기업법」 제54조의 절차를 모두 거쳐야 하는가? 기존에 설립 · 운영하고 있는 자회사에 소액을 추가로 출자할 경우에는 「지방공기업법」 제54조의 절차를 생략할 수 있는가?

A. 「지방공기업법」 제54조(다른 법인에 대한 출자)는 지방공사가 공사의 사업과 관계되는 사업을 효율적으로 수행하기 위하여 지방자치단체의 장의 승인 → 출자타당성 검토 → 지방자치단체의 장에게 보고 → 의회 의결을 거쳐 출자를 할 수 있도록 규정하고 있다. 이는 지방공사의 사업과 관계되는 사업을 효율적으로 추진할 수 있도록 타 법인에 대한 출자의 법적 근거를 명시하는 동시에, 무분별한 출자로 인한 지방공사의 재정 악화를 방지하기 위하여 내부통제절차를 규정한 것이다. 「지방공기업법」에서 출자하고자 하는 회사가 지방공사가 100% 출자하여 설립한 자회사든 순수 민간기업이든 예외 없이 이와 같은 절차를 적용하도록 규정하고 있으므로, 설령 자회사에 출자하고자 하는 금액이 소액이더라도 「지방공기업법」 제54조의 절차에 따라 추가출자를 추진하는 것이 바람직하다.

2. 지방공사의 출연 가능성

Q. 지방공사의 타 법인 '출연'이 가능한가?

A. 「지방공기업법」 제54조(다른 법인에 대한 출자)에 따라 지방공사는 공사의 사업과 관계되는 사업을 효율적으로 수행하기 위하여 지방자치단체의 장의 승인을 받아 지

8) 지방공사가 「지방공기업법」 제54조(다른 법인에 대한 출자) 제3항에 따라 다른 법인에 출자할 수 있는 한도는 직전 사업연도 말 공사의 자본금의 100분의 10이내로 한다(지방공기업법 시행령 제47조의2 제3항). 2002년 6월 19일, 지방공사가 외국인이 국내에 설립하는 법인에 출자할 수 있는 한도를 법인자본금의 20퍼센트 이내 및 지방공사의 직전연도 말 자본금의 10퍼센트 이내로 하였으나, 2008년 7월 17일, 지방공사의 자율 · 책임경영을 저해할 우려가 있는 '지방공사가 출자하는 법인의 자본금의 20퍼센트 이내' 부분을 삭제하였다.

방자치단체 외의 다른 법인에 출자할 수 있으나, 지방공기업법령상 '출연'에 대한 규정은 존재하지 않는다. 또한 지방공사는 "공사의 사업과 관계되는 법인에 출자한 경우" 발기인으로 참여는 가능할 것이며, 구체적 사안에 따라 다르게 볼 수 있으나 공사의 사업과 관계없는 사단법인의 회원으로서 참여와 기본재산 형성을 위한 회비의 지출, 기부의 형태는 「지방공기업법」 제3조(경영의 기본원칙) 및 제54조의 취지에 맞지 않는다.

3. 자본금의 의미

Q. 「지방공기업법 시행령」 제47조의2 제3항에는 "지방공사가 다른 법인에 출자할 수 있는 한도는 직전 사업연도 말 공사의 자본금의 100분의 10이내로 한다."고 규정되어 있다. 여기서 자본금은 법인등기부등본상 납입자본금을 의미하는가, 아니면 재무상태표상 자본총계(순자산액)를 의미하는가?

A. 「지방공기업법 시행령」 제47조의2(다른 법인에 대한 출자타당성 검토 등) 제3항에서는 "공사가 다른 법인에 출자할 수 있는 한도는 직전 사업연도 말 공사의 자본금의 100분의 10이내로 한다."고 규정하고 있으며, 여기서 자본금은 직전 연도 결산상 자본금을 의미한다.

4. 타 법인 출자 시 지방의회 의결

Q. 「지방공기업법」 제54조 제1항에서는 "지방공사는 공사의 사업과 관계되는 사업을 효율적으로 수행하기 위하여 지방자치단체의 장의 승인을 받아 지방자치단체 외의 다른 법인에 출자할 수 있다."고 규정하고 있고, 같은 조 제2항에서는 "제1항에 따른 출자를 하기 위하여 공사의 사장은 대통령령으로 정하는 방법 및 절차에 따라 출자의 필요성 및 타당성을 검토하여 지방자치단체의 장에게 보고하고 지방의회의 의결을 받아야 한다."고 규정하고 있다. 지방공사가 지방자치단체 외의 자(이하 "민간출자자"라 함)와 공동으로 출자하여 법인(이하 "특수목적법인"이라 함)을 설립하기 위하여 「지방공기업법」 제54조 제2항에 따라 지방의회의 의결을 받고 특수목적법인을 위한 출자를 준비하던 중 2022년 6월 22일 개정 「도시개발법」 및 하위법령 등 시행으로 인해 기존 민간사업자의 법적 지위가 상실되어 사업이 중단되었다. 이러한 상황에서 동일 부지에 새로운 사업(국책사업 등)을 추진하기 위하여 기존 민간사업자와의 사업협약 해지 등 행정절차를 진행하고 있는 바, 해당 시·군·구 및 지방공사의 사장은 「지방공기업법」 제54조 제2항에 따라 특수목적법인 출자 승인사항을 취소 또는 변경 등 지방의회 의결을 다시 받아야 하는가?

A. 「지방공기업법」 제54조 제2항에서 지방공사가 타 법인 출자 시 타당성 검토를 거쳐

지방자치단체의 장에게 보고 및 지방의회 의결을 요하는 것은 지방공사가 무분별한 사업 추진으로 인해 지역경제에 악영향을 미칠 가능성을 최소화하기 위한 취지로 이해되며, 사업이 변경되거나 취소되는 경우에는 별도의 규정을 두고 있지 않다. 따라서 타 법령에 따라 사업 추진이 어렵게 된 경우에는 실질적으로 재정이 투입된 것은 아니므로 별도의 지방자치단체의 장에게 보고 또는 지방의회 의결은 필요하지 않을 것으로 사료된다.

5. 지방공사의 출자사업 추진

Q. 택지개발사업 시행자인 지방공사가 공급한 상업용지에 대해 매수자가 상업용지 개발을 위하여 PFV를 설립할 경우 지방공사의 지분참여가 가능한가?

A. 「지방공기업법」 제54조(다른 법인에 대한 출자)는 "지방공사는 공사의 사업과 관계되는 사업을 효율적으로 수행하기 위하여 지방자치단체의 장의 승인을 받아 지방자치단체 외의 다른 법인에 출자할 수 있다."고 규정하고 있으며, 여기서 '관계되는 사업'은 「지방공기업법」 제2조(적용범위)에서 규정하고 있는 사업을 의미한다. 「2022년도 지방공기업 예산편성기준」에서는 "당해 공사가 직접 수행하고 있지 않는 사업과 출자사업의 성과가 당해 공사에 귀속되지 않는 경우에는 출자 금지"라고 규정하여, 무분별한 출자사업으로 재무건전성을 해치는 행위를 방지하고 있다. 지방공기업 법령 및 관련 지침에는 민간과 공동으로 추진하는 출자사업에 있어 '민간'의 범위를 별도로 규정하고 있지는 않으나, 부당한 사업 추진으로 지역경제에 해를 끼치거나 지방공사의 재무건전성을 악화시키지 않는 범위에서 공동출자자를 선정하는 것이 「지방공기업법」 제3조(경영의 기본원칙) 제1항의 취지에 부합하는 것으로 볼 수 있다. 따라서 해당 출자사업을 통해 해당 지역의 주민복리가 증진될 수 있는지를 면밀히 검토하여 재무건전성을 훼손하지 않는 범위에서 출자사업을 추진하는 것이 바람직할 것으로 판단된다.

6. 지방공사가 50% 이상 출자한 법인의 행정안전부 지침 준수

Q. 도시공사가 50% 이상 출자한 법인이 택지개발사업을 함에 있어서 행정안전부의 지침을 따라야 하는가?

A. 지방공사는 「지방공기업법」 제49조(설립) 및 제53조(출자)에 따라 법 제2조(적용범위)의 사업을 효율적으로 수행하기 위하여 지방자치단체가 자본금의 2분의 1이상을 출자하여 설립한 법인을 의미한다. 따라서 「지방공기업법」 제54조(다른 법인에 대한 출자)에 따라 지방공사가 도시개발사업을 수행하기 위하여 출자한 법인(PFV/

AMC)은 지방자치단체가 출자하여 설립한 것이 아니므로 공공기관에 해당하지 않는다.

7. 다른 법인에 대한 출자의 의미

Q. 「지방공기업법」 제54조에 규정된 '다른 법인에 대한 출자'는 말 그대로 '이미 설립된 다른 법인에 대한 출자'만을 말하는 것인가? 아니면, 지방공기업이 특정의 사업을 위하여 설립하려고 하는 특수목적법인 설립을 위한 출자까지 포함하는 것인가?

A. 「지방공기업법」 제54조(다른 법인에 대한 출자)의 규정은 "지방공사는 공사의 사업과 관계되는 사업을 효율적으로 수행하기 위하여 지방자치단체의 장의 승인을 얻어 지방자치단체 외의 다른 법인에 출자할 수 있다."는 것으로, 이미 설립된 다른 법인에 대한 출자 외에 특수목적법인의 설립을 위한 출자까지 포함된다.

8. 지방공사의 해외사업 추진절차

Q. 지방공사가 해외지사 및 법인을 설립하려면 어떤 절차가 필요한가?

A. 국내 기업이 해외지사 또는 해외법인을 설립하고자 하는 경우에는 기본적으로 「외국환거래법」이 적용되어 자금이 해외로 송금되는 내역에 대하여 관리감독을 받아야 하며, 사업의 종류에 따라 「해외건설촉진법」 등 개별 법령에서 정하고 있는 국내 절차를 이행하여야 한다. 또한 진출하고자 하는 국가의 현지 법령에 따른 투자허가, 법인 또는 사무소의 설립 등의 절차를 거쳐야 한다. 한편, 해외투자와 관련하여 법인 설립 시 지방공사의 출자가 필요할 경우에는 「지방공기업법」 제54조(다른 법인에 대한 출자)에 따른 출자타당성 검토 및 의회 의결 등의 절차를 이행하여야 한다.

9. 타 공기업 및 민간기업과의 제휴

Q. 대규모 택지개발을 위한 자금조달에 있어 타 공기업 및 민간기업과의 제휴가 가능한가?

A. 「지방공기업법」 제54조(다른 법인에 대한 출자)를 근거로 공동사업이 가능하다고 하겠으나, 설립된 목적과 관계되는 사업, 지방자치단체의 장의 승인, 출자한도(지방공기업법 시행령 제47조의2 제3항) 등의 요건을 충족하여야 한다.

제55조(지방자치단체의 주주권 행사) 지방자치단체가 소유하는 주식에 대한 주주권은 지방자치단체의 장 또는 지방자치단체의 장이 지정하는 소속 공무원이 행사한다.

[연혁]

1) 신설(1980.01.04.) 설립단체가 소유하는 주식에 대한 주주권은 설립단체의 장이 행사한다.

2) 개정(1992.12.08.) 지방자치단체가 소유하는 주식에 대한 주주권은 지방자치단체의 장 또는 그 장이 지정하는 소속공무원이 행사한다.

3) 개정(2011.08.04.) 현행과 같이 개정하였다.

제56조(정관) ① 공사의 정관에는 다음 각 호의 사항이 포함되어야 한다.

1. 목적
2. 명칭
3. 사무소의 소재지
4. 사업에 관한 사항
5. 임직원에 관한 사항
6. 이사회에 관한 사항
7. 재무회계에 관한 사항
8. 공고에 관한 사항
9. 자본금에 관한 사항
10. 사채 발행에 관한 사항
11. 정관 변경에 관한 사항
12. 그 밖에 대통령령으로 정하는 사항

② 제53조 제2항에 따른 공사의 정관에는 제1항 각 호의 사항 외에 다음 각 호의 사항이 포함되어야 한다.

1. 주식 발행에 관한 사항
2. 주주총회에 관한 사항

③ 공사는 정관을 변경하려는 경우 지방자치단체의 장의 인가를 받아야 한다. 다만, 제50조 제1항에 따라 설립된 공사의 경우에는 지방자치단체 간의 규약으로 정하는 바에 따른다.

[연혁]

[제1항] 공사의 정관[9]에는 다음 각 호의 사항이 포함되어야 한다.

1. 목적, 2. 명칭, 3. 사무소의 소재지, 4. 사업에 관한 사항, 5. 임직원에 관한 사항, 6. 이사회에 관한 사항, 7. 재무회계에 관한 사항, 8. 공고에 관한 사항, 9. 자본금에 관한 사항, 10. 사채 발행에 관한 사항, 11. 정관 변경에 관한 사항, 12. 그 밖에 대통령령으로 정하는 사항[10]

1) 신설(1980.01.04.) 공사의 정관에는 다음 각 호의 사항을 기재하여야 한다. 1. 목적, 2. 명칭, 3. 사무소의 소재지, 4. 사업에 관한 사항, 5. 임직원에 관한 사항, 6. 이사회에 관한 사항, 7. 재무회계에 관한 사항, 8. 공고에 관한 사항

2) 개정(1992.12.08.) 공사의 정관에는 다음 각 호의 사항을 기재하여야 한다. 1. 목적, 2. 명칭, 3. 사무소의 소재지, 4. 사업에 관한 사항, 5. 임직원에 관한 사항, 6. 이사회에 관한 사항, 7. 재무회계에 관한 사항, 8. 공고에 관한 사항, 9. 자본금에 관한 사항, 10. 사채발행에 관한 사항, 11. 정관변경에 관한 사항, 12. 기타 대통령령이 정하는 사항

3) 개정(2011.08.04.) 현행과 같이 개정하였다.

[제2항] 제53조 제2항[11]에 따른 공사의 정관에는 제1항 각 호의 사항 외에 다음 각 호의 사항이 포함되어야 한다.

1. 주식 발행에 관한 사항
2. 주주총회에 관한 사항

1) 신설(1980.01.04.) 제53조 제2항의 규정에 의한 공사의 정관에는 제1항 각 호

9) 정관 작성은 지방공기업 설립 전 단계이므로 정관은 지방자치단체(설립추진단 등)에서 작성한다.

10) "그 밖에 대통령령이 정하는 사항"이란 공사의 조직 및 정원에 관한 사항을 말한다(지방공기업법 시행령 제48조).

11) 「지방공기업법」 제53조(출자) 제2항에는 "공사의 운영을 위하여 필요한 경우에는 자본금의 2분의 1을 넘지 아니하는 범위에서 지방자치단체 외의 자(외국인 및 외국법인을 포함한다)로 하여금 공사에 출자하게 할 수 있다. 증자(增資)의 경우에도 또한 같다."고 규정되어 있다.

의 사항 이외에 다음 각 호의 사항을 기재하여야 한다.

1. 주식발행에 관한 사항
2. 주주총회에 관한 사항

2) 개정(2011.08.04.) 현행과 같이 개정하였다.

[제3항] 공사는 정관을 변경하려는 경우 지방자치단체의 장의 인가를 받아야 한다. 다만, 제50조 제1항[12]에 따라 설립된 공사의 경우에는 지방자치단체 간의 규약으로 정하는 바에 따른다.

1) 신설(1980.01.04.) 정관을 변경하고자 할 때에는 인가기관의 인가를 받아야 한다.

2) 개정(1992.12.08.) 정관을 변경하고자 할 때에는 내무부장관의 인가를 받아야 한다.

3) 개정(1999.01.29.) 정관을 변경하고자 할 때에는 지방자치단체의 장의 인가를 받아야 한다. 다만, 제50조 제1항의 규정에 의하여 설립된 공사의 경우에는 지방자치단체 간의 규약이 정하는 바에 의한다.

→ 정관 변경 인가권자를 내무부장관에서 지방자치단체의 장으로 변경하였다.

4) 개정(2011.08.04.) 현행과 같이 개정하였다.

Q & A

1. 기초지방공사의 정원 증원 시 광역지방자치단체와 협의

Q. 기초지방공사에서 신규 사업 추진 등에 따른 정원 확충 시 해당 지방자치단체와의 협의(승인) 외에 지방공사 설립을 위하여 협의를 거쳤던 광역지방자치단체와 추가적으로 정원 증원에 따른 협의를 거쳐야 하는가?

A. 지방공기업법령에는 정원 증원 시 기초지방공사를 설립할 때 협의를 거쳤던 광역지방자치단체와 추가로 협의를 거치도록 의무화한 규정이 존재하지 않는다. 따라서 별도의 조례나 지침 등에 규정이 없는 한 설립 지방자치단체(기초지방자치단체)와

12) 「지방공기업법」 제50조(공동설립) 제1항에는 "지방자치단체는 상호 규약을 정하여 다른 지방자치단체와 공동으로 공사를 설립할 수 있다."고 규정되어 있다.

협의를 거쳐 진행하면 된다.

2. 정관상 정원

Q. 「지방공기업 인사 · 조직 운영기준」에서 말하는 "정관상 정원"에 무기계약직이 포함되는가?

A. 무기계약직 정원은 정관상 정원으로 관리하거나 자체 정원을 통해 관리할 수 있다. 2017년 7월 고용노동부 주관으로 '공공부문 비정규직 근로자 정규직 전환 가이드라인'을 발표하였는데, 동 지침은 비정규직(기간제, 파견용역)의 정규직 전환에 관한 절차를 규정하고 있을 뿐 이미 정규직인 무기계약직의 일반정규직 전환에 관하여는 규정하고 있지 않다. 따라서 무기계약직의 일반정규직 전환에 관하여는 각 기관이 소속 지방자치단체와 협의하여 결정할 사안이다. 한편, '정관상 정원'은 정규직 외에 임시직 직원도 지방자치단체의 장의 승인을 받아 관리할 수 있다.

3. 지방공사의 위원회 설치

Q. 지방공사가 도시개발사업의 원활한 수행을 위하여 산하에 전략위원회('가칭')를 구성하고 위원회 위원들에게 월 급여 형식으로 매달 급여를 지급하려고 한다. 지방공사 산하에 위원회를 공식적으로 설치 · 운영할 수 있는가?

A. 「지방공기업법」 제56조(정관) 및 같은 법 시행령 제48조(정관기재사항) 규정에 따라 정관에 규정되지 않은 조직(위원회)을 공식적으로 설치 · 운영할 수는 없으며, 「지방공기업 인사 · 조직 운영기준」의 조직설치기준에 따라 내부조직 및 운영방법은 본부 또는 팀 운영방식을 활용하여야 한다. 따라서 지방공사 산하에 위원회를 상설기구로 설치 · 운영할 수는 없다.

4. 정년 산정일

Q. 국가나 지방공무원의 경우 관련법에 퇴직일이 6월 이전인 경우에는 6월 말, 12월 이전인 경우에는 그해 12월 말이 퇴직일이 되는데, 지방공기업 직원의 경우는 어떻게 되는가? 상 · 하반기 구분 없이 단체협약으로 12월 말로 정해도 되는가?

A. 지방공기업 정년기준은 「지방공무원법」에 의한 지방공무원의 정년 범위 내에서 결정하여야 하며(「지방공기업 인사 · 조직 운영기준」), 「지방공무원법」 제66조(정년)가 적용되는 것이 바람직하다고 판단된다.

제57조(등기) ① 공사는 그 주된 사무소의 소재지에서 설립등기를 함으로써 성립한다.
② 공사의 설립등기 및 그 밖의 등기에 필요한 사항은 대통령령으로 정한다.

[연혁]

[제1항] 공사는 그 주된 사무소의 소재지에서 설립등기[13]를 함으로써 성립한다.

1) **신설(1980.01.04.)** 현행과 같이 신설하였다.

[제2항] 공사의 설립등기 및 그 밖의 등기에 필요한 사항[14]은 대통령령으로 정한다.

1) **신설(1980.01.04.)** 공사의 설립등기와 기타 등기에 관하여 필요한 사항은 대통령령으로 정한다.

2) **개정(2011.08.04.)** 현행과 같이 개정하였다.

제57조의2(해산) 공사는 다음 각 호의 어느 하나에 해당하는 사유로 해산한다.
1. 「상법」 제517조[15]에 따른 해산사유
2. 제78조의3[16]에 따른 행정안전부장관의 해산 요구

13) 공사는 자본금의 납입이 있은 날부터 3주일 이내에 ① 목적, ② 명칭, ③ 주된 사무소의 소재지, ④ 자본금, ⑤ 출자의 방법을 정한 때에는 그 방법, ⑥ 임원의 성명과 주소, ⑦ 공고의 방법 등을 등기하여야 한다(지방공기업법 시행령 제49조).

14) 「지방공기업법 시행령」에는 지사의 설치등기(제50조), 이전등기(제51조), 변경등기(제52조), 등기의 신청(제53조), 등기기간의 기산(제54조) 등이 규정되어 있다.

15) 「상법」 제517조(해산사유)에는 "주식회사는 ① 제227조 제1호(존립기간의 만료 기타 정관으로 정한 사유의 발생), 제4호(합병), 제5호(파산), 제6호(법원의 명령 또는 판결), ② 제530조의2의 규정에 의한 회사의 분할·분할합병, ③ 주주총회의 결의 등의 사유로 인하여 해산한다."고 규정되어 있다.

16) 「지방공기업법」 제78조의3(부실 지방공기업에 대한 해산 요구)에는 "행정안전부장관은 공사 또는 공단이 ① 부채상환능력이 현저히 낮은 경우, ② 사업전망이 없어 회생이 어려운 경우, ③ 설립목적의 달성이 불가능한 경우 등에 해당하는 경우로서 대통령령으로 정하는 경우 제78

[연혁]

1) **신설(2015.12.29.)** 현행과 같이 신설하였다.

조의5에 따른 지방공기업정책위원회의 심의를 거쳐 지방자치단체의 장이나 공사의 사장 또는 공단의 이사장에게 해산을 요구할 수 있으며, 해산을 요구받은 지방자치단체의 장이나 공사의 사장 또는 공단의 이사장은 정당한 사유가 없으면 지체 없이 이에 따라야 한다."고 규정되어 있다.

제2절 임원 및 직원

제58조(임원의 임면 등) ① 공사의 임원은 사장을 포함한 이사(상임이사와 비상임이사로 구분한다) 및 감사로 하며, 그 수는 정관으로 정한다.

② 사장과 감사는 대통령령으로 정하는 바에 따라 지방공기업의 경영에 관한 전문적인 식견과 능력이 있는 사람 중에서 지방자치단체의 장이 임면(任免)한다. 다만, 제50조 제1항에 따라 설립된 공사의 경우에는 지방자치단체 간의 규약으로 정하는 바에 따른다.

③ 지방자치단체의 장은 제2항에 따라 사장과 감사(조례 또는 정관으로 정하는 바에 따라 당연히 감사로 선임되는 사람은 제외한다)를 임명할 경우 대통령령으로 정하는 임원추천위원회(이하 이 조에서 "임원추천위원회"라 한다)가 추천한 사람 중에서 임명하여야 한다. 다만, 제4항에 따라 사장을 연임시키려는 경우에는 임원추천위원회의 심의를 거쳐야 한다.

④ 지방자치단체의 장은 사장의 경영성과에 따라 임기 중에 해임하거나 임기가 끝나더라도 연임시킬 수 있다. 이 경우 다음 각 호의 사항을 고려하여야 한다.

1. 제58조의2에 따른 경영성과계약의 이행실적
2. 제78조 제1항 및 제2항에 따른 경영평가의 결과
3. 제78조 제4항에 따른 사장의 업무성과 평가 결과

⑤ 지방자치단체의 장은 다음 각 호의 경우 사장을 임기 중에 해임할 수 있다.

1. 제78조의2 제3항에 의한 경영 개선 명령을 정당한 사유 없이 이행하지 아니한 경우
2. 그 밖에 업무 수행 중 관계 법령을 중대하고 명백하게 위반한 경우

⑥ 제4항에 따른 사장의 연임 또는 해임의 기준 등에 관하여 필요한 사항은 대통령령으로 정한다.

⑦ 이사(조례 또는 정관으로 정하는 바에 따라 당연히 이사로 선임되는 사람은 제외한다)는 임원추천위원회가 추천한 사람 중에서 임명하되, 상임이사는 사장이 임면하고 비상임이사는 지방자치단체의 장이 임면한다. 이 경우 이사의 임면에 필요한 사항은 대통령령으로 정한다.

⑧ 임원추천위원회는 임원후보자를 추천하려는 경우 대통령령으로 정하는 바에 따라 후보자를 공개모집하여야 한다.

[연혁]

[제1항] 공사의 임원은 사장을 포함한 이사[17](상임이사와 비상임이사로 구분한다) 및 감사로 하며, 그 수는 정관으로 정한다.

1) **신설(1980.01.04.)** 공사의 사장·부사장을 포함한 이사 약간인과 감사를 두며, 이사 및 감사의 수는 정관으로 정한다.

2) **개정(2002.03.25.)** 공사의 임원은 사장을 포함한 이사 및 감사로 하며, 그 수는 정관으로 정한다.

→ 지방공사·공단의 임원은 부사장을 제외한 사장·이사 및 감사로 개정하였다.

3) **개정(2009.04.01.)** 현행과 같이 개정하였다.

→ 이사를 상임이사와 비상임이사로 구분하였다.

[제2항] 사장과 감사는 대통령령으로 정하는 바에 따라 지방공기업의 경영에 관한 전문적인 식견과 능력이 있는 사람 중에서 지방자치단체의 장이 임면(任免)한다. 다만, 제50조 제1항에 따라 설립된 공사[18]의 경우에는 지방자치단체 간의 규약으로 정하는 바에 따른다.

1) **신설(1980.01.04.)** 사장은 인가기관의 승인을 얻어 설립단체의 장이 임·면한다.

2) **개정(1992.12.08.)** 사장은 내무부장관의 승인을 얻어 지방자치단체의 장이 임·면한다.

3) **개정(1996.12.30.)** 사장은 지방자치단체의 장이 임면하되, 시·도가 설립한 공사의 경우에는 내무부장관의 승인을, 시·군 및 자치구가 설립한 공사의 경우에는 시·도지사의 승인을 얻어야 한다. 다만, 의료사업을 목적으로 하는 공사의 사장을 임면하는 경우에는 내무부장관 또는 시·도지사의 승인을 얻지 아니한다.

---

17) 이사는 정관이 정하는 바에 의하여 상임이사와 비상임이사로 구분하며, 사장을 포함한 상임이사의 정수는 이사 정수의 100분의 50미만으로 한다(지방공기업법 시행령 제55조).

18) 지방자치단체가 상호 규약을 정하여 다른 지방자치단체와 공동으로 설립한 공사를 말한다.

→ 시·군 및 자치구가 설립한 지방공사 및 지방공단의 사장 또는 이사장 임면에 대한 내무부장관의 사전승인권을 시·도지사에게 이양함으로써 지방자치단체의 지방공사 등에 대한 자율성을 제고하였으며, 의료사업을 목적으로 하는 지방공사의 사장 임면에 대한 사전승인제도를 폐지하였다.

4) 개정(1999.01.29.) 사장과 감사는 대통령령이 정하는 바에 의하여 지방공기업의 경영에 관한 전문적인 식견과 능력이 있는 자 중에서 지방자치단체의 장이 임면한다. 다만, 제50조 제1항의 규정에 의하여 설립된 공사의 경우에는 지방자치단체간의 규약이 정하는 바에 의한다.

5) 개정(2011.08.04.) 현행과 같이 개정하였다.

[제3항] 지방자치단체의 장은 제2항에 따라 사장과 감사(조례 또는 정관으로 정하는 바에 따라 당연히 감사로 선임되는 사람은 제외한다)를 임명할 경우 대통령령으로 정하는 임원추천위원회(이하 이 조에서 "임원추천위원회"라 한다)[19]가 추천한 사람 중에서 임명하여야 한다. 다만, 제4항에 따라 사장을 연임시키려는 경우에는 임원추천위원회의 심의를 거쳐야 한다.

1) 신설(1999.01.29.) 지방자치단체의 장이 사장을 임명할 때는 사장추천위원회에서 추천된 자 중에서 임명하여야 한다. 사장추천위원회의 구성과 운영에 관하여는 지방자치단체의 조례로 정한다.

2) 개정(2002.03.25.) 지방자치단체의 장이 사장을 임명할 때는 사장추천위원회에서 추천된 자 중에서 임명하여야 한다. 사장추천위원회의 구성과 운영에 관하여는 대통령령이 정하는 기준에 따라 당해 지방자치단체의 조례로 정한다.

→ 지방공사의 사장후보를 객관적이고 공정하게 추천하기 위하여 사장추천위원회의 구성과 운영에 관하여는 대통령령이 정하는 기준에 따라 조례로 정하도록 하였다.

3) 개정(2006.10.04.) 지방자치단체의 장이 사장을 임명할 때는 사장추천위원회

19) 임원추천위원회는 공사에 두며, ① 그 지방자치단체의 장이 추천하는 사람 2명, ② 그 의회가 추천하는 사람 3명, ③ 그 공사의 이사회가 추천하는 사람 2명으로 구성한다. 다만, 공사를 설립하는 때에는 그 지방자치단체의 장이 추천하는 사람 4명과 그 의회에서 추천하는 사람 3명으로 구성한다(지방공기업법 시행령 제56조의3 제1항).

에서 추천된 자 중에서 임명하여야 한다. 다만, 사장을 연임시키고자 하는 경우에는 사장추천위원회의 심의를 거쳐야 한다. 사장추천위원회의 구성과 운영에 관하여는 대통령령이 정하는 기준에 따라 당해 지방자치단체의 조례로 정한다.

4) 개정(2009.04.01.) 지방자치단체의 장이 제2항에 따라 사장과 감사(조례 또는 정관으로 정하는 바에 따라 당연히 감사로 선임되는 사람은 제외한다)를 임명할 때는 대통령령으로 정하는 임원추천위원회(이하 "임원추천위원회"라 한다)에서 추천된 자 중에서 임명하여야 한다. 다만, 제4항에 따라 사장을 연임시키려는 경우에는 임원추천위원회의 심의를 거쳐야 한다.

→ 지방공기업 임원 인사권이 지방자치단체의 장에게 집중되어 이로 인한 공정성 논란이 야기되고, 임원의 임기가 3년 단위 연임으로 되어 있어 경영성과 평가 제도와 괴리가 발생하고 있었다. 따라서 임원을 임명할 경우 사장추천위원회를 확대 개편한 임원추천위원회에서 사장뿐만 아니라 감사 및 이사에 대하여도 임원추천위원회의 추천절차를 거치도록 하고, 임원의 임기는 3년으로 하며, 경영성과에 따라 1년 단위로 연임될 수 있도록 하였다. 임원추천위원회의 추천절차를 통하여 인사의 공정성과 객관성을 제고하고, 경영성과에 따른 연임·해임으로 지방공기업의 자율·책임경영 정착에 이바지하도록 하였다.

5) 개정(2011.08.04.) 현행과 같이 개정하였다.

[제4항] 지방자치단체의 장은 사장의 경영성과에 따라 임기 중에 해임하거나 임기가 끝나더라도 연임시킬 수 있다. 이 경우 다음 각 호의 사항을 고려[20]하여야 한다.

1. 제58조의2에 따른 경영성과계약의 이행실적
2. 제78조 제1항 및 제2항에 따른 경영평가의 결과
3. 제78조 제4항에 따른 사장의 업무성과 평가 결과

1) 신설(2006.10.04.) 지방자치단체의 장은 사장의 경영성과에 따라 임기 중 해임하거나 임기종료에도 불구하고 연임시킬 수 있다. 이 경우 다음 각 호의 사항을

---

20) 사장의 연임기준 또는 해임기준을 적용함에 있어서는 「지방공기업법」 제78조(경영평가 및 지도) 제4항에 따른 업무성과 평가 결과, 같은 조 제1항에 따른 경영평가 결과 및 「지방공기업법」 제58조의2(사장과의 경영성과계약)에 따른 경영성과계약 이행실적 평가 결과의 순으로 적용한다(지방공기업법 시행령 제56조의2 제2항).

고려하여야 한다.

1. 제58조의2에 따른 경영성과계약의 이행실적
2. 제78조 제1항 및 제2항에 따른 경영평가의 결과
3. 제78조 제4항에 따른 사장의 업무성과 평가 결과

2) 개정(2011.08.04.) 현행과 같이 개정하였다.

[제5항] 지방자치단체의 장은 다음 각 호의 경우 사장을 임기 중에 해임할 수 있다.
1. 제78조의2 제3항에 의한 경영 개선 명령을 정당한 사유 없이 이행하지 아니한 경우
2. 그 밖에 업무 수행 중 관계 법령을 중대하고 명백하게 위반한 경우

1) 신설(2015.12.15.) 현행과 같이 개정하였다.

[제6항] 제4항에 따른 사장의 연임 또는 해임의 기준 등에 관하여 필요한 사항[21)]은 대통령령으로 정한다.

1) 신설(2006.10.04.) 제4항의 규정에 따른 사장의 연임 또는 해임기준 등에 관하여 필요한 사항은 대통령령으로 정한다.

2) 개정(2011.08.04.) 현행과 같이 개정하였다.

---

21) 연임기준은 ① 사장의 임기 중 「지방공기업법」 제58조의2에 따른 경영성과계약 이행실적 평가, 「지방공기업법」 제78조 제1항에 따른 경영평가 및 같은 조 제4항에 따른 업무성과 평가에서 상위 평가를 받은 경우, ② 사장의 임기 중 법 제58조의2에 따른 경영성과계약 이행실적 평가, 법 제78조 제1항에 따른 경영평가 및 같은 조 제4항에 따른 업무성과 평가 결과가 직전 연도에 비하여 현저히 상승한 경우이고, 해임기준은 ① 사장의 임기 중 법 제58조의2에 따른 경영성과계약 이행실적 평가, 법 제78조 제1항에 따른 경영평가 및 같은 조 제4항에 따른 업무성과 평가에서 하위 평가를 받은 경우, ② 사장의 임기 중 법 제58조의2에 따른 경영성과계약 이행실적 평가, 법 제78조 제1항에 따른 경영평가 및 같은 조 제4항에 따른 업무성과 평가 결과가 직전 연도에 비하여 현저히 하락된 경우이다(지방공기업법 시행령 제56조의2 제1항). 여기서 상위 평가 및 하위 평가의 범위와 현저히 상승하거나 하락된 경우에 해당하는지 여부에 관한 판단기준은 「지방공기업법」 제78조의5에 따른 지방공기업정책위원회의 심의를 거쳐 행정안전부장관이 정한다(지방공기업법 시행령 제56조의2 제3항).

[제7항] 이사(조례 또는 정관으로 정하는 바에 따라 당연히 이사로 선임되는 사람은 제외한다)는 임원추천위원회가 추천한 사람 중에서 임명하되, 상임이사는 사장이 임면하고 비상임이사는 지방자치단체의 장이 임면한다. 이 경우 이사의 임면에 필요한 사항은 대통령령으로 정한다.

1) **신설(1980.01.04.)** 부사장・이사 및 감사는 설립단체의 장의 승인을 얻어 사장이 임・면한다.

2) **개정(1992.12.08.)** 부사장・이사 및 감사는 지방자치단체의 장의 승인을 얻어 사장이 임・면한다.

3) **개정(1999.01.29.)** 부사장 및 이사는 지방자치단체의 장의 승인을 얻어 사장이 임・면한다.

→ 감사의 임면권자를 공사 사장에서 지방자치단체의 장으로 변경하였다.

4) **개정(2002.03.25.)** 이사는 지방자치단체의 장의 승인을 얻어 사장이 임면한다.

5) **개정(2009.04.01.)** 이사(조례 또는 정관으로 정하는 바에 따라 당연히 이사로 선임되는 사람은 제외한다)는 임원추천위원회에서 추천된 자 중에서 임명하되, 상임이사는 사장이 임면하고 비상임이사는 지방자치단체의 장이 임면한다. 이 경우 이사의 임면에 관하여 필요한 사항은 대통령령으로 정한다.

→ 조례 또는 정관으로 정하는 바에 따라 당연히 이사 또는 감사로 선임되는 사람은 제외하였다.

6) **개정(2011.08.04.)** 현행과 같이 개정하였다.

[제8항] 임원추천위원회는 임원후보자를 추천하려는 경우 대통령령으로 정하는 바[22]에 따라 후보자를 공개모집하여야 한다.

---

22) 임원추천위원회가 임원후보를 공개모집하는 경우에는 해당 지방자치단체와 공사의 인터넷 홈페이지, 「지방공기업법 시행령」 제44조의2(통합공시) 제4항에 따른 행정안전부장관이 지정하는 인터넷 사이트 및 1개 이상의 전국을 보급지역으로 하는 일간신문 또는 해당 지방자치단체의 지역을 주된 보급지역으로 하는 일간신문에 임원의 모집공고를 하되 그 모집기간은 15일 이상으로 하여야 한다. 다만, 신속한 채용을 위하여 부득이한 경우에는 지방자치단체의 장의 승인을 받아 모집기간을 단축할 수 있다. 추천위원회는 공개모집에 응모한 사람 중에서 공사 임원의 업무수행에 필요한 학식과 경험이 풍부하고 능력을 갖춘 사람을 임원후보로 추천하여야

1) 신설(2009.04.01.) 임원추천위원회는 임원후보자를 추천하고자 하는 경우 대통령령으로 정하는 바에 따라 후보자를 공개모집하여야 한다.

2) 개정(2011.08.04.) 현행과 같이 개정하였다.

Q & A

1. 임원 임명-1명 접수

Q. 이사장 후보 접수기한까지 1명만 접수되었고, 접수된 1명이 결격사유가 없으면 임원으로 임명이 가능한가?

A. 이사장 후보 접수기한까지 1명만 접수되었다면 인지도를 높일 수 있는 매체 등을 활용한 재공고(특별한 사유가 없는 한 1차 공고기간 준수)가 필요하다. 이러한 절차를 통해 「지방공기업법 시행령」 제56조의4(임원후보의 추천절차) 제3항에서 규정하고 있는 '특별한 사유'의 정당성을 확보할 필요가 있다.

2. 임원 채용 시 지역제한

Q. 임원후보를 공개모집할 때 지역제한을 할 수 있는가?

A. 지방공기업법령에서 임원 채용 시 지역제한 가능여부에 대해서 특별히 규정하고 있는 사항은 없으나, 전문경영인을 영입하기 위하여 공개모집제도를 두고 있는 취지를 감안할 때 지역제한은 바람직하지 않다.

3. 취업제한대상자 임명

Q. 취업제한대상(재산등록의무자, 퇴직일로부터 3년 이내)에서 퇴직한 경우 「공직자윤리법」 제17조(퇴직공직자의 취업제한)에 따라 퇴직일부터 3년 간 퇴직 전 5년 동안 소속하였던 부서 또는 기관의 업무와 밀접한 관련성이 있고 취업하려는 기관이 취업제한기관에 해당할 경우 관할 공직자윤리위원회의 승인을 받아야 취업할 수 있다. 그러나 「지방공기업 인사 · 조직 운영기준」(행정안전부 2021.03.23.)에 의하면, "퇴직공무원의 본

하며, 특별한 사유가 없는 한 두 사람 이상을 추천하여야 한다. 임명권자인 지방자치단체의 장 또는 공사의 사장은 추천된 임원후보가 「지방공기업법」 제60조(임원의 결격사유)에 따른 임원의 결격사유에 해당하거나 공사의 경영에 현저하게 부적당하다고 인정되는 때에는 추천위원회에 임원후보의 재추천을 요구할 수 있으며, 이 경우 추천위원회는 지체 없이 임원후보를 재추천하여야 한다. 한편, 추천위원회는 임원후보의 모집 · 조사 등의 업무를 전문기관에 대행시킬 수 있다(지방공기업법 시행령 제56조의4).

부장 이상으로의 임명은 원칙적으로 퇴직일로부터 6월이 경과한 이후 임용이 가능하고 순수한 공모절차 등 경쟁방식에 의하여 임명되는 경우는 예외"라고 되어 있다. 「지방공기업 인사 · 조직 운영기준」은 취업제한대상 외의 퇴직공무원의 경우에 한정하는 기준인가, 아니면 「공직자윤리법」에 의해 취업제한대상이라 할지라도 경쟁에 의한 공모절차로 임명하는 경우는 취업이 가능하다는 의미인가?

A. 「지방공기업 인사 · 조직 운영기준」에서는 자치단체 인력해소 수단으로 공기업 인사를 활용하는 것을 금지하면서, 퇴직공무원의 본부장 이상으로의 임명은 원칙적으로 퇴직일로부터 6월이 경과한 이후 임용이 가능하도록 규정하고 있고, 순수한 공모절차 등 경쟁방식에 의하여 임명되는 경우는 예외로 하고 있다. 그러나 「공직자윤리법」 등 관련 법령에서 공직자 취업제한기관 등 관련 규정이 있는 경우라면 해당 법령을 준수하는 것이 바람직하다.

4. 공무원의 비상임감사 임명

Q. 지방자치단체 공무원을 지방공사 · 공단의 비상임감사로 임명할 수 있는가?

A. 「지방공기업 인사 · 조직 운영기준」에 따르면, 지방공사 · 공단의 비상임감사를 지방자치단체 공무원(감사부서의 장은 제외)이 겸임할 수 있다. 따라서 비상임감사로 운영할 경우, 감사부서의 장을 제외한 지방자치단체 공무원이 이를 겸임할 수 있다.

5. 공무원의 상임감사 임명

Q. 관할 지방자치단체 공무원을 지방공기업의 상임감사로 임명할 수 있나?

A. 「지방공기업 인사 · 조직 운영기준」에서는 지방자치단체 공무원의 파견 또는 겸임에 대해서 "「지방공무원법」 제30조의4(파견근무) 및 「지방공무원 임용령」 제27조의2(파견근무)의 규정에 따라야 하며, 소속공무원을 지방공사 · 공단의 비상임 및 직원 이외 상근임원(사장, 대표이사, 상임이사, 상임감사)으로 파견 또는 겸임은 원칙적으로 금지"라고 규정하고 있다. 따라서 지방공기업 상임감사에 대해서는 공무원을 파견 또는 겸임으로 임명할 수는 없을 것으로 판단된다.

6. 현직 공무원의 이사장 응모

Q. 현직 공무원이 지방공단 이사장 공개모집에 응모할 수 있는가?

A. 지방공기업법령에서 현직 공무원이 이사장 공개모집에 응모하는 것에 대해서 명시

적으로 제한하고 있지는 않다. 그러나 「지방공기업법」 제58조(임원의 임면 등) 제2항에 '지방공기업의 경영에 관한 전문적인 식견과 능력이 있는 사람 중에서 지방자치단체의 장이 임면'하도록 되어 있으며, 「지방공기업 인사 · 조직 운영기준」에서 '퇴직공무원은 원칙적으로 퇴직일로부터 6월이 경과한 이후 임용(다만, 순수한 공모절차에 의하여 임명되는 경우는 제외) 가능'이라고 규정한 점, 부패방지위원회의 '퇴직 후 1년 내 산하기관 등에의 임용제한' 권고 등을 종합적으로 고려하여 판단할 필요가 있다.

7. 사장 응모 시 사장직무대행자의 현 직위 유지

Q. 사장직무대행자가 공사의 사장 후보자로 지원하고자 할 때 사장직무대행에서 사임하여야 하는가? 또한 사장 후보자 임명과 관련한 직무만 제척(회피, 기피)하면 되는가, 아니면 공사 전체 직무에서 제척하여야 하는가?

A. 「지방공기업 인사 · 조직 운영기준」에 따르면, 임원추천위원회의 구성을 위한 이사회의 심의 · 의결에 참여한 임원은 해당 시기 해당 기관 임원 직위의 공개모집에 응모할 수 없다. 따라서 그 외 사항들은 공사의 자체 규정에 따라 조치하는 것이 바람직하다.

8. 임원 모집공고-재공고를 하였으나 1인인 경우

Q. 최초 모집공고 결과 이사장 지원자 1명, 상임이사 지원자 3명으로, 이사장 직위는 재공고를 실시하였다. 재공고 결과 당초 1인 외에 지원자가 없어 이사장 지원자(1명)와 상임이사 지원자(3명)에 대해 서류심사 및 면접심사를 실시하고, 최종심사 결과 이사장직은 적격자가 없어 이사장 후보는 추천하지 않았고 상임이사는 2명을 추천하였다. 임원추천위원회에서 이사장 후보 추천이 완료되지 않은 상태이므로 모집공고를 진행하는 경우 새로운 공고에 의해야 하는가? 아니면, 재공고(제3차 공고)를 해야 하는가?

A. 「지방공기업 인사 · 조직 운영기준」에서는 "임원추천위원회는 최초 공개모집에서 응모자 수가 결원예정직위수의 2배수에 미달하거나, 추천위원회의 심사결과 적격자가 없는 경우, 임명권자가 임원후보의 재추천을 요구할 때에는 최초의 공개모집과 동일한 절차와 방법에 따라 재공고를 실시하여야 한다."고 규정하고 있다. 따라서 재공고에도 불구하고 응모자가 1명인 경우는 응모자가 결원예정직위수의 2배수에 미달하는 때에 해당하므로 최초의 공개모집과 동일한 절차와 방법에 따라 재공고를 실시하여야 한다.

9. 연임 판단기준

Q. 직전연도 경영평가에서 최고등급('가'등급)을 받은 경우 경영평가 최고등급만으로 연임의 기준을 충족하는 것인가, 아니면 경영평가에서 최고등급을 받고 경영성과계약 이행실적평가 또는 사장업무성과평가에서도 최고등급을 받아야 연임의 기준을 충족하는 것인가?

A. '지방공기업 사장(이사장) 연임/해임 판단기준'에 따르면, 연임 판단기준은 경영평가에서 최고등급을 받거나 동일 평가군에서 전국 순위 상위 10% 이상인 경우로서 경영성과계약 이행실적평가 또는 사장업무성과평가에서 최고등급을 받은 경우로 규정하고 있다. 따라서 경영평가에서 최고등급을 받은 경우에도 경영성과계약 이행실적평가 또는 사장업무성과평가에서 최고등급을 받아야만 연임기준이 충족된다.

10. 이사장의 연임

Q. 지방공단 이사장의 연임기준에는 부합하지 않으나, 1년 연임을 하여야 할 사유(계속사업의 추진 등 경영의 안정성과 전문성을 위함)가 있을 경우 연임이 가능한가?

A. 「지방공기업법」 제58조(임원의 임면 등)에는 "지방자치단체의 장은 사장의 경영성과에 따라 임기 중에 해임하거나 임기가 끝나더라도 연임시킬 수 있으며, 사장을 연임시키려는 경우에는 임원추천위원회의 심의를 거쳐야 한다.'고 규정되어 있다. 또한 「지방공기업법 시행령」 제56조의2(사장의 연임 또는 해임의 기준)에는 "지방자치단체의 장이 법 제58조 제4항에 따라 당해 공사의 사장을 연임시키거나 해임하는 경우에는 다음 각 호의 연임기준을 따라야 한다."고 규정되어 있다. 따라서 지방자치단체의 장이 지방공단 이사장의 연임을 결정할 때에는 연임기준을 준수하는 것이 바람하다.

11. 임원추천위원회 구성요건 준수

Q. 지방공사(공단) 또는 지방자치단체가 지방자체단체의 장 4인, 지방의회 3인의 추천을 받아 임원추천위원회를 구성할 수 있는가?

A. 「지방공기업법 시행령」 제56조의3(임원추천위원회의 구성과 운영)에 의하면, "공사를 최초로 설립하는 때를 제외하고는 추천위원회 구성을 그 지방자치단체의 장이 추천하는 사람 2명, 그 의회가 추천하는 사람 3명, 그 공사의 이사회가 추천하는 사람 2명"으로 규정하고 있다. 따라서 임원추천위원회 구성 시에는 법령에서 정한 위원회 구성요건을 준수하여야 한다.

12. 임원추천위원회 구성-위원이 중도에 사임한 경우

Q. 지방공기업의 임원을 임명하기 위한 임원추천위원회 구성원이 중도에 사임한 경우에도 임원추천위원회 구성원 7명을 준수하여야 하는가?

A. 「지방공기업법 시행령」 제56조의3(임원추천위원회의 구성과 운영)에서 임원추천위원회는 7명으로 구성하도록 규정하고 있는 취지를 고려할 때, 임원추천위원회 위원이 중도에 사임한 경우에도 추가로 추천을 받아 7명으로 구성하는 것이 바람직하다.

13. 임원추천위원 재추천 요구

Q. 임원추천위원으로 추천한 위원에 대해서 지방자치단체의 장이 요건 불비 등을 이유로 재추천을 요구할 수 있는가?

A. 「지방공기업법 시행령」 제56조의3(임원추천위원회의 구성과 운영)에서 추천위원의 구성 및 자격요건에 대해서 규정하고 있는 만큼 추천을 의뢰함에 있어 법적 규정내용의 범위 내에서 요건을 제시하는 것은 무리가 없겠으나, 사전고지 없이 추천된 위원에 대해 특별한 사유 없이 재추천을 요구하는 것은 타당하지 않다.

14. 임원 연임 시 임원추천위원회 심의

Q. 지방공단에서 이사장 또는 상임이사를 연임시키고자 임원추천위원회 심의를 하는 경우에 별도의 모집공고를 하지 않고 연임시키려는 임원에 대해서만 임원추천위원회 심의를 해도 되는가?

A. 「지방공기업법」은 지방공사의 사장, 이사 및 감사에 대해 1년 단위로 연임할 수 있도록 규정하고 있으며, 사장의 연임 시에는 임원추천위원회의 심의를 거치도록 하고 있다. 따라서 별도의 모집공고를 하지 않고 임원추천위원회 심의만으로 연임이 가능하며, 이 경우 연임으로 인한 임기는 1년으로 제한된다.

15. 이사장 연임 및 재임명 절차

Q. 지방공단 이사장 연임 및 재임명 절차는?

A. 지방공단 이사장 임기만료에 따라 연임 및 재임명을 희망하는 경우에는 「지방공기업법」 제58조(임원의 임면 등) 및 같은 법 시행령 제56조의3(임원추천위원회의 구성과 운영)의 규정에 따라 새로이 임원추천위원회를 구성하여 공개모집의 방법에 의하여 이사장 후보 추천절차를 거쳐야 한다.

16. 상임이사의 연임 결정

Q. 「지방공기업법」 제58조에 따르면 "사장의 연임은 임원추천위원회의 심의를 거쳐야 한다."고 규정되어 있다. 그러나 사장을 제외한 임원(이사, 감사)의 경우에는 별다른 규정이 없다. 상임이사의 연임은 임면권자인 사장이 결정하면 되는가? 별도의 임원추천위원회 구성 및 심의가 필요하지 않은가?

A. 「지방공기업법」 제58조(임원의 임면 등) 제7항에 의하면 상임이사는 사장이 임면하므로 연임여부는 임면권자인 사장이 결정할 사항이다. 「지방공기업 인사·조직 운영기준」에 따르면, 비상임이사를 연임시키는 경우에는 임원추천위원회의 심의를 생략할 수 있으나, 상임이사를 연임시키는 경우에는 임원추천위원회의 심의를 거쳐야 한다.

제58조의2(사장과의 경영성과계약) ① 지방자치단체의 장은 사장을 임명하는 경우 사장과 경영성과계약을 체결하여야 한다.

② 제1항에 따른 경영성과계약에는 임기 중 사장이 수행하여야 할 경영목표, 권한과 성과에 따른 보상 및 책임이 포함되어야 한다.

③ 제1항과 제2항에 따른 경영성과계약의 방법 및 절차 등에 관하여 필요한 사항은 행정안전부령으로 정한다.

[연혁]

[제1항] 지방자치단체의 장은 사장을 임명하는 경우 사장과 경영성과계약을 체결하여야 한다.

1) **신설(2006.10.04.)** 현행과 같이 개정하였다.

→ 지방공기업의 경영성과는 지방공기업 사장의 주인의식, 창조적 리더십 및 적극적 경영의지 등에 따라 그 성과가 크게 좌우된다. 그럼에도 불구하고 현행 「지방공기업법」에는 기업의 경영평가에 대한 규정만 있고, 사장 개인의 능력과 실적을 제대로 평가·반영하는 제도적 장치가 미흡하여 사장이 기업의 경영성과에 무임승차하거나 유능한 사장이 해당 기업 여건이 취약한 경우 부당하게 저평가되고 있다는 지적이 제기되고 있었다. 따라서 지방자치단체의 장

이 지방공기업 사장을 임명하는 경우 경영성과계약을 체결하도록 하여 경영성과에 따라 지방공기업의 사장을 임기 중 해임하거나 연임시킬 수 있도록 하였다.

[제2항] 제1항에 따른 경영성과계약에는 임기 중 사장이 수행하여야 할 경영목표, 권한과 성과에 따른 보상 및 책임[23]이 포함되어야 한다.

1) 신설(2006.10.04.) 사장과의 경영성과계약에는 임기 중 사장이 수행하여야 할 경영목표와 권한, 성과에 따른 보상 및 책임이 포함되어야 한다.

2) 개정(2011.08.04.) 현행과 같이 개정하였다.

[제3항] 제1항과 제2항에 따른 경영성과계약의 방법 및 절차 등에 관하여 필요한 사항[24]은 행정안전부령으로 정한다.

1) 신설(2006.10.04.) 제1항 및 제2항의 규정에 따른 경영성과계약의 방법 및 절차 등에 관하여 필요한 사항은 행정자치부령으로 정한다.

2) 개정(2011.08.04.) 현행과 같이 개정하였다.

---

23) 임원의 경영성과계약 체결 시에는 청렴의무 위반 시 제재사항 등을 명시하여야 하며, 위반사례에 대하여는 홈페이지, 행정안전부 경영정보시스템에 공개하는 등의 조치를 취하여야 한다.

24) 경영성과계약은 당해 지방자치단체의 장과 공사의 사장이 상호 합의한 후 그 합의한 내용을 기초로 체결하여야 하며, 공사의 사장은 매년 당해 연도의 경영실적보고서와 경영성과계약 이행보고서를 각각 작성하여 다음 연도 4월 30일까지 당해 지방자치단체의 장에게 제출하여야 한다. 이 경우 경영실적 및 경영성과계약의 이행에 관한 사항은 당해 연도 1월 1일(최초 임명일이 당해 연도 1월 1일 이후인 때에는 최초 임명일을 말한다)부터 당해 연도 12월 31일(임기만료일이 당해 연도 12월 31일 이전인 때에는 임기만료일을 말한다)까지로 한다. 경영실적보고서에는 ① 결산서, ② 재무제표와 그 부속서류서류 등을 첨부하여야 하며, 경영성과계약서는 지역주민에게 공시하되 ① 계약당사자 및 계약기간, ② 연봉액(연봉액의 공시여부는 당해 지방자치단체의 장이 별도로 정한다), ③ 사장의 경영목표 및 권한, ④ 경영성과계약 이행실적의 평가 및 기준에 관한 사항, ⑤ 경영성과에 따른 성과보상・제재 또는 불이익의 내용에 관한 사항 등을 포함하여야 한다(지방공기업법 시행규칙 제23조의2).

Q & A

1. 사장 공석 시 상임이사의 경영성과계약

Q. 지방공사의 사장이 공석일 때 상임이사의 경영성과계약은 어떻게 체결하는가?

A. 「지방공기업 인사·조직 운영기준」에 따르면, 상임이사의 성과관리는 「지방공기업법」 제58조의2에 따른 경영성과계약 이행실적평가, 「지방공기업법」 제78조 제1항에 따른 경영평가 및 법 제78조 제3항에 따른 업무성과 평가 규정을 준용하여 관리할 수 있다. 따라서 지방공사의 사장 공석으로 인한 상임이사의 경영성과계약 체결과 관련한 세부사항은 설립 지방자치단체와 협의하고 지방공사·공단의 정관 및 내부 규정 등에 따라 판단하여야 한다.

2. 사장 사임 시 상임이사에 대한 경영성과계약 이행실적 평가

Q. 상임이사에 대한 평가자인 사장이 개인적 사유로 사임한 가운데 상임이사가 사장 직무대행을 수행하고 있다. 이 경우 상임이사에 대한 경영성과계약 이행실적(지난해 실적) 평가자 및 진행절차는 어떻게 되는가?

A. 「지방공기업법」 제58조의2(사장과의 경영성과계약)에 따르면, 지방자치단체의 장이 사장을 임명하는 경우 사장과 경영성과계약을 체결하여야 한다. 「지방공기업 인사·조직 운영기준」에 따르면, 경영성과 평가의 주체는 상급자이므로 직무대행 중인 상임이사가 자신의 성과에 대해 평가할 수는 없다고 판단된다. 따라서 성과급을 지급하기 전에 사장을 임명하여 해당 절차를 진행하는 것이 옳으며, 위 기간 중에 사장이 선임되지 않을 경우에는 공사 사장의 임명권이 있는 지방자치단체의 장과 협의하는 게 필요하다.

제59조(임기 및 직무) ① 공사의 사장, 이사 및 감사의 임기는 3년으로 한다. 이 경우 지방자치단체의 장은 대통령령으로 정하는 바에 따라 임기가 만료된 임원으로 하여금 그 후임자가 임명될 때까지 직무를 수행하게 할 수 있다.
② 공사의 사장, 이사 및 감사는 1년 단위로 연임될 수 있다.
③ 공사의 사장은 그 공사를 대표하고 업무를 총괄하며, 임기 중 그 공사의 경영성과에 대하여 책임을 진다.
④ 공사의 사장은 그 공사의 이익과 자신의 이익이 상반되는 사항에 대하여는 공사를 대표하지 못한다. 이 경우 감사가 공사를 대표한다.

⑤ 그 밖에 공사의 사장, 이사 및 감사의 직무에 필요한 사항은 정관으로 정한다.

[연혁]

[제1항] 공사의 사장, 이사 및 감사의 임기는 3년으로 한다. 이 경우 지방자치단체의 장은 대통령령으로 정하는 바에 따라 임기가 만료된 임원으로 하여금 그 후임자가 임명될 때까지 직무를 수행[25]하게 할 수 있다.

1) **신설(1980.01.04.)** 사장 · 부사장 및 이사의 임기는 3년으로 하고, 감사의 임기는 2년으로 한다.

2) **개정(1992.12.08.)** 사장 · 부사장 및 이사의 임기는 3년으로 하고, 감사의 임기는 2년으로 한다. 이 경우 지방자치단체의 장은 대통령령이 정하는 바에 의하여 임기가 만료된 임원으로 하여금 그 후임자가 임명될 때까지 그 직무를 행하게 할 수 있다.

3) **개정(1999.01.29.)** 사장 · 부사장 · 이사 및 감사의 임기는 3년으로 한다. 이 경우 지방자치단체의 장은 대통령령이 정하는 바에 의하여 임기가 만료된 임원으로 하여금 그 후임자가 임명될 때까지 그 직무를 행하게 할 수 있다.

→ 감사의 임기를 2년에서 3년으로 확장하였다.

4) **개정(2002.03.25.)** 공사의 사장 · 이사 및 감사의 임기는 3년으로 한다. 이 경우 지방자치단체의 장은 대통령령이 정하는 바에 의하여 임기가 만료된 임원으로 하여금 그 후임자가 임명될 때까지 그 직무를 행하게 할 수 있다.

→ 부사장 제도를 폐지하였다.

5) **개정(2011.08.04.)** 현행과 같이 개정하였다.

[제2항] 공사의 사장, 이사 및 감사는 1년 단위로 연임될 수 있다.

---

25) 지방자치단체의 장이 임기가 만료된 임원으로 하여금 그 후임자가 임명될 때까지 그 직무를 행하게 할 수 있는 경우는 ① 연임을 위하여 그 재임명에 관한 절차가 진행 중인 경우, ② 후임자가 임명될 때까지 직무대행이 반드시 필요하다고 지방자치단체의 장이 인정하는 경우 등이다(지방공기업법 시행령 제57조).

1) **신설(2009.04.01.)** 공사의 사장 · 이사 및 감사는 1년을 단위로 연임될 수 있다.

→ 지방공기업 임원 인사권이 지방자치단체의 장에게 집중되어 이로 인한 공정성 논란이 야기되고, 임원의 임기가 3년 단위 연임으로 되어 있어 경영성과 평가제도와 괴리가 발생하고 있었다. 따라서 임원을 임명할 경우 임원의 임기는 3년으로 하고, 경영성과에 따라 1년 단위로 연임될 수 있도록 하였다. 즉, 경영성과에 따른 연임 · 해임으로 지방공기업의 자율 · 책임경영 정착에 이바지할 수 있도록 하였다.

2) **개정(2011.08.04.)** 현행과 같이 개정하였다.

[제3항] 공사의 사장은 그 공사를 대표하고 업무를 총괄하며, 임기 중 그 공사의 경영성과에 대하여 책임을 진다.

1) **신설(2022.01.11.)** 현행과 같이 신설하였다.

[제4항] 공사의 사장은 그 공사의 이익과 자신의 이익이 상반되는 사항에 대하여는 공사를 대표하지 못한다. 이 경우 감사가 공사를 대표한다.

1) **신설(2022.01.11.)** 현행과 같이 신설하였다.

→ 현재 국가공공기관은 기관장 개인이 기관과 이해충돌이 되는 상황에서 기관장의 대표권을 제한할 수 있으나, 지방공기업은 대표권을 제한할 수 있는 법령상 근거가 없다. 이에 지방공기업 기관장이 자신의 이익과 기관의 이익이 충돌하는 경우 그 기관을 대표하지 못하고 감사가 대표하도록 하여 지방공기업 기관장 개인과 기관의 이해충돌상황을 방지함으로써 의사결정의 공정성을 확보하였다.

[제5항] 그 밖에 공사의 사장, 이사 및 감사의 직무에 필요한 사항은 정관으로 정한다.

1) 신설(1980.01.04.) 사장 · 부사장 · 이사 및 감사의 직무는 정관으로 정한다.

2) 개정(2002.03.25.) 공사의 사장 · 이사 및 감사의 직무는 정관으로 정한다.

3) 개정(2011.08.04.) 공사의 사장, 이사 및 감사의 직무는 정관으로 정한다.

4) 개정(2022.01.11.) 그 밖에 공사의 사장, 이사 및 감사의 직무에 필요한 사항은 정관으로 정한다.

Q & A

1. 임원의 임기

Q. 지방공단의 「임원 인사규정」에는 임원의 임기가 3년으로 규정되어 있지만, 임원채용 시 상호 동의 하에 계약기간을 2년으로 해도 무방한가?

A. 「지방공기업법」 제59조(임기 및 직무) 제1항에는 "공사의 사장, 이사 및 감사의 임기는 3년으로 한다."고 규정되어 있다. 따라서 임원채용 시 임기에 대하여 상호 간에 동의가 있었더라도 지방공단 임원의 임기를 3년으로 정한 위 규정은 강행규정이라는 점과 임원으로 하여금 그 기간 동안 독립성을 가지고 안정적으로 연속성 있게 업무를 수행할 수 있도록 한 법령의 취지로 감안할 때 법에서 정한 임원의 임기를 준수하는 것이 바람직하다.

2. 임원의 임기만료일-정관 규정과 경영성과계약기간이 다른 경우

Q. 지방자치단체의 장이 2019년 3월 31일 지방공사의 초대 사장을 임명하였고, 동 공사는 4월 5일 설립되었으며, 지방자치단체의 장과 지방공사의 사장은 4월 26일 「사장경영성과계약서」를 체결(계약기간은 사장 임명일인 2019년 3월 31일부터 2022년 3월 30일까지 3년 간)하였다. 한편, 「지방공사 정관」 부칙 제2조(최초 임원의 임기)에는 '공사 최초 임원의 임기는 공사의 설립일로부터 기산한다.'고 규정되어 있으며, 「지방공기업법」 제59조에는 '공사의 사장의 임기는 3년'으로 규정되어 있다. 이러한 상황에서 지방공사 사장의 임기만료일은 지방자치단체의 장과 체결한 「사장경영성과계약」에 따라 2022년 3월 30일인가, 아니면 「지방공사 정관」 부칙 제2조에 따라 2022년 4월 4일인가?

A. 「지방공기업법」 제59조(임기 및 직무)에서는 공사의 사장의 임기를 3년으로 규정하고 있으며, 같은 법 제58조의2(사장과의 경영성과계약)에는 지방자치단체의 장과 사장과의 경영성과계약 체결에 관한 사항이 규정되어 있다. 경영성과계약은 공사 사장이 임기 내에 추진하여야 할 사항들에 대해 지방자치단체의 장과 공사의 사장

이 상호 합의하여 체결하는 것으로 경영성과계약기간은 공사 사장의 임기 내로 설정하는 것이 타당하며, 경영성과계약의 성격상 계약기간이 임원의 임기를 결정한다고 보기는 힘들다. 따라서 공사 사장의 임기는 「지방공사 정관」에 규정되어 있는 임기에 따르는 것이 타당하다.

3. 이사장 연임 제한조항 신설

Q. 지방자치단체에서 조례를 개정하여 '이사장의 연임은 ○회까지 가능하다.' 또는 '이사장은 ○회 이상 연임할 수 없다.'는 내용의 연임 제한조항을 신설하는 것이 가능한가?

A. 지방공단의 이사장 임면은 지방자치단체의 장의 고유권한에 해당하고, 경영성과에 따라 연임여부를 결정하도록 규정하고 있다. 따라서 「지방공기업법」에서 1년 단위로 연임할 수 있도록 규정하고 있음에도 불구하고 조례로 제한하는 것은 지방자치단체의 장의 임면 권한을 침해할 우려가 있다.

4. 후임자 임명 시까지 직무대행이 필요한 경우

Q. 「지방공기업법 시행령」 제57조 제2호의 "후임자가 임명될 때까지 직무대행이 필요하다고 지방자체단체의 장이 인정하는 경우"의 범위는 무엇인가?

A. 「지방공기업법 시행령」 제57조(임기만료임원에 의한 직무대행)에서 "후임자가 임명될 때까지 직무대행이 반드시 필요하다고 지방자치단체의 장이 인정하는 경우에 지방자치단체의 장은 임기가 만료된 임원으로 하여금 그 후임자가 임명될 때까지 그 직무를 행하게 할 수 있다."고 규정하고 있음을 고려할 때, 반드시 필요한 경우는 임기가 만료된 임원만이 수행할 수 있는 직무가 있는 경우로 한정하는 것이 바람직하다.

5. 직무대행자 결정권자

Q. 「지방공기업법」 제59조(임기 및 직무) 제1항에는 "지방자치단체의 장은 지방공기업의 사장(이사장), 이사, 감사 등 임기가 만료된 임원으로 하여금 그 후임자가 임명될 때까지 직무를 수행하게 할 수 있다."고 규정되어 있고, 같은 법 제58조(임원의 임면 등) 제7항에는 "상임이사는 사장(이사장)이, 비상임이사는 지방자치단체의 장이 임면"하도록 규정되어 있다. 상임이사 임면권이 사장(이사장)에게 있으니, 임기가 만료된 상임이사의 후임자 임명 시까지의 직무 대행을 사장(이사장)이 결정할 수 있는가?

A. 상임이사의 대행은 법령상 지방자치단체의 장이 결정한다고 보는 것이 타당하다.

임명할 수 있다고 해서 연임을 결정할 수 있는 것은 아니기 때문이다. 또한 지방자치단체의 장이 대행을 결정할 수 있다고 하더라도 「지방공기업법 시행령」 제57조(임기만료임원에 의한 직무대행)에 해당하지 않는다면 대행이 불가능하다.

6. 직무대행기간

Q. 「지방공기업법」 제59조(임기 및 직무) 제1항에는 "임기가 만료된 임원으로 하여금 그 후임자가 임명될 때까지 직무를 수행하게 할 수 있다."고 되어 있는데, 대행기간을 통상 어느 정도로 볼 수 있는가?

A. 「지방공기업법 시행령」 제56조의3(임원추천위원회의 구성과 운영) 제7항에서는 "공사는 임원의 임기 만료나 그 밖의 사유로 임원을 새로 임명하려면 '지체 없이' 임원추천위원회를 구성"하도록 하고 있고, 해당 임기 만료의 2월 이전에 임원추천위원회를 구성하도록 하고 있음을 고려하면, 지방공기업은 임원의 공백이 생기지 않도록 임명절차를 추진하는 등 최대한 노력을 기울여야 한다. 따라서 「지방공기업법 시행령」 제57조(임기만료 임원에 의한 직무대행) 제2호의 기간(후임자가 임명될 때까지 직무대행이 반드시 필요하다고 지방자치단체의 장이 인정하는 경우)은 인정주체인 지방자치단체와 협의를 통해 일반대중이 이해 가능한 범위에서 엄격하게 해석하여야 한다.

제60조(임원의 결격사유) ① 다음 각 호의 어느 하나에 해당하는 사람은 공사의 임원이 될 수 없다.

1. 삭제 <2019.12.3.>
2. 미성년자
3. 「지방공무원법」 제31조 각 호의 어느 하나에 해당하는 사람
4. 제58조 제4항 또는 제5항에 따라 해임된 후 3년이 지나지 아니한 사람
5. 이 법을 위반하여 벌금형을 선고받고 2년이 지나지 아니한 사람
6. 삭제 <2015.12.15.>

② 공사의 임원이 제1항 각 호의 어느 하나에 해당하게 되거나 임명 당시 그에 해당하였음이 판명되었을 때에는 당연히 퇴직한다.

③ 제2항에 따라 퇴직한 임원이 퇴직 전에 관여한 행위는 그 효력을 잃지 아니한다.

[연혁]

[제1항] 다음 각 호의 어느 하나에 해당하는 사람은 공사의 임원이 될 수 없다.

1. 삭제
2. 미성년자
3. 「지방공무원법」 제31조 각 호[26]의 어느 하나에 해당하는 사람
4. 제58조 제4항[27] 또는 제5항[28]에 따라 해임된 후 3년이 지나지 아니한 사람
5. 이 법을 위반하여 벌금형을 선고받고 2년이 지나지 아니한 사람
6. 삭제

1) 신설(1980.01.04.) 다음 각 호의 1에 해당하는 자는 임원이 될 수 없다.

1. 대한민국 국민이 아닌 자
2. 금치산자·한정치산자와 파산의 선고를 받고 복권되지 아니한 자
3. 금고 이상의 형을 받고 그 집행이 종료되거나 그 집행을 받지 아니하기로 확정된 후 2년이 경과되지 아니한 자
4. 법률 또는 법원의 판결에 의하여 자격이 상실 또는 정지된 자

---

26) 「지방공무원법」 제31조(결격사유)에서는 공무원이 될 수 없는 사람으로, ① 피성년후견인, ② 파산선고를 받고 복권되지 아니한 사람, ③ 금고 이상의 형을 선고받고 그 집행이 끝나거나 집행을 받지 아니하기로 확정된 후 5년이 지나지 아니한 사람, ④ 금고 이상의 형을 선고받고 그 집행유예기간이 끝난 날부터 2년이 지나지 아니한 사람, ⑤ 금고 이상의 형의 선고유예를 선고받고 그 선고유예기간 중에 있는 사람, ⑥ 법원의 판결 또는 다른 법률에 따라 자격이 상실되거나 정지된 사람, ⑦ 공무원으로 재직기간 중 직무와 관련하여 「형법」 제355조 및 제356조에 규정된 죄를 범한 사람으로서 300만 원 이상의 벌금형을 선고받고 그 형이 확정된 후 2년이 지나지 아니한 사람, ⑧ 「성폭력범죄의 처벌 등에 관한 특례법」 제2조에 규정된 죄를 범한 사람으로서 100만 원 이상의 벌금형을 선고받고 그 형이 확정된 후 3년이 지나지 아니한 사람, ⑨ 미성년자에 대한 「성폭력범죄의 처벌 등에 관한 특례법」 제2조에 따른 성폭력범죄, 「아동·청소년의 성보호에 관한 법률」 제2조 제2호에 따른 아동·청소년대상 성범죄의 어느 하나에 해당하는 죄를 저질러 파면·해임되거나 형 또는 치료감호를 선고받아 그 형 또는 치료감호가 확정된 사람(집행유예를 선고받은 후 그 집행유예기간이 경과한 사람을 포함한다), ⑩ 징계로 파면처분을 받은 날부터 5년이 지나지 아니한 사람, ⑪ 징계로 해임처분을 받은 날부터 3년이 지나지 아니한 사람 등을 규정하고 있다 .

27) 「지방공기업법」 제58조의2에 따른 경영성과계약의 이행실적, 제78조 제1항 및 제2항에 따른 경영평가의 결과, 제78조 제4항에 따른 사장의 업무성과 평가 결과 등 사장의 경영성과에 따라 임기 중에 해임된 것을 말한다.

28) 「지방공기업법」 제78조의2(경영진단 및 경영개선명령) 제3항에 의한 경영개선명령을 정당한 사유 없이 이행하지 아니한 경우, 그 밖에 업무 수행 중 관계 법령을 중대하고 명백하게 위반한 경우에 해당되어 임기 중에 해임된 것을 말한다.

5. 이 법에 위반하여 벌금형을 받고 2년이 경과되지 아니한 자

2) 개정(2002.03.25.) 다음 각 호의 1에 해당하는 자는 공사의 임원이 될 수 없다.

1. 대한민국 국민이 아닌 자
2. 미성년자 · 금치산자 또는 한정치산자
3. 파산자로서 복권되지 아니한 자
4. 금고 이상의 실형의 선고를 받고 그 집행이 종료(집행이 종료된 것으로 보는 경우를 포함한다)되거나 집행이 면제된 날부터 2년이 경과되지 아니한 자
5. 이 법에 위반하여 벌금형의 선고를 받고 2년이 경과되지 아니한 자
6. 법률 또는 법원의 판결에 의하여 자격이 정지 또는 상실된 자

3) 개정(2005.03.31.) 다음 각 호의 1에 해당하는 자는 공사의 임원이 될 수 없다.

1. 대한민국 국민이 아닌 자
2. 미성년자 · 금치산자 또는 한정치산자
3. 파산선고를 받은 자로서 복권되지 아니한 자
4. 금고 이상의 실형의 선고를 받고 그 집행이 종료(집행이 종료된 것으로 보는 경우를 포함한다)되거나 집행이 면제된 날부터 2년이 경과되지 아니한 자
5. 이 법에 위반하여 벌금형의 선고를 받고 2년이 경과되지 아니한 자
6. 법률 또는 법원의 판결에 의하여 자격이 정지 또는 상실된 자

4) 개정(2009.04.01.) 다음 각 호의 어느 하나에 해당하는 자는 공사의 임원이 될 수 없다.

1. 대한민국 국민이 아닌 자
2. 미성년자 · 금치산자 또는 한정치산자
3. 파산선고를 받은 자로서 복권되지 아니한 자
4. 금고 이상의 실형의 선고를 받고 그 집행이 종료(집행이 종료된 것으로 보는 경우를 포함한다)되거나 집행이 면제된 날부터 2년이 경과되지 아니한 자
5. 이 법에 위반하여 벌금형의 선고를 받고 2년이 경과되지 아니한 자
6. 법원의 판결에 따라 자격이 정지 또는 상실된 자

5) 개정(2011.08.04.) 다음 각 호의 어느 하나에 해당하는 사람은 공사의 임원이 될 수 없다.

1. 대한민국 국민이 아닌 사람
2. 미성년자, 금치산자 또는 한정치산자

3. 파산선고를 받고 복권되지 아니한 사람
4. 금고 이상의 실형을 선고받고 그 집행이 끝나거나(집행이 끝난 것으로 보는 경우를 포함한다) 집행이 면제된 날부터 2년이 지나지 아니한 사람
5. 이 법을 위반하여 벌금형을 선고받고 2년이 지나지 아니한 사람
6. 법원의 판결에 따라 자격이 정지 또는 상실된 사람

6) 개정(2015.12.15.) 다음 각 호의 어느 하나에 해당하는 사람은 공사의 임원이 될 수 없다.

1. 대한민국 국민이 아닌 사람
2. 미성년자
3. 「지방공무원법」 제31조 각 호의 어느 하나에 해당하는 사람
4. 제58조 제4항 또는 제5항에 따라 해임된 후 3년이 지나지 아니한 사람
5. 이 법을 위반하여 벌금형을 선고받고 2년이 지나지 아니한 사람
6. 삭제

7) 개정(2019.12.03.) 현행과 같이 개정하였다.

[제2항] 공사의 임원이 제1항 각 호의 어느 하나에 해당하게 되거나 임명 당시 그에 해당하였음이 판명되었을 때에는 당연히 퇴직한다.

1) 신설(2002.03.25.) 공사의 임원이 제1항 각 호의 1에 해당하게 되거나 임명 당시 그에 해당하는 자이었음이 판명된 때에는 당연 퇴직한다.

2) 개정(2011.08.04.) 현행과 같이 개정하였다.

[제3항] 제2항에 따라 퇴직한 임원이 퇴직 전에 관여한 행위는 그 효력을 잃지 아니한다.

1) 신설(2002.03.25.) 제2항의 규정에 의하여 퇴직된 임원이 퇴직 전에 관여한 행위는 그 효력을 잃지 아니한다.

2) 개정(2011.08.04.) 현행과 같이 개정하였다.

Q & A

1. 임원 결격사유 조회방법

Q. 「지방공기업법」 제60조(임원의 결격사유) 제1항 제3호에는 "「지방공무원법」 제31조 각 호의 어느 하나에 해당하는 사람은 공사의 임원이 될 수 없다."고 규정되어 있다. 이 때 「지방공무원법」 제31조 각 호의 어느 하나에 해당하는 지 여부를 어떻게 확인하나?

A. 범죄경력은 「형의 실효 등에 관한 법률」에 따른 수사기관, 금치산자 · 한정치산자는 「가족관계의 등록 등에 관한 법률」에 따라 등록기준지에서 발급한 결격사유조회 회보서, 피성년후견인 · 피한정후견인은 「후견등기에 관한 법률」에 따라 법원행정처장이 발급한 등기사항증명서, 징계사항은 경력증명서 발급기관 등에 조회하여 결격사유를 확인할 수 있다.

2. 연임 확정 시 결격사유 조회

Q. 「지방공기업법」 제58조(임원의 임면 등) 제3항에 의거 임원추천위원회의 심의를 거쳐 임원의 연임이 확정되었다면, 연임되는 임원에 대하여 별도의 결격사유 조회를 하지 않아도 되지 않는가?

A. 지방공기업법령 및 「지방공기업 인사 · 조직 운영기준」에 따르면, 지방공사 · 공단의 임원을 연임시키려는 경우에는 임원추천위원회의 심의를 거치도록 되어 있으며, 임용권자인 지방자치단체의 장 또는 지방공사 · 공단의 장은 임원으로 추천된 후보가 「지방공기업법」 제60조(임원의 결격사유) 규정에 의한 임원의 결격사유에 해당하거나 지방공사 · 공단의 경영에 현저하게 부적당하다고 인정되는 때에는 임원추천위원회에 임원후보의 재추천을 요구할 수 있도록 규정되어 있다. 따라서 임원 연임의 경우에도 법 제60조의 임원의 결격사유 조회대상에 해당된다.

제61조(임직원의 겸직 제한) ① 공사의 임원 및 직원은 그 직무 외에 영리를 목적으로 하는 업무에 종사하지 못하며, 임원은 지방자치단체의 장의 허가 없이, 직원은 사장의 허가 없이 다른 직무를 겸할 수 없다. 다만, 상근(常勤)이 아닌 임원은 그러하지 아니하다.

② 제1항에서 "영리를 목적으로 하는 업무"란 해당 업무에 종사함으로써 직무에 부당한 영향을 끼치거나 직무능률을 떨어뜨릴 우려가 있는 업무 등으로서 대통령령으로 정하는 업무를 말한다.

[연혁]

[제1항] 공사의 임원 및 직원은 그 직무 외에 영리를 목적으로 하는 업무에 종사하지 못하며, 임원은 지방자치단체의 장의 허가 없이, 직원은 사장의 허가 없이 다른 직무를 겸할 수 없다. 다만, 상근(常勤)이 아닌 임원은 그러하지 아니하다.

1) **신설(1980.01.04.)** 공사의 임원 및 직원은 그 직무 이외의 영리를 목적으로 하는 업무에 종사하지 못하며, 임원은 설립단체의 장의, 직원은 사장의 허가 없이 다른 직무를 겸할 수 없다.

2) **개정(1992.12.08.)** 공사의 임원 및 직원은 그 직무 이외의 영리를 목적으로 하는 업무에 종사하지 못하며, 임원은 지방자치단체의 장의, 직원은 사장의 허가 없이 다른 직무를 겸할 수 없다.

3) **개정(2002.03.25.)** 공사의 임원 및 직원은 그 직무 이외의 영리를 목적으로 하는 업무에 종사하지 못하며, 임원은 지방자치단체의 장의, 직원은 사장의 허가 없이 다른 직무를 겸할 수 없다. 다만, 상근이 아닌 임원은 그러하지 아니하다.

4) **개정(2011.08.04.)** 현행과 같이 개정하였다.

[제2항] 제1항에서 "영리를 목적으로 하는 업무"란 해당 업무에 종사함으로써 직무에 부당한 영향을 끼치거나 직무능률을 떨어뜨릴 우려가 있는 업무 등으로서 대통령령으로 정하는 업무[29]를 말한다.

1) **신설(2013.06.04.)** 현행과 같이 신설하였다.

29) "대통령령으로 정하는 업무"란 ① 공사의 임원 및 직원이 상업, 공업, 금융업 또는 그 밖의 영리적인 업무를 스스로 경영하여 영리를 추구함이 뚜렷한 업무, ② 공사의 임원 및 직원이 상업, 공업, 금융업 또는 그 밖에 영리를 목적으로 하는 사기업체(私企業體)의 이사, 감사, 업무를 집행하는 무한책임사원, 지배인, 발기인 또는 그 밖의 임원이 되어 수행하는 업무, ③ 공사의 임원 및 직원 본인의 직무와 관련 있는 타인의 기업에 대하여 하는 투자, ④ 그 밖에 계속적으로 재산상의 이득을 목적으로 하는 업무의 어느 하나에 해당하는 업무를 말한다(지방공기업법 시행령 제57조의2).

Q & A

1. 지방의회 의원의 타 지방자치단체 공기업 임원 겸직

Q. 지방의회 의원이 타 지방자치단체 지방공기업의 임원으로 겸직이 가능한가?

A. 「지방자치법」 제43조(겸직 등 금지) 제1항 제5호에서는 "지방의회 의원은 「지방공기업법」 제2조에 따른 지방공사와 지방공단의 임직원을 겸직할 수 없다."고 규정하고 있고, 동 조항이 해당 지방자치단체의 지방공사와 지방공단 임직원 겸직만을 제한하고 있는 것은 아니므로 타 지방자치단체 지방공사나 지방공단의 임직원도 겸직할 수 없다고 보아야 한다.

2. 상임이사의 타 지방자치단체 지방공사의 비상임이사 겸직

Q. 지방공단 상임이사로 재직 중에 있으면서 타 지방자치단체 지방공사의 비상임이사 겸직을 신청하였다. 겸직신청서에 따르면, 타 지방자치단체 지방공사 비상임이사로 겸직하면서 회의수당 등 실비수당 외에 월정액 50만 원의 수당을 받는데, 이는 「지방공기업법」 제61조(임직원의 겸직 제한)의 '영리를 목적으로 하는 업무' 및 같은 법 시행령 제57조의2 제4호의 '그 밖에 계속적으로 재산상의 이득을 목적으로 하는 업무'에 해당되는가? 그리고 겸직 허가의 대상이 되는가?

A. 지방공단 상임이사가 타 지방자치단체 지방공사의 비상임이사를 겸직하면서 실비수당 외에 월정액 50만원의 수당을 받는다면 이는 「지방공기업법」 제61조의 '영리를 목적으로 하는 업무' 및 같은 법 시행령 제57조의2(겸직 금지되는 임직원의 영리업무) 제4호의 '그 밖에 계속적으로 재산상의 이득을 목적으로 하는 업무'에 해당할 수 있다. 따라서 구체적인 겸직 허가여부는 여러 사실과 정황을 종합적으로 고려하여 해당 지방자치단체의 장이 결정하여야 한다.

3. 공단 이사장의 겸직 허가

Q. 시설관리공단 이사장이 농협 사외이사, 사립학교(○○학원) 비상임감사를 겸직하려고 한다. ① 사기업체의 이사, 감사의 범위에 상임, 비상임이 모두 포함되는가? ② 사립학교(○○학원)를 영리목적으로 볼 수 있는가? ③ 사립학교(○○학원)가 비영리목적이라면 비상임감사를 할 수 있는가?

A. ① 「지방공기업법 시행령」 제57조의2(겸직 금지되는 임직원의 영리업무) 제2호에 제시된 '사기업체의 이사, 감사'에는 사외이사까지 포함된다. ② 「사립학교법」상 '학교법인'은 비영리법인으로 판단된다. ③ '영리를 목적으로 하는 업무'에 해당하지 않

으나, 겸직을 하기 위해서는 지방자치단체의 장의 겸직허가가 필요하다.

4. 직원의 주택임대사업자 등록

Q. 지방공기업의 직원이 본인 소유의 소규모 부동산을 개발하여 분양할 목적으로 한시적인 사업자등록을 해야 하는 경우에 임직원 겸직제한에 해당하는가?

A. 「지방공기업법」 제61조(임직원의 겸직 제한) 제1항에 의하면, "직원은 그 직무 외에 영리를 목적으로 하는 업무에 종사하지 못하며, 직원은 사장의 허가 없이 다른 직무를 겸할 수 없다."고 규정되어 있다. 여기서 '영리를 목적으로 하는 업무'란 해당 업무에 종사함으로써 직무에 부당한 영향을 끼치거나 직무능률을 떨어뜨릴 우려가 있는 업무 등으로, 「지방공기업법 시행령」 제57조의2(겸직 금지되는 임직원의 영리업무) 각 호에 해당되는 업무를 말한다. 따라서 금지되는 영리업무인지 또는 겸직을 허가할 것인지의 여부는 해당 기관의 사장이 판단하여야 한다. 공무원의 경우, 공무원이 임대사업자로 등록하고 주택·상가를 임대하는 행위가 지속성이 없거나 건물관리인을 별도로 선임하는 경우에는 겸직허가대상이 아니다. 다만, 주택·상가 등을 다수 소유하여 직접 관리하거나 수시로 매매·임대를 하는 등 지속성이 있는 업무로 판단되는 경우에는 겸직허가를 받아 종사할 수는 있다. 그러나 이 경우에도 부동산 관련 업무가 직무수행에 지장을 초래할 정도로 과다한 경우는 불허대상이다.

5. 임직원의 겸직 가능성

Q. ① 지방공기업 직원으로 근무하면서 로또판매업을 영위할 수 있는가? ② 지방선거에 출마한 지방공사의 직원이 당선되었을 경우 겸직이 가능한가? ③ 지방공기업 시간선택제 직원의 겸직 및 겸업(영리)이 허용되는가? 또한 지방공기업 임금피크제 대상자가 노사합의에 따라 근로시간이 단축되었을 때 겸직 및 겸업(영리)이 허용되는가?

A. ① 「지방공기업법」 제61조(임직원의 겸직 제한)에서 공사의 임원 및 직원은 그 직무 외에 영리를 목적으로 하는 업무에 종사하지 못하도록 규정하고 있는 만큼, 로또판매자로 등록하여 일정한 수입을 확보한다면 동 조항의 취지에 부합되지 않는다. ② 「지방자치법」 제43조(겸직 등 금지) 및 제109조(겸임 등의 제한)에서 지방의회의원 및 지방자치단체의 장은 지방공사·공단의 임직원을 겸할 수 없다고 규정하고 있으므로 현재로서는 겸직이 불가능하다. ③ 「지방공기업법」은 임원을 포함하여 직원에 대해서도 그 직무 외에 영리를 목적으로 하는 업무에 종사하지 못하도록 규정하고 있다.

6. 겸직허가 없는 겸직

Q. 지방공기업 직원의 겸직과 관련하여 아파트 동대표는 영리인가, 비영리인가? 겸직허가를 받지 않고 활동할 경우에는 어떤 문제가 발생하는가?

A. 「지방공기업법」 제61조(임직원의 겸직 제한)에는 "공사의 임원 및 직원은 그 직무 외에 영리를 목적으로 하는 업무에 종사하지 못한다."고 규정되어 있으며, 같은 법 시행령 제57조의2에서는 ① 공사의 임원 및 직원이 상업, 공업, 금융업 또는 그 밖의 영리적인 업무를 스스로 경영하여 영리를 추구함이 뚜렷한 업무, ② 공사의 임원 및 직원이 상업, 공업, 금융업 또는 그 밖에 영리를 목적으로 하는 사기업체의 이사, 감사, 업무를 집행하는 무한책임사원, 지배인, 발기인 또는 그 밖의 임원이 되어 수행하는 업무, ③ 공사의 임원 및 직원 본인의 직무와 관련 있는 타인의 기업에 대하여 하는 투자, ④ 그 밖에 계속적으로 재산상의 이득을 목적으로 하는 업무 등을 영리업무로 규정하고 있다. 따라서 동대표 업무가 영리업무인지의 여부는 일률적으로 판단할 수 있는 것이 아니라, 기관의 장이 해당 직원이 겸직하고자 하는 개별 업무의 목적 및 계속성 등을 종합적으로 고려하여 판단하여야 할 것이다. 해당 업무가 영리를 목적으로 하는 업무에 해당된다면 「지방공기업법」 제61조 제1항에 따라 사장의 허가를 얻은 후에 겸직할 수 있을 것이며, 영리업무를 겸직허가 없이 수행할 경우 법령 위반사항으로 자체 징계규정 및 절차에 따라 징계를 받을 수 있을 것이다.

7. 사회적기업의 사외이사 겸직

Q. 지방공기업 직원이 정부의 지원을 받은 사회적기업의 사외이사를 맡을 수 있는가?

A. 「지방공기업법」 제61조(임직원의 겸직 제한) 제1항에 의하면 직원은 그 직무 외에 영리를 목적으로 하는 업무에 종사하지 못하며, 직원은 사장의 허가 없이 다른 직무를 겸할 수 없도록 되어 있다. 여기서 '영리를 목적으로 하는 업무'란 해당 업무에 종사함으로써 직무에 부당한 영향을 끼치거나 직무능률을 떨어뜨릴 우려가 있는 업무로서 ① 공사의 임원 및 직원이 상업·공업·금융업 또는 그 밖의 영리적인 업무를 스스로 경영하여 영리를 추구함이 뚜렷한 업무, ② 공사의 임원 및 직원이 상업·공업·금융업 또는 그 밖에 영리를 목적으로 하는 사기업체의 이사·감사·업무를 집행하는 무한책임사원·지배인·발기인 또는 그 밖의 임원이 되어 수행하는 업무, ③ 공사의 임원 및 직원 본인의 직무와 관련 있는 타인의 기업에 대하여 하는 투자, ④ 그 밖에 계속적으로 재산상의 이득을 목적으로 하는 업무를 말한다. 금지되는 영리업무인지 또는 겸직을 허가할 것인지의 여부는 해당 직원이 소속된 사장

이 종합적으로 고려하여 판단하여야 할 사항이나, 사외이사 겸직은 직무상 능률을 저해할 우려가 있다고 사료된다.

제62조(이사회) ① 공사의 업무에 관한 중요 사항을 의결하기 위하여 공사에 이사회를 둔다.
② 이사회는 사장을 포함한 이사로 구성한다.
③ 이사회의 권한과 운영에 필요한 사항은 정관으로 정한다.

[연혁]

[제1항] 공사의 업무에 관한 중요 사항을 의결하기 위하여 공사에 이사회를 둔다.

1) **신설(1980.01.04.)** 공사의 업무에 관한 중요사항을 결의하게 하기 위하여 공사에 이사회를 둔다.

2) **개정(2011.08.04.)** 현행과 같이 개정하였다.

[제2항] 이사회는 사장을 포함한 이사[30]로 구성한다.

1) **신설(1980.01.04.)** 이사회는 사장・부사장을 포함한 이사로 구성한다.

2) **개정(2002.03.25.)** 현행과 같이 개정하였다.

[제3항] 이사회의 권한과 운영에 필요한 사항은 정관으로 정한다.

1) **신설(1980.01.04.)** 현행과 같이 신설하였다.

30) 이사에는 비상임이사도 포함된다.

Q & A

1. 이사회 의장의 변경

Q. 「지방공기업 인사·조직 운영기준」에는 "이사회 의장은 당연직 비상임이사를 제외한 비상임이사 중에서 선임하되 전체 이사회 의결을 통해 선임하며, 의장의 신분과 관련된 사항은 감사가 소집하고 그 의장이 된다."는 문구가 있다. 그렇다면 이사회 의장의 동의 없이 이사회 의장을 변경하기 위해서는 어떤 절차를 거쳐야 하는가? 만약, 이사회 의장을 변경할 수 없다면 그 근거가 되는 관련 법령은 무엇인가?

A. 「지방공기업법」 제62조(이사회) 제3항에서는 "이사회의 권한과 운영에 필요한 사항은 정관으로 정한다."고 규정하고 있다. 따라서 이사회 의장에 대한 변경절차는 해당 기관의 정관 등에 규정된 내용을 바탕으로 설립 지방자치단체와의 협의하여 합리적 기준에 따라 판단하면 된다.

제63조(직원의 임면) ① 공사의 직원은 정관으로 정하는 바에 따라 사장이 임면한다.
② 공사의 직원은 시험성적, 근무성적, 그 밖의 능력의 실증(實證)에 따라 임용되어야 한다.
③ 공사의 사장은 직원의 채용절차와 방법 등에 관한 사항을 사전에 규정하고, 직원의 채용 시에는 공고 등을 통하여 구체적인 절차와 방법 등을 공개하여야 한다.
④ 공사의 사장이 직원을 채용하는 경우 공개경쟁시험으로 채용하는 것을 원칙으로 하고, 임직원의 가족 또는 임직원과 이해관계가 있는 등 채용의 공정성을 해칠 우려가 있는 사람을 특별히 우대하여 채용하여서는 아니된다.

[연혁]

[제1항] 공사의 직원은 정관으로 정하는 바에 따라 사장이 임면[31]한다.

1) **신설(1980.01.04.)** 직원은 정관이 정하는 바에 의하여 사장이 임·면한다.
2) **개정(2002.03.25.)** 공사의 직원은 정관이 정하는 바에 의하여 사장이 임면한다.

31) 직원 채용의 경우에는 결격사유가 법령에 구체적으로 명시되어 있지는 않으나 임원에 준하여 결격사유를 확인하고, 조회가 불가능한 사안에 대해서는 직원 본인의 신청에 의한 증명서를 제출받아 확인하는 것이 바람직하다.

3) **개정(2011.08.04.)** 현행과 같이 개정하였다.

[제2항] 공사의 직원은 시험성적, 근무성적, 그 밖의 능력의 실증(實證)에 따라 임용되어야 한다.

1) **신설(2002.03.25.)** 공사의 직원의 임용은 시험성적·근무성적 그 밖의 능력의 실증에 의하여 행하여야 한다.

2) **개정(2011.08.04.)** 현행과 같이 개정하였다.

[제3항] 공사의 사장은 직원의 채용절차와 방법 등에 관한 사항을 사전에 규정하고, 직원의 채용 시에는 공고 등을 통하여 구체적인 절차와 방법 등을 공개하여야 한다.

1) **신설(2020.10.20.)** 현행과 같이 신설하였다.

→ 지방공기업 직원 채용과정의 투명성을 제고하기 위하여 공사의 사장은 직원의 채용절차와 방법 등을 사전에 규정하고, 직원 채용 시 구체적인 절차와 방법 등을 공개하도록 하였다.

[제4항] 공사의 사장이 직원을 채용하는 경우 공개경쟁시험으로 채용하는 것을 원칙으로 하고, 임직원의 가족 또는 임직원과 이해관계가 있는 등 채용의 공정성을 해칠 우려가 있는 사람을 특별히 우대하여 채용하여서는 아니된다.

1) **신설(2020.10.20.)** 현행과 같이 신설하였다.

→ 직원 채용 시 공개경쟁시험으로 채용하는 것을 원칙으로 하고, 채용의 공정성을 해칠 우려가 있는 사람을 특별히 우대하여 채용하는 것을 금지하였다.

Q & A

1. 신입직원 채용-채용공고 인원보다 늘리려는 경우

Q. 현재 12명의 신입직원을 채용하고자 선발과정 중에 있고, 필기시험-1차 면접을 완료하고 2차 최종면접(채용인원의 2배수)절차만 남겨 두고 있다. 그런데 금일 퇴사의견을 낸 사람이 발생하여 당초 공고문에서 밝힌 채용계획인원 12명에 1명을 추가하여 총 13명을 채용하고자 한다. 당초 채용공고문에는 12명을 채용계획인원으로 공고하였으나, 최종적으로 13명을 채용하고자 하는데 가능한가?

A. 「지방공기업 인사 · 조직 운영기준」에 따르면, 공개경쟁 채용시험의 공고는 시험기일 20일 전(선발예정인원이 10명 이하일 때에는 10일 전)까지 공고하도록 되어 있고, "불가피한 사유로 공고내용을 변경할 경우에는 시험기일 7일 전까지 그 변경내용을 공고하여야 한다."고 되어 있다. 시험절차가 이미 진행 중인 상황이라면 변경공고가 어려우므로 최초에 공고한 선발예정인원보다 채용인원을 늘리려는 경우라면 추가로 채용하고자 하는 인원에 대하여 추가로 공고하는 것이 바람직하다.

2. 한시적 정원 채용방법

Q. 한시적 정원에 대한 별도의 채용(충원)방법이 있는가?

A. 「지방공기업 인사 · 조직 운영기준」에 따르면, 신규 채용은 공개경쟁시험이나 경력경쟁시험의 방법으로 채용하도록 되어 있고, 한시적 정원을 별도로 채용하는 규정은 없다. 따라서 한시적 정원도 공개경쟁시험이나 경력경쟁시험의 방법으로 채용하여야 한다.

3. 직원채용 공고 시 의무기재사항

Q. 지방공기업에서 직원을 채용할 때 채용공고에 의무적으로 기재하여야 하는 사항은 무엇인가?

A. 「지방공기업 인사 · 조직 운영기준」에 따르면 채용시험을 실시할 때에는 임용예정 직급, 응시자격, 선발 예정인원, 시험의 방법 · 시기 · 장소, 시험과목 및 배점비율(서류전형 및 면접시험의 경우 평가기준), 전형별 합격배수, 가점기준, 합격자 발표의 시기 및 방법, 응시원서의 교부장소 및 접수장소와 그 기한, 그 밖에 시험 실시에 필요한 사항을 공고하도록 규정하고 있다.

4. 채용공고일 산정

Q. ① 공개경쟁시험을 실시하려면 시험기일 20일 전(선발예정인원이 10명 이하일 때에는 10일 전)까지, 경력경쟁시험을 실시하려면 시험기일 10일 전까지 모든 응시자격자가 알 수 있도록 공고하여야 한다. 이때 최초 공고일을 기준으로 일수를 산정해야 하는가, 아니면 공고 최종일을 기준으로 산정해야 하는가? ② 시험기일 10일 전에 공고가 나가야 하고, 접수기간은 가급적 5일 이상으로 하도록 규정되어 있다. 여기서 시험기일이라 함은 응시자가 참석해서 치르는 시험(필기 또는 면접)을 의미하는 것인가, 아니면 면접 또는 필기시험 전 내부적으로 서류심사(시험)를 거치는 경우 그 날짜를 기일로 하는 것인가?

A. ① 시험공고일 준수여부는 최초시험 공고일을 기준으로 산정하는 것이 바람직하다. ② 시험기일에 관해서는 명확한 규정이 없으나, 일반적으로 시험은 필기시험 · 면접시험 · 실기시험 · 서류전형 등을 거쳐 최종합격자가 결정됨을 고려할 때 서류전형도 시험기일에 해당된다.

5. 채용 시 거주 구민에게 가점 부여

Q. 「도시관리공단 설치조례」 제1조에 "구민의 복리증진에 기여함을 목적"으로 하고 있는 상황에서, 지방공단 인력 채용 시 거주 구민을 우선 채용할 수 있도록 가점을 부여하는 조항을 신설할 수 있는가?

A. 지방공기업 법령 및 관련 규정에 거주민을 우선 채용하는 규정은 명시되어 있지 않으나, 「지방공기업법」 제56조(정관) 및 제63조(직원의 임면)에 따르면 공사의 정관에는 임직원, 조직 및 정원에 관한 사항이 포함되며, "공사의 직원은 정관으로 정하는 바에 따라 사장이 임면한다."고 규정되어 있다. 또한 「지방공기업 인사 · 조직 운영기준」에는 "지방공사 · 공단의 장은 직원 신규 채용 시 불특정 다수인을 대상으로 균등한 기회 보장과 보다 우수한 인력을 선발하기 위해 공개경쟁시험으로 채용하는 것을 원칙으로 한다."고 규정되어 있다. 따라서 자체 인사규정으로 지역제한을 하는 것은 가능하나, 가점을 부여하는 것은 타 법령 및 중앙부처의 지침에 의하지 않고서는 바람직하지 않다.

6. 무기계약직 채용 시 추후 전환예정직무를 고려한 우대사항 적용

Q. ○○시설관리공단 무기계약직(공무직)의 직무는 시설 및 환경정비, 운전(특별교통수단), 안내(상담원) 등으로 분류되어 있다. 공단에서 시설 및 환경정비 직무를 위한 인력 채용 시 향후 운전(특별교통수단)직무로의 전환배치를 고려하여 택시면허 소지자를 우

대사항으로 정할 수 있는가?

A. 「지방공기업 인사 · 조직 운영기준」에는 "지방공사 · 공단의 장은 공개경쟁 및 경력경쟁 시험의 요건, 시험방법 등에 관하여 직종 · 직위 · 직무의 특성을 감안하여 자체 인사규정으로 정하되, 개별 채용별로 그 절차와 방법을 기관장 등이 달리 정하도록 할 수 없다. 다만, 업무 성격에 따라 직군(직렬)을 구분하여 요건 · 시험방법 등을 정하는 것을 원칙으로 하고, 직군(직렬)별로 예상 업무와 무관한 자격요건을 요구하여서는 안 된다."고 규정되어 있다. 따라서 채용 시의 자격요건은 채용공고상 모집 직종에 적합한 자격기준을 요구하는 것이 바람직하며, 추후 전환 예정 직무를 고려하여 현 직종에 무관한 자격기준에 우대사항을 적용하는 것은 채용 응시자에게 불합리한 요소로 작용할 수 있다.

7. 경력증명서(사본)의 인정

Q. 경력증명서는 폐업하기 전에 발급받아 사본을 보관하고 있고, 건강보험 자격을 통하여 그 기간의 근무를 확인할 수 있다면 원본이 아닌 사본이더라도 경력증명서를 인정할 수 있는가?

A. 신뢰성이 확보된 국민건강보험공단에 당사자의 건강보험자격 유지기간으로 실제 근무기간이 확인된 경우라면 경력증명서가 사본이더라도 인정되어야 한다.

8. 예비합격자 제도

Q. 기간제근로자의 인력풀제 운영이 「지방공기업 인사 · 조직 운영기준」에 위배되는가? 예컨대, 당장 필요한 기간제근로자는 5명이지만 20명 정도 인력풀로 임용 가능자를 사전에 여유 있게 선발하고, 대체근로자 소요 발생 시마다 임용순위에 따라 근로계약을 체결하여 업무에 투입(임용순위명부는 2년 간 유효)하는 것이 가능한가?

A. 「지방공기업 인사 · 조직 운영기준」에는 "지방공사 · 공단의 장은 채용절차 종료 후 채용 내정자의 임용 포기, 임용 후 중도 퇴사 등으로 결원이 발생한 경우 최종 예비합격자 명단의 순번에 따라 추가 임용할 수 있다."고 규정되어 있다. 따라서 기간제근로자의 인력풀제도 「지방공기업 인사 · 조직 운영기준」의 예비합격자 제도의 틀 내에서 운영될 수 있다고 판단된다.

9. 인 · 적성검사에 의한 합격 결정

Q. 「지방공기업 인사 · 조직 운영기준」에 따르면, 직원 채용의 시험방법은 필기시험 · 면접

시험 · 실기시험 · 서류전형 등을 거쳐 최종합격자를 결정하도록 되어 있고, 기타 시험의 방법, 시험의 단계, 시험과목, 과목별 배점, 출제수준, 합격결정방법 등은 정관 또는 자체규정으로 정하도록 되어 있다. 시설관리공단의 「인사규정 시행내규」에는 신규 채용을 공개경쟁채용 및 경력경쟁채용으로 할 때에는 필기시험과 면접으로 구분하여 시행하고, 인성 또는 적성검사를 필기시험 또는 면접심사 전에 실시하여 부적격자를 선별할 수 있도록 규정되어 있다. 인 · 적성 검사는 「지방공기업 인사 · 조직 운영기준」의 채용시험방법에 해당되지 않는데, 인사규정 시행내규 및 자체계획에 따라 시험의 한 종류로 인정하여 인 · 적성검사로 합격, 불합격을 결정해도 무방한가?

A. 「지방공기업법」 제63조(직원의 임면)에는 "공사의 직원은 정관으로 정하는 바에 따라 사장이 임면하며, 공사의 직원은 시험성적, 근무성적, 그 밖의 능력의 실증에 따라 임용되어야 한다."고 규정되어 있음을 고려할 때, 인 · 적성검사로 합격, 불합격을 결정하는 것은 바람직하지 않다.

10. 특별채용

Q. ① 공단 업무 관련 자체시스템 개발 및 특허 출원 등 예산절감 및 업무의 효율성 증대로 공단 발전에 지대한 공적이 있는 무기계약직 직원에 대하여 공단 일반직7급으로 특별임용(채용)이 가능한가? ② 이와 같이 특정인에 대하여 「지방공기업 인사 · 조직 운영기준」 및 공단 「인사규정」 제9조 등의 경력경쟁 임용시험을 통한 채용이 가능한가?

A. ① 「지방공기업 인사 · 조직 운영기준」에 따르면 직원의 신규 채용은 공개경쟁시험 또는 경력경쟁시험만 가능하다. 따라서 비공개 특별채용은 별도의 법령상 근거나 정부지침이 없는 한 불가능하다. ② 경력경쟁시험의 경우에도 「지방공기업 인사 · 조직 운영기준」에 따르면 "동일한 요건에 해당하는 경력 · 자격을 가진 지방공사 · 공단 내 · 외부 다수인을 대상으로 시험공고를 하여 경쟁의 방법으로 채용"하도록 되어 있으므로 특정인을 미리 지정하고 그 사람을 경쟁 없이 채용하는 것은 불가능하다.

11. 직원의 결격사유 조회방법

Q. 「지방공기업법」에 임원의 결격사유는 규정되어 있으나, 직원의 결격사유에 대한 규정은 없다. 직원의 결격사유는 어떻게 조회하는가?

A. 임원의 경우에는 「지방공기업법」 제60조(임원의 결격사유)에 따라, 범죄경력은 「형의 실효 등에 관한 법률」에 따른 수사기관, 피성년후견인과 피한정후견인은 「후견등기에 관한 법률」에 따라 법원행정처장이 발급한 등기사항증명서 등을 조회하여

결격사유를 확인할 수 있다. 직원 채용의 경우에는 법령에 구체적으로 명시되어 있지는 않으나 임원에 준하여 결격사유를 확인하고, 조회가 불가능한 사안에 대해서는 직원 본인의 신청에 의한 증명서를 제출받아 확인하는 것이 바람직하다. 「지방공기업법」에서는 임원의 결격사유만 정하고 있을 뿐(제60조) 직원의 결격사유에 대해서는 정하고 있지 않다. 이는 임직원의 책임의 크기가 같지 않은 점, 「근로기준법」의 적용을 받는 직원에 대해 당연퇴직에 관한 사항이 포함되어 있는 임원의 결격사유에 관한 규정을 적용하기 적절하지 않는 점 등을 종합적으로 고려한 결과이다. 따라서 법령상 근거 없이 공사의 「인사규정」에 결격사유에 대한 규정이 있더라도 타 기관에 대한 결격사유 조회가 가능하지 않으며, 추후에 결격사유가 발견되더라도 「인사규정」에 따라 당연퇴직하게 할 경우 「근로기준법」에 반하는 부당해고가 될 여지가 있다.

12. 정규직 전환-정관상 정원 포함 및 조직진단 실시

Q. 정부 정책에 따라 비정규직을 정규직으로 전환한 후 이들을 공무직이라는 직급을 만들고 「공무직 관리 시행내규」에 따라 정수로 관리하고 있는 경우, ① 무기계약직으로 전환하여 정규직 직원이 되었으니 정관상 정원에 포함시켜야 하는가? ② 만약 무기계약직을 정관상 정원에 추가해야 한다면, 「지방공기업 인사·조직 운영기준」에 따라 별도의 조직진단을 하여야 하는가? ③ 무기계약직이 정관상 정원에 포함될 경우 청년의무고용에 부담이 되는 것이 아닌가?

A. ① 「지방공기업 인사·조직 운영기준」에서 "공무직 등 근로자는 부서·직종별로 구분하여 정관 또는 자체규정 등에 따라 정원으로 관리하여야 한다."고 규정하고 있으므로 전환된 무기계약직 정원을 정관 또는 자체규정에 따라 관리하면 된다. ② 「지방공기업 인사·조직 운영기준」에서 정원 조정 시 조직진단을 하도록 규정한 것은 정원의 과다 산정, 편법적 인력 운영을 막고 조직·인력을 효율적으로 운영하기 위한 것이다. 정부의 정규직 전환정책에 따라 기관의 사업을 수행하는 기존의 비정규직을 정규직으로 전환함으로써 증가된 정원은 실질적으로는 증원된 것이 아니므로 정규직 전환에 따른 정원 증가에 대해서는 별도의 조직진단을 실시하지 않아도 된다. ③ 지방공공기관 청년의무고용대상은 일반정규직에 한하며, 비정규직과 무기계약직은 제외된다. 따라서 청년의무고용인원은 일반정규직 정원을 기준으로 산정하므로 무기계약직을 정원으로 관리하더라도 청년의무고용인력 산정 시 정원의 범위에 포함되지 않는다.

13. 정규직 전환-초단시간근로자, 협의 지연

Q. ① 초단시간근로자의 경우에도 전환대상인가? ② 전환방식, 임금체계 등에 대한 협의가 지연되는 경우 전환결정은 어떻게 하는가?

A. ① 주 15시간 미만 근로하는 초단시간근로자의 경우 '초단시간'이라는 이유만으로 전환대상에서 제외되지 않도록 유의하되, 근로일이나 시간이 불규칙적이어서 예측이 곤란하거나 근로일이 주 1일 등 정규직 전환이 매우 곤란하다고 판단되는 경우는 전환심의위원회를 거쳐 예외로 할 수 있다. ② 전환심의기구에서는 전환대상, 전환방식, 채용방식 및 임금체계 등 사안별로 순차적 의사결정이 가능하다. 따라서 전환방식이나 임금체계 등 일부 사항에 대한 이견이 지속되는 경우 우선 전환대상을 먼저 결정한 후 순차적으로 다른 쟁점들에 대한 논의를 진행하는 것이 도움이 된다.

14. 정규직 전환-근로조건 조정

Q. ① 비정규직 근로자의 임금이 높은 경우 정규직 전환과정에서 임금수준을 낮춰 고용하는 것이 가능한가? ② 사업성격상 성수기와 비수기의 서비스 이용인원이 달라 시기별 비정규직 채용인원이 다른 경우 전환인원을 어떻게 산정하나? ③ 청년 선호 직종에 해당하여 신규 공개경쟁채용을 하려는 경우 기존 비정규직에 대해 가점을 부여하는 것이 가능한가?

A. ① 근로자의 동의 없는 근로조건 저하는 곤란하다. 다만, 프로젝트 계약직과 같이 기간이 정해진 프로젝트를 위해 채용된 경우에는 전환 제외대상에 포함시킬 수 있다. ② 연중 9개월 이상 계속되는 업무인 경우 전환대상이 되고, 직무분석을 통해 적정인원이 몇 명인지 판단하여 전환규모를 산정할 필요가 있다. ③ 청년 선호 직종에 대해 공개경쟁채용을 하려는 경우 기존 비정규직에 대해 가점 부여 또는 일부 전형(서류전형 등)을 면제할 수 있다.

15. 정규직 전환-채용대상

Q. 용역업체를 통해 운영하던 시설을 직영으로 전환할 계획을 검토하던 중 비정규직의 정규직 전환정책이 추진되었다. 이 경우 당초 계획대로 직영 전환 후 신규 채용을 해야 하는가? 아니면, 현 용역근로자를 정규직으로 채용해야 하는가?

A. 공공부문 비정규직의 정규직 전환정책의 취지를 고려하여 기존 용역근로자를 정규직으로 채용하는 것이 바람직하다.

16. 정규직 전환-소속기관 근무 비정규직

Q. 근로자와의 계약을 본사가 아닌 소속기관(임대아파트 관리사무소 등)에서 체결한 경우, 해당 소속기관에 근무하는 비정규직 직원들도 전환대상인가?

A. 소속기관(관리사무소)이 근로계약을 체결하는 경우, 이는 사업주(법인인 경우 법인 그 자체)의 근로계약체결사무를 처리한 것에 지나지 않으므로 근로계약관계의 권리·의무는 사업주(법인인 경우 법인 그 자체)에 귀속된다. 따라서 지방공기업 소속기관도 「공공부문 비정규직 근로자의 정규직 전환 가이드라인」 적용대상이 된다.

17. 정규직 전환-전환대상자

Q. ① 사업을 타 기관으로 이관하는 경우 비정규직을 정규직 전환 심의대상에서 제외할 수 있는가? ② 상가 청소용역, 임대주택 경비원 등 본사의 재정지원이 거의 없이 입주민들의 관리비로 임금을 지급하는 경우에도 전환대상인가? ③ 기관 자체 버스를 보유하지 않고, 업체와 계약을 통해 업체 소유 버스를 이용하여 출·퇴근용 셔틀버스를 운행하는 경우 전환대상인가? ④ 전환대상 판단 기준시점 당시 휴직 등으로 실태조사에서 제외된 비정규직 근로자를 대신하여 대체인력을 비정규직으로 채용한 경우 전환대상은 휴직 중인 비정규직 근로자인가, 아니면 대체인력으로 채용되어 근무 중인 비정규직인가?

A. ① 상시·지속적 업무를 수행하는 비정규직 근로자를 채용한 목적사업이 타 기관으로 이관되는 경우라면 전환대상으로 보기 어렵다. ② 시설물 운영경비 등을 수익자(사용자)가 부담하는 것만을 이유로 정규직 전환에서 제외하는 것은 바람직하지 않다. ③ 지입차량 운전기사는 근로자성이 인정되지 않으므로 정규직 전환대상이 아니다. ④ 휴직·파견 등 결원이 발생하여 당해 근로자가 복귀할 때까지 한시적으로 그 업무를 대신하는 경우는 전환 예외사유에 해당하므로, 「비정규직의 정규직 전환 가이드라인」 시달 당시 휴직 중인 자를 전환대상자로 볼 수 있다.

18. 정규직 전환-계약직 채용 후 일반직 전환

Q. 계약직으로 공개채용시험을 공고하고 직원을 채용하였다. 채용공고·필기시험·면접 등을 통하여 임용절차를 완료하였으며, 채용공고 시 "채용 후 일정기간 근무 후 근무성적이 우수한 직원에 한하여 추가채용 절차를 거쳐 일반직으로 전환할 수 있습니다."라는 문구를 삽입하여 공고하였다. 추가채용 절차를 거쳐 일반직으로 전환할 때, 외부인과 동일하게 공고 후 시험을 거쳐 임용절차를 시행해야 하는가, 아니면 계약직으로 채용된 자에 한하여 특별전형을 해도 되는가?

A. 「지방공기업 인사·조직 운영기준」에 따르면, 직원의 신규 채용 시 우수인력을 선발하기 위하여 공개경쟁시험을 원칙으로 하고 있다. 다만, 공개경쟁시험에 의하여 충원이 곤란한 직위·직무분야에 대해 경력경쟁시험으로 채용할 수는 있으나, 경력경쟁채용의 경우에도 동일한 요건에 해당하는 경력·자격을 가진 지방공사·공단 내·외부 다수인을 대상으로 시험공고를 하여 경쟁의 방법으로 채용하여야 한다(다만, 비정규직의 무기계약직 전환 등 정부 기준이 별도로 통보된 채용제도에 해당하는 경우에는 예외적으로 기존 인력의 전환이 가능함). 질의한 내용은 비정규직의 무기계약직 전환이 아닌 정규직 전환으로 보이므로, 외부인도 지원할 수 있도록 공개경쟁채용을 실시하는 것이 「지방공기업 인사·조직 운영기준」에 부합한다.

19. 정규직 전환-전환 거부

Q. 정규직 전환대상인 상시·지속 업무에 종사하는, 정년에 임박한 비정규직 근로자가 정년 적용을 반대하여 정규직 전환을 거부하는 경우에는 어떻게 해야 하나?

A. 정규직 전환 후 임금 및 정년 등 근로조건 저하를 이유로 근로자가 전환을 거부하는 경우나, 현재의 업체에 비정규직으로 계속 고용되기를 희망하는 경우 등 비전환의 합리성이 인정될 때에는 전환대상에서 제외할 수 있다. 다만, 파견근로자의 전환 거부 등으로 인해 전환대상에서 제외되더라도 전환 거부의사를 표명한 근로자가 근로계약기간 만료 등의 이유로 퇴사할 경우 동 업무 신규 채용자는 정규직으로 채용하여야 한다.

20. 정규직 전환-전환심의기구에서 전환 제외 시 불이익

Q. 전환심의기구에서 전환 제외 결정을 한 경우 경영평가 등에서 불이익이 발생하는 것이 아닌가?

A. 전환심의위원회, 노사 및 전문가협의체 등 정규직 전환을 위한 심의기구를 적합하게 구성하였고, 그 협의체를 적절하게 운영하여 결정한 내용에 대해서는 경영평가 등에서 일체의 불이익이 없다.

21. 정규직 전환-전환시점

Q. 전환대상자 선정 시 가이드라인 발표시점을 기준으로 전환해야 하는가, 아니면 현 근로자를 기준으로 전환해야 하는가?

A. 기본적으로 가이드라인 발표 당시 근로자의 전환을 원칙으로 한다. 다만, 2단계 대

상기관이 기관장 책임 하에 1단계 가이드라인에 따라 정규직 전환을 진행 중이거나 전환결정이 완료된 경우에는 1단계 가이드라인 발표시점(2017.07.20.) 또는 이에 준하는 시점에 근무하는 종사자를 전환대상자로 할 수 있다.

22. 정규직 전환-미 전환자에 대한 급여 인상

Q. 동일한 직무를 수행하는 근로자들 중 일부는 정규직 전환을 하고 다른 근로자들은 전환을 하지 않은 상황에서, 전환을 한 근로자의 급여를 인상한 경우 동일직무를 수행하는 미 전환자에 대해서도 급여 인상을 해야 하는가?

A. 기간제근로자 차별금지원칙이 적용되어야 하므로, 정규직 전환자에 대한 임금 인상 시 합리적인 차별의 사유가 없는 한 동일 직무를 수행하는 미 전환자에 대해서도 임금을 동일하게 인상하여야 한다.

23. 정규직 전환-임금체계 설정

Q. 비정규직 근로자를 무기계약직으로 전환할 경우, 임금체계는 어떻게 설정하는가?

A. 지방공사·공단의 정규직 전환 결정에 의해 전환이 되는 근로자에 대한 임금체계는 직무의 내용이나 난이도 등을 감안하여 정규직전환심의기구에서 결정하는 것이 원칙이다. 이 경우에는 동일가치노동-동일임금의 취지가 반영되고, 공공부문의 장기적인 임금체계 개편방향에 부합할 수 있도록 하여야 한다. 따라서 지방공사·공단별로 충분한 논의를 통해서 결정할 사안이지만, ① 해당 지방공사·공단에 동일한 업무를 수행하는 정규직 근로자들이 있음에도 그간 정원 미 확보 등 지방공사·공단 자체의 문제로 비정규직을 사용한 경우에는 기존 정규직 근로자들과 동일한 임금체계를 적용하여야 한다. ② 전환근로자의 업무와 동일한 업무가 없는 경우에는 별도의 직군을 마련하여 체계적인 관리규정을 만들고, 표준임금모델을 참고하여 별도의 임금체계를 설정하여야 한다. ③ 기존 임금체계를 적용받는 소수의 근로자들이 있는 상황에서 이들과 동일한 업무를 수행하는 다수의 비정규직 근로자들이 정규직으로 전환되는 경우에는 별도의 임금체계를 설정하고 단계적으로 임금체계를 통합할 수 있다.

24. 정규직 전환-노사 및 전문가협의체 구성

Q. 노사 및 전문가협의체는 어떻게 구성하나?

A. 노사 및 전문가협의체에는 정규직 전환 이해당사자와 전문가 등이 협의기구 당사자

로 참여한다. 즉, ① 기관, ② 파견용역근로자(노동조합), ③ 기관 소속 근로자(노동조합), ④ 무노조 대표, ⑤ 외부전문가 등이 참여한다.

25. 정규직 전환-산별노조 간부의 노사전문가협의체 참여

Q. 해당 사업장 소속 근로자가 아닌 산별노조 간부가 노사전문가협의체에 근로자 대표로 참여할 수 있나?

A. 파견용역근로자의 정규직 전환을 논의하는 노사전문가협의체는 노조법상 단체교섭이 아니며, 기관 단위로 설치되어 해당 기관과 직접적인 이해관계를 갖는 근로자들의 전환에 관한 구체적 사항을 논의하는 것이다. 따라서 직접적인 이해관계가 있는 전환대상 근로자들의 대표가 참여하는 것이 원칙이다. 다만, 산별노조가 개별기관의 협의체에 위원으로 직접 참여하기 위해서는 노사 간 합의가 전제되어야 할 것이다.

26. 정규직 전환-전환대상인원이 소수인 경우

Q. 정규직 전환대상인원이 소수인 경우에도 정규직전환심의위원회 및 노사전문가협의체를 구성하여야 하는가?

A. 전환대상인원이 소수인 경우에도 가급적 전환심의기구를 구성하여 심의하는 것이 원칙이다. 다만, 대상자 전원을 정규직으로 전환하는 등 특별한 쟁점이 없는 경우에는 별도의 전환심의기구 구성없이 기존의 인사위원회 등으로 대체 가능하다.

27. 정규직 전환-파견근로자

Q. 전환여부가 결정되기 전에 파견근로자의 계약기간(2년) 만료가 도래된 경우에는 어떻게 해야 하는가?

A. 파견기간 2년을 초과할 경우에는 사용사업주에게 고용의무가 발생하기 때문에 ① 파견기간이 2년에 도달하기 전에 전환결정이 이뤄질 수 있도록 전환절차를 신속히 진행, ② 부득이 2년 초과 시에는 파견업체로 복귀시키되 반드시 향후 전환협의대상에 포함하고, 경쟁채용인 경우 채용절차에 참여하도록 관련 내용을 안내하여 불이익이 없도록 조치, ③ 파견기간 2년이 도래한 사람이 소수인 경우에는 가급적 신규인력 파견을 받지 말고 업무공백 최소화를 위한 임시적 업무조정을 통하여 대응하고 조속히 전환결정을 진행하여야 한다.

28. 임금피크제-도입 제외기관

Q. 근로자 10인 미만의 기관은 임금피크제 도입에서 제외된다고 하는데, 여기서 근로자의 의미는?

A. 임금피크제 도입이 제외되는 기관은 「근로기준법」상 상시근로자 10인 미만의 기관을 의미하며, 근로자는 사용자가 직접 고용하고 있는 모든 근로자(일용직, 단시간근로자, 기간제근로자, 외국인근로자 등)를 포함하되 사용자가 직접 고용하지 않은 근로자(사내 하도급근로자, 파견근로자 등)는 제외한다.

29. 임금피크제-적용 제외대상

Q. 임금피크제 적용 시, 최저임금의 150% 수준 이하인 경우는 제외 가능한 것으로 되어 있다. 이 경우 지방자치단체별로 고시하는 생활임금이 있는 경우 생활임금의 150%인가, 아니면 최저임금의 150%인가?

A. 「지방공기업 임금피크제 운영지침」에 규정된 최저임금이란 매년 「최저임금법」에 따라 고용노동부장관이 결정·고시한 금액을 말한다.

30. 임금피크제-정규직 전환자

Q. 비정규직의 정규직 전환자에 대해 임금피크제를 적용해야 하는가?

A. 「지방공기업 임금피크제 운영지침」에서 무기계약직을 포함한 전 직원을 대상으로 임금피크제를 도입하도록 하고 있으므로, 비정규직이 정규직으로 전환되면 임금피크제를 적용하는 것이 타당하다.

31. 임금피크제-별도직군 신설

Q. 임금피크제 시행 시 채용되는 신규직의 경우 일반직으로 별도의 직군을 신설하여 채용이 가능한가?

A. 불가능한 것은 아니나, 향후 직군 간 위화감 형성 등 조직 운영상 새로운 문제가 파생되지 않도록 하는 것이 바람직하다. 초임직급으로 채용하는 경우에도 자연퇴직에 따른 신규 채용자와 임금·복리후생 등 인사관리에 있어서 차별을 두어서는 아니된다.

32. 임금피크제-별도정원

Q. 임금피크제 대상자 및 신규 채용은 별도정원을 둘 수 있도록 「지방공기업 임금피크제 운영지침」에 명시되어 있다. 지방공기업의 정관에 명시되어 있는 정원에 별도정원이 포함되는가? 별도정원(신규 채용)에 대하여 지방자치단체의 승인을 받은 채용인력은 정관에 명시된 정원을 초과하더라도 채용이 가능한가?

A. 「지방공기업 임금피크제 운영지침」에서는 신규 채용 후 별도정원 반영사항에 대해 "매년 임금피크제 관련 신규 채용규모만큼 별도정원으로 반영하며, 별도직군 또는 초임직급으로 구분 적용"하도록 규정하고 있다. 따라서 임금피크제 시행으로 신규로 채용된 인력의 경우 정관상 정원에 포함되는 것이 아닌 별도정원으로 구분된다. 아울러, 별도정원의 조정에 대한 사항은 설립 지방자치단체와 행정안전부의 협의 및 승인을 받도록 되어 있다.

33. 임금피크제-별도정원 조정

Q. 별도정원 조정이 가능한 경우는 언제인가?

A. 별도정원의 조정은 제한적 경우에 한해 가능하며, 반드시 설립 지방자치단체 및 행정안전부와 사전 협의를 거쳐야 한다. 별도정원 조정이 가능한 제한적 경우는 ① 신규 채용 목표가 되는 '정년 도래 1년 전 인원(정년보장형) 또는 퇴직 연장인원(정년연장형)'이 존재하지 않거나 지속적으로 감소 또는 일시적으로 크게 감소하는 경우, ② 경영악화로 인해 구조조정을 시행하거나 행정안전부로부터 경영개선명령을 받는 등 별도정원을 유지하기 어려운 경우, ③ 임금피크제 대상자와 신규 채용자의 임금격차가 크지 않아 임금감액률을 높게 설정해도 별도정원을 유지하기 어려운 경우, ④ 임금피크제 대상자가 명예퇴직 등 중도에 퇴직한 경우, ⑤ 그 밖에 별도정원을 유지하기 어려운 객관적인 사유가 존재하는 경우 등이다.

34. 임금피크제-최저임금 미달액 소급

Q. 1960년생으로 2018년도부터 임금피크제를 적용받고 있다. 2019년과 2020년에 최저임금에 미치지 못하는 임금을 받았다. 최저임금에 미치지 못한 금액을 소급해서 받을 수 있는가?

A. 「지방공기업 임금피크제 운영지침」에는 "급여수준이 매우 낮은 경우(최저임금의 150% 수준 이하) 등은 임금피크제 적용 제외 가능"이라고 되어 있다. 여기서 급여수준이 최저임금의 150% 수준 이하는 총급여가 아닌 감액 전의 기본급(기본연봉)을

의미한다. 따라서 감액 전 기본급이 최저임금의 150% 이하인 경우에는 임금피크제 적용 제외가 가능할 것이다.

35. 임금피크제-감액률 조정

Q. 당해 연도 임금피크제를 운영하면서 실제 인원과 급여를 재계산해 보니, 임금감액률을 너무 크게 설정하여 재설정할 경우 어떤 절차를 거쳐야 하나?

A. 「지방공기업 임금피크제 운영지침」에 따라 임금피크제 도입 후 별도정원 및 임금감액률 조정 시, 관련 사항을 이사회 개최일 15일 전까지 설립 지방자치단체의 장 및 행정안전부장관에게 송부하여 처리하여야 한다. 이 경우 임금피크제 도입에 따른 신규 채용규모를 준수하는 한도 내에서 조정이 가능할 것이다.

36. 임금피크제-퇴직자 임금손실에 대한 소송

Q. 시설관리공단에서 58세부터 60세까지 임금피크제 적용을 받아 3년 간 매년 5%씩 임금을 삭감받고 퇴직하였다. 임금피크제 기간 중 담당업무 변동은 없었으며, 관리시설 증가로 업무량이 오히려 증가하였다. 공단 내 연간 임금피크제 대상인원이 1명뿐이었으며, 임금피크제를 통해 감액한 예산으로 청년인력을 충원할 수 없어 채용인원은 발생하지 않았다. 최근 대법원 판결로 임금손실분에 대한 구제방법이 언론에 알려지고 있는데, 위와 같은 경우에도 개인적으로 소송을 제기하여 처분을 받아야 하는가?

A. 최근 임금피크제와 관련한 대법원 판결(2022.05.26.)은 개별 기관의 사례에 대한 판단이며, 모든 임금피크제가 위법인 것은 아니다. 정년을 유지하면서 일정기간 임금을 삭감하는 임금피크제의 효력은 각 사례별로 대법원이 제시한 판단기준 등에 따라 판단하여야 한다.

37. 임금피크제-임금 반납형태로 운영

Q. 임금피크제 적용 시 임금을 감액조정이 아닌 반납형태로 운영이 가능한가?

A. 임금을 감액하지 않고 전액 수령 후 반납하는 형태는 임금피크제의 개념에 해당하지 아니한다.

38. 임금피크제-퇴직금 산정

Q. 임금피크제를 3년 간(58~60세) 적용하고 있으며, 감액률은 1년차 5%, 2년차 10%, 3년차 15%이다. 임금피크제 대상자의 퇴직금 산정 시 당초 감액되기 이전의 보수로 적

용하는 것인가, 아니면 임금피크제 적용 후 감액된 보수로 적용하는는가?

A. 「공공기관을 위한 임금피크제 매뉴얼」에 따르면, 퇴직급여에 대해 임금피크제 적용 전 퇴직금 중간정산을 실시하고 임금피크제 기간 동안 연단위로 퇴직금을 정산하여야 한다. 임금피크제 도입 시 퇴직급여는 임금피크제가 실시되는 날을 기준으로 감액되기 이전의 보수를 적용하며, 임금피크제 감액비율이 단계적으로 달라지는 경우에는 달라지는 각 시점마다 산정하도록 하고 있다. 즉, 중간정산을 하는 시점은 임금피크제 도입 전으로 당초 감액되기 이전의 보수를 적용하여 산정해야 하며, 1년차, 2년차, 3년차에는 감액된 보수를 적용하여 각 연차마다 퇴직금을 달리 산정하여 운영할 수 있다.

39. 임금피크제-근로시간 단축

Q. 임금피크제 1년차 8% 감액, 2년차~3년차 10% 감액을 적용하고 있다. 임금피크제 도입에 따른 감액 임금에 대한 보상, 그리고 퇴직준비를 위한 자격증 취득 교육·훈련기회 제공을 위해 임금피크제 대상자에 한하여 임금피크제 1년차(해당없음), 2년차(1시간/일), 3년차(2시간/일)에 대해 근로시간을 단축하고자 한다(노사협의회 협의결과 위 시간대로 근로시간 단축 합의 및 규정 개정 요청). 위 사항의 적용에 있어 반드시 임금이 축소되는 만큼 근로시간 단축을 시행하여야 하는가? 아니면, 기관의 형편 및 기관장 판단에 따라 2년차(1시간/일), 3년차(2시간/일) 적용이 가능한가?

A. 당초에는 임금피크제로 임금이 축소되는 만큼 근로시간 단축을 할 수 없도록 하였으나, 이를 완화하여 노사 합의를 통해 근로시간을 단축할 수 있도록 하였다. 따라서 노사 합의가 이루어졌다면 임금피크제 시행에 따라 임금이 축소되는 만큼 근로시간을 단축할 수 있다.

40. 임금피크제-공로연수

Q. 지방공기업 임금피크제 시행에 따른 교육강화방안으로 퇴직예정자(6개월 내외) 교육을 실시하기 위하여 지방공무원 인사분야 통합지침에 따른 공로연수제도 형태를 도입하려고 한다. 이것이 가능한가? 가능하다면 공로연수 대상자를 결원으로 직무대행에 따른 전보가 아닌 승진이나 신규 채용으로 보충할 수 있는가?

A. 「지방공기업 임금피크제 운영지침」에 따르면, 우수 사내강사 양성, 퇴직예정자의 사회적응능력 배양을 위하여 「지방공기업 인사운영기준」에 따라 임금피크제 대상자에 대한 퇴직교육제도를 운영할 수 있도록 규정하고 있다. 또한 「지방공기업 교육훈련 강화방안」(2017.02.)에 따르면 기관 여건에 따라 임금피크제 대상자 등 퇴

직예정자를 대상으로 6개월 내외 범위에서 국내 전문교육훈련기관 위탁교육을 자율적으로 실시할 수 있도록 규정하고 있다. 따라서 「지방공기업 임금피크제 운영지침」에서 정하지 않은 공로연수 등은 지방자치단체와 협의하여 정하는 것이 바람직하다.

41. 블라인드 채용-적용대상

Q. ① 임원도 블라인드 채용대상인가? ② 서류전형 없이 곧바로 필기시험을 보는 경우 사진을 요구할 수 있는가? ③ 어학점수를 요구한 것이 블라인드 채용 가이드라인에 위배되는가?

A. ① 임원은 블라인드 채용대상이 아니며, 블라인드 채용은 직원의 신규 채용에 적용된다. ② 사진은 신체적 조건에 해당하여 입사지원서에 부착하지 않는 게 원칙이나, 곧바로 필기시험인 경우 입사지원서가 아닌 별도의 개인정보동의서 등을 활용하여 응시자 확인을 위한 사진 요구가 가능하다. ③ 블라인드 채용 시 금지되는 항목은 편견이 개입되는 출신지역, 가족관계, 신체적 조건, 학력 등이고, 어학점수는 국제업무 등 직무와 관련된 경우에만 요구할 수 있도록 권고하고 있다. 어학성적 등을 요구할 경우 직무관련성을 직접 입증하고, 그 이유를 채용공고 또는 직무기술서에 명시하도록 하고 있다.

42. 블라인드 채용-연구직

Q. 연구직을 채용할 경우 학력위조 우려 등으로 학위를 꼭 확인해야 하는데, 이 경우에도 블라인드 채용을 진행해야 하는가?

A. 입사지원서에는 출신지역, 가족관계, 신체적 조건, 학력 등의 인적사항 요구를 원칙적으로 할 수 없으나, 신체적 조건, 학력이 채용직무를 수행하는 데 있어 반드시 필요하다고 인정될 경우에는 요구할 수 있다. 즉, 연구직 채용 시 논문·학위 요구, 특수경비 채용 시 시력·건강한 신체 요구, 지역인재 채용 시 최종학교명을 최종학교 소재지로 변경하여 요구할 수 있다.

43. 블라인드 채용-외국인 강사

Q. 외국인 강사 채용 시에도 블라인드 채용을 실시해야 하는가?

A. 블라인드 채용은 채용과정(입사지원서, 면접) 등에서 편견이 개입되는 출신지·학력 등 불합리한 차별을 야기할 수 있는 항목을 요구하지 않고 실력을 평가하여 인재를

채용하는 방식으로, 원칙적으로 내·외국인 구분 없이 동일하게 블라인드 채용을 적용해야 한다. 다만, 해당 대상자가 전문직 등으로 채용직무를 수행하는 데 있어 반드시 필요하다고 인정될 경우에는 예외적으로 논문, 학위 등을 요구할 수 있다.

44. 블라인드 채용-응시자격 제한

Q. 모집 직군이 '남자 샤워장 및 화장실 청소'처럼 특정 성으로 모집할 필요성이 있는 경우 응시자격을 제한할 수 있는가?

A. 직원의 채용과 관련하여서 성별·신체 등에 불합리한 제한을 두어서는 아니 된다. 다만, 직무내용에 '남성' 탈의실 및 샤워장 청소임을 정확히 명시하여 응시자가 직무내용을 명확히 알고 지원할 수 있도록 안내하는 것이 바람직하다.

45. 블라인드 채용-증빙서류 요구시기

Q. 최종 합격자 발표 전에 증빙서류를 요구할 수 있는가?

A. 증빙서류는 최종 합격자 발표 전에 요구할 수 없는 것이 원칙이다. 자격요건 관련 사항은 입사지원서에 기재된 자격번호·취득일자 등으로 확인하고, 증빙서류는 서류전형 합격자 발표 이후에 요구할 수 있다. 다만, 합격 결정과 관련 있는 증빙서류(국가유공자 관련 취업지원 대상자 증명서, 응시연령·거주기간 확인을 위한 주민등록초본 등)는 서류전형 종료 이후 필기시험 또는 면접시험 전에 요구할 수 있다.

46. 블라인드 채용-연령 제한

Q. 「지방공기업 블라인드 채용 가이드라인(2017.07.12.)」의 '블라인드 채용의 의미(고용노동부 제공)'를 보면 "채용과정 등에서 편견이 개입되어 불합리한 차별을 야기할 수 있는 출신지, 가족관계, 학력, 외모 등 항목을 걷어 내고"라는 문구가 있다. 지방공사·공단에서 자격요건으로 연령제한(만 60세 초과 만 65세 이하)으로 채용공고를 내고 고령자 인재만 채용해도 블라인드 채용에 저촉되지 않는가?

A. 고령자만을 채용할 목적으로 연령을 60세 초과 65세 이하로 제한하는 것은 「블라인드 채용 가이드라인」에 저촉된다.

47. 청년의무고용제-적용대상기관

Q. 청년의무고용제 적용대상기관은?

A. 「청년고용촉진 특별법」 제5조(공공기관의 청년 미취업자 고용 의무) 및 같은 법 시

행령 제6조(청년 미취업자 고용 확대 대상기관) 제1항에 의해 정원(일반정규직) 30명 이상인 지방공기업이 적용대상이다.

48. 청년의무고용제-적용제외기관

Q. 청년의무고용제 적용이 제외되는 기관은 어디인가?

A. 「청년고용촉진 특별법 시행령」 제6조(청년 미취업자 고용 확대 대상기관) 제2항에 따라 ① 정원이 전년도에 비하여 100분의 10이상 감축된 연도의 경우, ② 「공공기관의 운영에 관한 법률」에 따른 공공기관 또는 「지방공기업법」에 따른 지방공기업으로 지정・설치 또는 설립된 연도의 경우, ③ 고용노동부장관이 기획재정부장관과 협의하여 고시하는 전문적인 자격・능력 또는 경력 등의 기준에 맞는 사람을 해당 연도 고용인원의 100분의 50이상 고용하는 연도 등의 경우에는 청년의무고용제 적용을 제외한다.

49. 청년의무고용제-이행여부 판단기준

Q. 청년의무고용제 정원의 3%가 소수점인 경우 이행여부 판단의 기준은?

A. 정원의 3%값이 소수로 산출되는 경우 소수점 이하를 올림한 값이 이행여부 판단의 기준이 된다. 예컨대, 정원의 3%가 45.2명인 경우 의무이행 최저인원은 46명이 된다.

50. 청년의무고용제-임원의 정원 산입

Q. 임원의 경우 청년의무고용제 정원에 포함하는가?

A. 임원의 경우 직제에 반영된 임원 중 기관장・감사・이사 등 상임임원인 경우에는 정원에 산입하고, 비상임임원인 경우는 제외한다.

51. 청년의무고용제-기준이 되는 정원

Q. 청년의무고용제의 기준이 되는 정원은?

A. 청년의무고용제의 기준이 되는 정원은 일반정규직 정원을 의미한다. 무기계약직이 직제상 정원에 포함되어 있더라도 의무고용인원 산정은 일반정규직 정원으로 한다. 예컨대, A공사의 정관에 반영된 정원이 150명이고, 이 중 일반정규직은 100명, 무기계약직 등이 50명이 있는 경우 청년의무고용 최소인원은 100명의 3%인 3명이 된다. 또한 임금피크제로 인해 부여된 정규직 별도정원이 있는 경우 해당 인원도 모수에

포함하여 산정한다.

52. 청년의무고용제-정원 산정 기준시점

Q. 청년의무고용제 정원 산정의 기준시점은 언제인가?

A. 청년의무고용제 이행여부를 판단하는 기준이 되는 정원은 해당 연도 말일을 기준으로 적용한다.

제63조의2(임직원에 대한 교육훈련) 공사의 사장은 임직원에 대하여 제3조에 따른 경영의 기본원칙을 달성하기 위하여 필요한 교육훈련을 실시하여야 한다.

[연혁]

1) 신설(2002.03.25.) 공사의 사장은 임직원에 대하여 제3조의 규정에 의한 경영의 기본원칙을 달성하기 위하여 필요한 교육훈련을 실시하여야 한다.

→ 지방공사의 발전과 임직원 개개인의 지속적인 업무능력 향상을 위해 교육계획을 수립하여 업무수행에 필요한 교육을 정기 또는 수시로 받을 수 있도록 하였다.

2) 개정(2011.08.04.) 현행과 같이 개정하였다.

Q & A

1. 의무교육시간

Q. 연 50시간 범위 내에서 직위·직무별 탄력적 의무시간 설정에서 50시간 이하여도 무방한가?

A. 교육대상을 전 직원의 10%에서 전 직원으로 확대하면서 직원 의무시간을 연 50시간에서 연 50시간 범위 내 직위·직무별로 탄력적으로 설정하도록 되어 있는 바 50시간 이하여도 무방하다. 단, 신규 채용 및 승진에 따른 필수교육은 의무시간(예: 신규 채용자 2주, 중간관리자 승진 1주, 임원 승진 3일)을 이수하여야 한다.

2. 사내봉사단 활동의 교육훈련시간 인정

Q. 지방공기업 교육훈련 이수 인정기준(집합교육, 직장교육, 현장교육, 워크숍, 봉사활동 등)에서 봉사기관 확인서로 봉사활동내역을 교육인정시간으로 포함하려고 하는데, 사내봉사단에서 활동한 내역도 교육인정시간으로 포함될 수 있나?

A. 「지방공기업 교육훈련 강화방안」에 따르면 학습유형별 교육에 봉사활동도 교육으로 인정하고 있으며, 봉사기관 확인서로 교육시간을 인정하고 있다. 따라서 사내봉사단 활동도 해당 봉사기관 확인서가 발급 가능한 경우 교육시간으로 인정할 수 있을 것이다.

제63조의3(임직원의 보수) 공사의 임직원의 보수기준은 공사의 경영성과가 반영될 수 있도록 하여야 한다.

[연혁]

1) **신설(2002.03.25.)** 공사의 임직원의 보수기준은 공사의 경영성과가 반영될 수 있도록 하여야 한다.

→ 임직원의 보수에 관하여는 경영실적을 보수에 반영하는 연봉제 · 성과급의 근거를 마련하였다.

2) **개정(2011.08.04.)** 현행과 같이 개정하였다.

Q & A

1. 성과연봉제 지속여부 결정

Q. 노사 협의를 거쳐 성과연봉제를 도입한 기관의 경우, 노사 재협의를 통해 지속여부를 결정해야 하는가, 아니면 기관장 재량으로 결정할 수 있는가?

A. '지방공기업 성과연봉제 후속조치'는 성과연봉제 도입여부에 따른 페널티를 폐지함으로써 노사자치원칙에 따라 노사 합의를 통하여 제도의 지속여부를 자율적으로 결정하도록 하는 취지이다. 따라서 노사 합의를 통하여 성과연봉제를 도입 · 운영하는 기관일 경우라도 노사 재협의를 통하여 제도의 지속여부를 결정하는 것이 타당하다.

2. 임원의 기본연봉 산정

Q. 임원의 기본연봉은 어떻게 산정하는가?

A. 기본연봉은 기준기본급에 기본가산급을 더하여 산정한다. 임원의 경우 기본가산급은 기준기본급×인상률로 구성되며, 인상률은 정책인상률 범위 내에서 해당 공기업의 전년도 경영평가등급을 고려하여 지방자치단체의 장이 자율적으로 결정하도록 되어 있다.

3. 연봉제 적용범위 및 지급방법

Q. ① 연봉제를 반드시 적용해야 하는 대상자는 누구인가? ② 가율을 적용하지 않은 채 연봉액을 12월로 분할 지급하는 경우에 예산편성기준에 의한 연봉제로 볼 수 있는가?

A. ① 원칙적인 연봉제 적용대상자는 팀장/과장급(팀제 시 팀장, 팀제 미실시 시 과장급) 이상자를 말하며, 그 이하자에 대해서는 자율적으로 실시 가능하도록 하고 있다. 팀장에 준하는 직급을 가진 직원도 연봉제대상자로 하도록 규정하고 있다. ② 연봉제는 단순히 연봉으로 책정하여 급여를 산정하는 제도가 아니라 성과에 따른 보상시스템으로, 예산편성기준에서의 근무평정을 통한 등급별 가율 적용 없이는 연봉제라고 할 수 없다.

4. 개방형 직위의 연봉 결정

Q. 개방형 직위(임원급에 준하는 본부장 직위) 공모와 관련하여 내부에서 상위급수로 임명될 경우 승진과 동일한 개념에서 현 기본연봉에서 승진가산급을 적용하여 연봉을 책정하고자 한다. 이때 연봉상한액을 초과하게 될 경우 내부에서 임명된 직원에게도 상한액만 적용하여 결정해야 하는가?

A. 「지방공기업 인사·조직 운영기준」은 지방공기업 인사운영에 관한 공통 적용사항을 규정하고 있으므로 개방형 직위 연봉 결정과 같은 세부적인 사항은 규정하고 있지 않다. 다만, 개방형 직위 모집공고에 명시된 연봉기준보다 상회하여 적용하는 경우에는 인사의 공정성·투명성이 훼손될 수 있으므로 최초 모집공고의 연봉한계액 기준으로 적용하는 것이 바람직하다.

5. 적자 운영 시 성과급 지급

Q. 지방공사가 적자 운영 시 임원과 직원의 성과급 지급기준은 무엇인가?

A. 지방공기업 임원과 직원의 기관성과급은 「지방공기업 예산편성기준」에 따라 경영평가 결과에 따른 등급별 지급률을 상한선으로 하여 지방자치단체의 장의 지급률 조정에 따라 결정하도록 하고 있는 만큼 경영적자라 하여 달리 적용되는 것은 아니라고 보며, 지방자치단체의 장의 지급률 조정 시 사실상 경영성과 등이 고려될 것으로 판단된다.

6. 동일 업무에 대해 상이한 임금 지급

Q. 용역업체가 다양하고 근무장소가 다양한 경우 동일한 업무라도 다른 임금을 적용할 수 있는가?

A. 동일한 형태의 근무일지라도 근무지가 다른 경우에는 다른 임금 지급이 가능하다.

7. 휴일근무수당

Q. 「지방공무원 수당 등에 관한 규정」에 따르면, 지방공무원은 휴일에도 9시 출근 18시 퇴근을 했을 때에만 휴일근무가 인정되어 휴일근무수당 혹은 대체휴일 사용이 가능하고, 그 이외의 시간에 근무한 경우는 휴일근무수당이 아니라 시간외수당이 지급된다. 지방공기업도 그에 따른 규정이 있는가?

A. 「지방공기업 인사·조직 운영기준」에 보수는 예산의 범위 내에서 법령·정관 또는 내부규정 등에 명시된 지급근거에 따라 집행하고, 구체적으로 명시되지 않은 인건비성 경비는 지방자치단체의 예산편성지침에서 정한 규정대로 편성·지급하도록 규정되어 있으며, 휴일근무수당 지급과 관련해서 지방공기업 관련 법령이나 지침 등에 따로 규정되어 있지는 않다. 참고로 「지방공무원 수당 등에 관한 규정」 제17조(현업공무원 등에 대한 휴일근무수당) 제1항에 "현업공무원 등으로서 휴일에 9시부터 18시까지 근무하는 사람에게는 예산의 범위 내에서 휴일근무수당을 지급한다."고 규정되어 있고, 「지방공무원 복무규정」 제5조(현업공무원 등의 근무시간과 근무일)에 "지방자치단체의 장과 지방의회의 의장은 현업기관 및 직무의 성질상 상시근무체제를 유지할 필요가 있거나 토요일 또는 공휴일에도 정상근무를 할 필요가 있는 기관 소속 공무원에 대해서는 그 근무시간과 근무일을 따로 정할 수 있다."고 규정되어 있으며, 「지방공무원 보수업무 등 처리지침」(행정안전부 예규)에 휴일근무수당의 지급대상은 「지방공무원 복무규정」 제5조에 따라 휴일 및 토요일에 근무(휴일 및 토요일 근무 후 평일에 대체 휴무하는 경우는 제외한다)하는 자(현업대상자만 해당)로 규정하고 있는 바, 지방공무원의 경우 휴일근무수당을 지급받을 수 있는 자는 현업대상자로 규정하고 있다.

제63조의4(권리행사와 대리인의 선임) 공사의 사장이 정관으로 정하는 바에 따라 지명하는 임직원은 공사의 업무수행에 필요한 재판상 또는 재판 외의 모든 행위[32]를 할 수 있다.

[연혁]

1) **신설(2002.03.25.)** 공사의 사장이 정관이 정하는 바에 의하여 지명하는 임직원은 공사의 업무수행에 필요한 재판상 또는 재판외의 모든 행위를 할 수 있다.

2) **개정(2011.08.04.)** 현행과 같이 개정하였다.

제63조의5(인사운영에 관한 공통기준) 행정안전부장관은 공사의 인사운영에 공통적으로 적용하여야 할 사항에 관한 기준을 작성하여 지방자치단체의 장에게 통보할 수 있다.

[연혁]

1) **신설(2015.12.15.)** 현행과 같이 신설하였다.

Q & A

1. 「지방공기업 인사 · 조직 운영기준」 적용범위

Q. 「지방공기업 인사 · 조직 운영기준」에서 규정하고 있는 채용 관련 항목들은 기간제근로자에게도 반드시 적용하여야 하는가?

A. 「지방공기업 인사 · 조직 운영기준」에 따르면, 직원의 신규 채용은 공개경쟁시험을 원칙으로 하고, 공개경쟁시험으로 충원이 곤란한 경우에만 경력경쟁시험으로 채용할 수 있도록 규정하고 있으며, 이 경우에도 공사 · 공단 내 · 외부 다수인을 대상으

32) 공사의 사장은 대리인을 선임한 때에는 선임한 날부터 2주일 이내에 대리인을 둔 주된 사무소, 지사 또는 출장소의 소재지에서 ① 대리인의 성명, 주민등록번호와 주소, ② 대리인을 둔 주된 사무소, 지사 또는 출장소, ③ 대리인의 권한을 제한한 경우에는 그 제한의 내용 등의 사항을 등기하여야 한다. 또한 대리인을 해임한 때에는 해임한 날부터 2주일 이내에 대리인을 둔 주된 사무소, 지사 또는 출장소의 소재지에서 그 해임의 뜻을 등기하여야 한다(지방공기업법 시행령 제57조의3).

로 시험공고를 하여 경쟁의 방법으로 채용하도록 하고 있다. 따라서 기간제근로자의 경우에도 「지방공기업 인사 · 조직 운영기준」에서 정하고 있는 채용 관련 항목들이 모두 적용된다.

2. 근무성적평정기준 수정 · 보완 시 적용시기

Q. 지방공사 · 공단에서 사전에 안내한 근무성적평정(성과평가)기준을 수정 · 보완할 필요가 있다면 동 기준을 수정 · 보완한 후 즉시 적용할 수 있는가?

A. 「지방공기업 인사 · 조직 운영기준」의 인사원칙 사전공개는 인사운영 방향 · 기준을 사전에 공지하여 투명하고 예측 가능한 인사를 실시하기 위한 것으로, 사전에 안내된 내규의 수정 · 보완이 필요하다면 이를 수정 · 보완한 후 소속직원에게 안내하되 그 시행일은 1년 이후로 하는 것이 바람직하다.

3. 예비합격자 제도 개정 시 적용시기

Q. 현재 정규직을 대상으로만 예비합격자 제도를 운영하고 있으며, 예비합격자 제도를 기간제근로자 채용에도 적용하기 위해 규정을 개정하려고 한다. 이 경우 「지방공기업 인사 · 조직 운영기준」에 따라 1년 이후부터 적용하여야 하는가?

A. 「지방공기업 인사 · 조직 운영기준」의 '인사원칙의 사전공개'에 따르면 "지방공사 · 공단의 장은 승진 · 전보 등 임용기준을 변경할 때에는 소속직원이 알 수 있게 공문시행, 인터넷 홈페이지에 게시하는 방법 등으로 예고하여야 하며, 변경된 기준은 변경일의 1년 이후부터 적용하여야 한다."고 규정되어 있다. 따라서 기간제근로자 예비합격자 제도는 위 임용기준에 해당하지 않는다.

4. 변경일 1년 이후부터 적용하는 임용기준

Q. 「지방공기업 인사 · 조직 운영기준」에는 "지방공사 · 공단의 장은 승진 · 전보 등 임용기준을 변경할 때에는 소속직원이 알 수 있게 게시하는 방법 등으로 예고하고, 변경된 기준은 변경일의 1년 이후부터 적용하여야 한다."고 규정되어 있다. 여기서 변경일의 1년 이후부터 적용하여야 하는 임용기준은 무엇을 말하는가?

A. 「지방공기업 인사 · 조직 운영기준」에 따라 변경일의 1년 이후부터 적용하여야 하는 임용기준은 정부가 변경한 기준은 해당되지 않고, 지방공사 · 공단의 장이 자체적으로 임용기준을 변경하는 경우에 해당된다.

5. 임원의 자격기준 변경 시 적용시기

Q. 임원의 자격기준을 변경하는 경우에 변경일로부터 1년 이후부터 적용해야 하는가?

A. 「지방공기업 인사·조직 운영기준」에 따르면, 직원에 대한 승진·전보 등 임용기준을 변경한 경우 인사운영 방향과 기준의 투명성 및 예측가능성을 제고하기 위하여 변경일 1년 이후부터 적용하여야 한다고 규정하고 있다. 그러나 임원 자격기준 변경(개정)에 대해서는 1년을 유예한 후 적용하여야 한다는 규정이 존재하지 않는다. 그러므로 임원 자격기준을 개정한 경우에는 1년의 유예기간 없이 즉시 시행이 가능하다.

6. 특별휴가제도 도입을 위한 복무규정 개정

Q. 지방공단에서 「가족친화 사회환경의 조성 촉진에 관한 법률」에 의거 가족친화적인 직장환경 조성을 위하여 자녀의 군 입영 및 입학·졸업식 특별휴가 도입을 위한 복무규정 개정이 가능한가?

A. 「지방공기업 인사·조직 운영기준」은 직원의 경우 「근로기준법」상의 유급휴가일수를 준수하도록 규정하고 있다. 정부정책에 따른 군 입영, 입학 및 졸업식 등의 특별휴가 도입 취지는 옳다고 생각하지만, 유급휴가일수의 범위, 업무공백 발생가능성, 「근로기준법」 준수 등 여러 사안을 감안한 후 특별휴가제도 도입 관련 복무규정 개정을 추진해야 할 것으로 판단된다.

7. 면접위원-노조 간부

Q. 면접의 공정성과 객관성 확보를 위하여 사측의 견제기능을 갖고 있는 지방공사의 노동조합 간부(임용예정 직무에 정통)를 면접위원으로 참여시킬 경우, 이를 외부위원으로 볼 수 있는가?

A. 「지방공기업 인사·조직 운영기준」에 따르면, 면접시험 시 외부 전문위원을 2분의 1이상 참여시켜 시험의 공정성이 확보될 수 있도록 하여야 하며, 공무원시험의 경우 시험 시행기관 관련자(당해 기관 퇴직자, 3년 이내 타 부처 전출자 및 파견자, 산하기관 근무자 등)를 내부위원으로 보고 있다. 이러한 점을 고려할 때, 지방공사의 노동조합 간부는 외부위원이 아닌 내부위원으로 보는 것이 타당하다.

8. 서류전형 심사위원

Q. 재직 중인 무기계약직 직원 및 계약직 직원이 정규직 채용에 응시할 경우 응시한 직원

들의 소속 팀장이 서류전형 심사위원을 하는 것이 적합한가?

A. 「지방공기업 인사·조직 운영기준」에는 "시험위원은 기타 이해당사자로서 공정을 기대하기 어려운 특별한 관계나 사정이 있는 경우에는 시험과정에서 제척·기피·회피할 수 있으며, 지방공사·공단의 장은 사전에 시험위원들에게 공지하여야 한다."고 규정되어 있다. 따라서 적합·부적합 여부만을 판단할 경우에는 소속 팀장이 서류전형 심사위원으로 참여할 수 있으나, 점수 부여를 통해 불합격자가 발생할 우려가 있는 경우에는 참여하지 않는 것이 바람직하다.

9. 채용시험위원-비상임이사, 외부인사위원, 시 공무원

Q. 채용시험 시 공단의 비상임이사, 외부인사위원, 시 공무원을 내부위원으로 볼 수 있는가?

A. 「지방공기업 인사·조직 운영기준」에는 "지방공사·공단의 장은 채용을 위한 필기시험의 과목별 출제·채점 및 면접시험 시(서류전형 포함) 채용규모, 심사기준의 구체성 등을 감안하여 외부 전문위원을 2분의 1이상 참여시켜 시험의 공정성이 확보될 수 있도록 하여야 한다."고 규정되어 있다. 이와 관련하여 「지방공기업 인사·조직 운영규정」상 외부 전문위원에 관한 명시적 규정은 없으나, 외부위원을 구분할 때에는 당해 기관의 정관 및 규정에서 정하고 있는 임직원을 기준으로 구분하는 것이 바람직하다.

10. 지역제한 적용

Q. 공무원시험에서 실시하고 있는 지역제한을 지방공기업에도 적용 가능한가?

A. 「지방공기업 인사·조직 운영기준」에서 채용여건·시험방법은 자체 인사규정으로 정하도록 하고 있음을 고려할 때, 지방공사·공단의 자체 인사규정으로 지역제한이 가능하다. 「국가공무원법」 제28조(신규 채용) 제2항 제12호 및 「지방공무원법」 제27조(신규임용) 제2항 제12호에 의하면, 연고지나 그 밖에 지역적 특수성을 고려하여 일정한 지역에 거주하는 자를 그 지역에 소재하는 기관에 임용하는 경우에 응시요건을 정하여 채용할 수 있다.

11. 기관 통합 시 인사운영기준 설정

Q. 지방공사가 다른 기관과 통합 시 인사운영기준은 어떻게 설정하여야 하는가?

A. 지방공사의 인사·조직 운영에 관한 사항은 해당기관의 고유권한사항으로, 상급 감

독기관의 별도 근거규정(조례, 규칙 등)이 없는 경우에는 통상 자체 인사 관계 규정과 인사위원회 심의절차 등을 거쳐 결정하고 있다. 지방공사가 다른 기관과 통합 시에는 직원의 임용문제, 상이한 직급이나 호봉체계 조정문제 등에 직면할 수 있다. 양 기관의 직급이나 호봉체계 등이 상이하기 때문에 관련 규정 및 직급체계 등을 면밀히 비교·검토하여 합리적인 기준을 설정하고, 심의·의결기관의 의결절차를 거쳐 결정하는 것이 바람직하다.

12. 직위공모제 규정 신설 시 적용시기

Q. ① 직위공모제를 통한 개방형 임용을 위하여 직위공모제 규정을 신설할 경우, 「지방공기업 인사·조직 운영기준」의 '인사원칙의 사전공개'에 해당하는 것으로 보아 해당 규정을 신설한 후 1년 이후에 시행하여야 하는가? ② 우리 공사는 5급 이하로만 직원의 채용이 가능한데, 직위공모제로 개방형 임용을 할 경우 해당 직위는 우리 공사 직급상 2급 또는 3급 상당에 해당하므로 우리 공사의 채용원칙에 저촉되는 것인가, 아니면 해당 직위에 대한 외부공모에 따라 정규직 또는 계약직으로 임용하는 것에 불과하므로 우리 공사의 채용 제한규정(5급 이하의 경우에만 채용이 가능하다는 규정)을 적용하지 않아도 되는가? ③ 직위공모제를 통한 개방형 임용은 채용의 형태가 아닌 별도의 행정행위로 분류되는가?

A. ① 「지방공기업 인사·조직 운영기준」에서는 "지방공사·공단의 장은 승진·전보 등 임용기준을 변경할 때에는 소속직원이 알 수 있게 공문 시행, 인터넷 홈페이지에 게시하는 방법 등으로 예고하여야 하며, 변경된 기준은 변경일의 1년 이후부터 적용하여야 한다."고 규정하고 있다. 이 규정의 취지는 인사에 대해 예측가능성을 부여하기 위한 것으로, 개방형 임용을 위해 직위공모제 규정을 신설할 경우 동 제도의 시행은 해당 기준 신설일로부터 1년 이후부터 적용이 가능하다고 판단된다. ② 「지방공기업 인사·조직 운영기준」에서 채용요건·시험방법은 자체 인사규정으로 정하도록 규정하고 있다. 따라서 개방형직위 시행에 관한 사항은 설립 지방자치단체와 협의하여 공사의 인사규정 등을 근거로 판단할 사항에 해당된다. ③ 직위공모제를 통한 개방형 임용의 경우도 채용의 일종에 해당되는 것으로 판단된다.

13. 경력경쟁시험의 '동일한 요건'

Q. 「지방공기업 인사·조직 운영기준」의 경력경쟁시험에는 "경력경쟁의 경우에도 동일한 요건에 해당하는 경력·자격을 가진 지방공사·공단 내·외부 다수인을 대상으로 시험공고를 하여 경쟁의 방법으로 채용하여야 한다."고 규정되어 있다. 예를 들어, A분야 1명을 채용하는 데 지원자격을 A분야 ○년 이상 경력자격으로 공지하고, 상세조건으로

자체 「인사규정」에 따라 ○년 이상의 경력은 '가'급, ○년 이상의 경력은 '나'급, ○년 이상의 경력은 '다'급으로 채용한다고 부기하였을 경우 '동일한 요건'이라고 판단할 수 있는가?

A. 지원자격을 A분야 ○년 이상 경력자격은 동일한 여건으로 볼 수 있다.

14. 지방자치단체 인사위원회의 징계 관할

Q. 지방공단 하위직급 직원의 중징계 및 상위직급 직원의 징계의 경우 지방자치단체 인사위원회에서 다룰 수 있도록 공단 규정을 개정할 수 있는가?

A. 「지방공기업 인사·조직 운영기준」에 따르면, 지방공사·공단의 장은 소속 임직원에 대한 징계에 관한 사항을 자체 인사규정 등으로 정하고, 감경 또는 가중 처벌하는 규정을 두도록 하고 있다. 별도의 법인격을 갖는 지방공단의 직원에 대하여 법적 근거 없이 지방자치단체의 인사위원회에서 징계를 관할하는 것은 어려울 것으로 보인다.

15. 음주운전 횟수에 따른 처벌 시 음주운전 횟수 산정

Q. 2017년 12월 28자로 변경된 「인사운영기준」에 '음주운전 징계기준'이 추가되었고, 음주운전 횟수에 따른 처벌이 포함되어 있다. 음주운전 횟수에 따른 처벌을 할 때 공사에서 규정을 개정한 날 이후에 발생한 음주운전 횟수만 가산해야 하는가, 아니면 개정하기 전에 발생한 음주운전도 소급하여 횟수를 산정하여 처벌해야 하는가, 소급하여 횟수를 산정해야 한다면 공사 입사 전에 발생한 것도 포함해야 하는가?

A. 「지방공기업 인사·조직 운영기준」상 '음주운전 징계기준'이 개정된 경우, 이에 따라 개정된 공사 내부 인사규정의 효력이 발생하는 날로부터 해당 징계규정이 적용될 것으로 판단된다. 따라서 공사의 직원에 대해 음주운전을 이유로 징계 처분하고자 하는 경우, 공사 내부 인사규정의 효력발생일 등을 확인하여 징계 요건 해당 여부를 판단하여야 한다.

16. 조직진단

Q. 「지방공기업 인사·조직 운영기준」에서는 지방자치단체는 3년마다 조직진단을 실시하고, 해당 공기업은 필요하다고 판단될 때 실시할 수 있도록 규정하고 있다. 또한 「지방공기업 설립기준」에서는 일정규모 미만의 신규 투자사업이나 「지방공기업법」 제71조에 따른 대행사업의 경우 전문기관의 타당성 검토를 거치지 않아도 되나, 정원이 4명 이상 증가하는 경우에는 시장성테스트와 인력과 조직의 적정성 검토를 별도로 거쳐야

한다고 규정하고 있다. ① 조직진단 결과의 유효기간은 언제까지인가? ② 정원 4명 이상 증가하는 경우는 어떤 기준으로 판단하나? ③ 적정성 검토의 주체는 누구인가? ④ 적정성을 검토하는 기관은 어디인가? ⑤ 정원이 4명 미만 증가하는 대행사업은 적정성 검토를 거치지 않아도 되는가? ⑥ 지방자치단체의 정원 증원 허가는 언제 가능한가?

A. ① 조직진단 결과의 유효기간에 대해서는 따로 명시적인 규정을 두고 있지 않지만, 주기적 의무 실시의 취지를 고려할 때 다음 조직진단 시행 이전까지로 보는 것이 타당하다. ② '정원 4명 이상 증가'는 신규 대행사업 1개를 기준으로 한다. ③ 인력과 조직의 적정성을 검토하는 주체는 대행사업을 위탁하는 지방자치단체가 된다. ④ 「지방공기업법」 및 관련 지침은 인력과 조직의 적정성 검토방법을 규율하고 있지 않으므로 「지방공기업법 시행령」에서 규정한 전문기관을 통한 타당성 검토를 거칠 필요는 없을 것이다. ⑤ 정원이 4명 미만 증가하는 대행사업의 경우에는 인력과 조직의 적정성 검토를 거치지 않아도 되지만, 지방자치단체에서 정원 증원 승인에 별도의 절차를 규정하고 있다면 그에 따를 수 있다. ⑥ 정원이 4명 미만 증가하는 사업의 경우에는 별도의 적정성 검토 없이 즉시 증원 허가가 가능하고, 정원이 4명 이상 증가하는 사업도 인력 및 조직의 적정성 검토를 거친 사업의 경우에는 즉시 증원 허가가 가능하다.

17. 대행사업 관련 인력 · 조직의 적정성 검토

Q. 타 공사에서 수행하던 대행사업의 수탁자를 우리 공사로 변경함에 따라 지방자치단체와 우리 공사 간에 위 · 수탁 협약을 체결하고, 기존에 운영하던 기관의 조직과 인력(기존에 운영하던 조직구조와 인력규모 유지)을 우리 공사 조직 운영에 반영할 계획이다. ① 「지방공기업 설립기준」에서 정한 '시장성테스트', '인력과 조직의 적정성 검토' 절차를 거쳐야 하는가? ② '시장성테스트', '인력과 조직의 적정성 검토'가 필요한 경우 공사 자체적인 검토가 가능한가, 아니면 반드시 전문성을 갖춘 외부기관의 연구용역 절차를 거쳐야 하는가?

A. ① 「지방공기업 설립기준」에서는 기존 사업에 대한 타당성 검토 시 제시된 정원을 4명 이상 초과한 경우에 인력과 조직의 적정성을 검토하고, 대행사업의 경우에는 타당성 검토 없이 시장성테스트 및 인력과 조직의 적정성 검토를 거치도록 하고 있다. 이는 사업 추진에 필요한 인력과 조직의 적정규모를 산출함에 있어 전문기관의 검토가 필요하다는 의미이지, 모든 사업에 별도의 검토를 거쳐야 한다는 의미는 아니다. ② 기존에 타 지방공사에서 수행하던 대행사업을 이관받음에 있어 조직 및 인력이 규모 변동 없이 그대로 이관되는 경우라면, 기존에 수행한 타당성 검토에 따라 사업이 수행되는 것으로 볼 수 있기 때문에 별도의 검토는 필요하지 않은 것으

로 보인다. 「지방공기업 설립기준」상의 시장성테스트 및 인력과 조직의 적정성 검토는 반드시 전문기관의 용역을 요구하는 것은 아니며, 합리적인 절차를 거쳐 지방자치단체의 승인을 받았다면 검토를 수행한 것으로 볼 수 있다.

18. 정년퇴직 기준일

Q. 지방공기업의 정년퇴직 기준일은 어떻게 정하는가?

A. 「지방공기업 인사 · 조직 운영기준」은 정년을 지방공무원처럼 60세로 정하고 있으나, 정년퇴직 기준일에 대해서는 규정하고 있지 않다. 따라서 정년퇴직 기준일을 설립 지방자치단체와 협의하여 정할 수 있다.

19. 명예퇴직요건 충족

Q. 지방공기업에 근무하다가 정년 4년을 남겨둔 시점에서 근무 중인 공기업 임원 공모에 지원하여 임명내정자로 결정되어 2016.01.10자 임원(전무이사)에 취임하게 되는 자가 2015.12.31자 명예퇴직을 신청한 경우 명예퇴직 요건이 충족되는가?

A. 임원으로 결정된 자는 동일한 지방공기업에 재취업하는 것으로 판단되며, 이는 명예퇴직금 제도의 취지에 맞지 않고 또한 지급대상이 아니다.

제63조의6(징계 요구 등) ① 공사는 정관에서 정하는 바에 따라 공사의 임직원을 징계할 수 있다.

② 공사의 징계권자는 공사의 임직원의 금품 및 향응 수수(授受), 공금의 횡령(橫領) · 유용(流用)을 이유로 징계를 하는 경우에는 해당 징계 외에 금품 및 향응 수수액, 공금의 횡령액 · 유용액의 5배 내의 징계부가금을 부과할 수 있다.

③ 공사의 임직원이 금품 및 향응 수수, 공금의 횡령 · 유용으로 다른 법률에 따라 형사처벌을 받거나 변상책임 등을 이행한 경우(몰수나 추징을 당한 경우를 포함한다) 벌금, 변상금, 몰수 또는 추징금에 해당하는 금액과 제2항에 따른 금액의 합계액은 금품 및 향응 수수액, 공금의 횡령액 · 유용액의 5배를 초과해서는 아니 된다.

④ 지방자치단체의 장은 제1항 또는 제2항에 따른 징계 또는 징계부가금의 부과가 필요함에도 불구하고 공사의 징계권자가 필요한 조치를 하지 아니하는 경우에는 공사의 징계권자에게 징계 또는 징계부가금의 부과를 요청할 수 있다.

⑤ 징계 및 징계부가금 부과는 그 사유가 발생한 날부터 3년(금품 및 향응 수수, 공금의 횡령 · 유용의 경우에는 5년)이 지나면 하지 못한다.

[연혁]

1) **신설(2015.12.15.)** 현행과 같이 신설하였다.

→ 지방공기업 임직원의 금품 관련 비리를 방지하고 책임운영을 강화하기 위하여 지방공사·공단의 임직원이 공금을 횡령·유용한 경우에는 금품수수액의 5배까지 환수할 수 있는 징계부가금 제도를 도입하였다. 지방공사·공단의 징계권자는 금품 및 향응 수수, 공금의 횡령·유용을 이유로 징계를 하는 경우에는 해당 징계 외에 금품 및 향응 수수액, 공금의 횡령액·유용액의 5배 범위에서 징계부가금을 부과할 수 있도록 하고, 징계 또는 징계부가금의 부과가 필요함에도 불구하고 징계권자가 필요한 조치를 하지 아니하는 경우에는 지방자치단체의 장이 징계권자에게 징계 또는 징계부가금의 부과를 요청할 수 있도록 하였다.

Q & A

1. 지방세 체납처분의 예에 따른 징계부가금 징수

Q. 지방자치단체의 장이 징계부가금을 지방세 체납처분의 예에 따라 징수하도록 할 수 있는가?

A. 2015년 12월 「지방공기업법」 제63조의6(징계요구 등) 규정 신설을 통해 징계부가금 제도가 도입되었으나, 징계부가금을 기한 내에 납부하지 아니할 경우 지방세 체납처분의 예와 같이 징수할 수 있는 근거는 마련되지 않았다.

2. 징계부가금 징수를 위한 민사소송

Q. 지방공기업이 징계부가금을 받기 위하여 민사소송으로 진행해도 무방한가?

A. 내부 「인사규정」에 의거 지방세 체납처분의 예에 따라 강제로 징수할 경우 「지방공기업법」에 명시적인 근거가 없으므로 위법성 논란이 발생할 여지가 있다. 따라서 징계부가금을 민사채권으로 보고 민사소송을 통해 집행권을 확보하는 것이 적정할 것으로 판단된다.

3. 징계부가금 부과대상

Q. 전기유지보수사업, 고철매각사업 관련 사기행위로 인한 '품위유지의무 위반'에 따라 파

면처분을 하면서 사기로 수수한(직무 관련 없이) 금품에 대해 「지방공기업법」 제63조의6(징계요구 등) 또는 「인사규정」에 따라 징계부가금을 부과할 수 있는가?

A. 공무원의 경우 징계부가금은 공무원의 의무 위반에 대하여 징계와 함께 부과하는 금전적 제재로서, 직무관련성 유무와 상관없이 징계부가금의 대상이 된다. 이를 고려하면, 지방공기업 직원으로서 금품 및 향응 수수를 한 경우라면 직무관련성과 상관없이 징계부가금의 대상이 되는 것이 바람직하다.

4. 징계에 대한 직권취소

Q. 지방공단에서 개인에게 품위유지 위반으로 경고(주의)처분한 사항이 있는데, 제보자가 자기가 잘못 알고 제보했다며 취하서를 제출한 경우 취하서 제출을 사유로 경고에 대한 '취소' 처분이 가능한가?

A. 사실 조사 결과 기존의 징계처분이 취소할 정도로 하자가 있다는 것이 명백하다면 이에 대해 징계권자가 정관이나 내부 인사규정에 따라 직권취소하는 것이 가능하다. 이 경우에 취소가능성을 정확히 판단하기 위해서는 정관, 내부 인사규정, 지방자치단체 등 다른 기관의 선례를 참고하는 것이 바람직하다.

5. 소송이 완료되지 않은 임직원에 대한 징계

Q. 소송이 완료되지 않은 임직원 징계요구대상자에 대해 징계를 하는 것이 가능한가?

A. 「지방공기업 인사·조직 운영기준」에 의하면 임직원에 대한 징계에 관한 사항을 「지방공무원 징계규칙」을 참고하여 자체 인사규정 등으로 정하도록 하고 있다. 공무원의 경우 징계사유가 인정되는 이상 관계된 형사사건의 진행여부와 상관없이 징계처분을 하는 것이 원칙임을 고려하면 징계절차 진행이 가능하다.

6. 징계 양정기준 적용

Q. 지방공단에 자체 징계 양정기준이 없는 경우, 「공무원 징계령 시행규칙」 제4조, 제5조 및 「지방공무원 징계규칙」을 적용할 수 있는가?

A. 「지방공기업 인사·조직 운영기준」에는 "지방공사·공단의 장은 소속 임직원에 대한 징계에 관한 사항을 자체 인사규정 등으로 정하여야 하며, 소속 임직원에 대한 징계처분을 할 때 소정의 사유가 있으면 징계 양정을 감경하거나 가중 처벌하는 규정"을 두고, 「공무원 징계령 시행규칙」 제4조(징계의 감경), 제5조(징계의 가중) 및 「지방공무원 징계규칙」을 참고하여 규정하도록 하고 있다. 따라서 징계 양정에 대

하여 감경하거나 가중 처벌하는 규정이 없을 경우에는 「공무원 징계령 시행규칙」 및 「지방공무원 징계규칙」을 참고하여 이사회에서 기준을 정하는 것이 바람직하다.

제63조의7(비위행위자에 대한 조치) ① 공사는 투명하고 공정한 인사운영 등 윤리경영을 강화하기 위하여 노력하여야 한다.
② 지방자치단체의 장은 공사의 임원이 금품비위, 성범죄, 채용비위 등 대통령령으로 정하는 비위행위(이하 "비위행위"라 한다)를 한 사실이 있거나 혐의가 있는 경우로서 제1항에 따른 윤리경영을 저해한 것으로 판단되는 경우 해당 공사의 임원에 대하여 검찰, 경찰 등 수사기관과 감사원 등 감사기관(이하 이 조에서 "수사기관 등"이라 한다)에 수사 또는 감사를 의뢰하여야 한다. 이 경우 지방자치단체의 장은 해당 임원의 직무를 정지시키거나 그 공사의 사장에게 직무를 정지시킬 것을 요구할 수 있다.
③ 행정안전부장관은 지방자치단체의 장에게 제2항에 따른 수사기관 등의 수사 또는 감사 결과에 따라 필요한 경우 해당 공사 임원을 해임할 것을 요구할 수 있고, 지방자치단체의 장은 해당 공사 임원을 해임하거나 그 공사의 사장에게 해임을 요구할 수 있다.
④ 지방자치단체의 장은 공사의 임원이 비위행위 중 채용비위와 관련하여 유죄판결이 확정된 경우로서 「특정범죄 가중처벌 등에 관한 법률」 제2조에 따라 가중처벌되는 경우 해당 지방자치단체 소속의 심의·의결기구로서 대통령령으로 정하는 기구의 심의·의결을 거쳐 그 인적사항 및 비위행위 사실 등을 공개할 수 있다.
⑤ 지방자치단체의 장은 공사의 임직원이 비위행위 중 채용비위와 관련하여 유죄판결이 확정된 경우 해당 채용비위로 인하여 채용시험에 합격하거나 승진 또는 임용된 사람에 대하여는 해당 공사의 사장에게 합격·승진·임용의 취소 또는 인사상의 불이익 조치(이하 이 조에서 "합격취소 등"이라 한다)를 취할 것을 요구할 수 있다. 이 경우 공사의 사장은 그 내용과 사유를 당사자에게 통지하여 소명할 기회를 주어야 한다.
⑥ 제4항에 따른 명단 공개의 구체적인 내용·절차 등에 필요한 사항 및 제5항에 따른 합격취소 등의 기준·내용·소명 절차 등에 필요한 사항은 대통령령으로 정한다.

[연혁]

1) **신설(2019.12.03.)** 현행과 같이 신설하였다.

→ 일부 공공기관의 채용비리 사건이 발생하여 사회적으로 문제가 되고 있는 바, 이를 예방하고 규제하는 제도적 장치를 마련함으로써 지방공사 인사운영의 공정성 및 투명성을 확보할 필요성이 제기되었다. 이에 따라 지방자치단체의 장은 지방공사의 임원이 금품비위, 성범죄, 채용비위 등의 비위행위를 한 사실이 있거나 혐의가 있는 경우로서 윤리경영을 저해한 것으로 판단되는 경우, 해당 지방공사의 임원에 대해서 수사·감사 의뢰를 하도록 하고, 수사·감사 결과에 따른 해당 지방공사 임원에 대한 해임요구 권한 또는 해임 권한을 규정하였다.

제63조의8(인사감사 등) ① 지방자치단체의 장은 비위행위 중 채용비위의 근절 등을 위하여 대통령령으로 정하는 바에 따라 공사의 인사운영의 적정 여부를 감사(이하 이 조에서 "인사감사"라 한다)할 수 있으며, 필요한 경우 관계 서류를 제출하도록 요구할 수 있다.

② 지방자치단체의 장은 인사감사 결과 위법 또는 부당한 사실이 발견되면 지체 없이 해당 공사의 사장에게 그 시정(是正)과 관련자에 대한 인사상의 조치 등을 요구하여야 한다.

③ 공사의 사장은 제2항에 따른 요구가 있을 경우 정당한 사유가 없으면 이를 즉시 이행하고 그 이행결과를 해당 지방자치단체의 장에게 통보하여야 한다.

[연혁]

1) **신설(2019.12.03.)** 현행과 같이 신설하였다.

→ 지방자치단체의 장은 채용비위의 근절 등을 위하여 지방공사의 인사운영의 적정여부를 감사할 수 있도록 하고, 감사결과에 따른 시정조치 요구 권한 등을 규정하였다.

제3절 재무회계

제64조(사업연도) 공사의 사업연도는 지방자치단체의 일반회계의 회계연도에 따른다.

[연혁]

1) 신설(1980.01.04.) 공사의 사업연도는 지방자치단체의 일반회계의 회계연도에 의한다.

2) 개정(2011.08.04.) 현행과 같이 개정하였다.

Q & A

1. 회계연도 중 공단에서 공사로 전환된 경우의 결산시점

Q. ○○도시공사는 2017년 12월 28일까지 ○○시설관리공단으로 운영되어 오다가 2017년 12월 29일자로 ○○도시공사로 설립등기를 하였다. 공단이 공사로 전환된 시점(사업자등록증 번호는 동일)이 회계연도 중인데 결산시점을 어디로 보아야 하나?

A. 지방공사와 지방공단의 조직변경은 「지방공기업법」 제80조(공사와 공단의 조직변경) 및 같은 법 시행령 제78조의2(조직변경의 방법 및 절차)에 따라야 한다. 지방공단이 「지방공기업법」에 따라 청산절차를 거치지 아니하고 공사로 조직을 변경하였고, 설립등기일에 종전의 공단에 속하는 모든 재산과 채권·채무, 고용관계, 그 밖의 권리·의무를 포괄적으로 승계하였다면 동일 법인이 연속하여 사업을 수행하고 있다고 판단된다. 따라서 ○○도시공사가 결산을 할 때 사업연도(회계연도) 인식은 1월 1일부터 12월 31일로 보는 것이 타당하다.

제64조의2(회계처리의 원칙 등) ① 공사는 경영성과 및 재무상태를 명확히 하기 위하여 회계거래를 발생 사실에 따라 기업회계기준에 따라 회계처리한다.

② 공사는 사업 분야별로 구분하여 회계처리할 수 있다.

③ 공사가 계약을 체결하려는 경우에는 일반경쟁의 방식으로 하여야 한다. 다만, 계약의 목적·성질 및 규모 등을 고려하여 참가자의 자격을 제한하거나 참가자를

지명하여 경쟁에 부치거나 수의계약으로 할 수 있다.
④ 공사는 계약을 체결하는 경우 공정한 경쟁 또는 계약의 적정한 이행을 해칠 것이 명백하다고 판단되는 자에 대하여는 2년 이내의 범위에서 입찰참가자격을 제한할 수 있다.
⑤ 공사는 제4항에 따라 입찰참가자격을 제한받은 자와 수의계약을 체결하여서는 아니 된다. 다만, 제4항에 따라 입찰참가자격을 제한받은 자 외에는 적합한 시공자・제조자가 존재하지 아니하는 등 부득이한 사유가 있는 경우에는 그러하지 아니하다.
⑥ 제1항부터 제5항까지의 규정에 따른 회계처리, 계약의 기준 및 절차, 입찰참가자격의 제한 등에 관하여 필요한 사항은 대통령령으로 정한다.

[연혁]

[제1항] 공사는 경영성과 및 재무상태를 명확히 하기 위하여 회계거래를 발생 사실에 따라 기업회계기준에 따라 회계처리한다.

1) **신설(1992.12.08.)** 공사는 사업의 성과 및 재정상태를 명백하게 파악할 수 있도록 회계거래를 발생의 사실에 따라 기업회계기준에 의하여 계리한다.

2) **개정(1999.01.29.)** 공사는 경영의 성과 및 재무상태를 명백하게 파악할 수 있도록 회계거래를 발생의 사실에 따라 기업회계기준에 의하여 계리한다.

3) **개정(2011.08.04.)** 현행과 같이 개정하였다.

[제2항] 공사는 사업 분야별로 구분하여 회계처리할 수 있다.

1) **신설(1992.12.08.)** 공사는 사업분야별로 회계를 분리하여 계리할 수 있다.

2) **개정(2011.08.04.)** 현행과 같이 개정하였다.

[제3항] 공사가 계약을 체결하려는 경우에는 일반경쟁의 방식으로 하여야 한다. 다만, 계약의 목적·성질 및 규모 등을 고려하여 참가자의 자격을 제한하거나 참가자를 지명하여 경쟁에 부치거나 수의계약으로 할 수 있다.

1) **신설(2013.06.04.)** 현행과 같이 신설하였다.

→ 지방공사의 계약체결과 관련하여 일반경쟁을 원칙으로 하되, 계약의 목적·성질·규모 등에 따라 지명입찰·제한입찰·수의계약을 할 수 있도록 규정하였다.

[제4항] 공사는 계약을 체결하는 경우 공정한 경쟁 또는 계약의 적정한 이행을 해칠 것이 명백하다고 판단되는 자에 대하여는 2년 이내의 범위에서 입찰참가자격을 제한할 수 있다.

1) **신설(2002.03.25.)** 공사는 계약을 체결함에 있어서 공정한 경쟁 또는 계약의 적정한 이행을 해칠 것이 명백하다고 판단되는 자에 대하여는 일정기간 입찰참가자격을 제한할 수 있다.

→ 현행 「지방공기업법」에서는 부정당업자에 대한 입찰참가자격 제한에 대한 명문규정이 없어 공사의 자체규정으로 정하고 있었다. 따라서 지방공사의 계약질서 확립을 위하여 지방공사·공단이 계약상대자 또는 입찰자와 계약을 체결함에 있어 부정·부당거래, 낙찰담합, 허위서류 작성 등 공정한 경쟁이나 계약위반이 명백하다고 판단된 경우에는 지방자치단체의 경우와 같이 상대방의 의견을 들어 일정기간 입찰자격을 제한하고 부정당업자로 조치할 수 있게 하였다.

2) **개정(2007.05.17.)** 공사는 계약을 체결함에 있어서 공정한 경쟁 또는 계약의 적정한 이행을 해칠 것이 명백하다고 판단되는 자에 대하여는 2년 이내의 범위에서 입찰참가자격을 제한할 수 있다.

→ 「국가를 당사자로 하는 계약에 관한 법률」 제27조(부정당업자의 입찰참가자격 제한 등) 제1항에서 입찰의 공정을 저해하는 자에 대하여 “일정기간” 동안

입찰참가자격을 제한하고 있는 사항 중 "일정기간"은 헌법상 명확성의 원칙 및 포괄위임금지 원칙에 반하여 직업선택의 자유를 과도하게 제한하여 헌법에 위반된다는 헌법재판소의 결정(2005.6.30., 2005헌가1 전원재판부) 취지에 맞추어 지방공사가 입찰의 공정을 저해하는 자에 대하여 "일정기간" 동안 입찰참가자격을 제한하는 동일내용을 "2년 이내의 범위에서" 입찰참가자격을 제한할 수 있도록 하였다.

3) **개정(2011.08.04.)** 현행과 같이 개정하였다.

[제5항] 공사는 제4항에 따라 입찰참가자격을 제한받은 자와 수의계약을 체결하여서는 아니 된다. 다만, 제4항에 따라 입찰참가자격을 제한받은 자 외에는 적합한 시공자·제조자가 존재하지 아니하는 등 부득이한 사유가 있는 경우에는 그러하지 아니하다.

1) **신설(2011.08.04.)** 공사는 제3항에 따라 입찰참가자격을 제한받은 자와 수의계약을 체결하여서는 아니 된다. 다만, 제3항에 따라 입찰참가자격을 제한받은 자 외에는 적합한 시공자·제조자가 존재하지 아니하는 등 부득이한 사유가 있는 경우에는 그러하지 아니하다.

→ 공정한 거래질서 확립을 위하여 지방공사는 입찰참가자격을 제한받은 자와 원칙적으로 수의계약을 체결할 수 없도록 하였다.

2) **개정(2013.06.04.)** 현행과 같이 개정하였다.

[제6항] 제1항부터 제5항까지의 규정에 따른 회계처리, 계약의 기준 및 절차, 입찰참가자격의 제한 등에 관하여 필요한 사항[33]은 대통령령으로 정한다.

---

33) 회계처리, 계약의 기준 및 절차와 입찰참가자격의 제한 등에 관하여는 그 성질에 반하지 않는 범위에서 「지방자치단체를 당사자로 하는 계약에 관한 법률」 제31조 및 제31조의5와 같은 법 시행령 제2조, 제6조, 제6조의2, 제7조부터 제32조까지, 제32조의2, 제33조부터 제42조까지, 제42조의3, 제42조의4, 제43조, 제44조, 제44조의2, 제45조부터 제49조까지, 제51조, 제52조, 제54조부터 제56조까지, 제64조, 제64조의2, 제66조부터 제71조까지, 제71조의2, 제71조의3, 제72조부터 제75조까지, 제75조의2, 제76조부터 제78조까지, 제78조의2, 제79조, 제81조부터 제86조까지, 제87조부터 제89조까지, 제89조의2, 제90조부터 제92조까지, 제93조, 제94조부터 제97조까

1) **신설(2002.03.25.)** 제3항의 규정에 의한 입찰참가자격의 제한 등에 관하여 필요한 사항은 행정자치부령으로 정한다.

2) **개정(2006.10.04.)** 제1항 내지 제3항의 규정에 따른 회계처리, 계약의 기준 및 절차, 입찰참가자격의 제한 등에 관하여 필요한 사항은 행정자치부령으로 정한다.

3) **개정(2011.08.04.)** 제1항부터 제4항까지의 규정에 따른 회계처리, 계약의 기준 및 절차, 입찰참가자격의 제한 등에 관하여 필요한 사항은 행정안전부령으로 정한다.

4) **개정(2013.06.04.)** 현행과 같이 개정하였다.

→ 기존의 행정안전부령에서 대통령령으로 격상시켰다.

Q & A

1. 자치단체보조금으로 구입한 차량에 대한 회계처리

Q. 지방공단이 자치단체보조금으로 구입한 차량 등의 자산은 어떻게 회계처리하는가?

A. 지방공사·공단에서 관리하고 있는 지방자치단체 소유의 자산(공공시설 등)은 재무제표에 '수탁자산'으로 표시한다. 그러나 지방공단이 설립 지방자치단체의 보조를 받아(보조금) 자산(차량 등)을 구입하였고 그 자산의 소유가 당해 공단에 귀속되어 있다면 해당 자산에 대한 회계처리는 수탁자산이 아닌 이외의 자산으로 처리해야

지, 제97조의2, 제98조, 제98조의2, 제99조, 제100조, 제100조의2, 제101조 및 제103조를 준용한다. 이 경우 "지방자치단체"는 "공사"로, "회계관계공무원"은 "회계관계담당자"로, "소속공무원"은 "소속직원"으로, "지방자치단체의 장"은 "공사의 사장"으로, "공무원"은 "직원"으로, "관계공무원"은 "관계 직원"으로 본다(지방공기업법 시행령 제57조의8 제1항). 다만, 「지방자치단체를 당사자로 하는 계약에 관한 법률 시행령」 제25조 제1항에도 불구하고 공사의 사장 또는 공사의 사장으로부터 계약사무의 전부 또는 일부를 위임 또는 위탁받아 계약사무를 담당하는 직원(계약담당자)은 ① 공사의 업무를 위탁하거나 대행시키기 위하여 그 자회사(해당 공사가 발행주식 총수 또는 총출자지분의 100분의 100을 소유하고 있는 법인) 또는 출자회사(해당 공사가 소유하고 있는 주식 또는 출자지분과 다른 공사가 소유하고 있는 주식 또는 출자지분의 합계가 발행주식 총수 또는 총출자지분의 100분의 100인 법인)와 계약을 체결하는 경우, ② 해당 공사가 소유하고 있는 시설·설비 또는 「시설물의 안전 및 유지관리에 관한 특별법」 제7조 제1호에 따른 1종 시설물의 유지관리 등을 위하여 불가피하게 그 자회사 또는 출자회사와 계약을 체결하는 경우, ③ 공사가 「대·중소기업 상생협력 촉진에 관한 법률」 제8조 제1항에 따른 성과공유제를 시행하여 같은 조 제2항에 따른 성과공유제 확산 추진본부로부터 그 성과를 확인받은 후 2년 이내에 해당 수탁기업과 계약을 체결하는 경우 중 어느 하나에 해당하는 경우에는 수의계약으로 할 수 있다(지방공기업법 시행령 제57조의8 제2항).

한다.

2. 수탁자산에 대한 회계처리

Q. 지방공사 · 공단이 지방자치단체에서 위탁받은 수탁자산은 어떻게 회계처리하나?

A. 지방공사 · 공단에서 관리하고 있는 지방자치단체의 공공시설(지방자치단체 명의 자산) 등은 재무제표에 지방공사 · 공단의 유형자산과 구분하여 '수탁자산'으로 표시해야 하며, 동 자산에 대한 수선비 중 자본적 지출도 수탁자산으로 표시해야 한다. 지방공단의 경우, 수탁자산 취득에 따른 지방자치단체 지원금수입도 대행사업수익과 구분하여 '수탁자산취득보조금'으로 예산을 편성하여 지방공단 사업비와 수탁자산 취득 및 시설개량비와 명확히 구분해야 한다. 수탁자산취득보조금은 재무상태표에 수탁자산 차감항목으로 표시하고, 해당 자산에 대한 감가상각 시 감가상각비와 상계처리한다.

3. 대행사업수익 관련 회계처리

Q. 지방공단의 대행사업수익은 어떻게 회계처리하는가?

A. 지방자치단체에서 업무 위 · 수탁 시 포괄적으로 부담하는 대행사업비 교부액은 '대행사업수익'으로 인식하고, 지방자치단체 위탁사업에서 발생된 사업수익 및 부대수익(이자수익 등)은 지방자치단체의 수입으로 처리(지방공단의 수익 · 비용에서 제외)하여야 한다. 계속사업과 관련된 미집행 잔액은 반납대상에서 제외('선수금'으로 계상)하고, 대행사업별로 예산 초과집행액이 발생하는 경우 '대행사업수익'과 '미수금'으로 회계처리하여야 한다. 단, 지방자치단체로부터 예산 초과 집행액에 대해 청구할 수 있는 금액에 한한다.

4. 신용카드수수료 처리

Q. 수입금 정산 납부 시 신용카드수수료를 수입금에서 차감하지 않고 수수료를 포함하여 정산 납부한 후, 수수료를 신용카드 결재대행서비스업체에 청구정산하여 비용(지출)으로 처리할 수 있는가?

A. 「지방공기업법」 제64조의2(회계처리의 원칙 등) 및 「지방공기업 예산편성기준」의 발생주의 원칙에 따르면, 지방공기업은 경영성과 및 재무상태를 명확히 하기 위하여 회계거래를 발생사실에 따라 기업회계기준에 따라 회계처리하도록 규정하고 있다. 수익은 실현주의원칙에 따라 그 수익을 조사결정한 날이 속하는 연도로 하며,

이에 의할 수 없는 경우에는 그 원인이 되는 사실이 속한 기간이 속하는 연도에 포함하고, 비용은 발생주의원칙에 따라 지급을 수반하는 비용에 대하여는 채무가 확정된 날이 속하는 연도로 처리하여야 한다. 일반기업회계기준에 따르면, 수익과 비용은 각각 총액으로 보고하는 것을 원칙으로 규정하고 있으므로 신용카드 결제를 통한 수익과 결재대행서비스업체 청구정산 비용(수수료)은 구분하여 회계처리하는 것이 타당하다.

5. 퇴직금 중간정산

Q. 공단의 규정에 명시하지 않았더라도 「근로자퇴직급여보장법 시행령」에 있는 사유라면 중간정산이 가능한가?

A. 퇴직금 중간정산 관련 규정에 명시되어 있지 않더라도 「근로자퇴직급여보장법」 제8조(퇴직금 제도의 설정) 제2항 및 같은 법 시행령 제3조(퇴직금의 중간정산 사유)에 의거 신청한 경우, 퇴직금 중간정산 지급이 타당한 것으로 판단된다.

6. 자동차보험계약 체결

Q. 자동차보험은 본사 또는 대리점 중 어디와 계약을 체결해야 하는가?

A. 「지방자치단체를 당사자로 하는 계약에 관한 법률」은 지방자치단체를 당사자로 하는 계약사항에 관한 법률로, 지방공사·공단에는 적용되지 않는다. 따라서 지방공단에서는 자체 적용 가능 부분을 파악하여 반영하는 것이 필요하며, 자동차보험계약에 있어서도 계약권이 대리점으로 위임되어 있다면 대리점도 계약당사자가 될 수 있다.

7. 지방공사 자회사의 「지방계약법」 준용

Q. 지방공사가 설립한 자회사도 「지방계약법」을 준용해야 하는가?

A. 「지방공기업법」 제54조(다른 법인에 대한 출자) 제1항에 의해 공사가 출자하여 설립한 법인(자회사)은 「지방공기업법」상의 지방공사에 해당하지 않는다. 따라서 「지방공기업법」 제64조의2(회계처리의 원칙 등)와 같은 법 시행령 제57조의8(회계처리 등)은 지방공사의 자회사에는 적용되지 않는다.

8. 기부채납 또는 적정가격으로 구입

Q. 일반기업에서 자신들의 시설장비를 철거하면서 발생한 부품을 지방공사에 양도하기 위

한 제의가 들어왔다. ① 기부채납으로 장비를 넘겨받는 방식 또는 ② 적당한 가격으로 구입하는 방식이 가능한가?

A. ①「공유재산 및 물품 관리법」 제7조(기부채납)에 의하면 지방자치단체는 기부채납을 받을 수 있지만, 지방공기업의 경우「지방공기업법」 등에「공유재산 및 물품 관리법」을 준용한다는 규정이 없으므로「공유재산 및 물품 관리법」에 따라 지방공기업이 지방자치단체에 준하여 기부채납을 받는 것은 어렵다. ② 적당한 가격으로 구입하는 방식에 관해서는「지방공기업법」 제64조의2(회계처리의 원칙 등)와 같은 법 시행령 제57조의8(회계처리 등) "계약의 기준 및 절차와 입찰참가자격의 제한 등에 관하여는 그 성질에 반하지 아니하는 범위에서 지방자치단체를 당사자로 하는 계약에 관한 법률 시행령을 준용한다."에 의거하여 진행하면 된다.

9.「지방자치단체 입찰 시 낙찰자 결정기준」 준용

Q. 지방공기업은「지방자치단체 입찰 시 낙찰자 결정기준」(행정안전부 예규)의 경영상태 심사기준(합병한 업체는 합병 후 새로운 신용평가등급으로 평가하며, 그 전까지는 합병 대상업체 중 가장 낮은 업체의 신용평가등급을 적용한다)을 준용할 수 있는가?

A.「지방공기업법」 제64조의2(회계처리의 원칙 등)에는 지방공기업의 계약기준 및 절차 등에 관해 필요한 사항은 대통령령으로 정하도록 규정하고 있으며, 같은 법 시행령 제57조의8(회계처리 등)에서는 그 성질에 반하지 아니하는 범위 내에서「지방계약법 시행령」을 준용하도록 규정하고 있다.「지방계약법 시행령」 제14조(입찰참가자격 사전심사)에는 입찰참가자격을 심사하는 경우 행정안전부장관이 정하는 기준으로 심사할 수 있도록 규정하고 있으며, 이에 근거하여「지방자치단체 입찰 시 낙찰자 결정기준」(행정안전부 예규)이 운용되고 있다. 따라서「지방공기업법 시행령」 제57조의8에 따라「지방계약법 시행령」 제14조 및「지방자치단체 입찰 시 낙찰자 결정기준」이 준용되므로 합병된 민간업체의 경영상태 심사에 관한 기준도 동일하게 적용하는 것이 가능하다.

10. 주택보증료환급금의 처리

Q. 입주를 앞두고 있는 아파트와 관련해서 지방공사가 중도금 대출 관련으로 한국주택금융공사에 지불한 보증료가 있다. 계약자가 중도금을 조기상환하여 보증료환급금이 공사 계좌로 입금된 경우 환급된 보증료를 어떻게 처리해야 하는가?

A. 해당 금액을 금년도 예산에서 집행하였으면 세출반납이 되어야 하므로 반납결의서로 처리하고, 전년도 예산에서 집행한 것이라면 기타영업외수익으로 처리한다.

11. 「대 · 중소기업 상생협력 촉진에 관한 법률」에 의한 수의계약

Q. 통합관제용역과 관련하여 성과공유제 방식으로 수의계약이 가능한가?

A. 「지방공기업법」 제64조의2(회계처리의 원칙 등) 제1항부터 제5항까지는 지방공기업 회계처리, 계약의 기준 및 절차, 입찰참가자격의 제한 등에 대해 규정하고 있고, 제6항에서는 같은 조 제1항부터 제5항까지에 필요한 사항을 대통령령으로 정하도록 규정하고 있으며, 「지방공기업법 시행령」 제57조의8(회계처리 등)에 근거하여 「지방자치단체를 당사자로 하는 계약에 관한 법률 시행령」을 준용하고 있다. 「지방공기업법 시행령」 제57조의8에 따르면, 「지방공기업법」에 의한 공사가 「대 · 중소기업 상생협력 촉진에 관한 법률」 제8조(상생협력 성과의 공평한 배분) 제1항에 따른 성과공유제를 시행하여 같은 조 제2항에 따른 성과공유제 확산추진본부로부터 그 성과를 확인받은 후 2년 이내에 해당 수탁기업과 계약을 체결하는 경우에는 「지방자치단체를 당사자로 하는 계약에 관한 법률 시행령」 제25조(수의계약에 의할 수 있는 경우) 제1항에도 불구하고 수의계약을 체결할 수 있다.

12. 분할계약 보고

Q. 「지방계약법 시행령」 제77조(공사의 분할계약 금지)에 따라 공사의 분할계약을 체결 진행하였으며, 같은 조 제4항에 의거 분할계약을 체결함에 따라 보고를 하고자 한다. 시 · 도지사에게 보고하여야 하는가, 아니면 행정안전부장관에게 보고하여야 하는가?

A. 「지방공기업법 시행령」 제57조의8(회계처리 등)에서는 계약기준 및 절차 등에 관하여 「지방공기업법」의 성질에 반하지 아니하는 범위 내에서 「지방계약법 시행령」 제77조를 비롯한 일부 규정을 준용하도록 하고 있고, 이때 지방자치단체는 지방공사로, 지방자치단체의 장은 지방공사의 사장으로 보도록 규정하고 있다. 한편, 「지방계약법 시행령」 제77조 제1항에서는 원칙적으로 공사(工事)의 분할계약을 금지하면서 예외적으로 공사의 성질이나 규모 등에 비추어 공구(工區)나 구조물을 적정규모로 분할 시공하는 것이 효율적인 공사에 한하여 분할계약을 허용하고 있으며, 제4항에서는 시 · 군 · 구는 시 · 도지사에게, 시 · 도지사는 행정안전부장관에게 분할계약 체결사실을 보고하도록 규정하고 있다. 「지방계약법」 제77조 제4항을 「지방공기업법 시행령」 제57조의8에 따라 준용하는 경우, 광역지방공사의 사장은 분할계약 체결사실을 행정안전부장관에게 보고하도록 해석하는 것이 타당할 것이다. 또한 「지방계약법 시행령」에 따른 의무사항은 아니나, 해당 공사의 일차적인 관리감독의무가 있는 설립 지방자치단체에도 분할계약 체결사실을 통보하는 것이 계약의 투명성 및 책임성 확보 차원에서 바람직할 것으로 판단된다.

13. 국제입찰에 의한 조달계약

Q. 국제입찰의 방법으로 조달계약을 해야 하는 지방공사가 있는가?

A. 「지방공기업법 시행령」 제57조의9(국제입찰 대상 도시철도공사의 조달계약의 범위) 제1항에 따르면, 정부가 가입하거나 체결한 정부조달에 관한 협정 및 이에 근거한 국제규범에 따라 행정안전부장관이 정하여 고시하는 금액 이상인 조달계약을 체결하는 경우에 국제입찰의 방법으로 해야 하는 도시철도공사는 <표 22>와 같다.

<표 22> 국제입찰의 방법으로 조달계약을 해야 하는 공사(「지방공기업법 시행령」 [별표 1])

1. 서울교통공사	2. 부산교통공사
3. 대구도시철도공사	4. 인천교통공사(도시철도 분야로 한정한다)
5. 광주광역시도시철도공사	6. 대전광역시도시철도공사

제64조의3(중장기재무관리계획의 수립 등) ① 자산·부채규모 등을 고려하여 대통령령으로 정하는 기준에 해당하는 공사의 사장은 매년 해당 연도를 포함한 5회계연도 이상의 중장기재무관리계획(이하 "중장기재무관리계획"이라 한다)을 수립하고, 이사회의 의결을 거쳐 확정한 후 대통령령으로 정하는 기한까지 지방자치단체의 장과 의회에 제출하여야 한다.

② 중장기재무관리계획에는 다음 각 호의 사항이 포함되어야 한다.

1. 5회계연도 이상의 중장기 경영목표
2. 사업계획 및 투자방향
3. 재무 전망과 그 근거 및 관리계획
4. 부채의 증감에 대한 전망과 그 근거 및 관리계획 등이 포함된 부채관리계획
5. 전년도 중장기재무관리계획 대비 변동사항, 변동요인 및 관리계획 등에 대한 평가·분석

[연혁]

1) **신설(2013.06.04.)** 현행과 같이 개정하였다.

제64조의4(청렴서약서의 제출) ① 공사는 계약의 투명성과 공정성을 높이기 위하여 입찰참가자 또는 수의계약의 계약상대자에게 청렴서약서를 제출하도록 하여야 한다.

② 제1항에 따른 청렴서약서에는 다음 각 호의 사항이 포함되어야 한다.

1. 입찰, 낙찰, 계약의 체결 및 이행 등의 과정(준공 · 납품 이후를 포함한다)에서 직접 또는 간접적인 사례(謝禮), 증여, 금품 · 향응, 취업특혜 제공 금지에 관한 사항
2. 특정인의 낙찰을 위한 담합 등 입찰의 자유경쟁을 방해하는 행위나 불공정한 행위의 금지에 관한 사항
3. 그 밖에 계약의 투명성과 공정성을 높이기 위하여 대통령령으로 정하는 사항[34]

[연혁]

1) **신설(2020.06.09.)** 현행과 같이 신설하였다.

→ 계약과정에서 채용 청탁 등 비위를 방지하고 계약의 투명성 및 공정성을 제고하기 위하여 지방공사 및 지방공단은 입찰참가자 또는 수의계약의 계약상대자에게 청렴서약서를 제출하도록 하고, 청렴서약서의 내용을 위반한 때에는 낙찰자 결정을 취소하거나 계약을 해제 또는 해지할 수 있는 근거를 마련하였다.

제64조의5(청렴서약 위반에 따른 계약의 해제 · 해지 등) 공사는 입찰참가자 또는 수의계약의 계약상대자가 입찰, 수의계약 및 계약 이행 과정에서 공사의 임직원에게 직접 또는 간접적으로 사례, 증여, 금품 · 향응, 취업특혜 제공을 하는 등 제64조의4에 따른 청렴서약서의 내용을 위반할 때에는 다음 각 호의 어느 하나에 해당하는 경우를 제외하고는 낙찰자 결정을 취소하거나 계약을 해제 또는 해지하여야 한다.

1. 다른 법률에서 낙찰자 결정의 취소 또는 계약의 해제 · 해지를 특별히 금지한 경우
2. 낙찰자 결정을 취소하거나 계약을 해제 또는 해지하면 계약 목적을 달성하기 곤란하거나 공사에 손해가 발생하는 등 대통령령으로 정하는 경우[35]

---

34) "대통령령으로 정하는 사항"이란 공정한 직무수행을 방해하는 알선 · 청탁을 통하여 입찰 또는 계약과 관련된 특정 정보의 제공을 요구하거나 제공받는 행위의 금지에 관한 사항을 말한다(지방공기업법 시행령 제57조의12 제1항).

35) "낙찰자 결정을 취소하거나 계약을 해제 또는 해지하면 계약 목적을 달성하기 곤란하거나 공사에 손해가 발생하는 등 대통령령으로 정하는 경우"란 ① 「재난 및 안전관리 기본법」 제3조 제1

[연혁]

1) **신설(2020.06.09.)** 현행과 같이 신설하였다.

제65조(예산) ① 공사의 사장은 매 사업연도의 사업계획 및 예산을 해당 사업연도가 시작되기 전까지 편성하여야 한다.
② 제1항에 따라 편성된 예산은 이사회의 의결로 확정된다. 예산이 확정된 후에 생긴 불가피한 사유로 예산을 변경하는 경우에도 또한 같다.
③ 공사의 사장은 제2항에 따라 예산이 성립되거나 변경되었을 때에는 지체 없이 지방자치단체의 장에게 보고하여야 한다.

[연혁]

[제1항] 공사의 사장은 매 사업연도의 사업계획 및 예산을 해당 사업연도가 시작되기 전까지 편성하여야 한다.

1) **신설(1980.01.04.)** 공사는 매 사업연도의 사업계획 및 수지예산서를 작성하여 당해 사업연도 개시 전에 설립단체의 장에게 제출하여 승인을 얻어야 한다. 사업계획서 또는 수지예산서를 변경하고자 할 때에도 또한 같다.

2) **개정(1992.12.08.)** 공사는 매 사업연도의 사업계획 및 수지예산서를 작성하여 당해 사업연도 개시 전에 지방자치단체의 장에게 제출하여 승인을 얻어야 한다. 사업계획서 또는 수지예산서를 변경하고자 할 때에도 또한 같다.

3) **개정(1999.01.29.)** 공사의 사장은 매 사업연도의 사업계획 및 예산을 당해 사업연도 개시 전까지 편성하여야 한다.

4) **개정(2011.08.04.)** 현행과 같이 개정하였다.

호에 따른 재난의 복구 등을 위하여 계약의 긴급한 이행이 필요한 경우로서 새로운 계약을 체결하면 계약 목적을 달성하기 곤란하다고 공사가 판단하는 경우, ② 그 밖에 계약의 이행 정도 등을 고려하여 낙찰자 결정을 취소하거나 계약을 해제 또는 해지하면 계약 목적을 달성하기 곤란하거나 공사에 상당한 손해가 발생할 것으로 공사가 판단하는 경우의 어느 하나에 해당하는 경우를 말한다(지방공기업법 시행령 제57조의12 제2항).

[제2항] 제1항에 따라 편성된 예산은 이사회의 의결[36]로 확정된다. 예산이 확정된 후에 생긴 불가피한 사유로 예산을 변경하는 경우에도 또한 같다.

1) **신설(1999.01.29.)** 제1항의 규정에 의하여 편성한 예산은 이사회의 의결로 확정된다. 예산이 확정된 후에 생긴 불가피한 사유로 인하여 예산을 변경하는 경우에도 또한 같다.

2) **개정(2011.08.04.)** 현행과 같이 개정하였다.

[제3항] 공사의 사장은 제2항에 따라 예산이 성립되거나 변경되었을 때에는 지체 없이 지방자치단체의 장에게 보고[37]하여야 한다.

1) **신설(1999.01.29.)** 공사의 사장은 제2항의 규정에 의하여 예산이 성립 또는 변경된 때에는 지체없이 지방자치단체의 장에게 보고하여야 한다.

2) **개정(2011.08.04.)** 현행과 같이 개정하였다.

Q & A

1. 예산 확정의 결정

Q. 8월 22일 이사회 의결로 추경예산(안)을 확정하였다. 그러나 관할 지방자치단체의 의회 심의가 9월 초순에 있다. 의회 심의 후 공단전출금으로 확정되어 내려오기 전에 예산집행이 가능한가? 이사회 의결 예산의 집행을 위해 사전설계 및 계약 발주에 대한 사항을 진행해도 되는가? 이사회 추경예산안의 의결사항을 관할 지방자치단체에 보고한 후 회신이 없으면 예산 확정사항이 아닌가?

---

36) 공사의 사장이 이사회에 제출하는 사업계획 및 예산은 「지방공기업법 시행령」 제19조 및 제20조의 규정에 준하여 이를 작성하며, 사업계획 및 예산을 이사회 개최 30일 전까지 각 이사에게 송부하여야 한다. 다만, 「지방공기업법」 제65조 제2항의 규정에 의하여 예산을 변경하는 경우에는 이사회 개최 7일 전까지 송부하여야 한다(지방공기업법 시행령 제58조 제1항, 제2항).

37) 지방자치단체의 장은 보고된 예산이 법령에 위반되거나 「지방공기업법」 제66조의2의 규정에 의한 예산에 관한 공통지침에 위반된다고 인정되는 경우에는 그 시정을 명할 수 있으며, 시정명령을 받은 공사의 사장은 특별한 사유가 없는 한 지체 없이 시정명령에 따라 예산을 수정하여 이사회의 의결을 받아야 한다(지방공기업법 시행령 제58조 제3항, 제4항).

A. 예산의 확정은 이사회 의결로 성립되고, 지방공사·공단의 장은 지방자치단체의 장에게 보고하도록 되어 있어서 시정명령 등의 가능성이 남아 있으므로 해당 지방자치단체와 협의하여 결정하는 것이 옳다. 「지방공기업법」 제65조(예산) 제1항에 "공사의 사장은 매 사업연도의 사업계획 및 예산을 해당 사업연도가 시작되기 전까지 편성하여야 한다."고 규정되어 있고, 같은 조 제2항에는 "제1항에 따라 편성된 예산은 이사회의 의결로 확정된다. 예산이 확정된 후에 생긴 불가피한 사유로 예산을 변경하는 경우에도 또한 같다."고 규정되어 있으며, 같은 조 제3항에는 "공사의 사장은 제2항에 따라 예산이 성립되거나 변경되었을 때에는 지체 없이 지방자치단체의 장에게 보고하여야 한다."고 규정되어 있다. 다만, 지방자치단체의 장은 보고된 예산이 법령에 위반되거나 예산에 관한 공통기준에 위반된다고 인정되는 경우 시정명령을 할 수 있으므로 예산의 확정은 설립 지방자치단체와 절차를 확인하여 결정하는 것이 옳다.

제65조의2(예산 불성립 시의 예산집행) ① 공사는 부득이한 사유로 회계연도가 시작되기 전까지 예산이 확정되지 못한 경우에는 전년도 예산에 준하여 예산을 집행하여야 한다.

② 제1항에 따라 집행된 예산은 해당 연도의 예산이 성립되면 그 성립된 예산에 따라 집행된 것으로 본다.

[연혁]

[제1항] 공사는 부득이한 사유로 회계연도가 시작되기 전까지 예산이 확정되지 못한 경우에는 전년도 예산에 준하여 예산을 집행하여야 한다.

1) 신설(1992.12.08.) 공사는 부득이한 사유로 회계연도 개시 전까지 예산이 확정되지 못한 때에는 전년도 예산에 준하여 예산을 집행하여야 한다.

→ 「지방자치법」 제146조(예산이 성립하지 아니할 때의 예산 집행)에 의한 "예산 불성립 시의 예산집행"은 지방의회가 법정기간 내에 예산을 의결하지 않을 때를 대비한 규정으로, 예산의 불성립에서 오는 행정의 마비나 혼란을 방지하고자 마련된 제도이며, 지방자치단체 예산과 밀접한 관계를 가지고 있는 지방공기업도 동 제도를 준용하여 운영하도록 하였다.

2) **개정(2011.08.04.)** 현행과 같이 개정하였다.

[제2항] 제1항에 따라 집행된 예산은 해당 연도의 예산이 성립되면 그 성립된 예산에 따라 집행된 것으로 본다.

1) **신설(1992.12.08.)** 제1항의 규정에 의하여 집행된 예산은 당해 연도의 예산이 성립되면 그 성립된 예산에 의하여 집행된 것으로 본다.

2) **개정(2011.08.04.)** 현행과 같이 개정하였다.

Q & A

1. 예산이 회계연도 개시 전까지 확정되지 못한 경우의 예산 집행

Q. 부득이한 사유로 예산이 회계연도 개시 전까지 확정되지 못한 경우 지방공단은 예산을 어떻게 집행하여야 하는가? "전년도 예산에 준하여 예산을 집행한다."는 의미는 예컨대 인건비의 경우 인상분을 제외하고 전년도와 동일하게 집행하여야 하는가?

A. 「지방공기업법」 제76조에 따라 지방공단이 준용하는 제65조의2(예산 불성립 시의 예산집행) 제1항에는 "공사는 부득이한 사유로 회계연도 개시 전까지 예산이 확정되지 못한 때에는 전년도 예산에 준하여 예산을 집행하여야 한다."고 규정되어 있으며, 같은 조 제2항에는 "제1항에 따라 집행된 예산은 해당 연도의 예산이 성립되면 그 성립된 예산에 따라 집행된 것으로 본다."고 규정되어 있다. 따라서 지방공단의 경우에도 전년도 예산에 준하여 집행하면 되며, 인건비의 경우에도 전년도 예산에 준하여 집행하면 된다.

제65조의3(신규 투자사업의 타당성 검토) ① 공사의 사장은 대통령령으로 정하는 규모 이상의 신규 투자사업을 하려면 대통령령으로 정하는 방법 및 절차에 따라 사업의 필요성과 사업계획의 타당성 등을 검토(이하 "신규 투자사업 타당성 검토"라 한다)하여 지방자치단체의 장에게 보고하고 의회의 의결을 받아야 한다.
② 제1항에도 불구하고 다음 각 호의 어느 하나에 해당하는 사업은 대통령령으로 정하는 절차에 따라 신규 투자사업 타당성 검토 대상에서 제외한다. 이 경우 공사의 사장은 신규 투자사업 타당성 검토 제외 사업의 내역 및 사유를 지체 없이

지방자치단체의 장과 의회에 보고하여야 한다.

1. 다음 각 목의 어느 하나에 해당하는 조사·심사 등을 거쳤거나 제외된 사업
   가. 「국가재정법」 제38조 제1항에 따른 예비타당성조사
   나. 「지방재정법」 제37조에 따른 투자심사(해당 공사를 설립한 지방자치단체의 장이 실시한 투자심사에 한정한다)
   다. 「공공기관의 운영에 관한 법률」 제40조 제3항에 따른 예비타당성조사
2. 설립 지방자치단체가 각각 다른 2개 이상의 공사가 공동으로 신규 투자사업을 추진하는 경우로서 그 중 하나 이상의 공사의 사장이 제1항에 따른 절차를 모두 거치고, 다른 공사를 설립한 지방자치단체의 의회가 별도의 신규 투자사업 타당성 검토를 거치지 아니하기로 동의한 사업
3. 「재난 및 안전관리 기본법」 제3조 제1호에 따른 재난의 예방 및 복구 지원을 위하여 시급한 추진이 필요한 사업
4. 법령에 따라 추진하여야 하는 사업
5. 지역 균형발전, 긴급한 경제적·사회적 상황 대응 등을 위하여 국가 정책적으로 추진이 필요한 사업으로서 다음 각 목의 요건을 모두 갖춘 사업
   가. 사업목적 및 규모, 추진방안 등 구체적인 사업계획이 수립된 사업
   나. 국가 정책적으로 추진이 필요하여 국무회의를 거쳐 확정된 사업

③ 신규 투자사업 타당성 검토는 전문 인력 및 조사·연구 능력 등 대통령령으로 정하는 요건을 갖춘 전문기관으로서 행정안전부장관이 지정·고시하는 기관에 의뢰하여 실시하여야 한다.

[연혁]

[제1항] 공사의 사장은 대통령령으로 정하는 규모 이상의 신규 투자사업[38]을 하려

38) "대통령령으로 정하는 규모 이상의 신규 투자사업"이란 ① 시·도가 설립한 공사: 총사업비 500억 원 이상의 신규 투자사업, ② 시·군·구가 설립한 공사: 총사업비 300억 원 이상의 신규 투자사업을 말한다(지방공기업법 시행령 제58조의2 제1항). 2013년 12월 4일 이 제도 신규 시행 시에는 시·도가 설립한 공사의 경우에는 총사업비 200억 원 이상의 신규 투자사업, 시·군·구가 설립한 공사의 경우에는 총사업비 100억 원 이상의 신규 투자사업에 대하여 각각 전문기관의 사전 검토를 받도록 하였으나, 2020년 3월 3일 신규 투자사업을 추진하는 지방공사의 자율성을 강화하고 공공투자를 확대하기 위하여 타당성 검토대상 신규 투자사업의 금액 기준을 시·도가 설립한 지방공사의 경우에는 종전의 200억 원 이상에서 500억 원 이상으로, 시·군·구가 설립한 지방공사의 경우에는 종전의 100억 원 이상에서 300억 원 이상으로 개정하였다.

면 대통령령으로 정하는 방법 및 절차에 따라 사업의 필요성과 사업계획의 타당성 등을 검토(이하 "신규 투자사업 타당성 검토"[39]라 한다)하여 지방자치단체의 장에게 보고하고 의회의 의결을 받아야 한다.

1) **신설(2013.06.04.)** 공사의 사장은 대통령령으로 정하는 규모 이상의 신규 투자사업을 하려면 대통령령으로 정하는 방법 및 절차에 따라 사업의 필요성과 사업계획의 타당성 등을 검토하여 지방자치단체의 장에게 보고하고 의회의 의결을 받아야 한다.

→ 투자란 사업주체의 양호한 재무적 성과를 위하여 어떤 일이나 사업에 자본을 조달하여 사용하는 행위로, 행위 결과에 따라 사업주체의 재무적 성과가 달라진다. 타당성 검토 제도는 사업의 정책적 의의(공공성)를 판단하고, 수요 또는 사업성(수익성)이 부족한 투자사업의 무리한 추진을 방지함으로써 지방공기업의 재정건전성 악화를 예방하고자 하는 취지로 신설되었다. 따라서 지방공기업이 재원을 조달하여 투입하고, 사업시행 결과에 따른 재무적 성과(위험)가 해당 지방공기업에 귀속되는 경우에는 당해 사업을 통해 재무적 수익이 발생하는지 여부와 상관없이 타당성 검토를 거쳐야 한다. 이제까지는 지방공사가 일정규모 이상의 신규 투자를 하는 경우에 투자의 타당성 검토 방법 및 절차에 관한 명시적인 규정이 없어 출자 또는 투자가 자의적(恣意的)으로 이루어질 소지가 있었다. 따라서 지방공사의 신중한 투자를 담보하기 위하여 일정한 방법 및 절차에 따라 투자의 타당성 등을 사전에 검토하고, 그 결과를 지방자치단체의 장에게 보고하고 지방의회 의결을 의무화하였다.

2) **개정(2019.12.03.)** 현행과 같이 개정하였다.

[제2항] 제1항에도 불구하고 다음 각 호의 어느 하나에 해당하는 사업은 대통령령으로 정하는 절차[40]에 따라 신규 투자사업 타당성 검토 대상에서 제외한다. 이 경우

---

39) "신규 투자사업 타당성 검토"에는 ① 신규 투자사업의 적정성 여부, ② 신규 투자사업별 수지분석, ③ 재원 조달방법, ④ 신규 투자사업이 지역경제에 미치는 영향 등을 포함해야 한다(지방공기업법 시행령 제58조의2 제2항).

40) 공사의 사장이 신규 투자사업에 대해서 신규 투자사업 타당성 검토대상에서 제외하려는 경우

공사의 사장은 신규 투자사업 타당성 검토 제외 사업의 내역 및 사유를 지체 없이 지방자치단체의 장과 의회에 보고하여야 한다.

1. 다음 각 목의 어느 하나에 해당하는 조사·심사 등을 거쳤거나 제외된 사업
   가. 「국가재정법」 제38조 제1항에 따른 예비타당성조사
   나. 「지방재정법」 제37조에 따른 투자심사(해당 공사를 설립한 지방자치단체의 장이 실시한 투자심사에 한정한다)
   다. 「공공기관의 운영에 관한 법률」 제40조 제3항에 따른 예비타당성조사
2. 설립 지방자치단체가 각각 다른 2개 이상의 공사가 공동으로 신규 투자사업을 추진하는 경우로서 그 중 하나 이상의 공사의 사장이 제1항에 따른 절차를 모두 거치고, 다른 공사를 설립한 지방자치단체의 의회가 별도의 신규 투자사업 타당성 검토를 거치지 아니하기로 동의한 사업
3. 「재난 및 안전관리 기본법」 제3조 제1호에 따른 재난의 예방 및 복구 지원을 위하여 시급한 추진이 필요한 사업
4. 법령에 따라 추진하여야 하는 사업
5. 지역 균형발전, 긴급한 경제적·사회적 상황 대응 등을 위하여 국가 정책적으로 추진이 필요한 사업으로서 다음 각 목의 요건을 모두 갖춘 사업
   가. 사업목적 및 규모, 추진방안 등 구체적인 사업계획이 수립된 사업
   나. 국가 정책적으로 추진이 필요하여 국무회의를 거쳐 확정된 사업

1) **신설(2019.12.03.)** 현행과 같이 신설하였다.

→ 지방공사가 신규 투자사업을 하려는 경우 별도의 타당성 검토 필요성이 낮은 사업은 타당성 검토대상에서 제외하도록 하였다. 즉, 「국가재정법」 등 관련 법령에 따른 타당성 조사·심사 등을 거친 사업, 재난의 예방 및 복구 지원을 위하여 시급한 추진이 필요한 사업 등은 지방공사의 신규 투자사업 타당성 검토 대상에서 제외하였다.

에는 지방자치단체의 장에게 해당 사업의 명칭, 개요, 필요성 및 제외 사유 등을 명시한 신규 투자사업 타당성 검토 제외대상 확인요구서를 제출해야 하며, 지방자치단체의 장은 제외대상 확인요구서를 제출받은 경우 신규 투자사업 타당성 검토대상에서 제외되는 사업인지 여부를 확인하고 그 결과를 공사의 사장에게 통지해야 한다. 신규 투자사업 타당성 검토 제외 사업의 확인 절차, 방법 및 그 밖에 신규 투자사업 타당성 검토 제외대상 확인에 필요한 사항은 행정안전부장관이 정하며, 이때 행정안전부장관은 지방자치단체의 장의 의견을 들어야 한다(지방공기업법 시행령 제58조의2 제3항~제6항).

[제3항] 신규 투자사업 타당성 검토는 전문 인력 및 조사·연구 능력 등 대통령령으로 정하는 요건을 갖춘 전문기관[41])으로서 행정안전부장관이 지정·고시하는 기관에 의뢰하여 실시하여야 한다.

1) **신설(2015.12.29.)** 제1항에 따른 타당성 검토는 전문인력 및 조사·연구능력 등 대통령령으로 정하는 요건을 갖춘 전문기관으로서 행정자치부장관이 지정·고시하는 기관에 의뢰하여 실시하여야 한다.

→ 지방공기업이 일정규모 이상의 신규 투자사업 추진 시 타당성 검토를 거쳐야 하나, 지방자치단체 또는 지방공기업에서 선정한 기관에서 타당성 검토를 수행함에 따라 공정성 문제가 발생하였다. 따라서 지방공기업의 무리한 신규 투자로 인한 지방재정의 악화를 방지하기 위하여 지방공기업의 신규 투자사업 타당성 검토는 대통령령에서 정하는 요건을 갖춘 기관으로서 행정자치부장관이 지정·고시하는 기관에서 실시하도록 강화하였다.

2) **개정(2019.12.03.)** 현행과 같이 개정하였다.

Q & A

1. 자체재원이 투입되지 않는 신규 투자사업의 타당성 검토

Q. 기초도시공사에서 총사업비 300억 원 이상의 산업단지조성사업을 추진하면서 「산업입지 및 개발에 관한 법률」에 따라 수의계약을 통하여 선수금으로 사업비를 100% 충당(실 입주기업 확정, 분양률 100% 확보)함으로써 공사의 자체재원이 투입되지 않는 경우에도 「지방공기업법」에 따라 타당성 검토 및 지방의회 의결을 거쳐야 하는가?

A. 「지방공기업법」 제65조의3(신규 투자사업의 타당성 검토)은 타당성이 떨어지는 투자사업을 무리하게 추진할 때 발생할 수 있는 경영부실과 재정위험을 예방하기 위하여 신설되었으며, 같은 법 시행령 제58조의2(신규 투자사업의 타당성 검토)에 따라 기초도시공사가 총사업비 300억 원 이상의 사업을 추진할 경우에는 행정안전부장관이 지정·고시하는 전문기관에 의뢰하여 타당성 검토를 받고, 의회 의결 등을

41) "전문 인력 및 조사·연구 능력 등 대통령령으로 정하는 요건을 갖춘 전문기관"이란 「지방공기업법 시행령」 제47조 제4항 각 호의 요건을 모두 갖춘 기관을 말한다(지방공기업법 시행령 제58조의2 제7항).

거쳐야 한다. 설사 「산업입지 및 개발에 관한 법률」에 근거하여 산업단지 입주 예정기업과 수의계약을 체결한 후 사업비를 전액 당해 기업으로부터 선수금으로 조달한 경우에도 시행령 제58조의2에 의한 사업 자체의 적정성 여부, 지역경제에 미치는 영향 등에 대한 검토가 필요하므로 타당성 검토 및 의회 의결절차를 생략할 수는 없다.

2. 신규 투자사업 타당성 검토-철도통합무선통신망 개량사업

Q. 도시철도공사에서 운영하고 있는 열차에 대하여 사업비 520억 원을 투입하여 철도통합무선통신망(LTE-R) 개량사업을 추진하려고 할 때, 「지방공기업법」 제65조의3에 따른 신규 투자사업 타당성 검토를 받아야 하는가?

A. 현행 지방공기업법령상 신규 투자사업에 대한 정의는 별도로 규정되어 있지 않으나, 기존시설 노후화에 따른 개량사업은 신규 투자사업에 해당하지 않는다고 보아야 할 것이다. 따라서 국가재난안전통신망 통합 도입에 따른 열차무선통신망 일원화사업이 기존 철도차량의 통신체계 노후화에 따른 개량·보수사업인지 혹은 새로운 시스템 도입인지 여부에 따라 신규 투자사업에 해당하는지를 따져 보아야 할 것이며, 단순히 기존 시설의 개·보수에 불과하다면 타당성 검토를 거칠 필요가 없을 것이다.

3. 신규 투자사업-직접 활용 목적으로 자산 매입

Q. 지방공기업법령과 「지방공기업 설립기준」에서 정하는 신규 투자사업이 지방공기업이 추진하는 택지개발 및 주택건설 등 손익이 발생하는 사업뿐만 아니라 지방공기업이 직접 활용할 목적으로 부동산 및 자산을 매입(박물관 또는 문화시설 등)하는 경우에도 신규 투자사업의 범위에 해당하는가, 또한 이에 대한 사항을 전문기관에 타당성 검토를 의뢰하여야 하는가?

A. 「지방공기업법」 제65조의3(신규 투자사업의 타당성 검토) 및 같은 법 시행령 제58조의2(신규 투자사업의 타당성 검토)는 지방공기업의 무리한 사업 추진으로 인한 경영부실화를 방지하고 신중한 투자를 담보하기 위해 신설된 규정이다. 그러나 지방공기업법령상 '신규 투자사업'의 의미나 범위 등에 대해 별도의 정의 규정은 두지 아니한 채 규모기준만 두고 있으므로 '신규 투자사업'의 해석에 대하여는 일반적인 법령 해석의 원칙에 따라 문언의 범위 내에서 규정 취지에 부합하도록 해석하여야 한다. 지방공기업법령의 해석상 '신규 투자사업'은 당해 공사의 조례·정관 등에서 규정하고 있는 사업범위 내에 속하는 사업으로서 이익을 얻기 위하여 새로 자본을

투자하는 사업을 의미하며, 「지방공기업법 시행령」 제58조의2에서 타당성 검토 시 수지분석을 검토하도록 한 취지를 고려할 때 그 사업으로 인하여 매출(수입)이 발생하는 것을 전제로 하고 있다. 따라서 부동산 및 자산을 단순히 공사 내부에서 자체 활용할 목적으로 취득하는 것이라면 이는 고정자산을 취득하는 성격에 불과하므로 신규 투자사업 타당성 검토가 불필요하나, 당해 부동산·시설 등을 이용하여 별도의 영리목적 수익사업을 추진한다면 이는 신규 투자사업에 해당하여 총사업비가 일정규모(시·도가 설립한 공사 500억 원, 시·군·구가 설립한 공사 300억 원) 이상인 경우에는 전문기관의 신규 투자사업 타당성 검토를 받아야 한다.

4. 지방자치단체에서 사업타당성 검토를 실시한 경우의 타당성 검토

Q. 지방공사에서 해당 지방자치단체의 요청에 따라 지방자치단체에서 직접 시행하고 있는 군부대 이전사업(국방시설 이전 설치 및 부지 양여, 총사업비 약 500억 원)에 대하여 민자 유치를 위해 공모를 통해 선정된 민간사업시행자(SPC)에게 「지방공기업법」 제54조에 의거 출자의 필요성 및 타당성을 검토하여 시장에게 보고하고 시 의회 의결을 받아 출자(자본금 70억 원의 10%인 약 7억 원)하고자 한다. ① 해당 지방자치단체에서 군부대 이전사업에 대한 사업타당성 검토를 이미 실시했음에도 불구하고 지방공사에서 「지방공기업법」 제65조의3에 의거한 신규 투자사업의 타당성 검토를 실시하여야 하는가? ② 신규 투자사업의 타당성 검토대상에 해당될 경우 「지방공기업법 시행령」 제58조의2(신규 투자사업의 타당성 검토)에 따른 투자사업의 규모를 적용함에 있어 총사업비인 약 500억 원을 적용하여야 하는가, 아니면 실 투자금액인 7억 원을 적용하여야 하는가?

A. ① 지방자치단체의 사업타당성과 별개로 출자타당성 검토 및 신규 투자사업 타당성 검토를 실시해야 할 것으로 판단된다. 「지방공기업법」 제54조(다른 법인에 대한 출자)에 따르면 지방자치단체 외의 다른 법인에 출자할 경우 지방자치단체의 장의 승인과 대통령령으로 정하는 방법 및 절차에 따라 출자의 필요성 및 타당성을 검토한 후 지방자치단체의 장에게 보고하고 의회의 의결을 받아야 한다. 이는 무분별한 사업 확장으로 지방공기업의 재정건전성을 저해하고 민간 영역 침해 가능성 등에 대한 문제점을 사전에 방지하기 위함이다. 따라서 해당 사안의 경우 「지방공기업법 시행령」 제47조의2(다른 법인에 대한 출자타당성 검토 등)에 따라 다른 법인에 대한 출자 필요성 및 타당성 검토를 전문기관에서 실시해야 한다. 다만, 해당 사례와 같이 타 법인 출자가 필요한 신규 사업 진출과 같이 2가지가 복합되어 있는 경우, 해당 지방자치단체가 수행한 신규 투자사업 타당성을 활용하여 지방공기업의 신규 투자사업 시 검토해야 할 사안의 부족한 부분에 대한 보완을 할 수 있을 것으로 판

단된다. ② 해당 사업의 경우 출자와 신규 투자사업 2가지가 복합되어 있으므로 타당성 검토의 경우 「지방공기업법 시행령」 제58조의2의 총사업비를 기준으로 적용해야 한다.

5. 총사업비의 의미

Q. 시 · 군 · 구가 설립한 공사는 총사업비 300억 원 이상의 신규 투자사업으로 규정하고 있는 바, 여기에서 총사업비는 공사가 신규 투자사업에 투입하는 비용과 해당되는 사업 시행자의 총사업비 중 어느 것으로 해석해야 하나?

A. 신규 사업 진출에 대한 타당성 검토는 무분별한 사업 진출로 인한 지방공기업의 재정문제 발생을 방지하고자 하는 것이므로, 입법 취지를 고려할 때 신규 투자사업 추진에 소요되는 모든 비용의 합으로 해석하는 것이 타당하다.

6. 지방공사 명칭 변경 시 사전협의 및 타당성 검토 시기

Q. 도시철도 운영을 주요 사업으로 하고 있는 공사로, 공사의 명칭을 변경하고 향후 도시철도 운영뿐만 아니라 시내버스 · 개인교통수단(공영자전거 · 공영킥보드) 등으로 사업 범위를 확대하려고 지방자치단체와 협의 중에 있다. ① 공사의 명칭만을 변경하는 경우 행정안전부 사전 협의 등의 절차가 필요한가? ② 도시철도 운영 외에 추가로 시내버스 운영사업을 시행하기 위하여 조례 및 정관 개정 등의 절차를 거쳐 신규 사업에 진출하려는 경우 '신규 사업 진출 등에 따른 타당성 검토' 절차가 필요한가? ③ 타당성 검토가 필요하다면 어느 단계에서 '타당성 검토'를 실시해야 하는가?

A. ① 기관의 명칭 변경에는 행정안전부 사전 협의절차가 필요하지 않다. ② 「지방공기업법」 제65조의3(신규 투자사업의 타당성 검토) 및 「지방공기업 설립기준」의 "신규사업 및 출자 타당성 검토"의 규정을 살펴보면, "총사업비를 기준으로 광역자치단체가 설립한 공사가 500억 원 이상, 시 · 군 · 구가 설립한 공사가 300억 원 이상의 신규 투자사업을 실시할 경우에는 전문기관의 타당성 검토 후 지방자치단체의 장에게 보고하고 의회의 의결을 받아야 한다."고 규정하고 있다. 따라서 총사업비를 기준으로 위 기준에 해당할 경우 신규 투자사업에 대해서는 「지방공기업법」에 따라 전문인력 및 조사 · 연구능력 등의 요건을 갖추고 행정안전부장관이 지정 · 고시한 전문기관(지방공기업평가원, 한국지방행정연구원)의 타당성 검토를 받아야 한다. ③ 「지방공기업 설립기준」의 "신규 사업 및 출자 타당성 검토"에 규정된 내용을 살펴보면, "설립 후 기존 사업과 내용적으로 상이한 사업을 추진할 경우(사업 수행을 위해 정관 변경이 필요한 사업을 의미)에는 사업규모와 관계없이 설립 시에 준하는

전문기관의 타당성 검토 실시"라고 되어 있다. 이 경우 신규 투자사업에 대한 타당성 검토는 조례 개정 전에 이루어져야 할 것이다.

7. 대행사업에 대한 신규 투자사업 타당성 검토

Q. 공단 정관상 사업범위는 ① 공공하수처리시설 관리운영사업, ② 분뇨처리시설 관리운영사업, ③ 쓰레기소각장 · 매립장 · 재활용사업장 등 청소시설 관리 · 운영사업이고, 현재 하수처리장 10곳, 소각처리장 4곳, 분뇨처리장 1곳을 운영하고 있다. 그런데 소각처리장 4곳 중 1곳이 지방자치단체의 폐쇄결정으로 없어지게 되어, 기존 인력의 고용안정 차원에서 지방자치단체에서 운영 중인 매립장 수탁을 추진하고 있다. 매립장 시설 운영은 처음이다. 정관에서 정한 청소시설 관리 · 운영사업의 범위에 매립장사업이 포함되어 있어 기존의 소각장과 같은 청소사업을 하고 있으므로, 매립장사업은 신규의 별도사업에 해당되지 않아 타당성 검토 용역을 하지 않아도 되는 것인가? 아니면, 매립장사업을 신규 사업으로 보아 타당성 검토 용역을 받아야 하는가? (단, 매립장사업 추가에 따른 정원 증감은 없다)

A. 「지방공기업 설립기준」에 따르면, 총사업비를 기준으로 광역자치단체가 설립한 공사가 500억 원 이상, 시 · 군 · 구가 설립한 공사가 300억 원 이상의 신규 투자사업을 실시할 경우에는 전문기관의 타당성 검토 후 지방자치단체의 장에게 보고하고 의회의 의결을 받아야 한다. 전문기관의 신규 사업 타당성 검토에는 신규 투자사업의 적정성 여부(시장성테스트 포함), 신규 투자사업별 수지분석, 재원조달방법, 인력과 조직의 적정성 등이 포함되어야 하며, 각 항목은 설립 시에 준하여 엄격하게 검토되어야 한다. 총사업비 기준으로 광역자치단체가 설립한 공사가 500억 원 미만, 시 · 군 · 구가 설립한 공사가 300억 원 미만의 신규 투자사업을 실시하는 경우, 「지방공기업법」 제65조의3(신규 투자사업의 타당성 검토) 제2항에 따라 신규 투자사업 타당성 검토대상에서 제외된 경우, 「지방공기업법」 제71조(대행사업의 비용 부담)와 제76조에 따른 공사 또는 공단의 대행사업의 경우에는 전문기관의 타당성 검토를 거치지 않아도 되나, 시장성테스트와 인력과 조직의 적정성(정원이 4명 이상 증가하는 경우)에 대한 검토는 필요하다. 따라서 일반적으로 지방공기업이 신규 사업 진출을 계획하고 있다면 사전 타당성 검토를 필요로 하나, 「지방공기업법」 제71조에 따른 대행사업에 해당되고 별도의 추가적인 조직 설치(정원증가)가 수반되지 않는 점을 볼 때 신규 사업 추진에 따른 타당성 검토는 필요하지 않다고 본다.

제65조의4(사업의 실명 관리 및 공개) ① 공사의 사장은 제65조의3 제1항에 따른 신규 투자사업에 대하여 그 사업 내용 및 사업의 결정 또는 집행과 관련하여 이에 참여한 자 등을 기록·관리하고 이를 공개하여야 한다. 다만, 「공공기관의 정보공개에 관한 법률」 제9조에 따른 비공개 대상 정보의 경우에는 정보가 기간의 경과 등으로 인하여 비공개의 필요성이 없어지기 전까지 공개하지 아니할 수 있다.
② 제1항에 따른 기록·관리 및 공개의 범위, 방법 및 절차 등에 필요한 사항은 대통령령으로 정한다.

[연혁]

1) **신설(2015.12.29.)** 현행과 같이 신설하였다.

→ 지방공사의 사업 추진 시 책임성과 투명성을 제고하기 위하여 타당성 검토 대상인 신규 투자사업의 경우 해당 사업의 내용 및 그 결정 등에 참여한 자 등을 기록·관리하고 공개하도록 사업실명제를 도입하였다.

제65조의5(채무보증 계약 등의 제한) 공사는 다음 각 호에 해당하는 계약을 체결할 수 없다.

1. 채무에 대한 상환 보증이 포함된 계약[42]
2. 공사의 자산 매각 시 환매(還買)를 조건으로 하는 계약[43]
3. 주택건설 및 토지개발 등의 사업에서 미분양 발생 시 미분양자산에 대한 매입확약이 포함된 계약[44]

---

42) ○○공사는 민간참여방식으로 ◇◇주택개발사업을 추진하기 위해 특수목적법인(SPC)에 출자하면서 SPC가 금융기관에서 대출받은 금액에 대해 지급보증을 하였고, 개발사업의 분양이 저조하여 SPC 대신 공사가 750억 원의 부채를 상환하게 되는 손해를 입었다.

43) 환매란 부동산 매매계약 후 일정기간이 경과되었을 때 매수자의 요청에 따라 매도자가 해당 부동산을 매매원금에 이자를 포함하여 다시 사주는 조건을 말한다. ××공사는 보유한 토지의 매각이 부진하자 토지매각 시 계약 후 6개월 및 12개월부터 24개월까지 매수자가 원하는 경우 4.75%의 이자를 더해 공사에 토지를 되팔 수 있는 리턴조건으로 매각하였고, 이후 토지매수자가 리턴권을 행사하여 1천 8백억 원의 상환대금 마련에 어려움을 겪는 등 유동성 위기에 직면하였다.

44) △△공사는 산업단지개발사업을 위해 SPC를 설립하고 지분출자하면서 분양률이 65%를 미달하는 경우 미달하는 물량을 공사에서 매입하는 계약을 체결하여 최대 2천 5백억 원 가량을 매입해야 하는 의무가 발생하였다.

[연혁]

1) **신설(2015.12.15.)** 현행과 같이 신설하였다.

→ 지방공사의 재정건전성 강화를 위하여 다른 법인에 대한 채무보증 계약 등을 제한하였다. 그동안에는 지방공사가 개발사업을 추진하면서 특수목적법인(SPC)의 차입자금에 대한 지급보증을 하거나 미분양자산에 대한 매입을 보증하여 분양률 저조 시 차입금을 떠안게 되는 사례가 발생하였다. 또한 공사가 법정이자율을 초과하는 환매(리턴)조건으로 부동산을 매각하는 계약이 체결되어 공사가 토지리턴제를 남용함에 따라 유동성 위기가 발생하는 등 지방공기업의 재무건전성을 위협하는 요소로 작용하였다. 따라서 지방공기업의 재무건전성을 제고하기 위하여 지방공사의 무리한 사업 추진을 위해 체결되는 불리한 계약을 원천적으로 금지하였다.

Q & A

1. 지방자치단체의 부채가 포함된 위 · 수탁계약

Q. 지방공단이 지방자치단체로부터 장애인 콜택시사업(기존 사업대행자인 민간에 지불해야 할 미지급부채 포함)을 대행하는 경우 부채가 포함된 위 · 수탁계약을 체결할 수 있는가?

A. 「지방공기업법」 제2조(적용범위) 제2항 및 제71조(대행사업의 비용 부담)에 따라 지방공기업은 지방자치단체로부터 경상수지비율 50%를 충족하는 사업에 한하여 대행사업을 수행할 수 있다. 또한 법 제65조의5(채무보증 계약 등의 제한)에 따라 공사는 민간에 대한 채무보증이 포함된 계약을 체결할 수 없다. 지방공단은 법 제65조의5를 준용하고 있지 않으나, 법률의 취지상 지방공단의 경우 더욱 민간 채무보증이 포함된 계약을 체결할 수 없다고 보는 것이 타당할 것이다. 따라서 지방자치단체에서 지방공단에 장애인 콜택시사업을 위탁하려면 기존 민간사업자에게 지불해야 할 부채를 모두 상환한 후 경상수지비율 50% 충족여부를 판단하는 것이 바람직하다.

제66조(결산) ① 공사는 매 사업연도의 결산을 해당 사업연도가 끝난 후 2개월 이내에 완료하여야 한다.

② 공사는 결산 완료 후 결산서를 작성하여 대통령령으로 정하는 서류 및 지방자치단체의 장이 지정하는 공인회계사의 회계감사보고서를 첨부하여 지체 없이 지방자치단체의 장에게 보고하여 승인을 받아야 한다.

[연혁]

[제1항] 공사는 매 사업연도의 결산을 해당 사업연도가 끝난 후 2개월 이내에 완료하여야 한다.

1) **신설(1980.01.04.)** 공사는 매 사업연도의 결산을 당해 사업연도 종료 후 6월 내에 완료하여야 한다.

2) **개정(1992.12.08.)** 공사는 매 사업연도의 결산을 당해 사업연도 종료 후 3월 내에 완료하여야 한다.

3) **개정(2002.03.25.)** 공사는 매 사업연도의 결산을 당해 사업연도 종료 후 2월 이내에 완료하여야 한다.

4) **개정(2011.08.04.)** 현행과 같이 개정하였다.

[제2항] 공사는 결산 완료 후 결산서를 작성하여 대통령령으로 정하는 서류[45] 및 지방자치단체의 장이 지정하는 공인회계사의 회계감사보고서를 첨부하여 지체 없이 지방자치단체의 장에게 보고하여 승인을 받아야 한다.

1) **신설(1980.01.04.)** 공사는 결산 완료 후 결산서를 작성하여 대통령령이 정하는 서류를 첨부하여 지체없이 설립단체의 장에게 보고하여 승인을 얻어야 한다.

45) "대통령령이 정하는 서류"라 함은 ① 대차대조표, ② 손익계산서, ③ 이익잉여금처분계산서 또는 결손금처리계산서, ④ 자금운용계산서 또는 현금흐름표, ⑤ 회전기금을 둔 경우에는 그 운용상황서, ⑥ 결산부속명세서(수익비용명세서, 비유동자산명세서, 재고자산명세서, 지방채명세서, 예산전용조서, 예비비사용조서, 예산이월액조서, 계속비집행조서, 계속비정산보고서, 채무부담행위집행조서, 전년도이월액사용조서, 미수액조서, 미지급액조서, 불납결손액조서, 세입·세출외현금 현재액조서, 성질별 세출결산명세서, 기타 필요한 명세서) 등을 말한다(지방공기업법 시행령 제59조).

2) 개정(1992.12.08.) 공사는 결산 완료 후 결산서를 작성하여 대통령령이 정하는 서류 및 내무부장관이 정하는 기준에 따라 지방자치단체의 장이 지정하는 공인회계사의 회계감사보고서를 첨부하여 지체없이 지방자치단체의 장에게 보고하여 승인을 얻어야 한다.

3) 개정(1999.01.29.) 공사는 결산 완료 후 결산서를 작성하여 대통령령이 정하는 서류 및 지방자치단체의 장이 지정하는 공인회계사의 회계감사보고서를 첨부하여 지체없이 지방자치단체의 장에게 보고하여 승인을 얻어야 한다.

→ '내무부장관이 정하는 기준에 따라'를 삭제하였다.

4) 개정(2011.08.04.) 현행과 같이 개정하였다.

Q & A

1. 결산 완료 및 승인

Q. 지방공기업은 사업연도 종료 후 2개월 이내에 결산을 완료하고 지방자치단체의 장의 승인을 얻어야 하는가?

A. 「지방공기업법」 제66조(결산) 제1항은 해당 사업연도가 끝난 후 2개월 이내에 결산을 완료하도록 규정하고 있고, 같은 조 제2항은 결산 완료 후 지체 없이 지방자치단체의 장에게 보고하여 승인을 받도록 규정하고 있다. 이는 사업연도 종료 후 2개월 이내에 결산을 완료하도록 규정한 것이고, 같은 기간 내에 결산에 대한 지방자치단체의 장의 승인까지 얻도록 규정한 것은 아니다.

2. 회계감사인 선정

Q. 2019회계연도에 선정된 신규 회계감사인(기존 2016년부터 2018년까지 연속하는 3개년 감사업무 수행 후 신규로 2019년 감사인으로 지정)에게 계약 당시 결산기준에 명시된 「지방공기업법」 개정 예고(2020사업연도 결산부터 회계감사인 선임규정 적용 예정)로 인해 당해 연도에 한하여 감사업무가 가능하다고 안내하였으나, 그 후 위 법안이 폐지(2020년 5월 말)되었다. 이 경우, 결산기준에서 준용하고 있는 「공공기관의 회계감사 및 결산감시에 관한 규칙」 제9조(회계감사계약) 제2항에 따라 회계감사인의 명백한 귀책사유 등 특별한 변경사유가 없는 한 감사인의 업무수행기간은 연속하는 3개 회계연도 유지규정을 준수하여야 하는가?

A. 2019회계연도 회계감사인 계약 당시 참고한 결산기준은 「2018사업연도 지방공기업

결산기준」으로, 이는 회계감사인 선임위원회와 관련한 「지방공기업법」 정부안 개정안이 국회에서 통과될 경우에 이 법 시행일 이전에 체결된 회계감사계약은 2019년 회계연도까지 적용됨을 안내한 사항이다. 그리고 지방공기업 회계감사의 독립성 보장 및 안정적 수행을 위하여 「공공기관의 회계감사 및 결산감사에 관한 규칙」 제9조 제2항을 준용하여 운용하고 있으므로, 지방자치단체는 회계감사인의 명백한 귀책사유 등 특별한 변경사유가 없으면 3개 회계연도 유지규정을 준수할 의무가 있을 것이다. 동 규칙 제9조 제2항에는 "제7조(감사인의 선정)의 규정에 따라 선정된 감사인의 업무수행기간은 연속하는 3개 회계연도로 하되, 제1항의 규정에 따른 감사계약은 1년을 단위로 매 회계연도마다 체결한다."고 규정되어 있다.

3. 회계감사인의 독립성

Q. 지방공기업 결산 회계감사인이 회계감사 이외에 기타 회계 등의 자문을 수행하였을 경우 회계감사인의 독립성에 위배되는 것인가?

A. 지방공기업의 임직원은 외부감사인으로 하여금 회사의 임직원을 대신하여 외부감사의 대상이 되는 재무제표를 작성하게 하거나, 재무제표 작성과 관련된 기초자료의 작성 및 검토, 재무제표에 중요한 영향을 미칠 수 있는 사항 등에 대한 업무를 지원·관여하지 못하도록 하고 있다. 따라서 재무제표를 외부감사인에게 제출하기 전에 회계처리방법에 대하여 외부감사인과 협의하는 것은 「지방공기업법」에서 금지하는 자문에 해당될 소지가 높다. 다만, 감사과정에서 외부감사인이 회사의 회계처리방법에 대하여 잘못된 부분을 지적하는 수준의 의견교환은 가능하며, 이 경우에도 재무제표 수정여부, 구체적인 수정금액 산출 등은 회사가 직접 수행하여야 한다. 만약 해당 지방공기업의 재무제표 작성 시 부득이하게 외부전문가의 도움이 필요할 경우 회계감사인과 관계없는 별도의 전문가를 선임하여 감사업무의 독립성이 훼손되지 않도록 하여야 한다.

제66조의2(예산 · 결산에 관한 공통기준) ① 행정안전부장관은 공사의 예산 및 결산에 공통적으로 적용하여야 할 사항에 관한 기준을 작성하여 통보할 수 있다.
② 공사의 예산 및 결산의 제출 및 운영에 필요한 사항은 제1항의 공통기준의 범위에서 지방자치단체의 장이 정한다.

[연혁]

[제1항] 행정안전부장관은 공사의 예산 및 결산에 공통적으로 적용하여야 할 사항에 관한 기준[46]을 작성하여 통보할 수 있다.

1) **신설(1992.12.08.)** 내무부장관은 공사의 예산 및 결산에 있어서 공통적으로 적용하여야 할 사항에 관한 지침을 작성·통보할 수 있다.

2) **개정(2004.12.30.)** 행정자치부장관은 공사의 예산 및 결산에 있어서 공통적으로 적용하여야 할 사항에 관한 기준을 작성·통보할 수 있다.

3) **개정(2011.08.04.)** 현행과 같이 개정하였다.

[제2항] 공사의 예산 및 결산의 제출 및 운영에 필요한 사항은 제1항의 공통기준의 범위에서 지방자치단체의 장[47]이 정한다.

1) **신설(1992.12.08.)** 공사의 예산 및 결산의 제출 및 운영에 관하여 필요한 사항은 제1항의 공통지침의 범위 안에서 지방자치단체의 장이 정한다.

2) **개정(2004.12.30.)** 공사의 예산 및 결산의 제출 및 운영에 관하여 필요한 사항은 제1항의 공통기준의 범위 안에서 지방자치단체의 장이 정한다.

3) **개정(2011.08.04.)** 현행과 같이 개정하였다.

Q & A

1. 초과근무수당-지급대상

Q. 지방공기업에서 관리·감독업무를 수행하는 팀장급 직원에게 초과근무수당을 지급할 수 있는가?

A. 「지방공기업 인사·조직 운영기준」에 따르면 "임원 및 직책수행경비를 지급받고 관

46) 행정안전부장관은 예산에 관한 공통기준을 전년도 6월 30일까지 지방자치단체의 장에게 통보하여야 한다(지방공기업법 시행령 제60조 제1항).

47) 지방자치단체의 장은 예산편성지침을 작성하여 전년도 7월 31일까지 당해 공사의 장에게 통보하여야 한다(지방공기업법 시행령 제60조 제2항).

리·감독업무를 수행하는 관리자(「근로기준법」 제63조 제4호)는 초과근무수당 지급대상에서 제외"하도록 규정하고 있으며, 「2022년도 지방공기업 예산편성기준」에서도 "임원 및 「근로기준법」 제63조(적용의 제외)에 해당되는 근로자는 초과근무수당 지급대상에서 제외"하도록 규정하고 있다. 따라서 구체적인 업무내용, 근무실태 등을 종합적으로 고려하여 관리·감독하는 관리자에 해당된다면 직책수행경비를 지급하는 대신 초과근무수당 지급대상에서는 제외하여야 한다.

2. 초과근무수당-기본급 인상재원으로 활용

Q. 시설관리공단의 자체 방침으로, 초과근무시간을 20시간에서 5시간으로 줄이고 초과근무 축소에 따른 초과근무수당 재원을 기본급 인상에 활용할 수 있는가?

A. 시간외근무수당은 시간외 근무실적에 따라 달라지는 속인적 수당에 해당하므로 전 직원을 대상으로 일률적으로 인상 또는 지급할 수 없다. 시간외근무수당은 「근로기준법」 제56조(연장·야간 및 휴일 근로)에 따른 법정수당에 해당하므로 총인건비 범위 내에서 필요한 소요액이 유지될 수 있도록 예산편성·운영에 각별히 유의하여야 한다.

3. 초과근무수당-부가급여에 포함

Q. 연봉체계에서 시간외근무수당을 부가급여에 반드시 포함해야 하는가?

A. 시간외근무수당은 개인의 근무상황에 따라 지급액이 결정되는 복리후생적 수당인 만큼 연봉체계에 편성하지 않는 것이 타당하다.

4. 초과근무수당-지급시기

Q. 2021년 12월에 발생된 시간외수당을 2022년 1월에 지급할 수 있는가?

A. 지방공기업의 예산회계는 근본적으로 기업회계에 입각하고 있는 만큼 일반회계와는 달리 예산의 독립구분원칙이 엄격히 적용되지 않음에 따라 원칙적으로 전년도 12월에 발생한 지출원인에 대해 익년도 1월에 지급이 가능하다.

5. 평가급-임원이 2명인 경우의 임원평가급

Q. 「지방공기업 예산편성기준」에 따르면, 임원평가급 지급 시 최고-최저등급 간 지급률 차이는 50%p 이상으로 하고, 등급별 인원비율은 최고는 20% 이내, 최저는 10% 이상으로 강제 배분하도록 되어 있다. 임원이 2명인 경우, 한 명은 최고등급('수'), 다른 한

명은 최저등급('가')으로 처리해야 하는가?

A. 「2022년도 지방공기업 예산편성기준」에 따르면, 임원에게 평가급을 지급할 때 "최고-최저등급 간 지급률 차이는 50%p 이상으로 하고, 등급별 인원비율은 최고는 20% 이내, 최저는 10% 이상으로 강제 배분"하여야 한다. 따라서 임원이 2명인 경우에는 한 명은 최고등급, 다른 한 명은 최저등급으로 처리하여야 한다.

6. 평가급-임원이 중징계처분을 받은 경우 기관장의 평가급

Q. 지방공사 · 공단의 임원이 중징계처분을 받은 경우, 해당 기관의 기관장에게 경영평가에 따른 평가급을 지급할 수 있는가?

A. 「2022년도 지방공기업 예산편성기준」에 따르면, 임원이 ① 비리 등으로 사회적 물의를 일으켜 퇴사하거나 형이 확정된 자, ② 음주운전, 성폭력, 성매매, 성희롱, 금품 · 향응 수수, 공금 횡령 · 유용, 채용비리로 징계처분을 받은 자, ③ 중징계처분(파면, 해임, 강등, 정직 등)을 받은 자 등에 해당하는 경우, 해당 기관의 기관장은 경영평가에 따른 평가급 지급대상에서 제외(자체평가급 포함)하도록 규정되어 있다.

7. 평가급-해를 달리하여 3개월 이상 계속 근무자

Q. 「2022년도 지방공기업 예산편성기준」을 보면, 입사일부터 퇴사일까지 근무기간이 3개월 미만인 자(1개월은 30일로 계산)는 평가급 지급 제외대상으로 되어 있다. 2021년 11월에 입사하였기 때문에 2021년 근무기간은 3개월 미만이지만 현재 재직 중인 직원은 2021년 평가급 지급대상이 되는가?

A. 「2022년도 지방공기업 예산편성기준」에 따르면, 입사일부터 퇴사일까지 근무기간이 3개월 미만인 자는 평가급 지급대상에서 제외된다. 다만, 2021년 근무기간이 입사일로부터 3개월 미만이라고 하더라도 해를 달리하여 3개월 이상 계속 근무하였다면 지급대상에 포함된다.

8. 평가급-연도 중 퇴사자

Q. 2022년도 경영평가(2021년 실적) 결과가 없는 상태에서 2022년도 중 퇴사자에 대한 평가급은 어떻게 지급하나?

A. 당사자 간 합의하여 다음 중 하나의 방법으로 지급할 수 있다. ① 2021년도 경영평가('20년 실적) 결과에 따른 지급률로 일할('21.1.1.~'22.퇴직일) 계산하여 퇴직연도에 일괄 지급, ② 2022년도 경영평가('21년 실적) 결과에 따른 지급률로 일할('21.

1.1.~'22.퇴직일) 계산하여 퇴직연도에 일괄 지급, ③ 2021년도 근무기간은 2022년 경영평가('21년 실적) 결과에 따른 지급률로 퇴직연도에 지급하고, 2022년 근무기간은 2023년도 경영평가('22년 실적) 결과에 따른 지급률로 일할계산하여 퇴직 다음 연도에 지급

9. 평가급-징계처분자

Q. 징계처분자에게 평가급을 지급할 수 있는가?

A. 「2022년도 지방공기업 예산편성기준」에서는 '음주운전, 성폭력, 성매매, 성희롱, 금품·향응 수수, 공금 횡령·유용, 채용비리로 징계처분을 받은 자'와 '중징계 처분(파면, 해임, 강등, 정직 등)을 받은 자'는 평가급 지급대상에서 제외하도록 규정하고 있다. 음주운전·성폭력 등으로 징계처분을 받은 자의 경우에는 징계수위에 관계없이 평가급 지급 제외대상이고, 중징계 처분(파면, 해임, 강등, 정직 등)을 받은 자는 중징계 처분을 받은 자가 평가급 지급 제외대상이 된다(중징계 처분의 종류가 기관마다 다를 수 있으나, 징계수위가 정직 이상에 해당하는 경우에는 중징계로 보아야 함). 이때 위의 징계처분을 받은 연도에 해당하는 평가급 지급대상에서 제외하여야 한다(징계사유가 발생한 연도는 관계없음). 파면·해임 등의 중징계처분을 받은 경우에도 징계사유에 관계없이 징계처분을 받은 연도에 대해 평가급 지급을 제외하는 것이 적절하다.

10. 평가급-채용비리의 의미

Q. 「2022년도 지방공기업 예산편성기준」에 따르면 평가급 제외대상 중 '채용비리로 징계처분을 받은 자'가 포함되어 있는데, 채용비리는 구체적으로 어떤 경우를 의미하는가? 고의성이 없는 업무처리 부적정으로 인해 채용 관련 징계를 받은 경우도 채용비리에 해당되는가?

A. 「2022년도 지방공기업 예산편성기준」에 따르면, 채용비리로 징계처분을 받은 자는 평가급대상에서 제외된다. 여기서 '비리'의 의미는 "비위(법에 어긋난 행위)"를 포함하는 포괄적인 개념으로, 위법행위 및 도리에 맞지 않는 행동까지 의미한다. 비위행위에 대한 내용은 「지방공기업법」 제63조의7(비위행위자에 대한 조치) 및 같은 법 시행령 제57조의4(비위행위자에 대한 수사 의뢰 등)를 참조하면 된다.

11. 평가급-파견기간

Q. 구청으로 파견나간 시설관리공단 직원은 평가급 지급대상에서 제외하여야 하는가?

A. 「2022년도 지방공기업 예산편성기준」의 평가급 지급 제외대상기간은 '휴직(공상휴직 제외), 직위해제, 장기병가(공무상 병가 제외), 징계, 공로연수 등의 사유로 실제로 직무에 종사하지 않은 기간'으로 되어 있다. 따라서 공단 직원이 구청으로 파견나간 기간은 평가급 제외기준에 해당하지 않으므로 평가급을 지급하여야 한다.

12. 평가급-정규직 전환자

Q. 정규직 전환자에 대하여 경영평가 인센티브를 지급할 수 있는가?

A. 각 기관의 규정에 정한 바에 따르되, 합리적 차별사유가 있는 경우 차등지급이 가능하다. 「2022년도 지방공기업 예산편성기준」에서는 무기계약근로자, 계약직, 기간제근로자, 청원경찰 등의 직원에 대해 기관 경영평가에의 관련성, 경영평가결과 기여도 등을 종합 고려하여 지급여부를 결정하도록 규정하고 있다.

13. 평가급-제외대상자 및 제외대상기간

Q. 「2022년도 지방공기업 예산편성기준」의 '평가급 지급 제외'와 관련하여 ① 제외대상자에 해당하는 사람에게는 자체평가급과 인센티브평가급 모두를 일체 지급하지 않으며, 제외대상기간에 해당하는 사람에게는 일할계산하여 제외하는가? ② 제외대상 중 '중징계 처분(파면, 해임, 강등, 정직 등)을 받은 자'와 관련하여, 2021년 11월에 중징계(정직)를 받았고 정직의 기간이 2021년 11월~2022년 1월에 걸쳐 있는 경우 평가급 지급 제외대상연도가 2021년에만 해당되는가, 아니면 2021년~2022년 모두 해당되는가?

A. ① 평가급 지급 제외대상에 대해 인센티브평가급과 자체평가급을 별도로 구분하고 있지 않으므로 두 종류 모두에 적용되며, 제외되는 기간에 대해서는 일할계산하여 지급하여야 한다. ② 2021년 11월~2022년 1월의 정직 징계처분을 받은 사람의 경우 연도에 관계없이 정직기간은 평가급 지급 제외대상에 해당된다.

14. 평가급-장기 병가

Q. 「2022년도 지방공기업 예산편성기준」의 평가급 제외대상기간을 살펴보면 "휴직, 직위해제, 장기병가, 징계, 공로연수 등의 사유로 실제로 직무에 종사하지 않은 기간은 일할계산하여 제외한다."고 규정되어 있다. 즉, 평가급 제외대상기간 중 장기병가의 경우에는 "7일 이상인 경우를 의미하며, 7일 이상에 해당하는 기간만 제외(총 30일의 장기병

가를 사용한 경우 24일을 평가급 지급대상기간에서 제외)한다."고 규정하고 있다. 위 기준에 따르면 장기병가는 단순히 '7일 이상인 경우'로만 정해 놓고 있는데 '7일 이상인 경우'를 해석할 때 병가를 7일 이상 연속하여 사용한 경우만을 의미하는가, 아니면 병가 사용일을 연간 누계로 계산하여 7일 이상 사용한 경우를 의미하는 것인가?

A. 「2022년도 지방공기업 예산편성기준」에 따르면, 연간 사용한 총 병가일수가 7일 이상인 경우에는 7일 이상에 해당하는 병가일수는 지급 제외대상기간에 포함된다.

15. 평가급-코로나19 확진자의 병가기간

Q. 코로나19 확진으로 병가 처리된 직원의 병가 사용기간에 대해 경영평가에 따른 평가급을 지급할 수 있는가?

A. 「단계적 일상회복을 위한 공무원 복무관리지침」(1-3판, 2022.02.05., 인사혁신처)을 준용하여 지방공기업 임직원 등이 코로나19로 확진된 경우에는 '병가'조치하고, 코로나19 확진자의 병가기간은 경영평가에 따른 평가급 산정 시 평가급 제외대상기간에 포함하지 않는 것이 타당할 것으로 판단된다. 「코로나19 백신 예방접종 관련 국가공무원 복무관리지침」(2021.03.31., 인사혁신처)에서는 코로나19 접종 다음날 이상반응이 발생한 자에 대해서는 진단서 필요 없는 1일의 병가를 부여할 수 있도록 규정하고 있으며, 「2022년도 지방공기업 예산편성기준」에 따르면 병가의 경우 연간 6일까지는 평가급 제외대상기간에 포함하지 않고 있다.

16. 평가급-지급률 및 인원 배분

Q. 평가급 지급총액이 10억 원으로 산정되었고, 4등급 차등으로 지급하는 금액이 9억 5천만 원인 경우 나머지 재원 5천만 원에 대하여, ① 수, 우, 양, 가의 지급률을 변경하여 지급할 수 있는가? 즉, 지방자치단체의 장이 결정한 지급률이 100%로, '수' 125%, '우' 100%, '양' 90%, '가' 75%인데, 잔여재원 5천만 원을 지급하기 위하여 '수' 128%, '우' 103%, '양' 93%, '가' 78%로 조정하여 지급하는 것이 무방한가? ② 등급별 인원 중 조정 가능한 '우', '양'의 인원을 조정할 수 있는가? 즉, 전체 인원 중 '수'의 비중을 20% 이내, '우'의 비중을 40%, '양'의 비중을 30%, '가'의 비중을 10% 이상으로 하는 기준을, '수'의 비중을 20% 이내, '우'의 비중을 45%, '양'의 비중을 25%, '가'의 비중을 10% 이상으로 조정할 수 있는가?

A. 「2022년도 지방공기업 예산편성기준」에 의거 지방자치단체의 장이 정한 지급률에 따라 평가급 지급 총액이 결정되고, 임직원 등에게 지급되는 등급별 지급률은 지방공기업의 장이 정하면 된다. 또한 등급별 인원배분은 「지방공기업 예산편성기준」에

명시된 기준을 준수하여 운영하면 된다. 「지방공기업 예산편성기준」에는 ① 지급총액: 기관장은 지방자치단체장이 결정한 인센티브평가급 지급률과 자체평가급 지급률을 개인별로 적용하여 합한 총액 범위 내에서 평가급 지급총액(ceiling) 결정, ② 차등지급: 기관장은 평가급 지급총액(ceiling) 한도 내에서 근무실적 평가 등을 고려하여 개인 또는 부서단위로 4등급 이상으로 차등을 두어 지급, ③ 등급별 인원 배분: 최고-최저등급 간 지급률 차이는 50%p 이상으로 하고, 등급별 인원비율도 최고는 20% 이내, 최저는 10% 이상으로 강제 배분하도록 규정되어 있다.

17. 평가급-'마'등급 기관의 자체평가급

Q. 행정안전부는 경영평가등급에 따라 평가급 지급률 범위를 지정하고 있으며, 지방자치단체는 지급률 범위 내에서 자체 지급기준에 따라 최종 지급률을 결정하도록 되어 있다. 직원의 경우에는 자체평가급으로 100%를 지급하도록 별도로 명시하고 있는데, 경영평가결과가 '마'등급인 기관도 직원의 자체평가급 100% 지급이 가능한가?

A. 자체평가급은 경영평가결과와 상관없이 100%를 지급하는 것으로, 경영평가결과가 '마'등급인 기관도 자체평가급 100%는 지급할 수 있다. 다만, 최고-최저등급 간 지급률의 차이는 50%p 이상으로 하고, 등급별 인원비율도 최고는 20%이내, 최저는 10%이상으로 강제배분하여 개인별로 차등지급하여야 한다.

18. 평가급-자체평가급 지급시기

Q. 지방공사·공단에서 경영평가 결과가 확정·통보되기 전에 자체평가급을 지급할 수 있는가?

A. 지방공사·공단에서는 근무실적평가 등을 고려하여 개인별 또는 부서별로 4등급 이상 차등을 두고, 경영평가 결과에 따른 평가급과 자체평가급(100%)을 합쳐서 최고-최저등급 간 지급률의 차이를 50%p 이상으로 하며, 등급별 인원비율도 최고는 20% 이내, 최저는 10% 이상으로 강제 배분하는 등 자체기준을 마련하여 평가급을 지급하여야 한다. 이때 자체평가급은 기관별 예산 사정에 따라 분할 또는 일시 지급이 가능하며, 경영평가 결과 확정·통보 전에도 지급이 가능하다. 다만, 자체평가급 등급기준은 준수하여야 한다.

19. 평가급-평균임금 포함

Q. 지방공기업 경영평가에 의해 지급되는 인센티브평가급과 자체평가급이 퇴직금 산정을 위한 평균임금에 해당되는가?

A. 「근로기준법」 제2조(정의)에 따르면 '임금'은 사용자가 근로의 대가로 근로자에게 임금, 봉급, 그 밖에 어떠한 명칭으로든지 지급하는 일체의 금품을 말하며, '평균임금'이란 이를 산정하여야 할 사유가 발생한 날 이전 3개월 동안에 그 근로자에게 지급된 임금의 총액을 그 기간의 총일수로 나눈 금액을 의미하고, 근로자의 평균임금이 통상임금보다 적으면 그 통상임금액을 평균임금으로 한다고 되어 있다. 고용노동부의 답변에 따르면, "일시적 · 불확정적으로 지급되는 성과급은 평균임금에 포함되지 않으나, 전 근로자에게 계속하여 정기적으로 지급되는 경우는 평균임금에 포함된다"고 되어 있다. 따라서 경영평가등급에 따라 지급률이 달리 적용되는 인센티브평가급은 '마'등급의 경우 직원에게 지급되는 평가급이 없기 때문에 계속적 · 정기적으로 지급되는 임금으로 보기 어려운 측면이 있어 평균임금에 포함되지 않는다고 할 수 있으나, 자체평가급은 각 기관별로 근로자 개인의 근무실적평가 등에 따라 차등지급하도록 하고 있기 때문에, 자체평가급의 평균임금 포함여부는 각 기관별 자체평가급 지급기준을 면밀히 살펴보고 판단해야 한다.

20. 사내근로복지기금-시설관리공단

Q. 시설관리공단은 지방공사와는 달리 순이익이 발생하지 않기 때문에 지방자치단체로부터 예산(사내근로복지기금출연금)을 편성하여 사내근로복지기금을 조성할 수 없는가?

A. 「2022년도 지방공기업 예산편성기준」상 사내근로복지기금은 「근로복지기본법」 제61조(사내근로복지기금의 조성)에 의하여 조성된 기금을 말하며, 사업주는 직전 사업연도의 세전순이익의 100분의 5이내에서 출연할 수 있다고 규정되어 있다. 시설관리공단의 경우에는 순이익이 발생하지 않기 때문에 사내근로복지기금을 조성할 수 없으며, 「2022년도 지방공기업 예산편성기준」에서도 자체 노력에 의해 발생하지 아니한 세전순이익(정부의 재정지원, 출자회사 매각, 유휴자산 매각 등에 의해 발생한 순이익)을 근거로 사내근로복지기금에 출연해서는 안 된다고 규정하고 있다.

21. 사내근로복지기금-학자금 대여

Q. ① 「2022년도 지방공기업 예산편성기준」을 보면, 직전 사업연도에 당기순손실이 발생한 경우에는 사내근로복지기금에 출연할 수 없는데, 장학기금 조성 시에도 같은 기준이 적용되는가? ② 별도로 예산을 세워서 학자금을 대여해 주지 않고, 사내근로복지기금으로 학자금을 대여해 주는 것이 가능한가?

A. ① 「2022년도 지방공기업 예산편성기준」에 장학기금 설치에 대해서는 규정이 없다. 다만, 「지방공기업 설립기준」의 [별첨 9] 지방공사(공단) 정관(안) 제36조(기금)에

"사장은 업무상 필요한 경우에 이사회의 결의와 시장의 승인을 얻어 공사에 기금을 설치 · 운영할 수 있다."고 규정되어 있으므로 내부적으로 정관에 규정하고 설치 · 운영할 수 있을 것이다. 「지방공기업 예산편성 운영기준」의 사내근로복지기금 편성 시 직전연도에 당기순손실이 발생한 경우에는 출연에 제한이 있는데, 이는 사내근로복지기금에 한정된 기준이다.

② 「지방공기업 복리후생 정상화지침」 및 「지방공기업 인사 · 조직 운영기준」에는 대학생 학자금은 보조금으로 지급하지 말고 「대학생자녀 대여금 운영규정('가칭')」을 제정하여 대여금으로 운영하도록 규정하고 있는 바, 대여금 운영 시 이에 따라 별도의 규정을 통해 관리하여야 한다.

22. 파견공무원의 복리후생비

Q. 공무원으로 재직 중 시설관리공단 파견(1년) 인사발령에 의거, 시설관리공단 사업본부장 직무대리에 임명되었다. 관리업무수당, 직책급 업무추진비, 직급보조비 등의 복리후생비를 지급받을 수 있는가?

A. 「지방공기업 예산편성기준」에는 지방자치단체에서 파견된 공무원의 관리업무수당, 직책급 업무추진비, 직급보조비 등에 대해 별도로 규정되지 않았다. 「지방자치단체 세출예산 집행기준(예규)」에 따르면, 직책급업무수행경비(204-01)는 파견근무자의 경우에는 파견받은 기관에서 지급한다. 다만, 원 소속기관과 파견기관이 협의하여 원 소속기관이 지급하기로 한 때에는 원 소속기관이 지급할 수 있다고 규정되어 있다.

23. 육아휴직대행업무수당-지급대상자

Q. 「2022년도 지방공기업 예산편성기준」에는 "30일 이상 육아휴직 중인 직원의 업무를 대행하는 직원에 대해 월 20만 원 이내의 업무대행수당을 지급할 수 있다."고 규정되어 있다. 일반적으로 직원 1인이 육아휴직을 하면 다른 직원 1인이 육아휴직 직원의 업무를 모두 대행하는 것이 아니라 2~3명이 조금씩 분할해서 대행하는 경우가 많다. 이 경우에 2~3명 모두에게 각각 20만 원씩 업무대행수당을 지급할 수 있는가? 아니면, 총 20만 원 범위 내에서 업무대행직원 수로 나누어 지급해야 하는가?

A. 「2022년도 지방공기업 예산편성기준」을 보면 "30일 이상 육아휴직 중인 직원의 업무를 대행하는 직원에 대해 월 20만 원 이내의 업무대행수당을 지급할 수 있다."고 되어 있다. 이는 업무를 대행하는 직원 모두에게 각각 20만 원을 지급하는 것이 아니라, 20만 원 범위 내에서 육아휴직 직원의 업무를 대행하는 직원들에게 지급하여야 함을 의미한다.

24. 육아휴직대행업무수당-출산 전 · 후 휴가

Q. 출산 전 · 후 휴가 후 육아휴직을 연달아 사용할 경우 해당기간은 육아휴직대행업무수당으로 지급할 수 있는가? 이때 육아휴직대행업무수당은 휴직일 기준으로 일할 계산하여 지급해야 하는가?

A. 육아휴직대행업무수당은 육아휴직에 대한 업무대행을 규정한 것으로, 출산 전 · 후 휴가에 대한 적용은 불가능하며 일할 계산하여 지급하여야 한다.

25. 총인건비-인상률 승인

Q. 「지방공기업 예산편성기준」에 따라 매년 지방자치단체에 총인건비 예산액 확정 통보를 요청하고 지방자치단체는 당해 연도 총인건비와 인상률을 승인해 주고 있다. 지방자치단체가 승인한 총인건비 인상률은 당해 연도 직원들의 기본급 인상률을 의미하는 것인가? 아니면, 지방자치단체가 승인한 인상률에 따른 총인건비 승인액 범위 내에서 공단이 노동조합과의 임금협상 등을 통해 임금인상률을 별도로 정해서 운영할 수 있는가?

A. 설립 지방자치단체가 제시한 총인건비 인상률은 해당 기관의 전년도 총인건비 집행액 대비 당해 연도 인상률을 제시한 것으로, 직원 개개인의 기본급 인상률을 의미하는 것은 아니다. 설립 지방자치단체에서 총인건비 인상률로 제시한 금액 범위 내에서 임단협과 임금협상을 거쳐 총인건비 적용대상에 대해 별도로 정해서 운영할 수 있다.

26. 총인건비-조정된 정원

Q. 「2022년도 지방공기업 예산편성기준」을 보면, "총인건비는 2021년 말 정원을 기준으로 편성하되, 예산편성의 기준이 되는 정원은 현원대비 결원율 5%를 초과할 수 없다."고 명시되어 있다. 만약 정원 100명, 현원 80명일 경우 총인건비 정원은 84명(현원×105%)을 말하는가? 아니면, 95명(정원×95%)을 말하는가?

A. 현재의 결원율은 20% [(100명－80명)/100명]이나, 예산편성의 기준이 되는 정원은 현원 80명에 대한 105%까지 인정되어 84명(80명×105%)을 조정된 정원으로 하여 예산을 편성하면 된다.

27. 총인건비-특정업무수행활동비 및 일 · 숙직비

Q. 「2022년도 지방공기업 예산편성기준」 50페이지에는 지방공사 · 공단의 총인건비는 계정과목 및 명목 여하에 불구하고 임직원의 「소득세법」상 근로소득에 해당하는 모든 항목을 포함하도록 명시되어 있다. '특정업무수행활동비'와 '일 · 숙직비'는 총인건비에 포

함되는가?

A. 「2022년도 지방공기업 예산편성기준」상 총인건비는 계정과목 및 명목 여하에 불구하고 임직원의 「소득세법」상 근로소득에 해당하는 모든 항목을 포함하고 있다. 다만, 사장 및 정원 외 직원(비정규직) 인건비, 퇴직급여충당금, 평가급 및 성과금, 가족수당, 영유아보육비, 자녀학비보조수당, 4대 보험 사업자 부담분, 통상임금 소송결과에 따른 소송당사자인 기관의 실적급여 증가액, 시간선택제 일자리에 따른 추가인건비, 전환형 시간선택제 근무자를 대체충원한 후 한시적(2년)으로 정원을 초과하는 현원에 소요되는 인건비, 「지방공기업 임금피크제 권고안」에 따라 임금피크제를 도입하고 「고용보험법 시행령」 제17조에 따라 지원받는 지원금(상생고용지원금), 임금피크제 도입을 통해 마련한 절감재원 중 신규자 인건비를 충당하고 남은 금액, 정부 또는 지방자치단체 정책상 필요로 지방자치단체장이 특별히 인정한 인건비, 비정규직의 정규직(무기계약직 포함) 전환 결과에 따라 정규직으로 전환되는 인력(기존 무기계약직 포함)에 대한 「공공부문 비정규직 근로자 정규직 전환 가이드라인」(2017.07.20.)상의 처우개선 소요액(급식비 월 13만 원, 복지포인트 연 40만 원, 명절상여금 연 80만 원) 및 정규직 전환에 직접 소요되는 인건비(당해 연도 1회), 최저임금 인상에 따른 인건비 증가분, 육아휴직대행업무수당 등은 제외하고 있다. 따라서 '특정업무수행경비'와 '일·숙직비'의 경우 별도로 총인건비에서 제외할 근거가 없으므로 총인건비에 포함된다.

28. 총인건비-정원 증원에 따른 인건비

Q. 내년도(2022년)에 조직개편 및 위탁사업 조정 예정이며, 이에 따른 상당한 규모의 신규 채용도 이루어질 예정이다. 이 경우 총인건비를 2021년 말 정원기준으로 산정할 경우 신규 채용에 대한 재원은 어떻게 해야 하나? 「지방공기업 예산편성기준」에는 예비비로 되어 있는데, 예비비로 편성한 후 2022년 중 추경예산 편성 등을 통해 인건비 항목으로 변경해서 사용하면 되는가?

A. 조직개편 및 위탁사업 조정이 있을 경우에는 그에 따른 정원 증감이 있을 것으로 예상된다. 「지방공기업 예산편성기준」에 따르면 설립 지방자치단체와 협의한 정원 증원에 해당되는 인건비는 예비비로 편성하도록 규정하고 있다. 채용에 따른 인건비 소요분은 정원 내에 있는 직원이 퇴직함에 따라 채용할 경우를 말하는 것이며, 정원 증원에 따른 신규 채용의 경우 정원 증원에 소요되는 인건비는 별도로 추가 편성하여야 한다.

29. 총인건비-상이한 인상률 및 선택적 복지비

Q. ① 「2018년도 지방공기업 예산편성 보완기준」상 1인당 평균임금에 따라 총인건비 인상률을 달리 제시하는 이유는 무엇인가? ② 선택적 복지포인트는 총인건비에 포함되는가?

A. ① 국가공공기관·공무원의 임금수준 및 임금정책을 고려하여 기본인상률을 제시하고 있으며, 국가공공기관과의 임금격차 및 지방공기업 간 임금격차 해소를 위하여 평균임금 이상인 기관은 기본인상률, 평균임금이 낮은 기관은 보다 높은 인상률 상한선을 제시하고 있다. ② 총인건비는 계정과목 및 명목 여하에 불구하고 임직원의 「소득세법」상 근로소득에 해당하는 모든 항목을 포함한다고 규정하고 있으므로 선택적 복지비도 포함된다.

30. 총인건비-자회사 파견자의 직책급수당

Q. 공사의 직원이 자회사로 파견 나가는 경우 자회사로부터 직책급수당을 지급받고 있다. 자회사로부터 받고 있는 직책급수당이 당 공사의 총인건비에 포함되는가? (자회사는 공사 100% 출자기관이며, 위탁수수료 형태로 인건비를 지원받고 있음)

A. 「2022년도 지방공기업 예산편성기준」에 따르면 "계정과목 및 명목 여하에 불구하고, 임직원의 「소득세법」상 근로소득에 해당하는 모든 항목을 포함"하도록 규정하고 있다. 따라서 본사의 출연금(위탁수수료에 인건비 편성)으로 자회사에서 지급되었다면 포함하는 것이 타당하다.

31. 가족수당-지급 가능성

Q. 지방공단 근무자에게 가족수당을 지급할 수 있는가?

A. 「지방공기업 예산편성기준」에 가족수당을 별도로 규정하고 있지는 않으나, 자체 보수규정으로 가족수당 지급근거를 제정할 경우 총인건비 범위 내에서 지급은 가능하다. 아울러 배우자가 공무원일 경우 해당 공무원에게 지급되는 가족수당은 중복 수급을 금지하고 있다. 지방공기업 규정상 가족수당은 「지방공무원 수당 등에 관한 규정」을 준용하도록 명시되어 있다.

32. 가족수당-배우자가 공무원인 경우

Q. 지방공기업 직원의 배우자가 공무원인 경우, 지방공기업에서 직원에게 가족수당을 지급할 수 있는가?

A. 「지방공무원 수당 등에 관한 규정」 제10조(가족수당) 제5항에 따르면, 부부 중 한 명이 공무원인 경우 공무원이 아닌 배우자가 「국가재정법」, 「지방재정법」 또는 「지방자치단체 기금관리기본법」 등의 법률에 따른 회계 또는 기금에서 인건비가 지급되거나 보조되는 ① 국가기관 및 지방자치단체, ② 「사립학교법」 제2조에 따른 사립학교, ③ 「별정우체국법」 제2조에 따른 별정우체국, ④ 「공공기관의 운영에 관한 법률」 제4조에 따른 공공기관, ⑤ 「지방공기업법」 제49조에 따른 지방공사 및 같은 법 제76조에 따른 지방공단, ⑥ 「고등교육법」 제2조 각 호의 학교 중 국가가 국립대학 법인으로 설립하는 국립학교의 어느 하나에 해당하는 기관에서 가족수당을 받을 때에는 해당 공무원에게는 가족수당을 지급하지 않는다.

33. 위원회참석수당-지방자치단체 공무원

Q. 설립 지방자치단체 공무원이 공단의 채용심사위원회 위원으로 참석하였을 경우 참석수당을 지급할 수 있는가?

A. 「2022년도 지방공기업 예산편성기준」에 따르면, 공무원에 대해서는 당해 공무원이 자기 소관사무 이외의 위원으로 위촉되었을 경우에 한하여 지급하되, 이 경우 자기 소관사무는 직접 자기가 담당하는 업무뿐만 아니라 자기가 소속된 자치단체의 사무까지 포함하고 있어 참석수당 지급은 불가능하다. 다만, 단순한 회의참석 이외에 사전 자료수집, 회의안건 검토 등 별도의 용역을 제공할 경우 계상된 예산액 범위 내에서 전문가 자문료 또는 국가업무 조력자 사례금 등 지급은 가능하다.

34. 위원회참석수당-내부직원

Q. 지방공사가 개최하는 위원회에 참석하는 내부직원에게 심의(검토)수당을 지급할 수 있는가?

A. 「2022년도 지방공기업 예산편성기준」에서는 위원회참석수당에 대해 "공사·공단에서 운영하는 위원회 운영 및 참석수당 등에 대한 규정을 정관, 사규, 내규 등에 명시"하도록 규정하고 있다. 지방공기업 위원회참석수당과 관련하여 공무원에 대해서는 규정하고 있으나, 지방공사·공단 내부직원에 대해서는 별도 규정이 없다. 다만, 공무원의 경우에도 자체 내부위원회 참석과 관련하여 참석수당 지급을 엄격히 제한하고 있는 취지를 감안할 때, 실질적으로 근무하는 내부직원에게 위원회참석수당을 지급하는 것은 제한된다.

35. 위원회참석수당-교통비

Q. 지방공사가 개최하는 각종 위원회의 참석수당 지급 관련 교통비란 운임과 일비를 포함하는가?

A. 「2022년도 지방공기업 예산편성기준」에 따르면, 원격지에서 위원회에 참석하는 데 소요되는 교통비·식비·숙박비는 예산의 범위 내에서 별도로 지급 가능하다. 참석수당은 실비변상 성격의 비용을 처리하는 것으로, 일비 포함여부가 아니라 참석자의 근무지에서 해당 공기업에 왕복하는 데 소요되는 경비를 포함한다. 광역지방자치단체 간 이동에 소요되는 경비와 기초지방자치단체 내 이동 소요경비가 실제 집행된 경비일 경우에 가능하다. 참고로, 공무원이 자가용을 운행한 경우 출발지와 도착지의 거리, 유종, 운행일의 기름값을 토대로 교통비를 산출하고 있으며, 고속도로를 이용할 경우에는 톨게이트비용까지 교통비로 처리하고 있다.

36. 위원회참석수당-월 급여 형태로 지급

Q. 위원회 위원들에게 프로젝트사업이 끝날 때까지 월 급여 형태로 매달 급여 지급이 가능한가?

A. 「지방공기업 예산편성기준」에 따라 회의참석수당 등은 총인건비 범위 내에서 지급할 수 있으나, 총인건비 예산 산정을 위한 정원 책정을 엄격하게 규정하고 있는 기준의 취지를 비추어 볼 때 매달 월 급여 형태로 급여를 지급하는 것은 불가능하다.

37. 면접수당 및 보상금

Q. 신규사원 채용 시 자체 직원을 면접관으로 활용할 경우 면접수당 지급이 가능한가? 또한 면접응시자에게 보상금을 지급하는 것이 합당한가?

A. 자체 직원을 면접관으로 활용할 경우 면접수당을 지급하는 것은 타당하지 않으며, 면접응시자에게 특별한 사유 없이 보상금을 지급한다는 것 역시 부적정한 예산운영이라고 판단된다.

38. 기술수당

Q. 보일러산업기사 자격증을 소지한 직원에게 기술수당을 지급하는 것이 타당한가?

A. 지방공단의 자체 '보수지급 기준표'에 의하면, "기술·전문자격 소지자로서 해당 기술·전문분야에 근무하는 직원에게 기술수당을 지급한다."고 되어 있으므로 해당

직원이 보일러기사 자격증을 소지하고 보일러 관련 분야에 근무하고 있다면 기술수당 지급대상에 포함된다고 할 수 있다. 다만, 기술수당이 자격증을 소지하고 해당 업무에 직접 종사하는 직원에게 가산수당을 지급하는 취지임을 고려할 때, 해당 직원이 자격증을 소지하고 있을 뿐만 아니라 단순히 위탁시설에 대한 관리·감독만 진행하는 것이 아니고 전문적으로 보일러를 관리·수리하는 업무를 업무분장상 담당하고 있어야 기술수당 지급이 가능할 것이다.

39. 현장체재비

Q. 공사감독관의 현장체재비는 어떻게 지급하는가?

A. 「지방공기업 예산편성기준」에 따라 6일 미만 현장에서 체재하는 경우에는 「공무원 여비규정」에 따라 지급하되, 6일 이상인 경우 5일까지는 「공무원 여비규정」에 따라 지급하고, 5일을 초과하는 일수에 대하여는 매 초과일수마다 15,000원을 지급하되, 시설부대비 예산의 범위 내에서 집행하도록 되어 있다.

40. 체크카드 사용 제한

Q. 업무 중 사용되는 법인카드를 체크카드로 사용하면 문제가 되는가? '행사·홍보비는 체크카드 사용 불가'라고 되어 있는데 그 이유는 무엇인가?

A. 「2022년도 지방공기업 예산편성기준」상 체크카드는 「지방자치단체 세출예산 집행기준」에서 정한 세출예산과목인 민간이전(307목), 민간자본이전(402목)에 한하여 사용 가능하며, 행사·홍보비(216목)는 체크카드 사용이 불가능하다. 공공기관의 경우 체크카드를 사용할 때 예산에 관하여 상시 입·출금이 가능해지기 때문에 예산의 횡령 및 남용의 우려로 인해 체크카드 사용을 제한하고 있다.

41. 직원에게 원고료 지급

Q. 공사가 내부직원에 대한 원고료 지급과 관련하여 별도로 준용 가능한 상위 법령이나 규정이 있는가? 별도 규정이 없다면, 내부 지침(사장결재안)으로 정하여 내부직원에게 원고료 지급이 가능한가?

A. 지방공기업 원고료 지급과 관련된 별도 규정은 없다. 지방자치단체의 경우 「지방자치단체 세출예산 집행기준」에 따라 강사료 및 원고료는 국가공무원인재개발원 또는 지방자치인재개발원의 「강사수당 및 원고료 등 지급기준」을 준용하도록 규정하고 있다. 따라서 「지방자치단체 세출예산 집행기준」을 참고하여 원고료 지급기준을 마

련하여 원고료 지급은 가능하다고 본다. 다만, 내부직원에 대한 원고료 지급은 해당 직원의 업무범위여부 등을 종합적으로 고려하고, 근로시간 외 노력에 대한 실비변상일 경우에 한해 지급하는 것이 타당할 것이다.

42. 업무추진비-배분 사용

Q. 「2022년도 지방공기업 예산편성기준」에 따르면, “사업 추진을 위한 접대비 성격의 예산은 업무추진비에 일괄 계상하되, 사장(이사장) 등 임원 위주로의 집행을 억제하여 부서 또는 사업단위로 배분하여 편성”하라고 되어 있다. 해당 지방공단은 2본부(6팀) 1실 1센터로 편제되어 있으며, 이사장, 경영본부장, 사업본부장, 팀장, 팀원으로 구성되어 있다. 현재 이사장(임원)과 상임이사(임원, 경영본부장 겸직)는 업무추진비를 사용하고 있지만, 사업본부장(민원 및 사업 추진이 많은 본부)은 업무추진비가 없다. 신규로 채용된 사업본부장(직원, 계약직 3급)의 업무추진비를 기존의 업무추진비에서 배분하여 사용할 수 있는가?

A. 업무추진비는 “사업 추진을 위한 접대비 성격의 예산은 업무추진비에 일괄 계상하되, 사장(이사장) 등 임원 위주로의 집행을 억제하여 부서 또는 사업단위로 배분하여 편성”하도록 규정되어 있다. 따라서 실질적으로 사업을 추진하는 부서 또는 사업단위로 예산을 배분하여 편성해야 할 뿐만 아니라, 이에 따라 해당 사업을 추진하는 업무추진비로 집행하여야 한다.

43. 업무추진비-정원가산업무추진비

Q. 여름철 무더위에 지친 직원들에게 다과 제공이 가능한가? 직원의 고3 수능생 자녀들에게 격려선물 제공이 가능한가?

A. 「2022년도 지방공기업 예산편성기준」에 따르면, 정원가산업무비는 직원의 사기진작(동호인 취미클럽 활동, 체육대회 참가자 격려, 불우직원 격려 등)에 소요되는 경비로, 전체 정원 수를 기준으로 연간 기준액을 산정하고, 예산은 본부 또는 소속기관 단위로 편성하도록 규정되어 있다. 여름철 무더위에 지친 직원들을 위해서 다과를 제공하거나, 직원의 고3 수능생 자녀를 위해서 격려선물을 제공하는 것은 법인의 활동과 직접적인 관련이 없는 동호인 취미클럽, 체육대회 격려, 생일기념품, 불우직원 지원 등 직원의 사기 진작을 위한 경비에 포함될 것으로 보아 「지방공기업 예산편성기준」에는 위반되지 않는 것으로 판단된다.

44. 업무추진비-기간제근로자

Q. 정원가산업무비의 경우 정규직과 상근직(무기계약직)분만 예산에 반영되어 있다. 창립 기념일에 기념품 등을 지급하려고 하는데, 대상을 기간제근로자까지 확대해도 되는가?

A. 정원가산업무비는 정원수(정규직+비정규직)를 기준으로 편성하며, 정규직 정원은 정관상 정원을 의미하고, 비정규직 정원은 「비정규직 정원관리규정」 등에 의한 것으로 1년 이상 근로계약을 체결하는 정원에 한하고 있다.

45. 업무추진비-부서운영업무추진비와 부서업무비

Q. 임원이 사업 추진, 경영평가 등으로 내부직원 사기진작 차원에서 직원과 식사 또는 다과를 구매하였을 경우 부서운영업무추진비 또는 부서업무비 중 어느 항목을 적용해야 하는가?

A. 「2022년도 지방공기업 예산편성기준」에 따르면, 통상적인 부서운영에 소요되는 제잡비는 지방직영기업의 경우 '부서운영업무추진비', 지방공사·공단의 경우 '부서업무비'로 집행하여야 한다.

46. 행사운영비-식비 및 숙박비

Q. 내부직원을 대상으로 하는 공사 전체 행사인 사내 전체 워크숍을 진행할 경우, 식비나 숙박비 등 행사에 필요한 전반적인 운영비 지급이 불가능한가?

A. 「2022년도 지방공기업 예산편성기준」상 행사운영비는 행사운영을 위한 일체의 일반운영비로, 초청장·홍보유인물·현수막·상패제작 등 행사 개최에 따른 각종 일반수용비, 행사 개최를 위한 시설·장비·물품의 임차료, 행사 지원을 위한 강사료 등을 말하나, 부서연찬회 관련 경비는 편성이 불가능하다고 규정되어 있다. 따라서 전 직원 워크숍 및 팀별 워크숍은 사업 추진을 위한 행사가 아닌 부서연찬회에 해당되는 것으로 볼 수 있으므로 여비는 행사운영비로 집행하기 어려울 것이다. 사내 전체 워크숍의 여비는 정원가산업무비가 직원 사기진작을 위한 경비(동호인 취미클럽 활동, 체육대회 참가자격려, 불우직원 격려 등)에 소요되는 경비로 규정하고 있으므로 행사운영비가 아닌 정원가산업무비에서 집행되어야 할 것이다.

47. 행사운영비-집행가능성

Q. 일반인대상 소통 및 화합 행사의 일환으로 안면도 테마여행을 계획하고 있다. ① 버스 임차가 가능한가? ② 공공기관 운영 관련 설문조사에 대한 답례품 제공이 가능한가?

③ 행사 참가자에게 기념품 제공이 가능한가? ④ 다과비 지출이 가능한가? ⑤ 참가자 및 직원에게 식사 제공이 가능한가? ⑥ 문화시설 이용(입장료 등)이 가능한가? ⑦ 행사 노래교실 사회자에 대한 강사료 집행이 가능한가? ⑧ 노래교실 경품 제공이 가능한가?

A. 「2022년도 지방공기업 예산편성기준」에 따르면 공사·공단의 행사운영비는 ① 초청장·홍보유인물·현수막·상패제작 등 행사 개최에 따른 각종 일반수용비, ② 행사개최를 위한 시설·장비·물품의 임차료, ③ 행사 지원을 위한 강사료 등 일반수용비적 성격으로 집행이 가능하다. 다만, 행사에 참여한 초청인사 등을 대상으로 하는 식비, 행사 관련 기념품이나 기관선물 구입 등은 본 과목에서 집행할 수 없다(사업 성격을 고려하여 행사실비보상금 또는 업무추진비로 집행). 참고로, 「지방공기업법」 제66조의2(예산·결산에 관한 공통기준)에서 지방공사·공단의 예산 운영 등에 필요한 사항은 행정안전부의 「예산편성기준」의 범위 내에서 지방자치단체별로 「예산편성지침」을 작성·통보하도록 규정하고 있으므로 설립 지방자치단체에서 통보한 「예산편성지침」을 참고하거나 설립 지방자치단체와 협의하여 처리하는 것이 바람직하다.

48. 상품권

Q. 지방공단에서 고객 관련 행사(이벤트 응모)를 통해 우수시민에게 소정의 상품권을 지급하고자 하는데, 이때 지출예산과목은 어떻게 적용해야 하는가?

A. 공단 내부규정에 따라 민간인에 대한 포상에 따른 시상금품(상품권 구입)은 '기타보상금'으로 집행이 가능하다. 다만, 「지방자치단체 세출예산 집행기준」에 "현금에 준하는 상품권 또는 고가의 선물, 기념품, 특산품 등을 구매할 경우에는 사적으로 사용되지 않도록 사용 용도와 물품명, 구입 및 지급일시, 수량, 수령자, 잔고 등이 기재된 물품수불부를 작성하고 결재를 받아 비치하여야 한다."는 규정을 참조하여 예산집행의 투명성을 확보하여야 한다.

49. 위험수당

Q. 전기안전관리자로 선임되어 있으며, 전기공사 발주, 안전관리, 감독 등의 업무를 수행하고 있는 경우 위험수당 지급대상에 해당되는가?

A. 위험근무수당은 특수근무수당으로, 「지방공무원 수당 등에 관한 규정」 제13조(위험근무수당)에 의거 지급된다. 관련 규정에 따르면 대상자들이 수행하는 업무에 대하여 직무의 위험성, 상시종사, 직접종사여부를 판단하여 수당을 지급하도록 되어

있다.

50. 사무관리비

Q. '품목별 개별 취득원가가 100만 원 미만인 경우는 사무관리비에 계상'의 조항으로 소액의 비품을 사무관리비로 구매 가능한가?

A. 「2022년도 지방공기업 예산편성기준」상 내용연수가 5년 이상인 공기구 · 비품 구입비는 '자산취득비'로 계상하고 있기 때문에 '사무관리비'로 계상하기는 어려울 것이다.

51. 차량 · 선박비

Q. 차량을 구입할 예정이다. 차량가액은 '차량운반구-자산취득비'로 지출할 예정인데, 차량을 구입하면서 들어가는 부대비용으로 취 · 등록세, 차량번호판부착료, 탁송료, 후방카메라설치비 등은 어느 예산과목으로 지출하는 것이 적절한가?

A. 「2022년도 지방공기업 예산편성기준」상 '차량 · 선박비'의 과목해소에 차량유류대, 차량정비 유지비 및 차량 소모품비로 규정하고 있으므로, 차량을 구입하면서 들어가는 부대비용은 '차량 · 선박비'에서 지출하는 것이 타당하다.

52. 특정업무수행경비

Q. 지방공사 · 공단에서 특정업무수행경비를 지급하는 대상은 무엇인가?

A. 「2022년도 지방공기업 예산편성기준」상 지방공사 · 공단의 특정업무수행경비는 특정업무 담당분야에 근무하는 자에게 지급하는 경비로, 예산 · 결산 · 계약 · 감사 · 노사 · 보상업무 · 경영평가실무 담당직원(과장 또는 팀장 이하)에 대하여 월 80,000원 범위 내에서 지급하도록 규정되어 있다. 다만, 개별 공기업의 세부적인 지급대상 및 지급액은 자체 내부기준으로 규정하도록 하고 있으므로 기관별 기준에 맞춰 지급하면 된다. 참고로, 공무원의 경우에는 담당업무를 직접적으로 담당하는 직원에게 지급하여 예산의 남용을 방지하고 있다.

53. 자격수당

Q. 자격수당은 실무자로 해석을 해서 지급하여야 하나? 아니면, 관리자(팀장, 파트장) 또는 관리업무를 담당하는 직원에게도 지급이 가능한가?

A. 자격수당과 관련해서는 「지방공기업 예산편성기준」 등에 규정되지 않았으므로, 총 인건비 한도 내에서 설립 지방자치단체와의 협의를 통해 해당 지방공기업의 정관이나 내부규정 등에 따라 세부적인 대상 및 지급액을 결정하여야 할 것이다.

54. 교육훈련비

Q. 수영장에 근무하는 직원의 '인명구조요원' 자격증 갱신을 위하여 회사에서 교육훈련비용 지급 및 출장을 허가해 주어도 되나?

A. 「2022년도 지방공기업 예산편성기준」상 교육훈련비는 ① 각종 교육훈련 관련 경비[교육(전문)여비, 교육위탁비, 외래교육강사수당 등], ② 직원의 공공의 교육기관 위탁교육비용 및 자체 규정에 따른 대학원 등 교육과정에 따른 비용을 편성할 수 있다. 인명구조요원 자격증 갱신의 경우 교육비 지급 및 출장 허가에 관한 명확한 규정은 존재하지 않으므로 내부 규정 및 지방자치단체 조례를 참고하여 편성하면 된다. 다만, 채용 당시 인명구조요원 자격증 소지가 채용조건일 경우 「2022년도 지방공기업 예산편성기준」상 각종 재난 발생 시 즉각 대응이 가능하도록 안전 관련 교육훈련비를 필수적으로 반영하도록 하고 있으므로, 위 직원이 안전 관련 교육 역할을 수행하고 있다면 교육비 지급 및 출장 허가의 여지가 있다.

55. 광고선전비

Q. 「2022년도 지방공기업 예산편성기준」에 따르면 광고(홍보)예산은 기관 설립목적 및 경영목표와 광고효과 등을 감안하여 절감 편성하고, 기관 이미지 등 단순 홍보성 광고비 편성은 지양하도록 되어 있으며, '예산과목별 해소'에 광고선전비는 TV · 신문 · 잡지 등에 의한 광고료로 되어 있다. 위의 TV · 신문 · 잡지 등에서 '등'의 범위에 '○○○○씨 종친회 행사', '△△중학교 총동문회 체육행사', '◇◇리 청년회 주관 한마음대회(마을 단위 체육대회)' 등 민간단체에서 주관하는 행사의 안내책자에 지면광고를 싣는 명목으로 50~100만 원의 광고선전비를 지급할 수 있는가?

A. 「2022년도 지방공기업 예산편성기준」의 '과목해소'에 따르면 TV · 신문 · 잡지 등에 의한 광고료를 집행할 수 있도록 규정하고 있다. 광고료는 입찰공고 · 채용공고 등 대외적 공고를 위한 수단으로 집행이 가능하나, 지역 체육대회 및 민간단체 주관행사 안내책자 지면광고는 바람직하지 않다.

56. 임대사업원가

Q. 임대주택사업과 관련하여 임대주택 거주여부 실태조사 후 설문조사에 응한 임대주택

거주인을 대상으로 소액의 선물을 제공하려고 한다. 이를 임대사업원가 예산으로 집행할 수 있는가?

A. 「2022년도 지방공기업 예산편성기준」상 '임대사업원가'는 임대사업수익에 대응하는 원가로 규정되어 있으며, 구성항목을 성질별 분류체계에 따라 편성하도록 되어 있다. 따라서 임대주택 거주여부 실태조사 후 설문조사에 응한 임대주택 거주인을 대상으로 소액의 선물을 제공하는 것은 임대사업원가 예산으로 집행할 수 있을 것이다.

57. 차량 사고

Q. 차량 사고 시에 보험사가 개인에게 청구하는 자부담금을 운전자가 내야 하는가, 아니면 예산에 편성해서 처리가 가능한가?

A. 「2022년도 지방공기업 예산편성기준」의 일반운영비(201) 과목해소에는 공공요금 및 제세(201-21)의 기타항목에서 보험(공제)계약에 의한 해상보험료, 화재보험료, 손해보험료, 차량보험료, 배상공제료, 기타보험료를 규정하고 있고, 차량·선박비(201-22)에는 차량유류대, 차량정비유지비 및 차량 소모품비를 편성하도록 되어 있다. 따라서 공용차량사고에 따른 보험료 자부담은 예산에서 처리하는 것이 타당하다.

58. 특근매식비

Q. 초과근무수당은 지급받지 않더라도 전자결재 상 초과근무 결재 시 특근매식비를 지급할 수 있나?

A. 「2022년도 지방공기업 예산편성기준」상 특근매식비는 '복리후생비' 과목해소에 '급량비' 항목에 원칙적으로 현금지급 금지 규정만 있다. 특근매식비는 조출·야근 등 근무자의 매식비로서, 특근자 개인에게 현금으로 지급하는 것이 아니라 특근자가 매식한 식당 등에 카드로 결제하여야 하며, 산간벽지·도서지방 등 카드결제가 되지 않는 특별한 지역에 한하여 현금으로 지급하여야 한다. 이 경우 특근매식의 대상은 직원뿐만 아니라 관리자도 포함되어 급식할 수 있다.

59. 여비

Q. 지방공사에 견인기사로 채용된 직원이 운전기사 본연의 업무 외에 일반업무를 겸임하고 있는 경우 관내여비 지급이 가능한가?

A. 지방공단의 견인기사로 채용된 경우에 여비 지급에 대해 특별히 규정하고 있는 사항이 없는 만큼 자체적으로 정하는 바에 따라야 하겠으나, 업무의 성격이 단순히 운

전이 아닌 부대업무를 수행하고 그 비중이 상당하다면 실비보상적 성격의 여비도 지급 가능하다.

60. 재정신속집행

Q. 재정신속집행과 관련하여 해당 예산과목으로 지정되어 있는 재료비에 당 공단은 액화산소나 암모니아수 등 특수한 약품구입비가 포함되어 있다. 액화산소나 암모니아수 구입비가 재료비에서 차지하는 비중이 크다 보니 신속집행을 위해서는 해당 약품을 미리 구입하는 방법밖에 없으나, 해당 약품의 위험성 때문에 보관 등이 어려운 상황이라 신속집행에 어려움이 있다. 사업부서에서는 해당 물품에 대해 선금지급을 통해 신속집행을 적극적으로 실천하고자 하나, 「지방자치단체 입찰 및 계약 집행기준」의 '제6장 선금 · 대가 지급요령'에 따르면 공사, 물품 제조 및 용역계약은 선금지급 대상범위에 해당하나, 물품구매는 제외된다고 되어 있다. 과연 재정 신속집행을 위해 물품구매 건에 대해 선금지급이 가능한 것인가, 아니면 물품구매는 선금지급대상이 아니므로 신속집행 대상에서 제외가 가능한 것인가?

A. 「지방자치단체 입찰 및 계약 집행기준」의 '제6장 선금 · 대가 지급요령'에 따르면 물품구매는 선금지급대상이 될 수 없다. 「2018년 상반기 지방공기업 재정 신속집행지침」에 따르면 재료비는 신속집행 대상과목으로 선금지급의 대상이 아니라 할지라도 신속집행대상에서 제외될 수 없다.

61. 예산전용-인건비

Q. 「2022년도 지방공기업 예산운영기준」에서는 다른 '목'으로 전용할 수 없는 경우로 인건비 관련 비목, 차입금원금상환, 차입금이자상환, 기타유동부채상환, 기타비유동부채상환 등을 규정하고 있으며(같은 "목" 내 세목 간 전용은 가능하고, 인건비 관련 비목 간 및 차입금원금상환과 차입금이자상환 간 전용은 가능), 다른 '목'에서 전용받을 수 없는 경우로 업무추진비를 규정하고 있다. 인건비의 경우 다른 목으로 전용할 수는 없지만 다른 목에서 전용받을 수 없는 경우로 표시되지는 않는데, 사업비 내에서 불가피한 사유 발생 시 공공운영비나 교육비 등 기타 비목에서 인건비로의 예산전용이 가능한가? 만약 가능하다면 인건비로의 전용과 관련된 별도의 제약조건이 있는가?

A. 「2022년도 지방공기업 예산편성기준」에 따르면, 예산집행에 있어서 전용이란 동일한 '항' 내의 '세항' 및 동일 '세항' 내 '목' 간 예산을 변경하여 사용하는 것을 말한다. 원칙적으로 예산은 편성 시에 사업의 계획이나 전망 등을 면밀히 분석하고 예측하여 당초예산이 정한 목적과 내용대로 집행하게 하는 것이 가장 바람직하나, 예산의 집행과정에서 부분적인 계획의 변동이나 여건의 변동 등이 있을 경우 예산의 전

용을 운용함에 있어서는 이러한 계획이나 여건의 변동이 일어나게 된 배경, 사유, 변동내용 등 전용의 사유를 명확히 파악하여야 한다. 다만, 인건비 관련 비목은 다른 '목'으로 전용할 수 없도록 전용을 제한하고 있다. 인건비(기본급)가 부족할 경우 인건비 비목 내에서 전용하여 사용하는 것이 바람직하다. 다른 비목에서 인건비 비목으로 전용하는 것에 대한 제한을 두고 있지는 않지만, 기본급 부족 사유 요인과 총인건비 인상률 준수 등을 종합적으로 고려하여야 한다. 법적 요인(총인건비 인상률 산정 시 제외사유)에 해당될 경우 부득이 증액하여야 할 사안이면 추경 반영 또는 예비비로 집행하는 것이 바람직하다.

62. 사장 퇴직 시 미사용 휴가에 대한 수당 지급

Q. 「지방공기업 인사·조직 운영기준」에 의하면, "임원의 경우 자체 임원휴가에 관한 규정에 따르되 휴가 미사용에 따른 수당 지급 금지, 일반휴가 이외 병가 및 특별휴가는 직원의 휴가규정을 준용하여 운용"이라고 명시되어 있다. 하지만, 사장도 퇴직 시 미사용 휴가에 대한 수당 지급이 가능하다는 노무사 자문 결과가 있는데 사장 퇴직 시 미사용 휴가에 대해 수당을 지급할 수 있는가?

A. 「지방공기업법」 제58조 내지 제61조, 동법 시행령 제55조 내지 57조의2 규정은 임원의 임면, 직무, 결격사유 등에 대해 상세하게 규정하고 있는 바, 이는 임원의 경우 직원보다 높은 도덕성·책임성·절차적 정당성을 요구하고 있다고 사료된다. 「지방공기업 인사·조직 운영기준」에는 임원의 경우 휴가 미사용에 따른 수당 지급을 금지하고 있다. 또한 팀장(과장)급 이상 간부급 임직원에 대해서는 연봉제를 적용하고, 이때 기본연봉에는 지급되는 제수당 및 금전적 복리후생비를 포함하고 있다. 임원 퇴직 시 미사용한 휴가에 대한 수당도 이미 기본연봉에 포함되어 지급된 것으로 볼 수 있고 휴가 미사용에 따른 수당 지급을 금지하고 있으므로, 사장 퇴직 시 추가로 미사용 휴가에 대한 수당을 지급할 수는 없다.

63. 평균임금 산정

Q. 지방공기업의 1인당 평균임금은 어떻게 산정하는가?

A. 「2017년도 지방공기업 예산편성 보완기준」을 보면, 1인당 평균임금이란 정규직의 총인건비 집행액을 연간 근무인원(무급휴직자 등을 제외하고 일할 계산한 인원)으로 나누어 산출된 금액으로 정의하고 있다.

64. 예산성과금-집행

Q. 예산성과금은 어떻게 집행하는가?

A. 「2022년도 지방공기업 예산운영기준」에 따르면, 각 기관에서 예산성과금 지급운영 내규를 제정·운영하고, 관련 업무에 기여한 공이 많은 직원에게 혜택이 많이 가도록 지급하고, 기여자가 다수일 때에는 그 지출절약이나 수입증대에 기여한 정도에 따라 차등 지급하며, 전년도 대비 당기순이익 증가분의 10% 범위 내(1인당 100만원 이내)에서 지급하라고 규정하고 있다.

65. 예산성과금-지급 형태

Q. 예산성과금을 월별로 목표액을 설정하고 매월 지급할 수 있는가?

A. 월별로 목표액을 설정하고 매월 지급하는 것은 맞지 않고 연도별 실적으로 지급하는 것이 적절하다고 판단된다. 지급신청을 받아서 예산성과금위원회를 개최하여 결정하여야 하고, 설립 자치단체와 지급절차 및 시기 등을 사전 협의하여 결정할 필요가 있다.

66. 현금지출을 수반하지 않는 경비

Q. 지방공사가 감귤농축액을 제공하고 다른 업체에서 농축액을 이용하여 감귤주스를 만들고, 최종 산출물인 감귤주스를 푸드뱅크에 기부하여 기부금 처리를 하고자 한다. 이 경우 감귤농축액 기부와 관련한 기부금 예산을 현금지출을 수반하지 않는 경비로 계상할 수 있는가?

A. 「2022년도 지방공기업 예산편성기준」에는 현금지출을 수반하지 않는 ① 감가상각비, ② 자산감모비, ③ 제품·상품의 매출원가, ④ 자산의 정리 또는 변동에 수반하는 장부가액의 삭제금액, ⑤ 발생품 등을 사용하는 경우 발생품 장부가액, ⑥ 부채성충당금계정으로의 편입액, ⑦ 기타 발생주의 회계기준에 의하여 대응 계상되는 손비 등은 예산 없이 그 발생된 경비를 계상할 수 있도록 규정하고 있으므로, 농축액의 기부는 현금지출을 수반하지 않는 경비로 예산을 편성하는 것이 바람직하다.

67. 예산이월

Q. 「지방공기업법」에 의거 지출원인행위가 있는 경우 예산을 이월하여 사용할 수 있으나 전부를 이월처리하지 않고 해당 연도 말 다음 연도 예산편성시점에서 집행시기를 다시 추정하여 해당 연도에 미사용되는 예산(계획변경 등으로 지출시기가 다음 연도로 이연

되는 경우)은 정리추경 시 삭감하고 다음 연도 예산에 반영하여 다시 이사회의 의결을 거쳐 편성하였으며, 지출시기를 추정하기 어려운 경우나 부득이한 사유로 당해 연도 내에 지출되지 못한 경비(예측 못한 경우)는 회계연도 마감 후 다음 연도 1월 말까지 이월예산으로 확정하여 예산현액에 반영하여 운영하고 있다. ① 이와 같이 운영하는 것이 「지방공기업법」이나 행정안전부 예산편성기준의 예산이월제도를 위반한 것인가? ② 지출원인행위가 있으면 해당 연도에 미집행이 예측되는 경우에도 반드시 전부 사고이월로 처리하여야 하는가? ③ 지출원인행위가 없는 경우도 사장의 방침 또는 이사회의 의결로 예산의 이월(지출원인행위 없는 사고이월 또는 명시이월)이 가능한가?

A. 「지방공기업 예산편성기준」에 따르면 매 사업연도의 지출예산은 다음 연도로 이월하여 사용할 수 없다. 다만, 지출예산 중 건설개량이월, 사고이월, 계속비이월에 해당할 경우 이월하여 사용 가능하도록 규정하고 있다. ① 집행잔액에 대하여 감 추경하고 다음 연도 본예산에 편성한 것에 대해서는 예산편성절차를 준수하였다면 예산편성기준을 위반하였다고 볼 수 없다. ② 지출원인행위를 하고 출납정리기한인 익년 1월 20일 이내 현금지급이 이루어지지 않은 것을 사고이월하고, 사업연도 말까지 물품검수 · 준공검사 등 채무가 확정되지 않은 것을 사고이월 처리하도록 규정하고 있다. ③ 지출원인행위 없는 이월은 건설개량이월과 계속비이월로서, 이월절차를 거칠 경우 이월이 가능하다. 다만, 지출원인행위 없이 사고이월은 불가능하며, 지방공기업은 명시이월제도가 아닌 건설개량이월을 적용하고 있다.

제67조(손익금의 처리) ① 공사는 결산 결과 이익이 생긴 경우에는 그 이익금을 다음 각 호의 순서에 따라 처리한다.

1. 전 사업연도로부터 이월된 결손금이 있으면 결손금을 보전
2. 대통령령으로 정하는 바에 따라 이익준비금으로 적립
3. 대통령령으로 정하는 바에 따라 감채적립금으로 적립
4. 이익을 배당하거나 정관으로 정하는 바에 따라 적립

② 제1항 제3호의 감채적립금은 공사의 사채를 상환하는 목적 외에는 사용할 수 없다.

③ 공사는 결산 결과 손실이 생긴 경우에 그 결손금을 제1항 제4호의 적립금으로 보전하고, 그 적립금으로도 보전하지 못한 결손금은 제1항 제2호의 이익준비금으로 보전하거나 이월한다.

[연혁]

[제1항] 공사는 결산 결과 이익이 생긴 경우에는 그 이익금을 다음 각 호의 순서[48]에 따라 처리한다.

1. 전 사업연도로부터 이월된 결손금이 있으면 결손금을 보전
2. 대통령령으로 정하는 바에 따라 이익준비금으로 적립
3. 대통령령으로 정하는 바에 따라 감채적립금으로 적립
4. 이익을 배당[49]하거나 정관으로 정하는 바에 따라 적립

1) 신설(1980.01.04.) 공사는 결산한 결과 이익이 생긴 때에는 이월결손금을 보전하여야 하며, 이를 보전하고도 잉여가 생긴 때에는 이익을 배당하고 잔여금액은 사업준비금으로 적립하여야 한다.

2) 개정(1992.12.08.) 공사는 결산한 결과 이익이 생긴 때에는 이월결손금을 보전한 후 대통령령이 정하는 바에 의하여 준비금으로 적립하여야 하며, 이를 적립한 후 잉여가 생긴 때에는 이익을 배당하고 잔여금액은 정관이 정하는 바에 의하여 적립할 수 있다.

3) 개정(2011.08.04.) 공사는 결산 결과 이익이 생긴 경우에 전 사업연도로부터 이월된 결손금이 있으면 그 이익금으로 결손금을 보전하고, 결손금을 보전하고 남는 금액은 대통령령으로 정하는 바에 따라 준비금으로 적립하여야 하며, 적립한 후에도 잉여가 생긴 경우에는 이익을 배당하고, 배당하고 남는 금액은 정관으로 정하는 바에 따라 적립할 수 있다.

4) 개정(2013.06.04.) 현행과 같이 개정하였다.

→ 부채 누적으로 이자 부담이 증가하는 등 지방공사의 재무상태가 악화되고 있어 지방공사의 재정건전성을 강화할 필요가 제기되었다. 따라서 결산 결과 생긴 지방공사의 이익을 준비금에 적립하고도 남는 경우 그 남는 금액을 이익배

48) 공사는 이월결손금을 보전하고 남은 이익금의 10분의 1이상을 자본금의 2분의 1에 달할 때까지 이익준비금으로 적립하여야 하고, 이익준비금으로 적립하고 남은 이익금의 10분의 5이상을 감채적립금으로 적립하여야 한다. 다만, 매 회계연도의 말일을 기준으로 공사채 미상환 잔액이 없는 경우에는 감채적립금을 적립하지 아니할 수 있다(지방공기업법 시행령 제61조 제1항).

49) 이익배당을 할 때에는 법 제53조(출자) 제2항에 따른 지방자치단체 외의 자(외국인 및 외국법인을 포함한다)에게 정관에서 정하는 바에 따라 우선적으로 배당할 수 있다(지방공기업법 시행령 제61조 제2항).

당하도록 하던 것을, 앞으로는 이익배당에 앞서 감채적립금에 우선 적립하도록 하고, 감채적립금에 적립하고 남는 금액은 선택적으로 이익배당을 하거나 정관으로 정하는 바에 따라 적립할 수 있도록 지방공사의 이익금 처리방법을 조정하였다.

[제2항] 제1항 제3호의 감채적립금은 공사의 사채를 상환하는 목적 외에는 사용할 수 없다.

1) **신설(2013.06.04.)** 현행과 같이 신설하였다.

[제3항] 공사는 결산 결과 손실이 생긴 경우에 그 결손금을 제1항 제4호의 적립금으로 보전하고, 그 적립금으로도 보전하지 못한 결손금은 제1항 제2호의 이익준비금으로 보전하거나 이월한다.

1) **신설(1980.01.04.)** 공사는 결산한 결과 손실이 생긴 때에는 제1항의 규정에 의한 사업준비금으로 보전하고, 사업준비금으로 부족할 때에는 결손금으로 이월하다.

2) **개정(1992.12.08.)** 공사는 결산한 결과 손실이 생긴 때에는 적립금으로 이를 보전하고, 부족할 때에는 제1항의 규정에 의한 준비금으로 보전하거나 결손금으로 이월한다.

3) **개정(2011.08.04.)** 공사는 결산 결과 손실이 생긴 경우에 그 결손금을 적립금으로 보전하고, 적립금으로도 보전하지 못한 결손금은 제1항에 따른 준비금으로 보전하거나 이월한다.

4) **개정(2013.06.04.)** 현행과 같이 개정하였다.

Q & A

1. '결산 결과 이익이 생긴 경우'의 의미

Q. 「지방공기업법」 제67조 제1항에서 '결산 결과 이익이 생긴 경우'라 함은 당해 연도의 당기순이익을 말하는가, 아니면 당해 연도까지 누적된 미처분이익잉여금을 말하는가?

A. 지방공기업은 매 사업연도 결산 결과 이익이 발생한 경우, 「지방공기업법」 제67조(손익금의 처리) 제1항 제1호~제4호의 순서에 따라 이익금을 모두 처분하여야 하는 것으로 해석된다. 따라서 결산 결과 생긴 이익금의 범위는 당해 연도로 한정하는 것이 타당하다.

2. 주식배당

Q. 감채적립금이 금융부채를 초과하여 추가로 감채적립금을 적립할 필요가 없을 경우, 주식배당의 방법으로 자본금 확충이 가능한가?

A. 「상법」 제462조의2(주식배당)에는 ① 회사는 주주총회의 결의에 의하여 이익의 배당을 새로이 발행하는 주식으로써 할 수 있다. 그러나 주식에 의한 배당은 이익배당 총액의 2분의 1에 상당하는 금액을 초과하지 못한다. 따라서 발생한 당기순이익에 대하여 다음순서로 처리한다. ① 이월결손금 보전, ② 이익준비금 10%, ③ 감채적립금 적립, ④ 이사회 의결, ⑤ 처리방법이 정해진 후 현금배당, 주식배당(이익배당 총액의 1/2 이내에서 가능). 따라서 주식배당을 통한 자본금 확충이 가능하다.

3. 공단 잉여금의 납입

Q. 「○○시 시설관리공단 설립 · 운영조례」 및 동 공단 정관에서 규정하고 있는 잉여금의 납입을 「지방공기업」 제67조에 의한 이익배당으로 볼 수 있는가?

A. 「지방공기업법」 제76조에서는 동법 제67조(손익금의 처리)를 준용하지 않도록 규정하고 있다. 따라서 지방자치단체의 대행사업을 수행하는 지방공단의 경우 공익적 특성상 손익금(이익잉여금) 처리가 불가한 것으로 판단되고, 「지방공기업 예산편성기준」에서도 위탁대행사업 수행에 따른 공단의 수입은 사업 종료 시 정산하여 미지급금, 이월액을 제외한 불용액은 지방자치단체에 납부하도록 규정하고 있음을 감안할 때 공단 잉여금의 납입을 이익배당으로 보기는 어렵다.

제68조(사채 발행 및 차관) ① 공사는 지방자치단체의 장의 승인을 받아 사채를 발행하거나 외국차관을 할 수 있다. 이 경우 사채 발행의 한도는 대통령령으로 정한다.

② 삭제 <2002.3.25.>

③ 지방자치단체의 장은 제1항에 따라 발행되는 사채가 대통령령으로 정하는 기준을 초과하는 경우에는 제1항에 따른 승인을 하기 전에 미리 행정안전부장관의

승인을 받아야 한다. 이 경우 대통령령으로 정하는 기준은 공사의 부채비율, 경영성과 등을 고려하여야 한다.

④ 지방자치단체는 사채의 상환을 보증할 수 있다.

⑤ 삭제 <2002.3.25.>

⑥ 사채의 발행, 매각 및 상환에 필요한 사항은 조례로 정한다.

⑦ 도시철도의 건설 및 운영 또는 주택건설사업 등을 목적으로 설립된 공사가 제1항부터 제6항까지의 규정에 따라 발행하는 채권에 대하여 「자본시장과 금융투자업에 관한 법률」을 적용할 때에는 같은 법 제4조 제3항에 따른 특수채증권으로 본다.

[연혁]

[제1항] 공사는 지방자치단체의 장의 승인을 받아 사채를 발행[50]하거나 외국차관을 할 수 있다. 이 경우 사채 발행의 한도[51]는 대통령령으로 정한다.

1) 신설(1980.01.04.) 공사는 설립단체의 장의 승인을 얻어 사채를 발행하거나 외국차관을 할 수 있다. 이 경우에 설립단체의 장은 미리 인가기관의 승인을 얻어야 한다. 인가기관이 외국차관을 승인하고자 하는 경우에는 미리 경제기획원장관 및

50) 공사가 사채를 발행하고자 하는 때에는 ① 사채의 발행목적, ② 사채의 발행시기, ③ 발행총액(사채의 권면액을 수종으로 하여 발행하는 경우에는 각 권종별 발행총액), ④ 이율, ⑤ 원금의 상환방법 및 기한, ⑥ 이자의 지급방법 및 기한, ⑦ 모집 및 인수방법 등을 기재한 신청서를 그 지방자치단체의 장에게 제출하여야 한다(지방공기업법 시행령 제62조 제1항).

51) 공사가 발행할 수 있는 사채발행의 한도는 ① 「지방공기업법」 제2조 제1항 제7호 및 제8호의 사업을 경영하는 공사는 제14조에서 정하고 있는 순자산액의 4배 이내, ② 제1호 외의 사업을 경영하는 공사는 제14조에서 정하고 있는 순자산액의 2배 이내이다(지방공기업법 시행령 제62조 제2항). 예전에는 공사가 사채를 발행하는 경우 행정자치부장관 또는 시·도지사의 승인을 얻어야 하고, 사채발행의 한도를 구체적으로 정하고 있지 아니하여 공사의 자율경영체제 확립에 장애가 되고 있었다. 따라서 2005년 3월 31일 공사는 주택·토지개발사업의 경우 순자산액의 10배 이내, 그 외의 사업은 순자산액의 4배 이내의 한도 내에서 사채발행을 할 수 있도록 하고, 이에 대한 승인은 당해 지방자치단체의 장이 행하도록 하여 그 절차와 내용을 규정하였다. 그 후 2011년 3월 29일 지방공사의 사채발행 한도를 순자산액의 4배 이내에서 2배 이내(주택사업 또는 토지개발사업을 경영하는 지방공사의 경우에는 10배 이내에서 6배 이내)로 축소함으로써 지방공사의 재정건전성을 제고하였으며, 2013년 12월 4일 도시개발공사의 재정건전성을 높이기 위하여 주택사업 및 토지개발사업을 경영하는 공사의 공사채 발행한도를 기존 순자산액의 6배에서 4배 이내로 축소하였다.

재무부장관과 협의하여야 한다.

→ 지방공사는 인가기관의 승인을 얻어 사채를 발행하거나 외국으로부터 차관을 할 수 있도록 하였다.

2) **개정(1992.12.08.)** 공사는 지방자치단체의 장의 승인을 얻어 사채를 발행하거나 외국차관을 할 수 있다. 이 경우에 지방자치단체의 장은 미리 내무부장관의 승인을 얻어야 한다. 내무부장관이 외국차관을 승인하고자 하는 경우에는 미리 경제기획원장관 및 재무부장관과 협의하여야 한다.

3) **개정(1996.12.30.)** 공사는 지방자치단체의 장의 승인을 얻어 사채를 발행하거나 외국차관을 할 수 있다. 이 경우에 지방자치단체의 장은 미리 내무부장관의 승인을 얻어야 한다. 내무부장관이 외국차관을 승인하고자 하는 경우에는 미리 재정경제부장관과 협의하여야 한다. 시 · 군 및 자치구가 설립한 공사가 대통령령이 정하는 기준에 따라 소규모의 사채를 발행하거나 외국차관을 하는 경우에는 시 · 도지사의 승인을 얻어야 한다.

→ 시 · 군 및 자치구가 설립한 지방공사 및 지방공단에서 소규모의 사채 또는 공단채를 발행하거나 외국차관을 하는 경우에 이에 대한 내무부장관의 승인권을 시 · 도지사에게 이양하였다.

4) **개정(2002.03.25.)** 공사는 지방자치단체의 장의 승인을 얻어 사채를 발행하거나 외국차관을 할 수 있다. 사채를 발행하는 경우 지방자치단체의 장은 미리 행정자치부장관의 승인을 얻어야 한다. 다만, 시 · 군 및 자치구가 설립한 공사가 대통령령이 정하는 기준에 따라 소규모의 사채를 발행하는 경우에는 시 · 도지사의 승인을 얻어야 한다.

5) **개정(2004.12.30.)** 공사는 지방자치단체의 장의 승인을 얻어 사채를 발행하거나 외국차관을 할 수 있다. 이 경우 사채발행의 한도는 대통령령으로 정한다. 사채를 발행하는 경우 지방자치단체의 장은 미리 행정자치부장관의 승인을 얻어야 한다. 다만, 시 · 군 및 자치구가 설립한 공사가 대통령령이 정하는 기준에 따라 소규모의 사채를 발행하는 경우에는 시 · 도지사의 승인을 얻어야 한다.

→ 사채발행의 한도를 대통령령으로 정하도록 개정하였다.

6) **개정(2011.08.04.)** 현행과 같이 개정하였다.

[제3항] 지방자치단체의 장은 제1항에 따라 발행되는 사채가 대통령령으로 정하는 기준을 초과하는 경우[52]에는 제1항에 따른 승인을 하기 전에 미리 행정안전부장관의 승인[53]을 받아야 한다. 이 경우 대통령령으로 정하는 기준은 공사의 부채비율, 경영성과 등을 고려하여야 한다.

1) 신설(2005.03.24.) 지방자치단체의 장은 제1항의 규정에 의하여 발행하는 사채가 대통령령이 정하는 기준을 초과하는 경우에는 제1항의 규정에 의한 승인을 하기 전에 미리 행정자치부장관의 승인을 얻어야 한다. 이 경우 대통령령이 정하는 기준은 공사의 부채비율, 경영성과 등을 감안하여야 한다.

→ 지방공기업에 대한 자율경영체제를 확립하고 지방분권화를 뒷받침하기 위하여 부채비율·경영성과 등을 감안하여 지방공사가 대통령령이 정하는 기준 이하의 사채를 발행하는 경우에는 행정자치부장관 등의 승인을 받지 아니하도록 하였다.

2) 개정(2011.08.04.) 현행과 같이 개정하였다.

[제4항] 지방자치단체는 사채의 상환을 보증할 수 있다.

1) 신설(1980.01.04.) 설립단체는 사채의 상환을 보증할 수 있다. 정부 또는 설립단체는 외국차관의 상환을 보증할 수 있다.

---

52) "대통령령으로 정하는 기준을 초과하는 경우"라 함은 ① 사채발행 승인 신청 당시 사채발행예정액을 합산한 부채비율이 100분의 200이상인 경우, ② 최근 3년 이상 계속하여 당기순손실이 발생한 경우, ③ 사채발행예정액이 300억 원 이상인 경우의 어느 하나에 해당하는 경우를 말한다(지방공기업법 시행령 제62조 제4항). 2012년 7월 31일 개정 전에는 지방공사 또는 지방공단의 사채 또는 공단채 발행예정액이 500억 원 이상인 경우에 행정안전부장관의 승인을 받도록 되어 있었으나, 지방공사 또는 지방공단의 재정건전성을 높이기 위하여 사채 또는 공단채 발행예정액이 300억 원 이상이면 행정안전부장관의 승인을 받도록 개정하였다.

53) 지방자치단체의 장이 행정안전부장관의 승인을 신청하는 때에는 ① 사채의 발행목적, ② 사채의 발행시기, ③ 발행총액(사채의 권면액을 수종으로 하여 발행하는 경우에는 각 권종별 발행총액), ④ 이율, ⑤ 원금의 상환방법 및 기한, ⑥ 이자의 지급방법 및 기한, ⑦ 모집 및 인수방법 등을 기재한 신청서를 행정안전부장관에게 제출하여야 한다(지방공기업법 시행령 제62조 제1항).

2) 개정(1992.12.08.) 지방자치단체는 사채의 상환을 보증할 수 있다. 정부 또는 지방자치단체는 외국차관의 상환을 보증할 수 있다.

3) 개정(2011.08.04.) 현행과 같이 개정하였다.

[제6항] 사채의 발행, 매각 및 상환에 필요한 사항은 조례[54]로 정한다.

1) 신설(1980.01.04.) 사채의 발행・매각 및 상환에 관하여 필요한 사항은 조례로 정한다.

2) 개정(2011.08.04.) 현행과 같이 개정하였다.

[제7항] 도시철도의 건설 및 운영 또는 주택건설사업 등을 목적으로 설립된 공사가 제1항부터 제6항까지의 규정에 따라 발행하는 채권에 대하여 「자본시장과 금융투자업에 관한 법률」을 적용할 때에는 같은 법 제4조 제3항에 따른 특수채증권[55]으로 본다.

---

54) 참고로 「부산관광공사 설치 조례」(시행 2021.10.1., 부산광역시 조례 제6450호) 제14조(사채 발행 및 차관)에는 "① 공사는 시장의 승인을 받아 사채를 발행하거나 외국차관을 할 수 있다. ② 사채의 발행, 매각 및 상환에 관한 사항은 정관으로 정한다."고 규정되어 있다.

55) 특수채 증권은 「자본시장과 금융투자업에 관한 법률」상 채권분류 중 하나로 개별 법률에 의하여 직접 설립된 법인(특수법인)이 발행한 채권을 의미하며, 일반법인이 발행한 회사채와는 다음과 같은 법적 차이가 있다. 첫째, 채권시장에서 금리수준이 회사채에 비해 낮게 형성된다. 특수채는 국가가 실질적인 채무보증을 한다는 점에서 좀 더 높은 신용도를 인정받아 일반회사채에 비해 낮은 금리로 유통된다. 둘째, 집합투자자의 투자한도가 상향된다. 「자본시장과 금융투자업에 관한 법률」에서는 펀드나 신탁 등 집합투자자가 특정채권에 투자할 수 있는 한도를 규정하고 있으며, 일반회사채의 경우 최대 10%까지만 투자할 수 있으나, 특수채의 경우 이러한 제한이 완화되어 최대 30%까지 투자가 가능하다. 결국 지방공사채 발행 시 투자수요가 확대되어 자금조달에 유리하다. 셋째, 유가증권 발행분담금 납부의무가 면제된다. 「자본시장과 금융투자업에 관한 법률」에서는 채권을 발행하는 기관은 다양한 기준에 따라 발행분담금을 납부해야 하지만, 특수채의 경우 이러한 분담금 납부의무가 면제된다. 마지막으로, 특수채는 각종 공시의무가 면제된다. 일반회사채는 투자자 보호를 위하여 유가증권 발행신고서 및 사업보고서 공시의무가 규정되어 있으나, 특수채는 법률에 설립근거가 있고 자체적인 경영정보를 공개하고 있어서 이러한 공시의무가 면제된다[김영철(2014)의 '지방공기업법 개정으로 지방공사채 특수채 지위 부여'를 정리한 것임].

1) 신설(2007.05.17.) 제1항부터 제6항까지의 규정에 따라 발행된 채권 중 도시철도의 건설 및 운영과 주택건설사업 등을 목적으로 설립된 지방공사가 발행하는 채권에 대하여 「증권거래법」을 적용함에 있어서는 같은 법 제2조 제1항 제3호에 따른 채권으로 본다.

→ 지방공기업이 발행하는 채권에 대해서 특별한 법률에 따라 설립된 법인이 발행하는 채권과 동일한 법적 지위를 부여함으로써 지방자치단체가 추진하는 도시철도의 건설 및 운영과 주택건설사업 등 공익사업을 원활하게 추진할 수 있도록 하였다.

2) 개정(2011.08.04.) 도시철도의 건설 및 운영 또는 주택건설사업 등을 목적으로 설립된 공사가 제1항부터 제6항까지의 규정에 따라 발행하는 채권에 대하여 「증권거래법」을 적용할 때에는 같은 법 제2조 제1항 제3호에 따른 채권으로 본다.

3) 개정(2014.06.03.) 현행과 같이 개정하였다.

→ 기존에 자본시장을 규율하던 「증권거래법」, 「선물거래법, 「간접투자자산운용업법」 등의 법률은 금융기관이 취급할 수 있는 상품의 종류를 제한적으로 열거하고 있어 창의적인 상품 개발 등 금융혁신이 어렵고, 금융업의 겸영을 엄격하게 제한하고 있어 시너지 효과를 통한 경쟁력 제고에 한계가 있는 등 자본시장의 발전에 장애로 작용하여 이러한 법률을 통합한 「자본시장과 금융투자업에 관한 법률」을 제정하여 2009년 2월부터 시행하였다. 그런데 일부 법률에서는 여전히 이미 폐지된 법률의 조문을 인용하고 있어 수범자가 해당 규정의 내용을 파악하는 데 혼란을 초래하고 있으므로, 폐지된 법률을 인용하고 있는 조문을 현재 시행 중인 법률의 내용에 맞게 수정하였다.

Q & A

1. 순자산액의 정의 및 제외대상

Q. 지방공사채 발행 시 순자산액의 정의와 순자산액 산정 시 제외되는 대상 및 제외하는 이유는 무엇인가?

A. 「2021년도 지방공사채 발행 · 운영기준」에 따르면, 지방공사채 발행 시 '순자산액'이란 지방공사채 발행을 위한 승인신청일 기준 자기자본(자산총액－부채총액)을 의미한다. 순자산액 산정 시 제외되는 대상은 ① 「공유재산 및 물품 관리법」에 의한 공

용·공공용재산 등 행정재산, ② 현물출자대상 중 수익·처분이 사실상 불가능한 재산 및 조성목적에 따라 계속하여 사용기간 중에 있는 재산(일반재산이라도 공사가 영위하는 사업에 사용할 수 없거나 수익을 얻지 못하는 재산 포함), ③ 신종자본채권 등 상환의무가 있는 채권(사실상 부채)이 자본금에 포함된 경우, ④ 유형자산 재평가로 인해 발생한 재평가잉여금 등이다. 순자산액은 지방공사채 발행주체인 지방공사의 실제 재무상황을 가장 정확히 나타내는 것으로, 여러 가지 이유로 임의처분이 불가능한 자산이 포함되어 있는 경우에는 공사채 발행액을 과도하게 증가시켜 지방공사의 부실화를 초래할 우려가 있다. 지방공사채 심의 시 순자산액을 중요시하는 이유는 지방공사채 발행 이후에 차입금 상환 시 발생할 수 있는 대주단 혹은 투자자들의 피해를 최소화하고, 공사의 자산규모에 상응하는 자금의 차입으로 지방공사의 건전한 경영을 유도하기 위함이다. 따라서 지방공사채 심의 시 공사 소유재산(건물·토지)의 임의처분이 가능한 상태일 경우에만 인정된다.

2. 사채 발행 및 차관

Q. ①「지방공기업법」 제68조의 "사채 발행 및 차관"에 국내 금융기관으로부터의 차입이 포함되는가? ② 지방자치단체가 지방공사로 지방공공자금을 융자하는 경우에 지방공사의 입장에서 공사채에 해당되는가?

A. ①「지방공기업법」 제68조(사채 발행 및 차관)의 "사채 발행 및 차관"은 채무부담 행위를 규정한 것으로 볼 수 있으므로 국내 금융기관에서의 차입도 포함된다. ② 공사채는 지방공사·공단이 재정상의 필요 또는 관계법령이 정하는 바에 따라 금융기관 등에서 차입하는 모든 유형의 자본과 토지채권을 통칭하는 것이므로 공사채에 해당한다. 실무적으로 '공사채(사채+차입금)'라는 용어로 사용된다.

3. 공사채 발행 배제사업

Q. 도시철도공사의 시설투자사업은 모두 지방공사채 발행 배제사업에 해당되는가?

A. 「2021년도 지방공사채 발행·운영기준」에 따르면, 도시철도공사의 "도시철도 운영 손실 보전 및 운영에 필요한 시설투자목적 사업"은 원칙적으로 지방공사채 발행 배제사업이다. 그러나 안전과 직결되는 시설물로 내용연수가 경과된 도시철도시설의 성능 유지 및 기능 향상을 위한 ① 전동차량(수선유지차량 포함), ② 구조물, ③ 건축물(역사, 소방·기계설비), ④ 궤도시설, ⑤ 전철전력, ⑥ 신호제어, ⑦ 통신[단, 코로나19 예방을 위한 위생·소독 관련 시설 설치 시 한시적으로 허용(2020년)하되 소모품·방역용역 등은 제외] 등의 노후시설 개선사업은 예외적으로 신청이 가능

하다.

4. 행정안전부장관의 지방공사채 발행 재승인

Q. 기 승인된 지방공사채 발행과 관련하여 행정안전부장관의 재승인이 불필요한 경우는?

A. 기 승인된 지방공사채 발행에 대하여 행정안전부장관의 재승인이 불필요한 경우는 ① 발행규모를 축소하는 경우, ② 상환기한을 단축하는 경우, ③ 상환기간 연장 없이 방법만 변경하는 경우, ④ 차입선 변경 및 발행방법을 변경하는 경우, ⑤ 발행 당시 발행유형·만기별 시장이자율로 발행한 경우, ⑥ 기 승인받은 조건(상환기한과 발행규모) 내에서 대체 발행하는 경우 등이며, 지방공사채의 발행주체인 지방공사의 재무안정성 확보를 위해서 기 승인사항 중 승인조건이 같거나 상환조건 등이 더 나은 경우에 한해 행정안전부장관의 재승인이 불필요하다.

5. 수탁기관의 사채발행 승인

Q. 수탁기관도 사채발행 승인을 받을 수 있는가?

A. 「지방공기업법」 제68조(사채 발행 및 차관)에 의한 사채발행 신청은 일반적인 사채발행 근거 및 절차를 규정한 것이다. 수탁기관의 부담으로 사채를 발행하고자 한다면, 국가 또는 지방자치단체가 업무를 위탁하는 경우에는 「지방공기업법」 제71조(대행사업의 비용 부담)에 따라 국가 또는 지방자치단체가 그 비용을 부담하도록 규정하고 있기 때문에 사채발행 승인 검토 시 차입목적·상환계획 등 적정성을 종합적으로 검토하게 되며, 불가피한 경우가 아니면 곤란한 것으로 판단된다.

6. 공모공채에서 사모공채로 차입선 변경

Q. 도시개발공사 공사채 발행과 관련하여 행정안전부 승인 시 차입선이 '공모공채'로 되어 있으나 모집절차상의 편리성 및 발행비용 절감 등을 위하여 차입선을 '사모공채'로 변경한 경우 자체 처리가 가능한가?

A. 사채발행 심사 및 승인을 엄정하게 처리하는 이유는 불요불급한 기채로 인해 해당 기관의 경영상황이 악화되고, 이로 인해 국민 부담을 사전에 예방하기 위한 조치로서 일종의 내부적 통제장치라고 볼 수 있다. 따라서 발행비용 절감만으로는 해당 기관에서 자체 처리할 수 있는 권한이 없고 반드시 행정안전부의 승인을 받아야 하지만, 사모채로 발행할 경우 이율이 낮아져 상환부담이 경감될 경우에는 위 규정이 정하는 바에 따라 승인 없이 자체 처리가 가능하다. 다만, 이 경우에도 상환부담이 경

감된다는 점을 관계기관 등에서 발행하는 사실적이고 구체적 자료를 첨부하여 이를 증명할 수 있도록 처리하는 것이 객관성을 담보하는 방안이다.

7. 사채 상환 보증 관련 의회 동의규정 신설

Q. 「지방공기업법」 제68조 제4항의 "지방자치단체는 사채의 상환을 보증할 수 있다."와 관련하여, 조례로 의회의 동의를 규정할 수 있는가?

A. 「지방공기업법」 제65조의3(신규 투자사업의 타당성 검토)에 따라 일정규모 이상의 사업에 대하여는 의회 의결을 받도록 하여 무분별한 사채발행을 사전에 예방하고 있으며, 법 제68조(사채 발행 및 차관) 및 같은 법 시행령 제62조(사채발행)에서 사채발행 승인권한 · 절차 · 기준을 규정하고 있다. 이에 따라 법 제68조 제4항은 사채 상환 보증에 대한 지방자치단체의 장의 결정권한만을 명기하고 있는 바, 조례로 의회의 동의를 받도록 하는 규정 신설은 적합하지 않은 것으로 판단된다.

8. 기채발행 승인받은 사업지구 분양대금 사용

Q. A, B, C지구별로 모두 기채발행 승인을 받아 자금을 조달하여 목적사업별로 사업비를 집행하고 있다. A사업지구에 선분양이 이루어져 분양선수금이 확보됨으로써 A사업지구 공사가 끝날 때까지 자금의 여유가 있다. 기채발행 승인을 받아 자금을 조달한 사업의 경우, A사업의 분양선수금 및 분양대금(여유자금)을 B사업에 사업비로 사용 가능한가?

A. 「지방공사채 발행 · 운영기준」에 따라 발행 승인목적 내에서 집행하고, 원리금 상환계획에 의거 지정된 시점에 상환되도록 관리하여야 하며, 사업수입은 원리금 조기상환 또는 채무경감재원으로 우선 활용하여야 한다.

9. 신규 투자사업 재조사

Q. 「2021년도 지방공사채 발행 · 운영기준」에는 타당성 검토 후 사업내용이 변경(사업비 20% 이상 증가에 해당)된 경우 사업타당성 검토를 재실시하도록 규정하고 있다. 「지방재정투자사업 심사규칙」 제6조(재심사)에 총사업비는 "투자심사 후 물가인상분 및 공익사업의 시행에 필요한 토지 등의 손실보상비 증가분은 총사업비에서 제외한다."고 규정되어 있으나, 「지방공기업법」과 관련 지침에는 총사업비에 대한 별도 규정이 없다. 신규 투자사업 재조사 시 「지방재정투자사업 심사규칙」을 준용하여 총사업비에 "물가인상분, 손실보상비 증가분"을 제외하여 금액기준을 적용해도 되는가?

A. 「2021년도 지방공사채 발행 · 운영기준」에서는 타당성 검토 후 사업내용이 변경된 경우 변경사항을 반영하여 타당성 검토를 재실시하도록 규정하고 있으며, 사업내용이

변경된 경우란 사업비가 20% 이상 증가한 경우나 타당성 검토 후 3년 이상 지연・보류된 경우를 제시하고 있다. 따라서 최초 타당성 검토 후 3년이 경과하지 아니하였고, 사업비가 20% 이상 증가하지 않은 경우에는 타당성 검토를 재실시할 필요가 없다. 한편, 「지방재정투자사업 심사규칙」(행정안전부령) 제13조(타당성 재조사)에서는 별도 산식에 따라 총사업비가 일정규모 이상 증가한 사업에 대해 타당성 재조사를 규정하고 있으며, 이때 물가인상분 및 공익사업에 필요한 토지 등의 손실보전비 증가분은 총 사업비에서 제외하도록 규정하고 있다. 따라서 별도의 명문 규정은 없으나, 지방공기업도 지방자치단체와 마찬가지로 사업비 증가분 산정 시 물가상승분 및 토지손실보상비 증가분 등은 제외하는 것이 타당할 것이다(다만, 토지손실 증가분은 당초 사업규모 변경 및 보상대상 수량 변경이 없는 부분에 한함).

제69조(여유금의 운용) 공사는 다음 각 호의 방법 외에는 여유금을 운용하지 못한다.

1. 국채 또는 지방채의 취득
2. 「한국은행법」에 따른 한국은행 또는 그 밖의 금융회사 등에의 예입

[연혁]

1) 신설(1980.01.04.) 공사는 다음 각 호의 방법에 의하는 외에는 업무상 여유금을 운용하지 못한다.

1. 국채・지방채의 취득
2. 한국은행 기타 금융기관에의 예입

2) 개정(2002.03.25.) 공사는 다음 각 호의 방법에 의하는 외에는 여유금을 운용하지 못한다.

1. 국채・지방채의 취득
2. 한국은행 기타 금융기관에의 예입

3) 개정(2011.08.04.) 현행과 같이 개정하였다.

→ 지방공사・공단의 업무상 여유금은 통상적인 기업활동을 위해 필요한 기본적인 자금을 제외한 모든 자금을 통칭(이익잉여금, 투자사업비 등 포함)한다. 또한, 지방공사・공단의 업무상 여유금 운용은 국채・지방채의 취득, 한국은행 기타금융회사에 예입하되, 금융회사에의 예입은 안정성과 유동성이 확보되는 전제하에 내부적으로 자금운용규정을 마련하여 금융상품을 선정하여야 한다.

Q & A

1. 선납받은 분양대금 활용

Q. 도시공사가 기업형 임대사업자로부터 선납받은 분양대금이 「지방공기업법」 제69조에 따른 여유금에 해당되어 당해 자금을 ○○지구 토지 등 소유자의 이주비 대출 상환 등에 활용할 수 있는가?

A. 「지방공기업법」 제69조(여유금의 운용)에 따른 여유금이란 통상적인 기업활동을 위해 필요한 기본적 자금을 제외한 모든 자금(이익잉여금, 투자사업비 등 포함)을 통칭하는 것으로서, 법 제69조에서 여유금의 운용을 국·공채 취득 및 은행에의 예입으로 제한한 취지는 지방공사가 여유금을 고수익·고위험 금융상품 등에 투자하여 원금 손실이 발생하고 이로 인해 사업 추진에 차질이 발생하는 것을 방지하기 위한 것일 뿐 사업의 특정목적 및 내용에 따라 사용여부를 제한하기 위한 것은 아니다. 따라서 도시공사가 사업지구 주택의 일정물량을 임대사업자에게 매도하면서 지급받은 선 분양대금은 여유금에 해당되어 당해 여유금을 사업경비로 집행하기 전까지는 국·공채 취득 또는 은행에 예입 형태로 운용하여야 하나, 그 이후 실제 사업이 추진되어 자금이 집행된다면 그 목적이나 방식 등에 대해서는 도시공사가 자율적으로 결정할 사항일 뿐 「지방공기업법」 제69조가 적용되는 것은 아니다.

2. 금고 외 타 금융기관 가입

Q. 공단 대행사업비 유휴자금의 효율적인 운용을 위하여 금고 외 타 금융기관에 가입이 가능한가?

A. 「2022년도 지방공기업 예산편성기준」에는 "지방공사·공단의 여유금은 국채나 지방채를 취득하거나 한국은행 기타 금융기관에 예입하되 금융기관에의 예입은 안정성과 유동성이 확보되는 전제 하에 내부적으로 자금운용규정을 마련하여 금융상품[정기예금, 양도성예금증서(CD), 기업어음증권(CP), 환매조건부채권(RP), 채권형(국·공채)수익증권, 국·공채 및 우수 신용도 회사채 등으로 구성된 MMF, MMT 등]을 선정하여야 한다."고 규정되어 있다. 「2022년도 지방공기업 예산편성기준」이나 지방공기업 관련 법령에 금고를 1개의 금융기관으로 제한하는 규정은 없으므로 내부 자금운용규정의 제·개정을 통하여 복수의 금고를 지정할 수 있을 것이다. 다만, 내부 자금운용규정의 제·개정은 반드시 관할 지방자치단체와 협의를 통하여 이루어져야 하며, 내부 자금운용규정에는 추후 운용과정에서 문제가 생길 경우 책임소재, 구상권 청구여부 등이 명확하게 규정되어야 할 것이다.

3. '그 밖의 금융회사'의 범위

Q. 「지방공기업법」 제69조(여유금의 운용) 제2호의 "그 밖의 금융회사"의 범위로서 제1금융권, 제2금융권, 제3금융권 등 모든 금융기관을 포함하는가?

A. "그 밖의 금융회사"라 함은 일반적으로 시중은행인 제1금융권을 의미한다.

4. '예입'의 범위

Q. 「지방공기업법」 제69조(여유금의 운용) 제2호의 "금융회사 등에의 예입"에서 '예입'의 범위에 파생금융상품도 포함되는가?

A. 안정성이 보장되는 파생상품(증권회사 발행상품은 제외)을 일방적으로 제한할 필요는 없으나, 자금운영이라 함은 단순히 이자수익 외에 즉시 투자활동을 통한 공공서비스 증대 측면이 요구되므로 일정기간 자금운영을 제한하는 상품은 재고되어야 한다.

5. 신탁상품에 예치

Q. 지방공사에서 은행 및 투신사 등에서 운용하는 MMF, 특정금전신탁 등 신탁상품에 예치가 가능한가?

A. 「지방공기업법」 제69조(여유금의 운용)에서 지방공기업의 여유자금은 '국채·지방채의 취득', '한국은행 또는 그 밖의 금융회사 등에의 예입'으로 제한하고 있으므로, 원칙적으로는 신탁·증권 등 이자율은 높지만 자금의 안정성이 비교적 낮은 금융상품에 예치하는 것을 제한한다고 볼 수 있다. 그러나 금융상품이 다양화되어 있는 현실을 비추어 볼 때 구체적인 판단은 동 조항의 취지를 감안하여 원금 확보의 확실성 등을 종합적으로 고려하여야 할 것이며, 이 결정과정에서 자금운영위원회를 설치할 것인지 여부도 판단해야 할 것이다.

제70조 삭제 <1996.12.30.>

[연혁]

1) 신설(1980.01.04.) 공사는 그 임원과 직원에 대한 급여 및 퇴직수당의 지급기준을 정하여 설립단체의 장의 승인을 얻어야 한다. 이 경우에 설립단체의 장은 미리 인가기관의 승인을 얻어야 한다.

2) **개정(1992.12.08.)** 공사는 그 임원과 직원에 대한 급여 및 퇴직수당의 지급기준을 정하여 지방자치단체의 장의 승인을 얻어야 한다. 이 경우에 지방자치단체의 장은 미리 내무부장관의 승인을 얻어야 한다.

3) **삭제(1996.12.30.)**

→ 지방공사 · 공단은 매 사업연도의 사업계획서 및 예산서에 관하여 지방자치단체의 사전승인을 얻도록 하고 있고, 동 사업계획서 및 예산서에 임직원의 급여기준 등이 포함되어 있으므로 지방공사 및 지방공단의 임직원 급여 및 퇴직수당 지급기준에 관한 사전승인제도를 폐지하였다.

제71조(대행사업의 비용 부담) ① 공사는 국가 또는 지방자치단체의 사업을 대행할 수 있으며, 이 경우에 필요한 비용은 국가 또는 지방자치단체가 부담한다.
② 제1항에 따른 비용의 부담에 필요한 사항은 대통령령으로 정하는 사항을 제외하고는 조례로 정한다.

[연혁]

[제1항] 공사는 국가 또는 지방자치단체의 사업을 대행할 수 있으며, 이 경우에 필요한 비용은 국가 또는 지방자치단체가 부담[56]한다.

1) **신설(1980.1.4.)** 현행과 같이 신설하였다.

[제2항] 제1항에 따른 비용의 부담에 필요한 사항은 대통령령으로 정하는 사항[57]을 제외하고는 조례로 정한다.

56) 공사가 국가 또는 지방자치단체의 사업을 대행하고자 하는 때에는 위탁계약에 하며, 공사가 국가 또는 지방자치단체의 사업을 대행하는 경우 국가 또는 지방자치단체가 부담하여야 할 경비의 범위는 ① 사업실시에 따른 사업계획의 수립, 사전조사, 용역 등에 소요되는 경비, ② 사업의 집행에 소요되는 시설비 · 인건비 및 부대경비, ③ 사업의 종료 후 결산 이전 또는 시설물 등의 인계 이전까지의 사이에 시설물 등을 관리하는 데 소요되는 경비, ④ 사업의 대행에 따른 대행수수료, ⑤ 기타 사업 집행상 필수적으로 소요되는 경비 등이다(지방공기업법 시행령 제63조 제1항, 제2항).

1) **신설(1980.01.04.)** 제1항의 규정에 의한 비용의 부담에 관하여 필요한 사항은 대통령령이 정하는 것을 제외하고는 조례로 정한다.

2) **개정(2011.08.04.)** 현행과 같이 개정하였다.

Q & A

1. 공사의 대행사업비용 전액 부담

Q. 공사에서 대행사업을 수탁함에 있어 '위 · 수탁협약서'상에 대행업무의 비용을 전액 수탁기관인 공사에서 부담한다고 명시하는 것이 「지방공기업법」 제71조(대행사업의 비용부담) 규정에 위배되는가?

A. 공사에서 국가 또는 지방자치단체의 사업을 대행함에 있어 대행업무의 비용 전액을 특별한 사유 없이 일방적으로 수탁기관인 공사에서 부담하게 하는 것은 동 조항의 취지에 부합하지 않는다.

2. 공동출자 주식회사

Q. 광역지방자치단체, 기초지방자치단체, 공공기관이 각각 1/3씩 공동출자하여 설립된 주식회사의 경우, 국가 또는 지방자치단체로 간주하여 지방공기업과 위 · 수탁협약 체결 후 사업을 추진할 수 있는가?

A. 광역지방자치단체, 기초지방자치단체, 공공기관이 각각 1/3씩 공동출자하여 설립된 기관은 지방자치단체 출자기관으로, 국가 또는 지방자치단체로 볼 수 없다. 따라서 「지방공기업법」 제71조를 적용하기는 힘들다.

3. 징수한 관리비로 시설을 직접 운영

Q. 시설관리공단이 자치구 전출금이 아닌 거주자들이 부담하는 관리비(전기료 등의 공공요금, 미화 · 경비 등 직원들의 인건비, 아파트 관리운영에 필요한 제반경비 포함)를 직

57) 국가 또는 지방자치단체가 비용을 부담하는 경우 공사는 미리 자금집행계획을 수립하여 국가 또는 지방자치단체에 제출하여야 하며, 국가 또는 지방자치단체는 다른 자금에 앞서 이에 대한 자금을 우선적으로 지급하되 그 지급시기를 조정하고자 하는 때에는 공사와 협의하여야 한다. 공사가 그 대행사업을 종료한 때에는 지체 없이 국가 또는 지방자치단체가 부담한 비용을 정산하여야 하며, 공사는 국가 또는 지방자치단체의 사업을 대행함에 있어 특히 필요한 경우에는 지방자치단체의 장의 승인을 얻어 그 사업의 일부를 제3자로 하여금 시행하게 할 수 있다(지방공기업법 시행령 제63조 제3항~제5항).

접 징수하고 그 징수된 관리비를 자치구에 납입하지 않고 공단이 직접 집행하여 시설을 운영할 수 있는가?

A. 지방자체단체로부터 대행받은 사업의 수입은 공단의 수입이 아니므로 업무를 대행한 지방자치단체의 세입으로 납부토록 되어 있다. 따라서 세입으로 납입하지 않고 공단이 직접 집행하여 시설을 운영하는 것은 「지방공기업 예산편성기준」에 맞지 않는다.

4. 대행사업비 변경 집행

Q. 각 사업을 위해 교부된 예산은 해당 사업을 위해서만 사용하고 집행잔액은 반납해야 하는가, 아니면 교부된 대행사업비는 사업 간 자율적인 변경을 통하여 집행해도 되는가?

A. 대행사업비는 당해 지방자치단체가 시행하여야 할 사업을 공기관에 위탁하여 시행할 경우 부담하는 제반 경비를 말하며, 공사가 대행사업의 비용을 부담할 때에는 위탁계약에 의하고 공사가 그 대행사업 종료 시에는 지체 없이 국가 또는 지방자치단체가 부담한 비용을 정산하여야 한다. 따라서 교부된 대행사업비의 사업 간 자율적 변경은 바람직하지 않고, 각 사업을 위해 교부된 예산은 해당 사업을 위해서만 사용하고 집행잔액은 반납해야 한다.

5. 사업의 재위탁 시 ‘특히 필요한 경우’

Q. 「지방공기업법 시행령」 제63조(대행업무의 비용부담 등) 제5항에는 “공사는 국가 또는 지방자치단체의 사업을 대행함에 있어 특히 필요한 경우에는 지방자치단체의 장의 승인을 얻어 그 사업의 일부를 제3자로 하여금 시행하게 할 수 있다.”고 규정되어 있다. 여기서 제3자에게 사업을 재위탁할 수 있는 ‘특히 필요한 경우’라는 것을 어떻게 해석해야 하는가?

A. 지방자치단체 대행업무를 수행하기 위해서 지방공사·공단이 설립되는 것이므로, 지방공사·공단을 통해 충분히 대행사업 수행이 가능함에도 불구하고 이를 제3자에게 넘기는 것은 문제가 될 것이며, 특히 그 사업을 넘김에 따라 지방자치단체의 재정 부담이 증가하거나 공공서비스의 질이 하락하는 경우에는 문제가 될 수 있다. 따라서 ‘필요한 경우’에 대해서는 해당 사업의 특성 및 지방공기업법령의 취지를 고려하여 엄격하게 해석해야 하며, 최종적으로 지방자치단체와 협의를 통해 지방자치단체의 장의 승인을 얻는 것이 필요하다. 이 조항은 지방공사·공단이 지방자치단체의 대행사업을 추진함에 있어 사업의 성격·영역에 따라 전문성이 필요한 분야의 경우 해당 기술과 지식을 보유한 제3자에게 이를 시행토록 하여 사업의 효율성을

높이기 위한 것이라고 할 수 있다.

6. 대행사업비 발생이자 반납

Q. 대행사업비에서 발생한 이자는 반납하여야 하는가?

A. 지방공사·공단의 대행사업의 경우,「지방공기업법」 제71조(대행사업의 비용부담)·제76조(설립·운영)·제77조(비용부담), 같은 법 시행령 제63조(대행업무의 비용부담 등)·제66조(공단의 설립운영)·제67조(비용의 부담 등) 등에 의하면 국가 또는 지방자치단체는 당해 업무를 지방공사·공단에 대행시킬 수 있으며, 그에 수반하는 비용을 부담하여야 하고, 지방공사·공단은 사업을 대행하고자 하는 경우 국가 또는 지방자치단체와 위탁계약을 체결한 후 대행사업을 종료한 때에는 지체 없이 비용 정산을 시행하라고 규정하고 있다. 또한「지방자치단체 세출예산 집행기준」에 따르면, 공기관 등에 대한 경상적 대행사업비의 경우 지방자치단체는 보조사업 완료 후 보조금집행정산서와 집행잔액 및 발생된 이자를 함께 반납받아야 하며, 이 경우 이자는 사업기간 중 전 기간에 걸쳐 발생한 이자를 말한다고 규정하고 있다.

7. 시에서 구에 위임 후 구에서 지방공기업에 위탁

Q. '시'의 시립 시설물의 운영권한을 '구'에 위임한 후, '구'가 다시 지방공기업에 위탁할 수 있는가?

A.「지방자치법」 제117조(사무의 위임 등) 제2항에 근거하여 '시'는 '구'에 위임할 수 있으며,「지방공기업법」 제71조(대행사업의 비용 부담)에 근거하여 지방공기업은 '구'의 사업을 대행할 수 있다. 단,「지방자치법」 제117조 제4항에 따라 '구'가 지방공기업에 사업을 재위탁할 경우에는 최초 위임하거나 위탁한 기관의 장(시장)의 승인을 받아야 한다. 또한 '구'가 지방공기업에 위탁하였다면 이는 '구'와 지방공기업의 계약으로 볼 수 있다.

8. 대행사업 비용부담 및 제3자 시행

Q. 지방공기업이 대행사업을 수행할 경우, ① 비용부담, ② 제3자 시행에 대해서 지방공기업 관계법령에서는 어떻게 규정하고 있는가?

A. ①「지방공기업법」 제71조(대행사업의 비용부담) 제1항 및 같은 법 시행령 제63조(대행업무의 비용부담 등)에서는 '대행사업의 자금은 우선적으로 지급하고, 지급시기를 조정하고자 하는 경우 공사와 지방자치단체 간 협의하여야 한다.'고 규정하는

데, 이는 대행사업 정산시기를 유연하게 적용함으로써 운영상의 자율성을 확보하기 위한 것이다. 따라서 사업 추진의 시급성, 지방자치단체 및 지방공기업의 예산운용 현황 등을 종합적으로 고려하여 지방자치단체와 협의하여 결정하여야 한다. ② 「지방공기업법 시행령」 제63조 제5항에서는 '지방공사가 사업을 대행함에 있어 특히 필요한 경우에는 지방자치단체장의 승인을 얻어 사업의 일부를 제3자로 하여금 대행할 수 있다.'고 규정하는데, 이는 지방공사가 직접 수행하기 곤란한 일부 전문적인 영역에 대해 제3자에게 재위탁할 수 있도록 함으로써 사업 추진의 효율성을 확보하기 위한 것이다. 여기서 재위탁의 요건인 '특히 필요한 경우'와 범위인 '사업의 일부'의 의미는 사업목적 · 내용 등을 종합적으로 고려하여 지방자치단체와의 협의를 통해 결정할 사안으로 보이며, 재위탁하는 경우에도 사업 전체에 대한 포괄위탁은 허용되지 않고 사업시행자로서의 지위가 위탁되는 것은 아니라고 보아야 할 것이다. 따라서 대행사업을 제3자에게 재위탁하는 경우에도 사업의 본질적인 부분에 대한 수행책임은 지방공기업 스스로가 부담해야 한다.

제71조의2(재정 지원) 지방자치단체는 사업의 운영을 위하여 필요하다고 인정하는 경우에는 공사에 보조금을 교부하거나 장기대부를 할 수 있다.

[연혁]

1) **신설(1992.12.08.)** 현행과 같이 신설하였다.

제71조의3(물품 구매 및 공사계약의 위탁) 공사는 필요하다고 인정하는 경우에는 물품의 구매나 시설공사계약의 체결을 조달청장에게 위탁할 수 있다.

[연혁]

1) **신설(1992.12.08.)** 공사는 필요하다고 인정하는 경우에는 당해 공사의 수요물자의 구매나 시설공사계약의 체결을 조달청장에게 위탁할 수 있다.

2) **개정(2011.08.04.)** 현행과 같이 개정하였다.

제71조의4(물품 관리) 공사는 소관 물품을 적정하게 관리하기 위하여 해당 공사에서 사용하는 물품을 표준화하고, 사용 및 처분의 목적에 따라 분류하여야 하며, 물품수급계획을 포함한 물품관리계획을 수립하여야 한다.

[연혁]

1) **신설(1992.12.08.)** 공사는 그 소관에 속하는 물품의 적정한 관리를 위하여 당해 공사에서 사용하는 물품을 표준화하고, 사용 및 처분의 목적에 따라 분류하여야 하며, 물품수급계획을 포함한 물품관리계획을 수립하여야 한다.

2) **개정(2011.08.04.)** 현행과 같이 개정하였다.

Q & A

1. 수탁재산에 대한 권리 및 반환

Q. ① 공단에서는 당초 수탁받은 재산 외에 공단을 운영하면서 취득한 재산 전체에 대해 권리가 없는가? ② 수탁 이전에 공단에서 취득한 물품을 A사업장에서 운영했을 경우(업무용차량, PC 등) 반환대상에 포함되는가?

A. ① 당초에 수탁받은 재산 외에 공단을 운영하면서 취득한 재산에 관하여는 취득한 재산의 구입 주체에 따라 판단하여야 한다. 별도로 조례나 시행규칙에 처리방법이 언급되어 있지 않다면 비용을 부담한 곳으로 소속된다. ② 수탁 이전에 공단에서 취득한 물품의 경우 공단의 원시자본금으로 구입한 물품이라면 소유권이 공단에 있으므로 반납하지 않아도 되지만, 지방자치단체에서 지원받은 금액으로 구입한 물품이라면 반환대상에 포함된다.

제72조(선수금) 공사의 재산 분양, 시설 이용 및 용역 제공에 대한 선수금에 관하여는 제20조의2를 준용한다.

[연혁]

1) **신설(1980.01.04.)** 공사는 그가 조성하는 재산을 분양받거나 시설을 이용하려는 자 또는 용역을 제공받으려는 자로부터 대통령령이 정하는 바에 의하여 대금의

전부 또는 일부를 미리 받을 수 있다.

→ 지방공사는 용역의 제공을 받으려는 자로부터 선수금을 받을 수 있도록 하였다.

2) 개정(1992.12.08.) 공사의 재산분양·시설이용 및 용역제공에 대한 선수금에 관하여는 제20조의2의 규정을 준용한다.

3) 개정(2011.08.04.) 현행과 같이 개정하였다.

제4절 감독

제73조(감독 등) ① 지방자치단체의 장은 공사의 설립·운영 등 공사의 업무를 관리·감독한다.
② 행정안전부장관은 공사의 업무, 회계 및 재산에 관한 사항을 검사할 수 있으며, 공사에 필요한 보고를 명할 수 있다.

[연혁]

[제1항] 지방자치단체의 장은 공사의 설립·운영 등 공사의 업무를 관리·감독한다.

1) **신설(1980.01.04.)** 인가기관과 설립단체의 장은 공사의 업무를 감독한다.
2) **개정(1999.01.29.)** 지방자치단체의 장은 공사의 업무를 감독한다.
→ 공사의 업무에 대한 인가기관의 감독권을 삭제하였다.
3) **개정(2015.12.15.)** 현행과 같이 개정하였다.

[제2항] 행정안전부장관은 공사의 업무, 회계 및 재산에 관한 사항을 검사할 수 있으며, 공사에 필요한 보고를 명할 수 있다.

1) **신설(2015.12.15.)** 현행과 같이 신설하였다.
→ 결산서 등 제출된 결산 관련 서류의 정확성·충실성 등 전반의 사항을 고려하여 결산을 불성실하게 수행한 기관이라고 판단되는 경우 결산검사를 실시할 수 있다. 보고사항은 예산규모(수입, 지출), 주요 경비(인건비, 업무추진비, 복리후생비, 관서업무비 등) 편성현황, 예정손익 규모, 외부자금 차입 및 상환계획 등이며, 회계연도 개시 후 1월 이내에 지방공기업 → 설립 지방자치단체 → 시·도 → 행정안전부로 보고하여야 한다.

Q & A

1. 지방자치단체의 감사

Q. 지방자치단체가 공단의 업무 전반 및 회계를 정기적으로 종합감사 또는 필요하다고 인정될 경우 감사가 가능한가?

A. 「지방공기업법」 제73조(감독 등)에 근거하여 공사의 업무를 감독할 수 있겠으나, '감사'는 '감독'의 범위에 포함된다고 하더라도 지방공기업의 경영자율성을 최대한 존중하는 차원에서 행사되어야 할 것이며, 감사의 시기 등을 명확히 하기 위하여 조례·규칙 등에 명문화하는 것이 필요하다.

제74조 삭제 <2015.12.15.>

[연혁]

1) **신설(1980.01.04.)** 인가기관과 설립단체의 장은 공사의 업무·회계 및 재산에 관한 사항을 검사할 수 있으며 필요한 보고를 명할 수 있다.

2) **개정(1999.01.29.)** 행정자치부장관 및 지방자치단체의 장은 공사의 업무·회계 및 재산에 관한 사항을 검사할 수 있으며 필요한 보고를 명할 수 있다.

3) **개정(2011.08.04.)** 행정안전부장관 및 지방자치단체의 장은 공사의 업무, 회계 및 재산에 관한 사항을 검사할 수 있으며, 공사에 필요한 보고를 명할 수 있다.

4) **삭제(2015.12.15.)**

→ 「지방공기업법」 제73조(감독 등) 제2항으로 통합하였다.

제5절 보칙

제75조(「상법」의 준용) 공사에 관하여는 이 법에서 규정한 사항을 제외하고는 그 성질에 반하지 아니하는 범위에서 「상법」 중 주식회사에 관한 규정을 준용한다. 다만, 「상법」 제292조[58]는 준용하지 아니한다.

[연혁]

1) 신설(1980.01.04.) 공사 중 제53조 제2항의 규정에 의한 공사에 대하여는 이 법에 규정된 것을 제외하고는 상법 중 주식회사에 관한 규정을 준용한다. 다만, 상법 제292조의 규정은 이를 준용하지 아니한다.

2) 개정(1999.01.29.) 공사에 대하여는 이 법에 규정된 것을 제외하고는 그 성질에 반하지 아니하는 범위 안에서 상법 중 주식회사에 관한 규정을 준용한다. 다만, 상법 제292조의 규정은 이를 준용하지 아니한다.

3) 개정(2011.08.04.) 현행과 같이 개정하였다.

제75조의2(업무상황의 공표 등) 공사의 업무상황의 공표 등에 관하여는 제46조[59]를 준용한다. 이 경우 "관리자"는 "사장"으로 본다.

---

58) 「상법」 제292조(정관의 효력발생)에는 "정관은 공증인의 인증을 받음으로써 효력이 생긴다. 다만, 자본금 총액이 10억 원 미만인 회사를 제295조 제1항에 따라 발기설립(發起設立)하는 경우에는 제289조 제1항에 따라 각 발기인이 정관에 기명날인 또는 서명함으로써 효력이 생긴다." 고 규정되어 있다.

59) 「지방공기업법」 제46조(업무상황의 공표 등)에는 "① 관리자는 조례로 정하는 바에 따라 사업연도마다 두 번 이상 지방직영기업의 업무상황을 설명하는 서류를 지방자치단체의 장에게 제출하여야 한다. 이 경우 지방자치단체의 장은 지체 없이 이를 공표하여야 한다. ② 관리자는 결산서, 재무제표, 연도별 경영목표, 경영실적 평가 결과, 그 밖에 경영에 관한 중요 사항을 대통령령으로 정하는 바에 따라 지역주민에게 공시하여야 한다. ③ 행정안전부장관은 제2항에 따라 각 지방직영기업이 공시하는 사항 중 주요 사항을 표준화하고 이를 통합하여 공시(이하 이 조에서 "통합공시"라 한다)할 수 있다. ④ 행정안전부장관은 통합공시를 하기 위하여 지방직영기업에 필요한 자료의 제출을 요청할 수 있고, 지방직영기업은 특별한 사정이 없으면 요청에 따라야 한다. ⑤ 행정안전부장관은 지방직영기업이 제2항에 따른 경영공시 의무와 제4항에 따른 통합공시를 위한 자료제출 의무를 성실하게 이행하지 아니하거나, 거짓 사실을 공시하거나, 거짓 자료를 제출하였을 때에는 해당 지방자치단체의 장에게 그 사실을 알리고 거짓 사실 등을

[연혁]

1) **신설(1999.01.29.)** 제46조를 준용한다. 이 경우 "관리자"를 "사장"으로 본다.
2) **개정(2011.08.04.)** 현행과 같이 개정하였다.

→ 「지방공기업 인사·조직 운영기준」에서는 투명한 윤리경영의 제도화를 위하여 통합경영정보의 공시 강화를 규정하고 있다. 즉, ① 지방공기업 포털사이트(www.cleaneye.go.kr)를 통한 경영정보 통합공시(기관별 일반현황, 인사조직, 재무현황, 사업성과, 감사결과 등 주요 항목에 대한 공시, 기관별 시스템 담당자 지정, 주기별 공시자료 작성·입력 등, ② 공시의무 미 이행기관 및 허위정보 공시기관에 대하여는 행정안전부장관이 시정을 요구, ③ 기타 공시 항목, 시기, 공시내용 등 세부사항은 「통합경영정보 공시업무 매뉴얼」에서 별도로 정할 것 등을 규정하고 있다.

Q & A

1. 수시공시항목의 통합공시기한

Q. 클린아이 수시공시항목은 공시대상 정보의 발생·변경일로부터 14일 이내에 통합공시하여야 한다. 이때 "14일"을 산정함에 있어서 주말과 공휴일(통상적으로 공공기관 휴무일)은 제외하는 것인가?

A. 「2022년도 지방공기업 통합경영공시기준」(2022.4.18.)에 따르면 수시공시는 발생·변경일로부터 14일 이내 공시하도록 되어 있으며, 이때 공휴일과 토요일은 제외하고 계산하면 된다.

2. 통합경영공시-'대규모 거래' 포함내용

Q. 통합경영공시 시 '사업성과 및 재무현황-기타 경영현황-대규모 거래'의 경우, 공사의 기능뿐만 아니라 각종 체육시설 위·수탁 운영 등 공단 업무의 비중이 상당하다. 이럴 경우에도 공사의 기준을 적용하여 기재하는 것이 타당한가?

A. '사업성과 및 재무현황-기타 경영현황-대규모 거래'의 경우, 구매·매출·건설내역 등 당해 기관의 재무제표에 영향을 주는 대규모 거래내역을 기재하되, 공단의 대행

시정하도록 요구할 수 있다. ⑥ 통합공시의 기준과 방법 등에 관하여 필요한 사항은 대통령령으로 정한다."고 규정되어 있다.

사업 계약체결 등도 포함되므로 각종 체육시설 위·수탁 운영 등 공단업무인 대행 사업계약 체결도 기준을 적용하여 기재한다.

3. 통합경영공시-'대규모 거래' 기준의 예산

Q. 「2022년도 지방공기업 통합경영공시기준」에 있는 '대규모 거래' 기준에 의하면 사업(자본)예산의 5/100 이상일 경우 기재하도록 되어 있다. 이때 "예산"은 본예산이 기준이 되는 것인가, 아니면 추가경정예산까지 반영된 예산이 기준이 되는 것인가?

A. '대규모 거래' 기준은 구매는 당해 연도 사업예산(지출)의 5/100 이상, 매출은 당해 연도 사업예산(수입)의 5/100 이상, 건설은 자본예산(지출)의 5/100 이상으로 되어 있고, 본예산이 기준이 되는 것으로 판단된다.

제75조의3(공무원의 파견·겸임) 지방자치단체의 장은 공사가 수행하는 사업을 지원하기 위하여 필요한 경우에는 그 소속공무원을 공사에 파견하거나 겸임[60]하게 할 수 있다.

[연혁]

1) **신설(1992.12.08.)** 지방자치단체의 장은 공사가 수행하는 사업의 지원을 위하여 필요한 경우에는 그 소속공무원을 공사에 파견하거나 겸임하게 할 수 있다.

2) **개정(2011.08.04.)** 현행과 같이 개정하였다.

Q & A

1. 공무원의 지방공단 이사장 겸임

Q. 지방자치단체 공무원이 지방공단의 이사장을 겸임할 수 있는가?

A. 「지방공무원법」 제30조의3(겸임) 및 「지방공기업법」 제75조의3(공무원의 파견·겸임)에 의거, 지방자치단체 공무원이 지방공단의 이사장직을 겸임할 수 있다. 이 경우 지방공단 이사장으로의 공식 임명(공무원 사직 후 이사장 후보로 나서는 경우)이 아닌 만큼 「지방공기업법」 제58조(임원의 임면 등) 제3항에서 규정하고 있는 임

60) 공사는 공사에 파견된 공무원이나 겸임하는 공무원에 대하여 공사가 정한 지급기준에 따라 업무수당을 지급할 수 있다(지방공기업법 시행령 제65조).

원추천위원회를 별도로 거칠 필요는 없다.

제75조의4(권한의 위탁) 이 법에 따른 지방자치단체의 장의 권한은 공사의 목적을 수행하기 위하여 필요한 경우에는 조례[61]로 정하는 바에 따라 그 일부를 공사의 사장에게 위탁할 수 있다.

[연혁]

1) 신설(1992.12.08.) 지방자치단체의 장은 공사의 목적수행을 위하여 필요한 경우에는 이 법에 의한 권한의 일부를 조례가 정하는 바에 의하여 공사의 사장에게 위탁할 수 있다.

2) 개정(2011.08.04.) 현행과 같이 개정하였다.

제75조의5(민영화된 공사의 주식회사로의 등기) 제53조 제2항 및 제3항에 따른 공사가 매각되는 경우 「상법」에 따른 청산 절차를 거치지 아니하여도 매수인은 주식회사로의 설립등기를 신청할 수 있다. 이 경우 주식회사의 상호에 "공사"라는 명칭은 사용할 수 없다.

[연혁]

1) 신설(2007.01.19.) 제53조 제2항 및 제3항의 규정에 따른 공사가 매각되는 경우 상법상의 청산 절차가 없어도 매수인은 주식회사로의 설립등기를 신청할 수 있다. 다만, 주식회사의 상호에 공사라는 명칭은 사용할 수 없다.

→ 지방자치단체가 행정자치부의 민영화 지침이나 감사원 권고 등에 의해 지방공사를 민영화하는 경우 「상법」상의 주식회사로 전환할 수 있는 법적 근거를 두어 당해 지방공사의 매수인이 등기소에 주식회사로의 설립등기를 신청할 수 있도록 하였다.

2) 개정(2011.08.04.) 현행과 같이 개정하였다.

---

61) 예컨대, 「부산관광공사 설치 조례」(시행 2021.10.1., 부산광역시 조례 제6450호) 제18조(권한의 위탁)에는 "시장은 공사의 설립목적을 위하여 필요하다고 인정할 때에는 권한의 일부를 사장에게 위탁할 수 있다."고 규정되어 있다.

→ 현행법상 기업 간 합병에 관한 사항은 「상법」을 준용토록 하고 있으나, 공기업과 주식회사 간 합병에 관한 근거규정은 없다. 이에 정부공기업 선진화 추진 및 원활한 지방공기업 설립을 도모하기 위하여 공사가 매각되어 주식회사를 설립하거나 주식회사를 매수하여 공기업을 설립하는 경우 「상법」에 따른 청산 절차를 거치지 아니하여도 매수인은 주식회사 또는 공기업으로 설립 또는 합병을 원인으로 하는 등기를 신청할 수 있도록 하였다.

제75조의6(공사와 공공기관의 합병) ① 공사는 「공공기관의 운영에 관한 법률」 제14조 제1항[62]에 따른 계획에 따라 민영화 대상으로 지정된 공공기관(같은 계획에 따라 공공기관 지정이 해제된 기관을 포함한다)과 「상법」에 따른 청산절차를 거치지 아니하고도 합병할 수 있다.

② 공사가 제1항에 따른 합병을 하려면 기획재정부장관과 협의를 거쳐 합병등기 전까지 지방자치단체의 장의 승인을 받아야 한다. 다만, 공공기관 지정이 해제된 기관과 합병할 경우에는 협의절차를 생략할 수 있다.

[연혁]

1) **신설(2013.06.04.)** 현행과 같이 개정하였다.

→ 지방공사가 민영화 대상인 공공기관을 합병할 수 있도록 하였다.

62) 「공공기관의 운영에 관한 법률」 제14조(공공기관에 대한 기능조정 등) 제1항에는 "기획재정부장관은 주무기관의 장과 협의한 후 운영위원회의 심의 · 의결을 거쳐 공공기관이 수행하는 기능의 적정성을 점검하고 기관통폐합 · 기능 재조정 및 민영화 등에 관한 계획을 수립하여야 한다. 이 경우 기획재정부장관은 수립된 계획을 국회 소관 상임위원회에 보고하여야 한다."고 규정되어 있다.

제4장 지방공단

제76조(설립 · 운영) ① 지방자치단체는 제2조의 사업을 효율적으로 수행하기 위하여 필요한 경우에는 지방공단(이하 "공단"이라 한다)을 설립할 수 있다.

② 공단의 설립 · 운영에 관하여는 제49조부터 제52조까지, 제53조 제1항, 제56조 제1항 및 제3항, 제57조, 제58조, 제58조의2, 제59조부터 제63조까지, 제63조의2부터 제63조의8까지, 제64조, 제64조의2, 제64조의4, 제64조의5, 제65조, 제65조의2, 제66조, 제66조의2, 제68조, 제69조, 제71조, 제71조의2부터 제71조의4까지, 제72조 및 제73조, 제75조의2부터 제75조의4까지의 규정을 준용한다. 이 경우 "공사"는 "공단"으로, "사장"은 "이사장"으로, "사채"는 "공단채"로 본다.

[연혁]

[제1항] 지방자치단체는 제2조의 사업을 효율적으로 수행하기 위하여 필요한 경우에는 지방공단(이하 "공단"이라 한다)을 설립할 수 있다.

1) **신설(1980.01.04.)** 서울특별시 · 부산시 · 도와 인구 50만 이상의 시(이하 이 章에서 "設立團體"라 한다)는 제2조의 사업을 효율적으로 수행하기 위하여 필요한 경우에는 지방공단(이하 "公團"이라 한다)을 설립할 수 있다. 다만, 인구 50만 미만의 지방자치단체도 특별한 사유가 있다고 인정될 경우에는 공단을 설립할 수 있다.

→ 지방공단을 설립 · 운영할 수 있는 근거를 마련하였다.

2) **개정(1992.12.08.)** 현행과 같이 개정하였다.

→ 서울특별시 · 부산시 · 도와 인구 50만 이상의 시만 지방공단을 설립할 수 있었던 것을 모든 지방자치단체가 지방공단을 설립할 수 있도록 개정하였다.

[제2항] 공단의 설립 · 운영에 관하여는 제49조부터 제52조까지, 제53조 제1항, 제56조 제1항 및 제3항, 제57조, 제58조, 제58조의2, 제59조부터 제63조까지, 제63조의2부터 제63조의8까지, 제64조, 제64조의2, 제64조의4, 제64조의5, 제65조, 제65

조의2, 제66조, 제66조의2, 제68조, 제69조, 제71조, 제71조의2부터 제71조의4까지, 제72조 및 제73조, 제75조의2부터 제75조의4까지의 규정을 준용[1]한다. 이 경우 "공사"는 "공단"으로, "사장"은 "이사장"으로, "사채"는 "공단채"로 본다.

1) 신설(1980.01.04.) 공단의 설립 · 운영에 관하여는 제49조 내지 제52조 · 제53조 제1항 · 제56조 내지 제66조 · 제69조 내지 제74조의 규정을 준용한다. 이 경우에 제58조 · 제59조 및 제62조 중 "사장"은 "이사장"으로, "부사장"은 "부이사장"으로 본다.

→ 지방공단의 설치 · 운영에 관하여는 지방공사에 관한 규정을 준용하도록 하였다.

2) 개정(2019.12.03.) 현행과 같이 개정하였다.

Q & A

1. 시설관리공단의 자체사업 영위

Q. 경상수지비율이 50% 이상이라면, 시설관리공단이 국가 또는 지방자치단체의 대행사업이 아닌 사업을 자체적으로 영위할 수 있는가?

A. 시설관리공단의 경우 현행 법령상 자체수익사업 영위를 금지하는 명시적인 규정은 없다. 그러나 「지방공기업법」 제76조(설립 · 운영)에서 공사의 손익금 처리를 규정한 법 제67조(손익금의 처리)를 준용하고 있지 아니하므로 해석상 시설관리공단이

1) 지방공단의 설립 · 운영에 관하여 준용하는 지방공사의 규정은 「지방공기업법」 제49조(설립), 제50조(공동설립), 제51조(법인격), 제52조(사무소), 제53조(출자) 제1항, 제56조(정관) 제1항 및 제3항, 제57조(등기), 제58조(임원의 임면 등), 제58조의2(사장과의 경영성과계약), 제59조(임기 및 직무), 제60조(임원의 결격사유), 제61조(임직원의 겸직 제한), 제62조(이사회), 제63조(직원의 임면), 제63조의2(임직원에 대한 교육훈련), 제63조의3(임직원의 보수), 제63조의4(권리행사와 대리인의 선임), 제63조의5(인사운영에 관한 공통기준), 제63조의6(징계 요구 등), 제63조의7(비위행위자에 대한 조치), 제63조의8(인사감사 등), 제64조(사업연도), 제64조의2(회계처리의 원칙 등), 제64조의4(청렴서약서의 제출), 제64조의5(청렴서약 위반에 따른 계약의 해제 · 해지 등), 제65조(예산), 제65조의2(예산 불성립 시의 예산집행), 제66조(결산), 제66조의2(예산 · 결산에 관한 공통기준), 제68조(사채 발행 및 차관), 제69조(여유금의 운용), 제71조(대행사업의 비용 부담), 제71조의2(재정 지원), 제71조의3(물품 구매 및 공사계약의 위탁), 제71조의4(물품 관리), 제72조(선수금), 제73조(감독 등), 제75조의2(업무상황의 공표 등), 제75조의3(공무원의 파견 · 겸임), 제75조의4(권한의 위탁) 등이다.

수입이 발생하여 손익금을 처리하는 자체수익사업을 추진하는 것은 어려울 것이다.

2. 산업단지관리공단 설립

Q. 산업단지 입주기업체들의 생산활동을 지원하기 위하여 「산업집적활성화 및 공장설립에 관한 법률」 제31조(산업단지관리공단 등) 제2항에 의하여 설립되는 산업단지관리공단에 대하여 지방자치단체에서 출자하여 「지방공기업법」에 의한 공단 설립이 가능한가?

A. 「지방공기업법」에 의한 공단 설립은 제2조(적용범위) 및 제76조(설립 · 운영)상의 요건(경상경비 5할 이상을 경상수입으로 충당, 민간인 경영참여 곤란, 전액 현금 또는 현물출자 등)을 갖추어야 한다. 따라서 「지방공기업법」 의해 설립하는 것은 곤란하며, 「산업집적활성화 및 공장설립에 관한 법률」에 지방자치단체의 출자근거가 있을 경우 출자 가능하다.

3. 지방공단의 견인사업 수행

Q. 민간업체에서 담당하여 온 견인사업을 지방공단에서 수행하는 것이 가능한가?

A. 지방공단의 설립취지와 「지방공기업법」 제71조(대행사업의 비용 부담) 제1항 및 제76조(설립 · 운영) 제2항의 규정을 감안할 때, 다른 관계법령에 위배되지 않는 한 지방공단에서 불법 주 · 정차 차량의 견인사업을 수행하는 것만으로 「지방공기업법」에 의한 사업범위를 벗어났다고 판단할 수는 없다.

4. 지방자치단체에서 채용한 공공근로인력의 시설관리공단 배치

Q. 지방자치단체에서 일자리 창출을 위해 공공근로 · 지역공동체일자리 · 자활근로 등 인력을 채용하고 있다. 해당 지방자치단체 산하 시설관리공단이 사업목적에 적합한 경우에 한하여, 해당 지방자치단체가 모집한 공공근로 · 지역공동체일자리 · 자활근로인력을 시설관리공단에서 배치받아 일자리 창출을 도모할 수 있는가?

A. 시설관리공단의 설립 목적을 달성하기 위해 추진하는 사업들을 이행하는 데 필요한 능력을 갖춘 공공근로인력 등은 효율적 배치를 통해 활용하는 것이 가능할 것으로 판단된다.

5. 지방공단의 신규시설 수탁타당성 검토

Q. ○○공단은 환경기초시설(하수, 소각, 분뇨, 음식물폐기물, 매립장관리)을 지방자치단체로부터 위탁받아 운영 · 관리하고 있다. 하수처리장을 운영 · 관리함에 있어 하수처리

장뿐 아니라 하수처리장과 직접 관계가 있는 오수중계펌프장, 차집관로, 자연형하천 유지용수 공급펌프장 등도 함께 위탁받아 운영·관리하고 있다. 새로운 하수처리장이 건설되어 지방자치단체로부터 위탁받는 경우 위탁받은 신규 하수처리장을 운영하기 위해 정원이 4명 이상 증가한다면 타당성 검토(용역)를 수행해야 하는가? 또한 원활한 하수 이송을 위해 오수중계펌프장이 신설된 경우 신규 오수중계펌프장을 지방자치단체로부터 위탁받는 경우 위탁받은 신규 오수중계펌프장을 운영하기 위해 정원이 4명 이상 증가한다면 타당성 검토(용역)를 수행해야 하는가?

A. 지방공단의 경우 「지방공기업법」 제76조(설립·운영)에 따라 제65조의3(신규 투자사업의 타당성 검토)을 준용하고 있지 않다. 이에 따라 지방공단이 신규 사업을 추진하는 경우 「지방공기업 설립기준」에 따라 신규 사업 진출 등에 따른 타당성 검토를 실시하여야 한다. 다만, 「지방공기업법」 제71조(대행사업의 비용 부담)에 따른 대행사업의 경우에는 전문기관의 타당성 검토를 거치지 않아도 되지만, 시장성테스트와 인력과 조직의 적정성(정원이 4명 이상 증가하는 경우)에 대한 검토는 별도로 거쳐야 할 것으로 판단된다.

6. 지방공단의 성격

Q. 지방공기업 중 대행사업을 중심으로 운영하는 '지방공단'의 영리 및 비영리법인의 여부 및 대·중소기업의 분류는 어떻게 되는가?

A. 지방공단은 「지방공기업법」 제76조(설립·운영)에 따라 설립되는 기관으로 「지방공기업법」의 적용을 받으나, 해당 법률에서 영리법인여부 또는 대·중소기업 분류 등은 별도로 정의하고 있지 않다. 따라서 개별법에 별도로 정의를 두고 있지 않은 이상 지방공단의 성격을 정의하는 것은 곤란하다.

7. 지방공단의 관할구역 외에서의 영업행위

Q. 시설관리공단이 관할지역 이외의 지역을 통한 영업행위를 할 수 있는가?

A. 현행 지방공기업법령에서는 지방공기업의 지역적 범위에 관하여 명시적으로 규정하고 있는 사항은 없다. 따라서 관할구역 외에서의 영업 가능여부는 관계법령상의 규정 및 설립조례, 정관 등 자체규정, 실제 사업운영형태 등을 종합적으로 고려하여 판단할 사항이다.

제77조(비용 부담) 공단은 지방자치단체의 장의 승인을 받아 해당 사업의 수익자로 하여금 사업에 필요한 비용을 부담[2]하게 할 수 있다.

[연혁]

1) **신설(1980.01.04.)** 공단은 설립단체의 장의 승인을 얻어 그 사업에 따른 수익자로 하여금 사업에 필요한 비용을 부담하게 할 수 있다.

2) **개정(1992.12.08.)** 공단은 지방자치단체의 장의 승인을 얻어 그 사업에 따른 수익자로 하여금 사업에 필요한 비용을 부담하게 할 수 있다.

3) **개정(2011.08.04.)** 현행과 같이 개정하였다.

Q & A

1. 지방공단의 자본금 이자수익 반납

Q. 지방공단은 독립된 법인사업자로 등록되어 지방자치단체의 대행사업을 운영·관리하고 있기 때문에 불용예산 및 예산 이자수익에 대해서는 반납하고 있지만, 지방자치단체로부터 출자받은 자본금 이자수익에 대해서는 공단의 자산으로 인식하여 자체적으로 운용하고 있다(결산 시 영업외수익으로 인식). 자본금 운용에서 발생되는 이자수익에 대해서도 지방자치단체로 세입처리를 해야 한다는 명확한 기준이 있는가?

A. 지방공단은 비영리법인으로, 대행사업비로 발생한 이익은 지방자치단체로 세입처리하여야 한다. 자본금은 현금으로 가지고 있기 때문에 당연히 이자수익이 발생할 수밖에 없고, 법인세가 납부되면 비영리법인으로서 수익활동을 하는 것으로 오해를 받을 수 있기 때문에 반납을 하는 것이 좋다. 지방공단은 수익사업이 없기 때문에 당기순이익이 0이 되어야 하지만, 자본금 이자수익이 있는 경우에는 법인세가 발생하고, 법인세 신고를 하면 불필요한 오해가 발생할 수 있다. 따라서 12월 중순에 미리 가결산을 해서 사용할 금액을 남겨두고 반환을 함으로써 미정산반환금을 최소화하고 부채비율을 최대한 낮추는 것이 바람직하므로 반환하는 것이 맞다.

---

2) 공단에 업무를 위탁한 자와 공단으로부터 역무제공을 받은 자는 그 위탁업무에 소요된 비용 또는 역무수수료를 부담하여야 한다(지방공기업법 시행령 제67조).

제77조의2(해산) ① 공단은 다음 각 호의 어느 하나에 해당하는 사유로 해산한다.

1. 설립 목적의 달성, 존립기간의 만료, 그 밖에 정관으로 정한 사유의 발생
2. 합병
3. 파산
4. 법원의 명령 또는 판결
5. 이사회의 결의
6. 제78조의3에 따른 행정안전부장관의 해산 요구

② 공단의 해산에 관하여는 「상법」 중 주식회사의 해산에 관한 규정을 준용한다.

[연혁]

[제1항] 공단은 다음 각 호의 어느 하나에 해당하는 사유로 해산한다.

1. 설립 목적의 달성, 존립기간의 만료, 그 밖에 정관으로 정한 사유의 발생
2. 합병
3. 파산
4. 법원의 명령 또는 판결
5. 이사회의 결의
6. 제78조의3에 따른 행정안전부장관의 해산 요구[3]

1) 신설(2002.03.25.) 공단은 다음 각 호의 사유로 인하여 해산한다.

1. 설립 목적의 달성, 존립기간의 만료, 그 밖에 정관으로 정한 사유의 발생
2. 합병
3. 파산

---

3) 「지방공기업법」 제78조의3(부실지방공기업에 대한 해산요구)에는 "행정안전부장관은 공사 또는 공단이 ① 부채 상환능력이 현저히 낮은 경우, ② 사업 전망이 없어 회생이 어려운 경우, ③ 설립 목적의 달성이 불가능한 경우로서, 직전 연도 결산자료로 판단한 결과 ① 부채비율이 100분의 400이상인 경우, ② 자본금 전액이 잠식된 경우, ③ 2회계연도 연속 자본잠식률[자본금에서 자본총계(법령상 의무를 이행하기 위하여 불가피하게 손실이 발생한 경우에는 행정안전부장관이 정하는 바에 따라 그 손실을 반영하여 산정한 금액을 말한다)를 뺀 값을 자본금으로 나눈 값을 말한다]이 100분의 50을 초과하는 경우에는 지방공기업정책위원회의 심의를 거쳐 지방자치단체의 장이나 공사의 사장 또는 공단의 이사장에게 해산을 요구할 수 있다."고 규정되어 있다. 이때 해산을 요구받은 지방자치단체의 장이나 공사의 사장 또는 공단의 이사장은 정당한 사유가 없으면 지체 없이 이에 따라야 한다.

4. 법원의 명령 또는 판결
5. 이사회의 결의

2) **개정**(2011.08.04.) 공단은 다음 각 호의 어느 하나에 해당하는 사유로 해산한다.

1. 설립 목적의 달성, 존립기간의 만료, 그 밖에 정관으로 정한 사유의 발생
2. 합병
3. 파산
4. 법원의 명령 또는 판결
5. 이사회의 결의

3) **개정**(2015.12.29.) 현행과 같이 개정하였다.

[제2항] 공단의 해산에 관하여는 「상법」 중 주식회사의 해산에 관한 규정을 준용한다.

1) **신설**(2002.03.25.) 공단의 해산에 관하여는 상법 중 주식회사의 해산에 관한 규정을 준용한다.

2) **개정**(2011.08.04.) 현행과 같이 개정하였다.

제4장의2 지방공사 및 지방공단 외의 출자법인 등

제77조의3~제77조의7 삭제 <2014.3.24.>

→ 지방자치단체의 출자(出資)·출연(出捐)기관은 「민법」, 「공익법인의 설립·운영에 관한 법률」, 「상법」과 개별 법률에 근거를 두고 지방자치단체의 조례에 따라 다양하게 운영되고 있으나, 이들 기관에 일관성 있고 체계적으로 적용할 설립 전의 절차와 지도·감독 권한 등의 규정이 없어 출자·출연기관에서 매년 채용비리와 부실경영 등의 문제가 발생되었다. 이에 따라 지방자치단체 출자·출연기관의 운영에 관한 공통의 기준을 마련하고, 인사·조직·예산의 운영 등에 필요한 사항을 정하여 기관의 경영을 합리화하고 운영의 투명성을 높임으로써 지역주민에 대한 서비스 증진에 기여할 수 있도록 2014년 3월 24일 「지방자치단체 출자·출연기관의 운영에 관한 법률」(법률 제12507호, 시행 2014.9.25.)이 제정됨으로써 「지방공기업법」 제4장의2(지방공사 및 지방공단 외의 출자법인 등)가 삭제되었다.

제5장 보칙

제78조(경영평가 및 지도) ① 행정안전부장관은 제3조에 따른 지방공기업의 경영 기본원칙을 고려하여 대통령령으로 정하는 바에 따라 지방공기업에 대한 경영평가를 하고, 그 결과에 따라 필요한 조치를 하여야 한다. 다만, 행정안전부장관이 필요하다고 인정하는 경우에는 지방자치단체의 장으로 하여금 경영평가를 하게 할 수 있다.

② 제1항에 따른 경영평가에는 지방공기업의 경영목표의 달성도, 업무의 능률성, 공익성, 고객서비스 등에 관한 평가가 포함되어야 한다.

③ 행정안전부장관은 제1항에 따른 경영평가를 위하여 필요한 경우 지방공기업에 고객 명부 등 관련 자료의 제출을 요청할 수 있다. 이 경우 요청을 받은 지방공기업은 정당한 사유가 없는 한 이에 따라야 한다.

④ 행정안전부장관은 대통령령으로 정하는 바에 따라 제1항 및 제2항에 따른 경영평가와는 별도로 사장에 대하여 업무성과 평가를 할 수 있다. 이 경우 공익성이 고려되어야 한다.

⑤ 행정안전부장관 또는 시・도지사(특별자치시장 및 특별자치도지사는 제외한다. 이하 이 항에서 같다)는 지방공기업(시・도지사의 경우에는 시・군・자치구의 지방공기업으로 한정한다)의 효율적인 경영을 위하여 필요한 지도, 조언 또는 권고를 할 수 있다.

⑥ 행정안전부장관은 지방공기업이 다음 각 호의 어느 하나에 해당하는 경우에는 제1항에 따른 경영평가 결과를 조정하고, 해당 지방공기업에 대한 주의・경고 등의 조치를 하거나 지방자치단체의 장에게 해당 지방공기업의 평가급 조정을 요청할 수 있다. 이 경우 제78조의5에 따른 지방공기업정책위원회의 심의를 거쳐야 한다.

1. 제3항에 따른 경영평가에 필요한 자료를 제출하지 아니하거나 거짓으로 작성・제출한 경우
2. 불공정한 인사운영, 비리 등으로 윤리경영을 저해한 경우로서 대통령령으로 정하는 경우

⑦ 제6항에 따른 요청을 받은 지방자치단체의 장은 특별한 사정이 없으면 해당 지방공기업의 평가급을 조정하여야 하고, 필요한 경우 해당 공사의 사장 또는 공단의 이사장에게 관련자에 대한 인사상의 조치 등을 요구할 수 있다.

[연혁]

[제1항] 행정안전부장관은 제3조에 따른 지방공기업의 경영 기본원칙을 고려하여 대통령령으로 정하는 바[1]에 따라 지방공기업에 대한 경영평가를 하고, 그 결과에 따라 필요한 조치를 하여야 한다. 다만, 행정안전부장관이 필요하다고 인정하는 경우에는 지방자치단체의 장으로 하여금 경영평가를 하게 할 수 있다.

1) 신설(1992.12.08.) 지방자치단체의 장은 제3조의 규정에 의한 지방공기업의 경영원칙에 따라 대통령령이 정하는 바에 의하여 지방공기업에 대한 경영평가를 실시하고, 그 결과에 따라 필요한 조치를 강구하여야 한다.

→ 지방자치제 실시에 따른 여건 변화를 수용하고 지방공기업의 효율경영기반을 조성하는 등 지방공기업의 확대·발전을 위한 제도적 기반을 보강하기 위하여 지방자치단체의 장이 경영평가를 실시하도록 하였다.

2) 개정(2002.03.25.) 행정자치부장관은 제3조의 규정에 의한 지방공기업의 경영원칙에 따라 대통령령이 정하는 바에 의하여 지방공기업에 대한 경영평가를 실시하고, 그 결과에 따라 필요한 조치를 강구하여야 한다. 다만, 행정자치부장관이 필요하다고 인정하는 경우에는 지방자치단체의 장으로 하여금 경영평가를 실시하게 할 수 있다.

→ 지방공기업에 대한 경영평가의 객관성과 신뢰성을 확보하기 위하여 경영평가의 주체를 지방자치단체의 장에서 행정자치부장관으로 변경하였다. 이제까지는 지방공기업의 운영주체인 지방자치단체가 경영평가를 실시함에 따라 객관적이고 공정한 평가가 곤란하고, 다른 지방자치단체의 유사 공기업과의 비교·평가를 할 수 없는 등의 문제가 있었다. 따라서 경영평가의 객관성과 신뢰성을 확보하기 위하여 평가주체를 행정자치부장관으로 일원화하고, 행정자

---

1) 지방공기업에 대한 경영평가는 매년 실시하여야 하며(다만, 지방직영기업의 경영평가에 관하여는 행정안전부장관이 따로 정할 수 있음), 행정안전부장관 또는 지방자치단체의 장이 경영평가를 실시함에 있어서 필요하다고 인정되는 때에는 ① 「지방공기업법」 제78조의4에 따른 지방공기업평가원, ② 경영평가 전문기관, ③ 회계법인, ④ 기타 행정안전부장관이 인정하는 기관 등의 어느 하나에 해당하는 기관을 경영평가기관으로 지정하여 실시할 수 있다. 지방공기업에 대한 경영평가는 공인회계사의 회계감사가 종료된 때부터 실시하며, 공사·공단에 대한 경영평가는 회계감사 종료 후 4월 이내에 완료하여야 한다(지방공기업법 시행령 제68조 제1항~제3항).

치부장관이 필요한 경우에 한하여 당해 지방자치단체의 장으로 하여금 경영평가를 실시할 수 있도록 하였다.

3) **개정(2011.08.04.)** 행정안전부장관은 제3조에 따른 지방공기업의 경영 기본원칙에 따라 대통령령으로 정하는 바에 따라 지방공기업에 대한 경영평가를 하고, 그 결과에 따라 필요한 조치를 마련하여야 한다. 다만, 행정안전부장관이 필요하다고 인정하는 경우에는 지방자치단체의 장으로 하여금 경영평가를 하게 할 수 있다.

4) **개정(2013.06.04.)** 현행과 같이 개정하였다.

[제2항] 제1항에 따른 경영평가에는 지방공기업의 경영목표의 달성도, 업무의 능률성, 공익성, 고객서비스 등에 관한 평가가 포함되어야 한다.

1) **신설(2002.03.25.)** 제1항의 규정에 의한 경영평가에는 지방공기업의 경영목표의 달성도, 업무의 능률성, 공익성 및 고객서비스 등에 관한 평가가 포함되어야 한다.

→ 행정자치부장관 또는 시·도지사가 실시하는 지방공기업에 대한 경영평가의 내용은 경영목표의 달성도, 업무의 능률성, 공익성 및 고객서비스 등에 관한 것으로 평가의 목표를 분명히 하였다.

2) **개정(2011.08.04.)** 현행과 같이 개정하였다.

[제3항] 행정안전부장관은 제1항에 따른 경영평가를 위하여 필요한 경우 지방공기업에 고객명부 등 관련 자료의 제출을 요청할 수 있다. 이 경우 요청을 받은 지방공기업은 정당한 사유가 없는 한 이에 따라야 한다.

1) **신설(2013.06.04.)** 현행과 같이 신설하였다.

[제4항] 행정안전부장관은 대통령령으로 정하는 바에 따라 제1항 및 제2항에 따른 경영평가와는 별도로 사장에 대하여 업무성과 평가를 할 수 있다. 이 경우 공익성이 고려되어야 한다.

1) 신설(2006.10.04.) 행정자치부장관은 대통령령이 정하는 바에 따라 제1항 및 제2항의 규정에 따른 경영평가와는 별도로 사장에 대하여 업무성과평가를 할 수 있다. 이 경우 공익성이 고려되어야 한다.

→ 지방공기업의 경영성과는 지방공기업 사장의 주인의식, 창조적 리더십 및 적극적 경영의지 등에 따라 그 성과가 크게 좌우됨에도 불구하고, 현행 「지방공기업법」에는 기업의 경영평가에 대한 규정만 있고 사장 개인의 능력과 실적을 제대로 평가·반영하는 제도적 장치가 미흡하여 사장이 기업의 경영성과에 무임승차하거나 유능한 사장이 해당기업 여건이 취약한 경우 부당하게 저평가되고 있다는 지적이 제기되었다. 따라서 지방자치단체의 장이 지방공기업 사장을 임명하는 경우 경영성과계약을 체결하도록 하여 경영성과에 따라 지방공기업의 사장을 임기 중 해임하거나 연임시킬 수 있도록 하고, 행정자치부장관은 지방공사에 대한 경영평가 외에 지방공사의 사장에 대하여 업무성과평가를 할 수 있도록 하였다.

2) 개정(2011.08.04.) 현행과 같이 개정하였다.

[제5항] 행정안전부장관 또는 시·도지사(특별자치시장 및 특별자치도지사는 제외한다. 이하 이 항에서 같다)는 지방공기업(시·도지사의 경우에는 시·군·자치구의 지방공기업으로 한정한다)의 효율적인 경영을 위하여 필요한 지도, 조언 또는 권고를 할 수 있다.

1) 신설(1992.12.08.) 내무부장관은 지방공기업의 효율적인 경영을 위하여 필요한 지도·조언 또는 권고를 행한다.

2) 개정(2002.03.25.) 행정자치부장관 또는 시·도지사는 지방공기업(시·도지사의 경우에는 시·군 및 자치구의 지방공기업에 한한다)의 효율적인 경영을 위하여 필요한 지도·조언 또는 권고를 행할 수 있다.

→ 시·군 및 자치구의 지방공기업에 대해서는 시·도지사가 경영평가 결과에 따라 경영목표, 조직관리, 사업수행, 고객서비스 등 경영개선에 관하여 적절한 지도·조언 또는 권고를 할 수 있도록 하여 부단한 경영개선이 이루어지도록 하였다.

3) **개정(2011.08.04.)** 행정안전부장관 또는 시・도지사는 지방공기업(시・도지사의 경우에는 시・군・자치구의 지방공기업으로 한정한다)의 효율적인 경영을 위하여 필요한 지도, 조언 또는 권고를 할 수 있다.

4) **개정(2013.06.04.)** 현행과 같이 개정하였다.

[제6항] 행정안전부장관은 지방공기업이 다음 각 호의 어느 하나에 해당하는 경우에는 제1항에 따른 경영평가 결과를 조정하고, 해당 지방공기업에 대한 주의・경고 등의 조치를 하거나 지방자치단체의 장에게 해당 지방공기업의 평가급 조정을 요청할 수 있다. 이 경우 제78조의5에 따른 지방공기업정책위원회의 심의를 거쳐야 한다.

1. 제3항에 따른 경영평가에 필요한 자료를 제출하지 아니하거나 거짓으로 작성・제출한 경우
2. 불공정한 인사운영, 비리 등으로 윤리경영을 저해한 경우로서 대통령령으로 정하는 경우2)

1) **신설(2022.01.11.)** 현행과 같이 신설하였다.

→ 현재 국가공공기관은 윤리경영을 저해한 기관에 대해 인사상・예산상의 조치를 취하도록 하고 있으나, 지방공기업은 임직원의 부동산 투기 등 윤리경영을 저해한 기관에 대한 처벌 근거가 부재한 상황이다. 이에 기존에 '지방공기업 경영평가편람'으로 시행되던 기관 비리 등 발생 시 등급조정 부분을 법에 명시하여 지방공기업 윤리경영체제를 확립하고 국가공공기관과의 형평성을 맞추려고 하였다.

2) "대통령령으로 정하는 경우"란 ① 「지방공기업법」, 「상법」, 「형법」, 「조세범처벌법」, 「지방세기본법」, 「독점규제 및 공정거래에 관한 법률」 또는 그 밖에 해당 지방공기업의 업무와 관련되는 법률을 위반하여 채용비위, 조세포탈, 회계부정 또는 불공정거래행위 등과 관련된 중대한 위법행위를 한 경우, ② 부당한 직무수행으로 인해 국민의 생명, 재산 또는 안전상의 위해를 초래하거나, 자연환경, 생활환경 또는 기업환경 등에 대한 훼손, 교란 또는 피해를 초래하는 등 사회적 물의를 일으킨 경우를 말한다(지방공기업법 시행령 제68조의2).

[제7항] 제6항에 따른 요청을 받은 지방자치단체의 장은 특별한 사정이 없으면 해당 지방공기업의 평가급을 조정하여야 하고, 필요한 경우 해당 공사의 사장 또는 공단의 이사장에게 관련자에 대한 인사상의 조치 등을 요구할 수 있다.

1) **신설(2022.01.11.)** 현행과 같이 신설하였다.

Q & A

1. 경영평가편람-인건비인상률 준수

Q. 「2022년도 지방공기업 경영평가편람」의 '인건비 인상률 준수' 평가지표에는 "가이드라인 준수여부 외에 자연증가분이 총인건비의 1.4% 이내 여부도 평가하며, 인위적인 급여테이블 조작은 없었으나 인력분포상 불가피하게 승급인력이 많아 승급에 따른 자연증가분이 1.4%를 초과한 경우는 예외를 인정한다."고 되어 있다. 호봉테이블이 상박하후 형태로 저호봉은 호봉승급률이 높고, 고호봉은 호봉승급률이 낮은 형태로 되어 있을 경우 신규 채용 등으로 저호봉자가 많이 분포되게 되어 호봉승급에 따른 자연증가분이 1.4%를 초과할 때 인력분포상 불가피하게 승급인력이 많아 1.4%를 초과한 경우도 예외를 인정받을 수 있는가?

A. 인위적인 급여테이블 조작이 없었다면 인력분포상 불가피하게 승급인력이 많아 1.4%를 초과한 경우도 예외로 인정될 수 있다.

2. 경영평가편람-총인건비 과다 편성 · 집행

Q. 「2022년도 지방공기업 경영평가편람」의 경영평가결과 활용에는 "경영평가결과 '다'등급 이상인 기관 중 ① 평가대상연도 총인건비를 과다 편성하여 집행한 경우(지방공기업 예산편성기준에 따른 총인건비 인상률을 초과한 경우에 해당), ② 행정안전부로부터 최근 5년 간 경영개선명령을 2회 이상 받은 경우에 해당하는 기관은 '라'등급 지급률을 적용한다."고 되어 있다. 위 내용 중 '평가대상연도 총인건비를 과다 편성하여 집행한 경우'란 무엇을 의미하는가?

A. 총인건비 인상률 기준을 미준수한 기관은 경영평가 시 '인건비 인상률 준수' 지표에 따라 불이익 평가를 받도록 되어 있다. 「지방공기업 예산편성기준」에서 '과다'의 의미는 일률적인 수치로 판정하기 어렵고, 종합적인 경영평가결과 '다'등급 이상을 받은 기관이 동 기준을 위배하여 총인건비를 지나치게 높이 편성하여 심각한 경영 비

효율을 초래하였다고 판단될 여지가 있는 경우로, 지방공기업정책위원회의 심의를 거쳐 등급을 하향조정하는 근거를 마련함으로써 총인건비를 적정하게 편성하도록 유도하기 위한 취지이다.

제78조의2(경영진단 및 경영개선명령) ① 지방자치단체의 장은 제78조 제1항 단서에 따라 경영평가를 하였을 때에는 그 평가가 끝난 후 1개월 이내에 경영평가보고서, 재무제표, 그 밖에 대통령령으로 정하는 서류를 행정안전부장관에게 제출하여야 한다.

② 행정안전부장관은 제78조 제1항 본문에 따라 경영평가를 하거나 제1항에 따른 서류 등을 분석한 결과 특별한 대책이 필요하다고 인정되는 지방공기업으로서 다음 각 호의 어느 하나에 해당하는 지방공기업에 대하여는 대통령령으로 정하는 바에 따라 따로 경영진단을 실시하고, 그 결과를 공개할 수 있다.

1. 3개 사업연도 이상 계속하여 당기순손실이 발생한 지방공기업
2. 특별한 사유 없이 전년도에 비하여 영업수입이 현저하게 감소한 지방공기업
3. 경영 여건상 사업규모의 축소, 법인의 청산 또는 민영화 등 경영구조 개편이 필요하다고 인정되는 지방공기업
4. 그 밖에 대통령령으로 정하는 지방공기업

③ 행정안전부장관은 제2항에 따른 경영진단의 결과 필요하다고 인정하는 경우에는 지방자치단체의 장, 공사의 사장 또는 공단의 이사장에게 해당 지방공기업의 임원의 해임, 조직의 개편 등 경영개선을 위하여 필요한 조치를 명할 수 있다.

④ 제3항에 따라 명을 받은 지방자치단체의 장, 공사의 사장 또는 공단의 이사장은 특별한 사유가 없으면 지체 없이 이에 따라야 한다.

[연혁]

[제1항] 지방자치단체의 장은 제78조 제1항 단서에 따라 경영평가를 하였을 때에는 그 평가가 끝난 후 1개월 이내에 경영평가보고서, 재무제표, 그 밖에 대통령령으로 정하는 서류[3]를 행정안전부장관에게 제출하여야 한다.

---

3) "그 밖에 대통령령으로 정하는 서류"라 함은 ① 결산서 및 회계감사보고서, ② 사업운영계획 및 사업실적보고서, ③ 감사의 감사보고서와 「감사원법」 제32조 내지 제34조의 규정에 의한 징계 · 시정 · 개선요구 등을 받은 경우에는 그 내용, ④ 지방자치단체의 감사결과와 「지방자치법」 제50조에 따른 시정요구를 받은 경우에는 그 내용, ⑤ 기타 경영에 관한 중요 사항으로서

1) 신설(1999.01.29.) 지방자치단체의 장은 제78조 제1항의 규정에 의한 경영평가를 실시한 때에는 그 종료 후 1월 이내에 경영평가보고서, 재무제표 기타 대통령령이 정하는 서류를 행정자치부장관에게 제출하여야 한다.

2) 개정(2002.03.25.) 지방자치단체의 장은 제78조 제1항 단서의 규정에 의한 경영평가를 실시한 때에는 그 종료 후 1월 이내에 경영평가보고서, 재무제표 기타 대통령령이 정하는 서류를 행정자치부장관에게 제출하여야 한다.

3) 개정(2011.08.04.) 현행과 같이 개정하였다.

[제2항] 행정안전부장관은 제78조 제1항 본문에 따라 경영평가를 하거나 제1항에 따른 서류 등을 분석한 결과 특별한 대책이 필요하다고 인정되는 지방공기업으로서 다음 각 호의 어느 하나에 해당하는 지방공기업에 대하여는 대통령령으로 정하는 바[4]에 따라 따로 경영진단을 실시하고, 그 결과를 공개할 수 있다.

1. 3개 사업연도 이상 계속하여 당기순손실이 발생한 지방공기업
2. 특별한 사유 없이 전년도에 비하여 영업수입이 현저하게 감소한 지방공기업
3. 경영 여건상 사업규모의 축소, 법인의 청산 또는 민영화 등 경영구조 개편이 필요하다고 인정되는 지방공기업
4. 그 밖에 대통령령으로 정하는 지방공기업[5]

1) 신설(1999.01.29.) 행정자치부장관은 제1항의 규정에 의한 서류 등에 대한 분

행정안전부장관이 요구하는 사항 등을 말한다(지방공기업법 시행령 제69조).

4) 행정안전부장관은 경영진단을 수행하기 위하여 필요한 경우에는 ① 지방공기업에 관한 업무를 담당하는 공무원, ② 대학의 조교수 이상의 직위에 있는 자로서 공기업의 경영 및 기타 관련 분야에 관한 전문지식이 있는 자, ③ 5년 이상의 실무경험이 있는 공인회계사, ④ 기타 공기업의 경영 및 관련 분야에 관한 전문지식과 경험이 풍부한 자 중 하나에 해당하는 자 중에서 지방공기업경영진단반을 구성·운영할 수 있다. 행정안전부장관은 지방공기업에 대한 경영진단을 외부전문기관에 위탁하여 실시할 수 있으며, 예산의 범위 안에서 경영진단반의 구성 및 운영에 소요되는 경비를 지출할 수 있고 그 일부를 당해 경영진단대상 지방공기업에 부담시킬 수 있다. 경영진단반이 경영진단에 필요한 자료를 요구하는 때에는 당해 지방공기업은 정당한 사유가 없는 한 이에 응하여야 하여, 경영진단반은 그 임무가 종료된 때에 해체된 것으로 본다(지방공기업법 시행령 제71조).

5) "그 밖에 대통령령으로 정하는 지방공기업"이라 함은 ① 경영목표 설정이 비합리적인 지방공기업, ② 인력 및 조직관리가 비효율적인 지방공기업, ③ 재무구조가 불건전한 지방공기업, ④ 기타 행정안전부장관이 경영진단이 필요하다고 인정하는 지방공기업 중 하나에 해당하는 지방공기업을 말한다(지방공기업법 시행령 제70조 제1항).

석 결과 특별한 대책이 필요하다고 인정되는 지방공기업으로서 다음 각 호의 1에 해당하는 지방공기업에 대하여는 대통령령이 정하는 바에 의하여 따로 경영진단을 실시하고, 그 결과를 공개할 수 있다.

1. 3사업연도 이상 계속하여 당기 순손실이 발생한 지방공기업
2. 특별한 사유 없이 전년도에 비하여 영업수입이 현저하게 감소한 지방공기업
3. 경영여건상 사업규모의 축소, 법인의 청산 또는 민영화 등 경영구조개편이 필요하다고 인정되는 지방공기업
4. 기타 대통령령이 정하는 지방공기업

2) 개정(2002.03.25.) 행정자치부장관은 제78조 제1항 본문의 규정에 의한 경영평가를 하거나 제1항의 규정에 의한 서류 등을 분석한 결과 특별한 대책이 필요하다고 인정되는 지방공기업으로서 다음 각 호의 1에 해당하는 지방공기업에 대하여는 대통령령이 정하는 바에 의하여 따로 경영진단을 실시하고, 그 결과를 공개할 수 있다.

1. 3사업연도 이상 계속하여 당기순손실이 발생한 지방공기업
2. 특별한 사유 없이 전년도에 비하여 영업수입이 현저하게 감소한 지방공기업
3. 경영여건상 사업규모의 축소, 법인의 청산 또는 민영화 등 경영구조개편이 필요하다고 인정되는 지방공기업
4. 기타 대통령령이 정하는 지방공기업

3) 개정(2011.08.04.) 현행과 같이 개정하였다.

[제3항] 행정안전부장관은 제2항에 따른 경영진단의 결과 필요하다고 인정하는 경우에는 지방자치단체의 장, 공사의 사장 또는 공단의 이사장에게 해당 지방공기업의 임원의 해임, 조직의 개편 등 경영개선을 위하여 필요한 조치[6]를 명할 수 있다.

1) 신설(1999.01.29.) 행정자치부장관은 제2항의 규정에 의한 경영진단 결과 필

6) 행정안전부장관은 ① 당해 지방공기업의 임직원에 대한 감봉·해임 등의 인사조치, ② 사업규모의 축소·조직개편 및 인력조정, ③ 법인의 청산 및 민영화, ④ 기타 경영개선을 위하여 필요한 사항 등의 경영개선명령을 할 수 있다(지방공기업법 시행령 제75조).

요하다고 인정되는 경우에는 지방자치단체의 장, 공사의 사장 또는 공단의 이사장에게 당해 지방공기업의 임원의 해임, 조직의 개편 등 경영개선을 위하여 필요한 조치를 명할 수 있다.

→ 지방공기업의 책임경영체제를 확립하기 위하여 부실 지방공기업에 대하여는 경영진단을 실시할 수 있도록 하고, 필요하다고 인정되는 경우에는 지방공기업의 임원해임·조직개편 등 경영개선을 위한 조치를 권고할 수 있도록 하였다.

2) **개정(2011.08.04.)** 현행과 같이 개정하였다.

[제4항] 제3항에 따라 명을 받은 지방자치단체의 장, 공사의 사장 또는 공단의 이사장은 특별한 사유가 없으면 지체 없이 이에 따라야 한다.

1) **신설(1999.01.29.)** 제3항의 규정에 의하여 명을 받은 지방자치단체의 장, 공사의 사장 또는 공단의 이사장은 특별한 사유가 없는 한 지체없이 이에 응하여야 한다.

2) **개정(2007.01.19.)** 제3항의 규정에 따라 명을 받은 지방자치단체의 장, 공사의 사장 또는 공단의 이사장은 특별한 사유가 없는 한 지체 없이 이에 응하여야 한다.

3) **개정(2011.08.04.)** 현행과 같이 개정하였다.

제78조의3(부실지방공기업에 대한 해산 요구) ① 행정안전부장관은 공사 또는 공단이 다음 각 호에 해당하는 경우로서 대통령령으로 정하는 경우 제78조의5에 따른 지방공기업정책위원회의 심의를 거쳐 지방자치단체의 장이나 공사의 사장 또는 공단의 이사장에게 해산을 요구할 수 있다.

1. 부채 상환 능력이 현저히 낮은 경우
2. 사업 전망이 없어 회생이 어려운 경우
3. 설립 목적의 달성이 불가능한 경우

② 제1항에 따라 해산을 요구받은 지방자치단체의 장이나 공사의 사장 또는 공단의 이사장은 정당한 사유가 없으면 지체 없이 이에 따라야 한다.

[연혁]

[제1항] 행정안전부장관은 공사 또는 공단이 다음 각 호에 해당하는 경우로서 대통령령으로 정하는 경우[7] 제78조의5에 따른 지방공기업정책위원회의 심의를 거쳐 지방자치단체의 장이나 공사의 사장 또는 공단의 이사장에게 해산을 요구할 수 있다.

1. 부채 상환 능력이 현저히 낮은 경우
2. 사업 전망이 없어 회생이 어려운 경우
3. 설립 목적의 달성이 불가능한 경우

1) **신설(2015.12.29.)** 현행과 같이 신설하였다.

→ 지방재정에 심각한 부담을 초래한 부실 지방공기업을 신속하게 정리할 수 있도록 부채 상환능력이 현저히 낮고, 사업 전망이 없어 회생이 어려우며, 설립 목적의 달성이 불가능한 지방공기업에 대하여 행정자치부장관이 지방공기업정책위원회의 심의를 거쳐 지방자치단체의 장 또는 해당 지방공기업에게 직접 해산을 요구할 수 있도록 하였다.

[제2항] 제1항에 따라 해산을 요구받은 지방자치단체의 장이나 공사의 사장 또는 공단의 이사장은 정당한 사유가 없으면 지체 없이 이에 따라야 한다.

1) **신설(2015.12.29.)** 현행과 같이 신설하였다.

7) "대통령령으로 정하는 경우"란 직전 연도 결산자료로 판단한 결과 공사 또는 공단이 ① 부채비율이 100분의 400이상인 경우, ② 자본금 전액이 잠식된 경우, ③ 2회계연도 연속 자본잠식률[자본금에서 자본총계(법령상 의무를 이행하기 위하여 불가피하게 손실이 발생한 경우에는 행정안전부장관이 정하는 바에 따라 그 손실을 반영하여 산정한 금액을 말한다)를 뺀 값을 자본금으로 나눈 값을 말한다]이 100분의 50을 초과하는 경우의 어느 하나에 해당하는 경우를 말한다(지방공기업법 시행령 제71조의2).

제78조의4(지방공기업평가원의 설립 · 운영) ① 지방공기업에 대한 경영평가, 관련 정책의 연구, 임직원에 대한 교육 등을 전문적으로 지원하기 위하여 지방공기업평가원(이하 "평가원"이라 한다)을 설립한다.

② 평가원은 법인으로 하며, 그 주된 사무소의 소재지에서 설립등기를 함으로써 성립한다.

③ 지방자치단체 또는 지방공기업은 평가원의 업무수행을 지원하기 위하여 평가원에 출연할 수 있다. 이 경우 출연의 지급, 사용 및 관리 등에 필요한 사항[8]은 대통령령으로 정한다.

④ 평가원에 이사회와 감사 1명을 둔다.

⑤ 이사회는 이사장 1명을 포함하여 12명 이내의 이사로 구성한다.

⑥ 이사장은 이사회의 추천으로 행정안전부장관의 승인을 받아 이사회가 선임한다.

⑦ 이사장의 임기는 3년으로 하며, 한 차례만 연임할 수 있다.

⑧ 이사 및 감사의 임기, 선임 방법 등 그 밖에 평가원의 설립 · 운영에 관한 사항은 정관으로 정한다.

⑨ 행정안전부장관은 평가원을 지도 · 감독하며, 필요한 경우에는 평가원에 대하여 그 업무에 관한 사항을 보고하게 하거나 자료 제출 등의 명령을 할 수 있다.

⑩ 평가원에 관하여는 이 법에서 규정한 사항을 제외하고는 「민법」 중 재단법인에 관한 규정을 준용한다.

---

8) 「지방공기업법 시행령」 제76조에는 지방공기업평가원에 대한 출연에 관하여 다음과 같이 규정되어 있다. ① 지방공기업평가원의 이사장은 지방자치단체 출연금 편성기준(재정력, 공기업수 등)과 지방공기업 출연금 편성기준(매출액, 직원 수, 자산 등)에 따라 편성한 전체 및 각 지방자치단체 · 지방공기업별 다음 연도 출연금 요구안에 대하여 매년 7월 31일까지 행정안전부장관과 협의하여 출연금 규모를 결정하여야 한다. ② 평가원의 이사장은 제1항에 따른 협의를 하기 전에 출연금 징수 및 사업 추진 실적, 다음 연도 사업계획 등을 행정안전부장관에게 제출하여야 한다. ③ 평가원의 이사장은 제1항에 따라 행정안전부장관과 협의된 출연금액이 지방자치단체 예산과 지방공기업 예산에 편성될 수 있도록 출연금요구서에 다음 회계연도의 사업계획서, 추정 재무상태표 및 추정 손익계산서를 첨부하여 매년 8월 31일까지 해당 지방자치단체 및 지방공기업에 제출하여야 한다. ④ 제3항에 따라 출연금 요구를 받은 해당 기관의 장은 출연금 예산이 확정된 경우에는 이를 평가원에 통지하여야 한다. ⑤ 평가원은 제4항에 따라 확정 · 통지된 출연금을 교부받고자 할 경우에는 출연금교부신청서에 자금집행계획서를 첨부하여 해당 기관에 제출하여야 한다. ⑥ 평가원은 출연금을 평가원 고유사업 및 운영경비로 사용하여야 한다. ⑦ 평가원은 결산 후 발생한 잉여금을 이사회의 의결을 거쳐 기본재산 또는 운영자금으로 편입하여야 한다. ⑧ 평가원의 이사장은 매 회계연도 종료 후 2개월 이내에 행정안전부장관에게 출연금 지급 및 사용에 관한 사항을 보고하여야 한다.

[연혁]

1) **신설(2015.12.29.)** 현행과 같이 신설하였다.

→ 지방공기업 등의 경영평가, 정책연구 및 임직원 교육 등을 전문적으로 지원하기 위하여 지방공기업평가원을 설립하되, 종전의 경영지도법인의 재산 및 권리·의무를 포괄승계하도록 하였다.

제78조의5(지방공기업정책위원회) ① 행정안전부장관은 지방공기업 관련 주요 정책, 경영평가, 경영진단, 그 밖에 경영개선에 관한 사항을 심의하기 위하여 관계 전문가로 구성된 지방공기업정책위원회를 운영한다.
② 지방공기업정책위원회는 위원장 1명을 포함한 15명 이내의 위원으로 구성한다.
③ 지방공기업정책위원회의 구성 및 운영 등에 필요한 사항은 대통령령으로 정한다.

[연혁]

[제1항] 행정안전부장관은 지방공기업 관련 주요 정책, 경영평가, 경영진단, 그 밖에 경영개선에 관한 사항을 심의하기 위하여 관계 전문가로 구성된 지방공기업정책위원회를 운영[9]한다.

1) **신설(2009.04.01.)** 행정안전부장관은 지방공기업 관련 주요 정책, 경영평가, 경영진단 및 그 밖의 경영개선에 관한 사항을 심의하기 위하여 관계 전문가로 구성된 지방공기업정책위원회를 운영한다.

→ 지방공기업 정책의 일관성과 효율성을 높이기 위하여 경영평가위원회와 경영진단위원회를 하나로 통합한 지방공기업정책위원회를 설치·운영하도록 하였다. 즉, 대통령령에 근거를 둔 지방공기업경영평가위원회와 이 법상의 지방공기업경영진단위원회가 별도로 설치되어 있고, 각각 민간위원 5명으로 구성된 소규모 위원회로 운영되어 정책의 일관성과 연계성 확보가 곤란하였다. 따라

9) 지방공기업정책위원회의 위원장은 행정안전부차관으로 하고, 지방공기업 관련 주요 정책 및 경영평가 등에 관한 사항을 심의하도록 함으로써 지방공기업의 경영평가와 경영진단의 유기적 연계를 도모하였다.

서 두 위원회의 기능을 통합한 지방공기업정책위원회를 신설하여 지방공기업 관련 주요 정책 및 경영평가 등에 관한 사항을 심의하도록 하였다.

2) **개정(2011.08.04.)** 현행과 같이 개정하였다.

[제2항] 지방공기업정책위원회는 위원장 1명을 포함한 15명 이내의 위원으로 구성한다.

1) **신설(2009.04.01.)** 현행과 같이 신설하였다.

[제3항] 지방공기업정책위원회의 구성 및 운영 등에 필요한 사항[10]은 대통령령으로 정한다.

1) **신설(2009.04.01.)** 지방공기업정책위원회의 구성 및 운영 등에 관하여 필요한 사항은 대통령령으로 정한다.

2) **개정(2011.08.04.)** 현행과 같이 개정하였다.

제78조의6(주민 등의 의견청취) ① 지방자치단체의 장은 다음 각 호의 어느 하나에 해당하는 때에는 지방의회에 보고하고 주민 및 관계 전문가 등의 의견을 들어야 한다.

1. 지방공기업을 설립할 때
2. 행정안전부장관으로부터 제78조의2에 따른 경영개선명령을 받거나, 제78조의3에 따른 해산요구를 받은 때

---

10) 지방공기업정책위원회의 위원장은 행정안전부차관이 되고, 위원은 ① 경영평가와 경영진단에 관한 풍부한 경험을 가진 전문가, ② 5년 이상 실무경험이 있는 공인회계사, ③ 「고등교육법」 제2조 제1호부터 제6호까지 중 어느 하나에 해당하는 학교의 부교수 이상 직위에 있는 사람으로서 공기업 경영 및 그 밖에 관련 분야에 관한 전문지식이 있는 사람, ④ 지방공기업에 관한 업무를 담당하는 3급 이상의 공무원 또는 고위공무원단에 속하는 일반직공무원 중 어느 하나에 해당하는 사람 중에서 행정안전부장관이 임명 또는 위촉한다. 위촉위원의 임기는 2년으로 하고, 한 차례만 연임할 수 있으며, 위촉위원의 사임 등으로 새로 위촉한 위원의 임기는 전임위원의 남은 임기로 한다(지방공기업법 시행령 제72조).

② 제1항에 따른 주민의견 청취의 방법·절차와 그 밖에 필요한 사항은 대통령령으로 정한다.

[연혁]

[제1항] 지방자치단체의 장은 다음 각 호의 어느 하나에 해당하는 때에는 지방의회에 보고하고 주민 및 관계 전문가 등의 의견을 들어야 한다.

1. 지방공기업을 설립할 때[11]
2. 행정안전부장관으로부터 제78조의2에 따른 경영개선명령을 받거나, 제78조의3에 따른 해산요구를 받은 때[12]

1) **신설(2015.12.29.)** 현행과 같이 신설하였다.

→ 한국경제연구원이 2015년 10월 발간한 '지방공기업 남설과 부실화' 보고서에 따르면, 지방공기업의 부채규모는 2005년 말 23조 7천억 원에서 2014년 말 73조 6천억 원으로 10년 만에 약 3.1배 증가한 것으로 나타났다. 또한 2014년 기준 3년 연속 적자를 보인 지방공기업은 168개로 전체 400개 지방공기업의 42.2%를 차지하여 무분별한 지방공기업의 설립과 부실경영으로 인하여 지방재정이 악화되고 있는 실정이었다. 이에 지방자치단체의 장은 지방공기업을 설립하거나 경영상 주요한 사유가 발생할 때, 행정자치부장관으로부터 지방공기업의 해산요구를 받은 때에는 지방의회에 보고하고 해당 지역주민의 의견을 청취하여 반영하도록 함으로써 주민의 자치권을 보장하고 지방재정의 건전화에 기여하게 하였다.

---

11) 주민 등의 의견을 청취하는 경우에는 「지방공기업법 시행령」 제47조(설립타당성 검토 등) 제2항에 따른 심의위원회를 개최하기 전에 주민공청회를 개최해야 하며, 주민공청회를 개최하기 전에 「지방공기업법」 제49조(설립) 제3항에 따른 타당성 검토 결과를 해당 지방자치단체의 인터넷 홈페이지에 미리 공개하고 그 사본을 주민자치센터 등 공개된 장소에 갖추어 주민들이 열람할 수 있게 해야 한다(지방공기업법 시행령 제76조의2 제1항).

12) 주민 등의 의견을 청취하는 경우에는 행정안전부장관으로부터 경영개선명령을 받은 날 또는 해산요구를 받은 날부터 60일 이내에 주민공청회를 실시하여야 한다(지방공기업법 시행령 제76조의2 제2항).

[제2항] 제1항에 따른 주민의견 청취의 방법·절차와 그 밖에 필요한 사항[13]은 대통령령으로 정한다.

1) **신설(2015.12.29.)** 현행과 같이 신설하였다.

제78조의7(국회에 대한 보고) 행정안전부장관은 제78조에 따른 경영평가, 제78조의2에 따른 경영진단 결과 및 경영개선을 위한 조치, 제78조의3에 따른 해산요구 등을 명확하게 기록한 지방공기업보고서를 매년 경영진단 및 경영개선 조치 실시 후 3개월 이내에 국회 소관 상임위원회에 제출하여야 한다.

[연혁]

1) **신설(2011.08.04.)** 행정안전부장관은 제78조에 따른 경영평가, 제78조의2에 따른 경영진단 결과 및 경영개선을 위한 조치 등을 명기한 지방공기업보고서를 매년 경영진단 및 경영개선 조치 실시 후 3개월 이내에 국회 소관 상임위원회에 제출하여야 한다.

→ 지방공기업에 관한 안건 심의 시 효율성을 높이기 위하여 행정안전부장관으로 하여금 지방공기업의 경영평가 및 경영진단 결과 등을 명기한 지방공기업보고서를 국회 소관 상임위원회에 제출하도록 하였다.

2) **개정(2015.12.29.)** 행정자치부장관은 제78조에 따른 경영평가, 제78조의2에 따른 경영진단 결과 및 경영개선을 위한 조치, 제78조의3에 따른 해산요구 등을 명기한 지방공기업보고서를 매년 경영진단 및 경영개선 조치 실시 후 3개월 이내에 국회 소관 상임위원회에 제출하여야 한다.

3) **개정(2021.10.19.)** 현행과 같이 개정하였다.

---

13) 주민공청회를 개최하는 경우 개최예정일 15일 이전에 개최목적, 개최예정일, 개최장소 등을 공고하여야 한다(지방공기업법 시행령 제76조의2 제3항).

제79조(국고지원) 국가는 지방공기업의 원활한 경영을 위하여 필요한 경우에는 지방자치단체에 대하여 지방자치단체가 출자할 자본금이나 그 밖에 필요한 경비의 일부를 보조할 수 있다.

[연혁]

1) 신설(1980.01.04.) 국가는 지방공기업(公社 및 公團을 포함한다)의 원활한 경영을 위하여 필요한 경우에는 설립단체에 대하여 설립단체가 출자할 자본금 기타 필요한 경비의 일부를 보조할 수 있다.

2) 개정(1992.12.08.) 국가는 지방공기업의 원활한 경영을 위하여 필요한 경우에는 지방자치단체에 대하여 당해 지방자치단체가 출자할 자본금 기타 필요한 경비의 일부를 보조할 수 있다.

3) 개정(2011.08.04.) 현행과 같이 개정하였다.

제79조의2 삭제 <2002.3.25.>

→ 1992년 12월 8일 「지방공기업법」 제79조의2(지방공사 · 공단 외의 출자 · 출연법인)를 신설하였으나, 2002년 3월 25일 동 조를 삭제하고 「지방공기업법」 제4장의2(지방공사 및 지방공단 외의 출자법인 등)를 신설하였다.

제79조의3(권한의 위임) 이 법에 따른 행정안전부장관의 권한은 대통령령으로 정하는 바에 따라 그 일부를 시 · 도지사에게 위임할 수 있다.

[연혁]

1) 신설(1992.12.08.) 내무부장관은 이 법에 의한 권한의 일부를 대통령령이 정하는 바에 의하여 시 · 도지사에게 위임할 수 있다.

→ 지방자치제 실시에 따른 여건 변화를 수용하고 지방공기업의 효율적인 경영기반을 조성하는 등 지방공기업의 확대 · 발전을 위한 제도적 기반을 보강하기 위하여 지방공기업에 관한 내무부장관의 권한의 일부를 시 · 도지사에게

위임할 수 있는 근거를 마련하였다.

2) 개정(2011.08.04.) 이 법에 따른 행정안전부장관의 권한은 대통령령으로 정하는 바에 따라 그 일부를 시ㆍ도지사 또는 특별자치도지사에게 위임할 수 있다.

3) 개정(2013.06.04.) 현행과 같이 개정하였다.

제80조(공사와 공단의 조직변경) ① 공사와 공단은 사업의 효율적 운영을 위하여 필요한 경우에는 청산절차를 거치지 아니하고 공사는 공단으로, 공단은 공사로 조직변경을 할 수 있다.

② 공사의 사장 또는 공단의 이사장은 제1항에 따른 조직변경을 하려는 경우에는 조직변경에 관한 사항에 대하여 지방자치단체의 장의 승인을 받아야 하고, 조직변경에 관한 조례안과 함께 의회의 의결을 거쳐야 한다.

③ 제53조 제2항에 따라 지방자치단체 외의 자가 출자한 공사가 공단으로 조직변경을 하려는 경우에는 제2항에 따른 의회의 의결 전에 총주주의 일치에 의한 총회의 결의를 거쳐 지방자치단체 외의 자가 출자한 금액을 지방자치단체의 출자금으로 전환하여야 한다.

④ 공사의 사장 또는 공단의 이사장은 제2항에 따른 의회의 의결이 있은 날부터 20일 이내에 채권자 등 이해관계자에게 조직변경 사실을 통보하여야 한다.

⑤ 공사 또는 공단이 제2항에 따른 의결을 받은 경우에는 3주 내에 그 주된 사무소의 소재지에서 종전의 공사 또는 공단에 관하여는 해산등기를, 변경된 공사 또는 공단에 관하여는 설립등기를 하여야 한다.

⑥ 변경된 공사 또는 공단은 제5항에 따른 설립등기일에 종전의 공사 또는 공단에 속하는 모든 재산과 채권ㆍ채무, 고용관계, 그 밖의 권리ㆍ의무를 포괄적으로 승계한다.

⑦ 제1항부터 제6항까지에서 규정한 사항 외에 조직변경의 방법 및 절차에 관하여 필요한 사항은 대통령령으로 정한다.

[연혁]

[제1항] 공사와 공단은 사업의 효율적 운영을 위하여 필요한 경우에는 청산절차를 거치지 아니하고 공사는 공단으로, 공단은 공사로 조직변경을 할 수 있다.

1) **신설(2015.12.15.)** 현행과 같이 신설하였다.

→ 사업을 효율적으로 운영하기 위하여 필요한 경우에는 청산절차를 거치지 아니하고 지방공사는 지방공단으로, 지방공단은 지방공사로 조직변경을 할 수 있도록 하였다.

[제2항] 공사의 사장 또는 공단의 이사장은 제1항에 따른 조직변경을 하려는 경우에는 조직변경에 관한 사항에 대하여 지방자치단체의 장의 승인을 받아야 하고, 조직변경에 관한 조례안과 함께 의회의 의결을 거쳐야 한다.

1) **신설(2015.12.15.)** 공사의 사장 또는 공단의 이사장은 제1항에 따른 조직변경을 하려는 경우에는 조직변경에 관한 사항을 지방자치단체의 장의 승인을 거쳐 의회의 의결을 받아야 한다.

2) **개정(2019.12.03.)** 현행과 같이 개정하였다.

[제3항] 제53조 제2항에 따라 지방자치단체 외의 자가 출자한 공사가 공단으로 조직변경을 하려는 경우에는 제2항에 따른 의회의 의결 전에 총주주의 일치에 의한 총회의 결의를 거쳐 지방자치단체 외의 자가 출자한 금액을 지방자치단체의 출자금으로 전환하여야 한다.

1) **신설(2015.12.15.)** 현행과 같이 신설하였다.

[제4항] 공사의 사장 또는 공단의 이사장은 제2항에 따른 의회의 의결이 있은 날부터 20일 이내에 채권자 등 이해관계자에게 조직변경 사실을 통보[14]하여야 한다.

---

14) 공사의 사장 또는 공단의 이사장이 채권자 등 이해관계자에게 조직변경 사실을 통보할 때에는 1개월 이상의 기간을 정하여 조직변경에 대하여 이의가 있으면 이를 제출할 것을 공고하고, 알고 있는 채권자에 대해서는 따로따로 서면으로 통보하여야 하며, 공고의 방식은 행정안전부장관이 정하는 바에 따라 인터넷 홈페이지 등에 게시하는 방법으로 한다. 정한 기간 내에 이의를 제출한 채권자가 있는 경우에는 공사 또는 공단은 그 채권자에 대하여 변제 또는 상당한 담보를 제공하거나 이를 목적으로 하여 상당한 재산을 신탁회사에 신탁하여야 한다(지방공기업법

1) **신설(2015.12.15.)** 현행과 같이 신설하였다.

[제5항] 공사 또는 공단이 제2항에 따른 의결을 받은 경우에는 3주 내에 그 주된 사무소의 소재지에서 종전의 공사 또는 공단에 관하여는 해산등기를, 변경된 공사 또는 공단에 관하여는 설립등기를 하여야 한다.

1) **신설(2015.12.15.)** 현행과 같이 신설하였다.

[제6항] 변경된 공사 또는 공단은 제5항에 따른 설립등기일에 종전의 공사 또는 공단에 속하는 모든 재산과 채권 · 채무, 고용관계, 그 밖의 권리 · 의무를 포괄적으로 승계한다.

1) **신설(2015.12.15.)** 현행과 같이 신설하였다.

[제7항] 제1항부터 제6항까지에서 규정한 사항 외에 조직변경의 방법 및 절차에 관하여 필요한 사항은 대통령령으로 정한다.

1) **신설(2015.12.15.)** 현행과 같이 신설하였다.

Q & A

1. 지방공단에서 지방공사로 조직변경

Q. 「지방공기업법」 제80조 제2항의 '공단의 이사장이 조직을 변경하려는 경우에는'의 의미가 지방자치단체의 필요에 따라 지방자치단체에 공사전환설립추진단을 구성하여 조직을 변경할 수 있다는 것인가, 아니면 공단이 주체가 되어 조직변경을 추진하여야 하는가? '조직변경에 관한 사항'은 구체적으로 무엇을 의미하는가?

A. 「지방공기업법」 제80조(공사와 공단의 조직변경)는 지방공단에서 지방공사로 조직

시행령 제78조의2).

을 변경할 때 기존 공단의 청산 및 신규 공사의 설립에 따르는 비용과 절차를 생략함으로써 효율적인 조직변경을 가능하게 하기 위하여 신설되었다. 같은 조 제1항에서 조직변경의 주체를 공사와 공단으로 규정하고 있는 바, 법 문언의 해석상 조직변경은 원칙적으로 당해 지방공사 또는 지방공단이 주체가 되어 추진하는 것이 타당하다. 다만, 원활한 조직변경을 지원하기 위한 지방자치단체의 별도 추진단 구성 등이 금지되는 것은 아니다. 여기서 '조직변경에 필요한 사항'이란 기존 공단과 새로운 공사가 해산등기 및 설립등기 시에 신고하여야 하는 제반사항을 비롯하여 재산과 채권·채무, 고용관계 및 그 밖의 권리·의무에 관한 사항 등을 의미한다.

제80조의2(수사기관 등의 수사 등 개시·종료 통보) 다음 각 호의 어느 하나에 해당하는 기관은 공사 또는 공단의 임직원에 대하여 직무와 관련된 사건에 관한 조사나 수사를 시작한 때와 이를 마친 때에는 10일 이내에 공사의 사장 또는 공단의 이사장에게 해당 사실과 결과를 통보하여야 한다.

1. 감사원
2. 검찰·경찰 및 그 밖의 수사기관
3. 행정안전부장관
4. 지방자치단체의 장

[연혁]

1) **신설(2017.10.24.)** 현행과 같이 신설하였다.

→ 「공공기관의 운영에 관한 법률」 및 「과학기술분야 정부출연연구기관 등의 설립·운영 및 육성에 관한 법률」에 따르면, 수사기관 등은 공공기관 및 연구기관의 임직원에 대하여 직무와 관련된 사건에 관한 조사나 수사를 실시할 경우 이에 따른 개시와 종료 사실 등을 해당 기관의 장에게 통보하도록 규정하고 있다. 그러나 공공기관 등과 유사한 성격인 지방공사·공단의 임직원에 대한 수사기관 등의 수사 개시·종료 통보 규정이 현행법에 없어 관련 행위자에 대한 사전 통제 및 제재를 할 수 없으므로 이를 개선할 필요가 있었다. 이에 관련 임직원에 대한 사전 통제를 강화하고 제재의 효율성을 제고하기 위하여 지방공사·공단의 임직원에 대한 수사기관 등의 수사 개시·종료 통보 규정을 마련하였다.

Q & A

1. 음주운전 비위현황 파악

Q. 음주운전 적발이 해당 기관으로 제출되지 않는 실정에서 음주운전 감사에 대하여 직원이 거부를 하더라도 별다른 조치를 할 수 없다면 어떻게 해야 하는가?

A. 지방공기업 임직원의 음주운전 비위 등에 대한 수사사실은 직무와 관련된 사건이 아니므로 수사기관에서 음주운전 비위 등에 대한 수사사실은 명시적인 근거가 없다는 이유로 통보하지 않고 있어, 지방공기업의 임직원이 음주운전 관련 수사를 받고도 그 사실을 자진신고하지 않을 경우 해당 징계처분을 할 수 없는 실정이다. 그러나 음주운전 비위에 대한 징계규정의 실효성과 형평성을 확보할 수 있도록 임직원이 음주운전으로 수사를 받을 경우 자진신고하도록 유도하는 등 소속 임직원의 음주운전 비위현황을 자체적으로 파악·관리할 수 있는 방안을 마련할 필요가 있다. 따라서 지방공기업의 임직원으로 하여금 자진신고를 유도함과 동시에, 자체 규정에 운전경력증명서(「도로교통법 시행규칙」 별지 제144호의3) 등을 주기적으로 제출하도록 하는 방안을 마련하여 운영하는 것이 바람직하다. 참고로, 한국조폐공사의 경우 일정 직급 이상 직원은 매년 5월과 11월 말일을 기준으로 다음달 10일까지 운전경력증명서를 발급받아 제출하도록 하고 있으며, 이를 통해 음주운전 행위를 확인한 후 징계의결을 요구하고 있다.

제6장 벌칙

제81조(벌칙) 공사 또는 공단의 임원(감사는 제외한다)이 제65조 또는 제66조 제2항(제76조 제2항에서 준용하는 경우를 포함한다)을 위반하였을 때에는 500만 원 이하의 벌금에 처한다.

[연혁]

1) 신설(1980.01.04.) 공사 또는 공단의 임원(감사를 제외한다)이 다음 각 호의 1에 해당하는 행위를 한 때에는 100만원 이하의 벌금에 처한다.

1. 제65조 · 제66조 제2항(제76조 제1항에서 준용하는 경우를 포함한다)의 규정에 위반한 때
2. 제73조(제76조 제2항에서 준용하는 경우를 포함한다)의 규정에 의하여 인가기관 또는 설립단체의 장이 발하는 명령에 위반한 때

2) 개정(1992.12.08.) 공사 또는 공단의 임원(감사를 제외한다)이 다음 각 호의 1에 해당하는 행위를 한 때에는 100만원 이하의 벌금에 처한다.

1. 제65조 · 제66조 제2항(제76조 제2항에서 준용하는 경우를 포함한다)의 규정에 위반한 때
2. 제73조(제76조 제2항에서 준용하는 경우를 포함한다)의 규정에 의하여 내무부장관 또는 지방자치단체의 장이 발하는 명령에 위반한 때

3) 개정(1999.01.29.) 공사 또는 공단의 임원(감사를 제외한다)이 제65조 · 제66조 제2항(제76조 제2항에서 준용하는 경우를 포함한다)의 규정에 위반한 때에는 500만원 이하의 벌금에 처한다.

4) 개정(2011.08.04.) 현행과 같이 개정하였다.

제82조(과태료) ① 정당한 이유 없이 제73조 제2항(제76조 제2항에서 준용하는 경우를 포함한다)에 따른 검사를 거부, 방해 또는 기피한 자에게는 200만 원 이하의 과태료를 부과한다.

② 제1항에 따른 과태료는 대통령령으로 정하는 바에 따라 행정안전부장관이 부과·징수한다.

[연혁]

[제1항] 정당한 이유 없이 제73조 제2항(제76조 제2항에서 준용하는 경우를 포함한다)에 따른 검사를 거부, 방해 또는 기피한 자에게는 200만 원 이하의 과태료를 부과한다.

1) 신설(1980.01.04.) 정당한 이유 없이 제74조(제76조 제2항에서 준용하는 경우를 포함한다)의 규정에 의한 검사를 거부·방해 또는 기피한 자는 50만 원 이하의 벌금에 처한다.

2) 개정(1999.01.29.) 정당한 이유 없이 제74조(제76조 제2항에서 준용하는 경우를 포함한다)의 규정에 의한 검사를 거부·방해 또는 기피한 자는 200만 원 이하의 과태료에 처한다.

3) 개정(2011.08.04.) 정당한 이유 없이 제74조(제76조 제2항에서 준용하는 경우를 포함한다)에 따른 검사를 거부, 방해 또는 기피한 자에게는 200만 원 이하의 과태료를 부과한다.

4) 개정(2015.12.15.) 현행과 같이 개정하였다.

<표 23> 과태료의 부과기준-일반기준(「지방공기업법 시행령」 [별표 2])

가. 위반행위의 횟수에 따른 과태료의 가중된 부과기준은 최근 1년간 같은 위반행위로 과태료 부과처분을 받은 경우에 적용한다. 이 경우 기간의 계산은 위반행위에 대해 과태료 부과처분을 받은 날과 그 처분 후 다시 같은 위반행위를 하여 적발된 날을 기준으로 한다.

나. '가'목에 따라 가중된 부과처분을 하는 경우 가중처분의 적용 차수는 그 위반행위 전 부과처분 차수('가'목에 따른 기간 내에 과태료 부과처분이 둘 이상 있었던 경우에는 높은 차수를 말한다)의 다음 차수로 한다.

다. 부과권자는 위반행위자가 다음의 어느 하나에 해당하는 경우에는 제2호에 따른 과태료 금액의 2분의 1의 범위에서 그 금액을 감경할 수 있다. 다만, 과태료를 체납하고 있는 위반행위자의 경우에는 그렇지 않다.

1) 위반행위자가 처음 해당 위반행위를 한 경우로서, 3년 이상 해당 업종을 모범적으로 영위한 사실이 인정되는 경우

2) 위반행위자가 자연재해·화재 등으로 재산에 현저한 손실이 발생하거나 사업여건의 악화로 사

업이 중대한 위기에 처하는 등의 사정이 있는 경우
3) 위반행위가 사소한 부주의나 오류 등 과실로 인한 것으로 인정되는 경우
4) 위반행위자가 위법행위로 인한 결과를 시정하거나 해소한 경우
5) 그 밖에 위반행위의 정도, 위반행위의 동기와 그 결과 등을 고려해 감경할 필요가 있다고 인정되는 경우

라. 부과권자는 다음의 어느 하나에 해당하는 경우에는 제2호에 따른 과태료 금액의 2분의 1의 범위에서 그 금액을 가중할 수 있다. 다만, 가중할 사유가 여러 개 있을 경우라도 법 제82조 제1항에 따른 과태료 금액의 상한을 넘을 수 없다.
1) 법령 위반상태의 기간이 2개월 이상인 경우
2) 그 밖에 위반행위의 정도, 위반행위의 동기와 그 결과 등을 고려해 가중할 필요가 있다고 인정되는 경우

<표 24> 과태료의 부과기준-개별기준(「지방공기업법 시행령」 [별표 2])

위반행위	근거 법조문	과태료 금액		
		1차	2차	3차 이상
가. 법 제73조 제2항(법 제76조 제2항에서 준용하는 경우를 포함한다)에 따른 업무검사를 거부·방해 또는 기피한 경우	법 제82조 제1항			
1) 검사를 정당한 사유 없이 거부한 경우		50만 원	100만 원	200만 원
2) 검사에 필요한 자료를 지정기일까지 제출하지 않거나 거부한 경우		40만 원	80만 원	160만 원
3) 검사원의 검사장 또는 사무소 출입을 방해한 경우		30만 원	60만 원	120만 원
4) 검사원이 요구한 자료를 지정기일까지 제출하지 않은 경우		25만 원	50만 원	100만 원
5) 지정된 검사기일에 수검자가 출석하지 않은 경우		25만 원	50만 원	100만 원
나. 법 제73조 제2항(법 제76조 제2항에서 준용하는 경우를 포함한다)에 따른 회계검사를 거부·방해 또는 기피한 경우	법 제82조 제1항			
1) 검사를 정당한 사유 없이 거부한 경우		50만 원	100만 원	200만 원
2) 검사에 필요한 자료를 지정기일까지 제출하지 않거나 거부한 경우		40만 원	80만 원	160만 원
3) 검사원의 검사장 또는 사무소 출입을 방해한 경우		30만 원	60만 원	120만 원
4) 검사원이 요구한 자료를 지정기일까지 제출하지 않은 경우		25만 원	50만 원	100만 원
5) 지정된 검사기일에 수검자가 출석하지 않은 경우		25만 원	50만 원	100만 원
다. 법 제73조 제2항(법 제76조 제2항에서 준용하는 경우를 포함한다)에 따른 재산검사를 거부·방해 또는 기피한 경우	법 제82조 제1항			

1) 검사를 정당한 사유 없이 거부한 경우		50만 원	100만 원	200만 원
2) 검사에 필요한 자료를 지정기일까지 제출하지 않거나 거부한 경우		40만 원	80만 원	160만 원
3) 검사원의 검사장 또는 사무소 출입을 방해한 경우		30만 원	60만 원	120만 원
4) 검사원이 요구한 자료를 지정기일까지 제출하지 않은 경우		25만 원	50만 원	100만 원
5) 지정된 검사기일에 수검자가 출석하지 않은 경우		25만 원	50만 원	100만 원

[제2항] 제1항에 따른 과태료는 대통령령으로 정하는 바에 따라 행정안전부장관이 부과·징수한다.

1) 신설(1999.01.29.) 제1항의 규정에 의한 과태료 중 행정자치부장관의 검사를 거부·방해 또는 기피한 자에 대한 과태료는 대통령령이 정하는 바에 의하여 행정자치부장관이, 지방자치단체의 장의 검사를 거부·방해 또는 기피한 자에 대한 과태료는 조례가 정하는 바에 의하여 지방자치단체의 장이 이를 각각 부과·징수한다.

2) 개정(2011.08.04.) 제1항에 따른 과태료 중 행정안전부장관의 검사를 거부, 방해 또는 기피한 자에 대한 과태료는 대통령령으로 정하는 바에 따라 행정안전부장관이 부과·징수하고, 지방자치단체의 장의 검사를 거부, 방해 또는 기피한 자에 대한 과태료는 조례로 정하는 바에 따라 지방자치단체의 장이 부과·징수한다.

3) 개정(2015.12.15.) 현행과 같이 개정하였다.

→ 과태료는 모두 행정안전부장관이 부과·징수하도록 개정하였다.

Q & A

1. 과태료의 예산 집행

Q. 기관장 명의로 받은 법 위반 및 시정명령에 따른 과태료를 예산으로 집행할 수 있는가?

A. 지방공단의 업무추진 중 발생된 과실(법령 및 규정 미준수로 발생된 책임)에 대해 부과된 과태료 납부방법에 대하여는 명확하게 정해진 법령 및 규정이 없다. 따라서 과태료 부과에 대한 명확한 책임 소재를 판단하기 위해 현장실사, 과태료 부과 관청

의 부과사유 분석 및 질의, 당사자 청문, 관리업체의 태만여부 등 적극적인 원인분석을 통하여 담당 직원의 과실이 부득이한 경우인지 여부를 판단해야 할 것이며, 판단결과에 따라 과태료를 예산에서 집행할 것인지, 관리(위탁)업체에게 책임을 물어야 할 것인지 또는 해당 직원에게 과태료에 대한 구상권을 청구하고 책임을 물어 처벌(업무태만 등에 대한 징계)할 것인지를 객관적인 시각에서 신중히 결정하여야 할 것이다.

제83조(벌칙 적용에서 공무원 의제) 다음 각 호의 어느 하나에 해당하는 사람은 「형법」 제129조부터 제132조까지의 규정[1]을 적용할 때에는 공무원으로 본다.

1. 공사와 공단의 임직원
2. 평가원의 임직원 및 지방공기업정책위원회의 위원 중 공무원이 아닌 사람

[연혁]

1) 신설(1980.01.04.) 공사와 공단의 임원 및 직원은 형법 제129조 내지 제132조의 적용에 있어서는 이를 공무원으로 본다.

2) 개정(2002.03.25.) 공사와 공단의 임원 및 대통령령이 정하는 직원은 형법 제129조 내지 제132조의 적용에 있어서는 이를 공무원으로 본다.

---

1) 「형법」 제129조부터 제132조까지의 규정은 다음과 같다.

[제129조(수뢰, 사전수뢰)] ① 공무원 또는 중재인이 그 직무에 관하여 뇌물을 수수, 요구 또는 약속한 때에는 5년 이하의 징역 또는 10년 이하의 자격정지에 처한다. ② 공무원 또는 중재인이 될 자가 그 담당할 직무에 관하여 청탁을 받고 뇌물을 수수, 요구 또는 약속한 후 공무원 또는 중재인이 된 때에는 3년 이하의 징역 또는 7년 이하의 자격정지에 처한다.

[제130조(제삼자 뇌물제공)] 공무원 또는 중재인이 그 직무에 관하여 부정한 청탁을 받고 제3자에게 뇌물을 공여하게 하거나 공여를 요구 또는 약속한 때에는 5년 이하의 징역 또는 10년 이하의 자격정지에 처한다.

[제131조(수뢰 후 부정처사, 사후수뢰)] ① 공무원 또는 중재인이 전2조의 죄를 범하여 부정한 행위를 한 때에는 1년 이상의 유기징역에 처한다. ② 공무원 또는 중재인이 그 직무상 부정한 행위를 한 후 뇌물을 수수, 요구 또는 약속하거나 제삼자에게 이를 공여하게 하거나 공여를 요구 또는 약속한 때에도 전항의 형과 같다. ③ 공무원 또는 중재인이었던 자가 그 재직 중에 청탁을 받고 직무상 부정한 행위를 한 후 뇌물을 수수, 요구 또는 약속한 때에는 5년 이하의 징역 또는 10년 이하의 자격정지에 처한다. ④ 전3항의 경우에는 10년 이하의 자격정지를 병과할 수 있다.

[제132조(알선수뢰)] 공무원이 그 지위를 이용하여 다른 공무원의 직무에 속한 사항의 알선에 관하여 뇌물을 수수, 요구 또는 약속한 때에는 3년 이하의 징역 또는 7년 이하의 자격정지에 처한다.

→ 「형법」상 수뢰죄(제129조), 제3자 뇌물죄(제130조), 수뢰 후 부정처사(제131조) 및 알선수뢰(제132조)에 대하여는 정관상 과장 또는 팀장 이상의 직원이 공무원으로 의제되도록 규정하였다.

3) **개정(2011.08.04.)** 공사와 공단의 임원 및 대통령령으로 정하는 직원은 「형법」 제129조부터 제132조까지의 규정을 적용할 때에는 공무원으로 본다.

4) **개정(2013.06.04.)** 공사와 공단의 임직원은 「형법」 제129조부터 제132조까지의 규정을 적용할 때에는 공무원으로 본다.

→ 지방공사 또는 지방공단 운영의 공정성과 청렴성을 높이기 위하여 뇌물 수수 등에 대한 벌칙 적용 시 공무원으로 의제되는 지방공사 또는 지방공단 임직원의 범위를 확대하였다. 즉, 공공기관인 지방공사와 지방공단의 임직원에게는 공무원에 버금가는 윤리성·청렴성이 요구되는 데도 수뢰죄 등의 적용 시 직원의 경우에는 대통령령으로 정하는 사람만 공무원으로 의제하도록 규정하고 있었다. 따라서 벌칙 적용 시 공무원으로 의제되는 직원의 범위를 지방공사와 지방공단의 전 직원으로 확대하였다.

5) **개정(2022.01.11.)** 현행과 같이 개정하였다.

→ 현재 국가공공기관은 주요 정책의 심의·의결을 수행하는 공공기관운영위원회 위원이 뇌물 등 부정행위를 범했을 때 공무원으로 의제하여 가중처벌하는 규정을 두고 있으나, 지방공기업은 지방공기업평가원·지방공기업정책위원회의 경우 관련 행위에 대한 공무원 의제 규정이 없다. 이에 「형법」상 공무원 직무에 관한 죄인 뇌물죄와 관련된 경우 공무원으로 의제하여 벌칙을 적용함으로써 책임성을 확보하여 국가공공기관과의 형평성을 도모하였다.

참고문헌

1. 법률

가족관계의 등록 등에 관한 법률(가족관계등록법). 법무부.

가족친화 사회환경의 조성 촉진에 관한 법률(가족친화법). 여성가족부.

감사원법. 감사원.

고등교육법. 교육부.

공공기관의 운영에 관한 법률(공공기관운영법). 기획재정부.

공공기관의 정보공개에 관한 법률(정보공개법). 행정안전부.

공유재산 및 물품 관리법(공유재산법). 행정안전부.

공익법인의 설립·운영에 관한 법률(공익법인법). 법무부.

공직자윤리법. 인사혁신처.

과학기술분야 정부출연연구기관 등의 설립·운영 및 육성에 관한 법률(과기출연기관법). 과학기술정보통신부.

관광진흥법. 문화체육관광부.

국가공무원법. 인사혁신처.

국가를 당사자로 하는 계약에 관한 법률(국가계약법). 조달청·기획재정부.

국가재정법. 기획재정부.

근로기준법. 고용노동부.

근로복지기본법. 고용노동부.

근로자퇴직급여보장법(퇴직급여법). 고용노동부.

농업협동조합법. 농림축산식품부.

대·중소기업 상생협력 촉진에 관한 법률(상생협력법). 중소벤처기업부.

도시 및 주거환경정비법(도시정비법). 국토교통부.

독점규제 및 공정거래에 관한 법률(공정거래법). 공정거래위원회.

문화재보호법. 문화재청.

민법. 법무부.

별정우체국법. 과학기술정보통신부.

부동산투자회사법. 국토교통부.

사립학교법. 교육부.
산업입지 및 개발에 관한 법률(산업입지법). 국토교통부.
산업집적활성화 및 공장설립에 관한 법률(산업집적법). 산업통상자원부.
새마을금고법. 행정안전부.
서울특별시 행정특례에 관한 법률(서울시법). 행정안전부.
상법. 법무부.
상호저축은행법. 금융위원회.
성폭력범죄의 처벌 등에 관한 특례법(성폭력처벌법). 법무부.
소득세법. 기획재정부.
수도법. 환경부.
수산업협동조합법. 해양수산부.
시설물의 안전 및 유지관리에 관한 특별법(시설물안전법). 국토교통부.
신용협동조합법. 금융위원회.
아동·청소년의 성보호에 관한 법률(청소년성보호법). 여성가족부.
외국인투자 촉진법(외국인투자법). 산업통상자원부.
외국환거래법. 기획재정부.
우체국예금·보험에 관한 법률(우체국예금보호법). 과학기술정보통신부.
은행법. 금융위원회.
자본시장과 금융투자업에 관한 법률(자본시장법). 금융위원회.
재난 및 안전관리 기본법(재난안전법). 행정안전부·소방청·해양경찰청.
전기공사업법. 산업통상자원부.
정부조직법. 행정안전부.
조세범처벌법. 기획재정부.
중소기업은행법. 금융위원회.
지방공기업법. 행정안전부.
지방공무원법. 행정안전부.
지방세기본법. 행정안전부.
지방의료원의 설립 및 운영에 관한 법률(지방의료원법). 보건복지부.
지방자치단체 기금관리기본법(지방기금법). 행정안전부.
지방자치단체를 당사자로 하는 계약에 관한 법률(지방계약법). 행정안전부.
지방자치단체 출자·출연기관의 운영에 관한 법률(지방출자출연법). 행정안전부.
지방자치법. 행정안전부.
지방재정법. 행정안전부.
지방회계법. 행정안전부.
채무자 회생 및 파산에 관한 법률(채무자회생법). 법무부.

청년고용촉진 특별법(청년고용법). 고용노동부.
체육시설의 설치·이용에 관한 법률(체육시설법). 문화체육관광부.
최저임금법. 고용노동부.
특정범죄 가중처벌 등에 관한 법률(특정범죄가중법). 법무부.
하수도법. 환경부.
한국산업은행법. 금융위원회.
한국은행법. 기획재정부.
한국지방행정연구원 육성법(지방행정연구원법). 행정안전부.
해외건설촉진법. 국토교통부.
형법. 법무부.
형의 실효 등에 관한 법률(형실효법). 법무부.
회계관계직원 등의 책임에 관한 법률(회계직원책임법). 기획재정부.
후견등기에 관한 법률(후견등기법). 법무부.

2. 대통령령

고용보험법 시행령. 고용노동부.
공무원 여비규정. 인사혁신처.
근로자퇴직급여보장법 시행령(퇴직급여법 시행령). 고용노동부.
지방공기업법 시행령. 행정안전부.
지방공무원 복무규정. 행정안전부.
지방공무원 수당 등에 관한 규정. 행정안전부.
지방공무원 임용령. 행정안전부.
지방자치단체를 당사자로 하는 계약에 관한 법률 시행령(지방계약법 시행령). 행정안전부.
청년고용촉진 특별법 시행령(청년고용법 시행령). 고용노동부.

3. 부령

공공기관의 회계감사 및 결산감사에 관한 규칙. 감사원.
공무원 징계령 시행규칙. 인사혁신처.
도로교통법 시행규칙. 경찰청.
지방공기업법 시행규칙. 행정안전부.
지방공무원 징계규칙. 행정안전부.
지방재정투자사업 심사규칙. 행정안전부.

4. 행정규칙(예규)

지방공무원 보수업무 등 처리지침. 행정안전부.

지방상수도요금 산정요령. 행정안전부.
지방자치단체 금고 지정기준. 행정안전부.
지방자치단체 세출예산 집행기준. 행정안전부.
지방자치단체 입찰 및 계약 집행기준. 행정안전부.
지방자치단체 입찰 시 낙찰자 결정기준. 행정안전부.

5. 자치법규(조례 · 규칙)

대구광역시 하수도사업 회전기금 설치 및 운용조례. 대구광역시.
부산관광공사 설치조례. 부산광역시.
부산광역시 수도 급수조례. 부산광역시.
부산광역시 수도사업 설치조례. 부산광역시.
서울특별시 상수도사업본부 회계관계공무원의 관직 지정에 관한 규칙. 서울특별시.

6. 기준 · 지침

공공기관을 위한 임금피크제 매뉴얼(2015.06.). 고용노동부.
공공부문 비정규직 근로자 정규직 전환 가이드라인(2017.07.). 관계부처 합동.
단계적 일상회복을 위한 공무원 복무관리지침(2022.02.). 인사혁신처.
지방공공기관 블라인드 채용 가이드북(2017.09.). 행정안전부.
2021사업연도 지방공기업 결산기준. 행정안전부.
2022년도 지방공기업 경영평가편람. 행정안전부 · 지방공기업평가원.
지방공기업 교육훈련 강화방안(2017.02.). 행정자치부.
지방공기업 복리후생제도 정상화 추진지침(2014.03.). 안전행정부.
지방공기업 블라인드 채용 가이드라인(2017.07.). 행정자치부.
지방공기업 사장(이사장) 연임/해임 판단기준(2014.04.). 안전행정부.
지방공기업 설립기준(2021.03.). 행정안전부.
지방공기업 설립 · 운영기준(2017.12.). 행정안전부.
지방공기업 성과연봉제 후속조치(2017.06.). 행정안전부.
지방공기업 시간선택제 일자리 운영기준(2014.02.). 안전행정부.
2022년도 지방공기업 예산편성기준. 행정안전부.
지방공기업 인사 · 조직 운영기준(2021.03.). 행정안전부.
지방공기업 임금피크제 권고안(2015.07.). 행정자치부.
지방공기업 임금피크제 운영지침(2016.01.). 행정자치부.
2022년 지방공기업 통합경영공시기준. 행정안전부.
지방공사 신규 투자사업 타당성 검토 면제기준(2020.06.). 행정안전부.
2021년도 지방공사채 발행 · 운영기준. 행정안전부.

코로나19 백신 예방접종 관련 국가공무원 복무관리지침(2021.03.). 인사혁신처.
회계감사기준(2018.10.). 한국공인회계사회.

7. 논문 · 보고서 등

김영신 · 허원제(2015). 지방공기업 남설과 부실화. 『KERI Insight』. 한국경제연구원. 15-25: 1-16.
김영철(2014). 지방공기업법 개정으로 지방공사채 '특수채' 지위 부여. 『지방재정』. 한국지방재정공제회. 2014권 3호: 108-115.
박영욱(2002). 지방공기업법령 해설. 『월간법제』. 법제처. 2002권 6호: 41-54.
사공황(2002). 개정 지방공기업법령 해설. 『지방재정』. 한국지방재정공제회. 2002권 3호: 60-75.
이동규(1969). 지방공기업법 해설. 『월간법제』. 법제처. 1969권 4호: 69-94.
행정자치부(2006). 『지방공기업 분야 질의 · 회신 사례집』.
행정자치부(2007). 『지방공기업법 해설』.
행정안전부(2018). 『지방공공기관 주요 정책 Q&A 사례』.
백승천(2018). 지방공공기관 FAQ. 『ERC 뉴스레터』. 지방공기업평가원. Vol.1.
______(2019). 지방공공기관 FAQ. 『ERC 뉴스레터』. 지방공기업평가원. Vol.2-13.
______(2020). 지방공공기관 FAQ. 『ERC 뉴스레터』. 지방공기업평가원. Vol.14-25.
______(2021). 지방공공기관 FAQ. 『ERC 뉴스레터』. 지방공기업평가원. Vol.26-37.
______(2022). 지방공공기관 FAQ. 『ERC 뉴스레터』. 지방공기업평가원. Vol.38-49.

저자 소개

백승천(白承天)

고려대학교에서 경영학 박사학위를 취득하였으며, 27년 간 지방공기업평가원 전문위원(연구평가본부장 역임)을 거쳐 공공가치연구소 대표로 있다. 조선대학교 행정복지학부 초빙교수, 명지전문대학 세무회계융합과・경영학과 강사, 지방공기업 경영평가위원, 지방공공기관 설립심의위원, 『지방공기업』지 편집위원으로 활동하고 있다.

1. 주요 경력

- 지방공기업평가원 연구평가본부장, 정책자문위원, 『지방공기업』지 편집위원
- 지방공기업 경영평가위원, 경영진단위원
- 한국지방공기업학회 부회장
- 행정안전부 지방공사채 승인심의위원회 위원, 상수도경영개선자문위원
- 환경부 물수요관리정책종합심의회 심의위원
- 고려대학교, 국민대학교, 대구대학교(산업행정대학원) 강사
- 지방공기업평가원, 한국상하수도협회, 부천대학교 겸임교수
- 제주특별자치도 지방공사 사장 경영성과 평가위원
- 한국산업은행 근무

2. 주요 활동

- 지방공공기관 내부평가: 서울주택도시공사, 서울농수산식품공사 등
- 경영자문・투자심의: 부산시설공단, 경기도시공사, 수원도시공사 등
- 임원추천위원회 위원: 종로구시설관리공단, 구리도시공사, 화성도시공사 등
- 지방출자・출연기관 경영평가: 서울, 광주, 강원, 충북, 경북, 서울・대구 자치구 등
- 경기도 민간위탁사무 성과평가
- 강의활동: 행정안전부 지방자치인재개발원, 시・도 인재개발원, 한국상하수도협회, 지방공기업평가원, 지방공사・공단, 지방출연기관 등

3. 주요 논문

- 지방공기업 경영평가제도의 변천(2019). 한국지방공기업학회.
- 지방공기업의 성장과 발전(2005). 한국지방재정공제회.
- 지방공기업 경영평가지표 선정 및 가중치 설정(2003). 고려대학교. 외 다수

지방공기업법 해설과 활용

펴낸날 제1판 제1쇄 2023년 4월 20일

지은이 백승천

펴낸이 임춘환

펴낸곳 도서출판 **대영문화사**

주소 (본사) 사무실: 경기도 고양시 일산서구 주화로 70
우신프라자 307호 (우) 10387)
(본사) 물류센터: 경기도 고양시 일산서구 덕산로
107번길 68-50 (우) 10205)

등록 1975년 12월 26일 제3-16호

전화 (031) 913-3062, (031) 914-3884~5

팩스 (031) 913-3839

홈페이지 http://www.dymbook.co.kr

ISBN 978-89-7644-902-3

값 27,000원